Prinz Michael von Griechenland, geboren in Rom und aufgewachsen in Paris, hat sich als Biograph und Romanautor einen Namen gemacht. Bei Droemer Knaur sind die Bildbände *Nikolaus und Alexandra – Die letzte Zarenfamilie – ganz privat* und *Die Zarenpaläste Rußlands* erschienen.

Dieses Buch wurde auf chlor- und säurefreiem Papier gedruckt.

Deutsche Erstausgabe Februar 1996

Titel der Originalausgabe »La Bouboulina«

Originalverlag Plon, Paris
Umschlaggestaltung Manfred Waller, Reinbek
Umschlagfoto AKG, Berlin
Gemälde von Eugène Delacroix, 1798–1863
Griechenlands Untergang auf den Trümmern von Missolunghi, 1826
Bordeaux, Musée des Beaux Arts
Satz MPM, Wasserburg
Druck und Bindung Elsnerdruck, Berlin
Printed in Germany
ISBN 3-426-63061-3

2 4 5 3 1

Michael von Griechenland

BOUBOULINA – HELDIN VON HELLAS

Roman

Aus dem Französischen
von Karl Schieck und Martine Gernay

Knaur

Von M. für M.

Kapitel 1

Sie lebten auf Hydra, diesem blühenden kleinen Eiland, das mit seinen Bergen östlich des Peloponnes aus dem Meer aufragt. Mein Vater besaß mehrere Handelsschiffe. Er war ein »Schiffsherr«, ein Karavokyrios. Zwei Jahre zuvor hatte er die Tochter eines anderen Karavokyrios zur Frau genommen. Die beiden waren jung, reich und glücklich. Erst vor kurzem waren sie in das Haus gezogen, das sie sich oberhalb des Hafens hatten bauen lassen. Man schrieb den Frühling des Jahres 1771, und Skevo, meine Mutter, die damals gerade eben neunzehn Jahre alt war, ging mit mir schwanger. Draußen war es noch ziemlich kühl, und so verließ sie nur selten das Haus. Geduldig erwartete sie die Stunde meiner Geburt. Mit weitaus weniger Geduld wartete sie auf meinen Vater, den irgendwelche Geschäfte schon seit mehr als zehn Tagen in Konstantinopel festhielten. Als sie gerade wieder einmal am Fenster saß, die Wärme der durch das Glas fallenden Sonnenstrahlen genoß und gleichzeitig Ausschau nach dem Schiff meines Vaters hielt, erblickte sie einen befreundeten Kapitän, der den Weg zum Haus heraufstieg. Trotz ihres Zustandes eilte sie zur Tür, um ihm zu öffnen. Die ernste Miene des Seemannes verhieß nichts Gutes.

»In Konstantinopel habe ich gehört, daß dein Mann von den türkischen Behörden verhaftet worden ist.«

Einen Augenblick lang versagte ihr die Stimme, doch dann überschüttete meine Mutter den Mann mit einer Flut von Fragen. Der Kapitän wußte jedoch nichts Genaues. Als er sich schließlich zum Gehen wandte, blieb sie wie versteinert

auf der Schwelle ihres Hauses zurück und sah zu, wie er die Treppen zum Hafen hinuntereilte.
Doch schnell faßte sie sich wieder und hatte nur noch einen einzigen Gedanken: Sie mußte ihren Mann aus den Klauen der Türken befreien. Sie begann umgehend damit, den größten Teil ihres Besitzes zu verkaufen, denn sie wußte, daß im Kampf mit den Behörden von Konstantinopel um die Freiheit ihres Mannes Gold die wirksamste Waffe sein würde. Weit unter ihrem Wert verkaufte sie ihre Häuser und auch ihre goldbestickten Samtdecken, die sie als Mitgift erhalten hatte. Dann überredete sie einen Kapitän, der in Hydra angelegt hatte, sie mitzunehmen. Weil das Schiff dieses Mannes normalerweise keine Passagiere beförderte, konnte er ihr nur eine winzige Kajüte überlassen. Sie war im siebten Monat schwanger und mußte sich – trotz des Stärkungsmittels, das der Kapitän ihr verabreichte – ständig übergeben. Immer wenn sie sich etwas besser fühlte, lehnte sie sich an die Reling und überdachte ihre Lage.
Meinen Eltern hatte stets das Glück gelacht – bis zu dem Augenblick, da man im Lande die schmeichelnde und verführerische Stimme Katharinas der Großen, der Kaiserin aller Reußen, vernommen hatte. In jenem Jahr – man schrieb 1769 – waren ihre Agenten in ganz Griechenland ausgeschwärmt. Sie versprachen den Griechen Soldaten, Waffen und ihre Unterstützung, damit unser Volk sich von der nun schon drei Jahrhunderte währenden Besatzung befreien konnte. In Wahrheit wurde die bloße Anwesenheit der Türken im Lande nicht wirklich als lästig empfunden. Aber wie auch immer es den Griechen gelungen sein mochte, sich damit abzufinden, so blieb doch die Tatsache ihrer Vorherrschaft nach wie vor unerträglich. Der Haß gegen die Türken, am Leben erhalten durch die noch immer wache Erinnerung an furchtbare Massaker, lag uns im Blut und hatte sich tief in unsere Herzen eingefressen. Das jahrhundertelange Zusammenleben hatte diesen Haß

zwar eingeschläfert, aber die Hoffnung, sich ihrer zu entledigen, flammte bei der geringsten Gelegenheit wieder auf.

Die russischen Agenten mieden das griechische Festland, das unter der Bürde seiner Not und unter dem türkischen Joch beinahe erstickte. Sie betätigten sich vielmehr auf dem Peloponnes, ganz besonders in der Mani,* bis zu der die Türken nie vorgedrungen waren. Aktiv wurden sie auch auf den betriebsamen und blühenden Inseln, auf denen die türkische Anwesenheit kaum zu spüren war – mit anderen Worten: bei uns. Mein Vater war Patriot. Er war erfüllt vom Ungestüm der Jugend, aber vor allen Dingen wollte er seiner frisch angetrauten Frau imponieren. Also schloß er sich der Verschwörung an.

Die Türken bekamen Wind von den Vorgängen. Sie wußten, daß sich etwas zusammenbraute, es gelang ihnen jedoch nicht, genau herauszufinden, was. Da sie sich der Schwäche ihrer Position bewußt waren, brach Panik unter ihnen aus, und sie begannen, überall Gefahr zu wittern. Das ging so weit, daß sie in einem Fall eine harmlose Menschenansammlung für eine Zusammenrottung von Aufständischen hielten, sofort über die ahnungslosen Leute herfielen und sie bis auf den letzten Mann niedermetzelten. Dabei handelte es sich bei der Menschenmenge nur um friedliche Bauern, die sich auf dem Heimweg vom Markt in Patras befanden. Die ganze Gegend hallte wider vom Aufschrei nach Rache – und dies gerade zu dem Zeitpunkt, da vor den Küsten die Mastspitzen der russischen Flotte Katharinas II. auftauchten, deren Befehlshaber der Bruder ihres Liebhabers Alexis Orloff war.

Voller Überschwang machte sich mein Vater mit ans Werk: Aus eigenen Mitteln bewaffnete er eine Truppe Freiwilliger

* Eine Region im Süden des Peloponnes, die von den Mainoten bewohnt wird.

und führte mit seinen Schiffen Transporte für die Aufständischen durch. Obwohl sie um sein Leben fürchtete, bestärkte meine Mutter ihren über alles geliebten Helden in seinem Tun. Relativ schnell wurden die Türken auf dem Peloponnes übermannt – auf dem griechischen Festland aber verfügten sie über enorme Truppenreserven, die in Eilmärschen gen Süden vorrückten. Nun erst gingen den Griechen – wie so oft in ähnlichen Situationen – die Augen auf. Die Russen hatten ihnen alles in allem nur ein paar hundert Soldaten und einige Kisten mit verrosteten Gewehren geschickt. Das Ganze war nicht der Rede wert. Die türkische Armee war noch gar nicht in Sicht, als Orloff bereits die Segel setzte und die Griechen ihrem Schicksal überließ. Seine eigentliche Aufgabe – nämlich die Durchführung eines Ablenkungsmanövers – hatte er ja bereits bravourös erfüllt, denn während all dies geschah, errangen weitere russische Flottenverbände auf anderen Meeren Sieg auf Sieg über ihre türkischen Gegner. Was machte es da schon, wenn Tausende von Griechen, die auf die Versprechungen der Semiramis des Nordens hereingefallen waren, jetzt auf dem Peloponnes massakriert wurden.
Bei ihrem mit äußerster Grausamkeit geführten Gegenschlag gingen die Türken sehr methodisch vor. Sie hatten ihre Informanten, und voller Scham muß ich eingestehen, daß die meisten von ihnen Griechen waren. Zunächst sammelten sie jedoch nur Informationen; mit dem Zuschlagen ließen sie sich noch Zeit.
Da mein Vater in keiner Weise behelligt worden war, hatten er und meine Mutter allen Grund, sich in Sicherheit zu wiegen. Bald ging er wieder seinen Geschäften nach, die ihn bis nach Konstantinopel führten. Um so härter wurde meine Mutter nun von der Nachricht seiner Verhaftung getroffen.
Konstantinopel, die Hauptstadt des türkischen Reiches, war zu dem Zeitpunkt, als meine Mutter dort ankam, im

Grunde eine griechische Stadt. Mehrere Ministerien, ein großer Teil der Verwaltung und die wichtigsten Positionen bei Hofe waren fest in »griechischer Hand«. Obwohl sie eigentlich ein versklavtes Volk waren, genossen die Griechen gewisse Privilegien, besaßen Vermögen und lebten sogar in ihrem eigenen Stadtteil, dem Phanar. Dort stieg meine Mutter in einer Herberge ab. Obwohl sie im Besitz zahlreicher Empfehlungsschreiben war, blieben ihr sämtliche Türen verschlossen – sogar die des griechischen Patriarchen, einer der einflußreichsten Persönlichkeiten des Reiches. Die Vertreter des griechischen Klerus verfügten dank ihrer sprichwörtlichen Gewandtheit und ihres weitverzweigten Netzes von Beziehungen über großen Einfluß. Endlich ließ sich doch ein Priester vom Schicksal meiner Mutter rühren. Nach einigen Nachforschungen teilte er ihr mit, daß mein Vater in der Festung der Sieben Türme gefangengehalten wurde, einem Kerker für politische Gefangene; allein dieser Name flößte jedem, dem er zu Ohren kam, schon tiefe Angst ein.

Unzählige waren durch seine Tore geschritten, aber nie hatte man von einem gehört, der lebendig wieder herausgekommen war. Darüber hinaus nannte ihr der Priester auch den Namen eines der zahlreichen griechischen Beamten der »Hohen Pforte«.*

Bestechlich waren sie alle. Doch es kam darauf an, denjenigen zu finden, der außerdem noch geschickt und zu gebrauchen war. Nach dem Erhalt einer fürstlichen »Belohnung« gelang es diesem Mann, Kontakt zu einem ebenfalls sehr gewandten Sekretär des Großwesirs aufzunehmen. Zu diesem Zeitpunkt waren die Mittel meiner Mutter, das heißt ihr Vorrat an Goldmünzen, nahezu erschöpft. Als sie schließlich den Passierschein erhielt, der es ihr ermöglich-

* Bezeichnung für den Palast des Großwesirs, die im Laufe der Zeit zum Synonym für die ottomanische Regierung schlechthin geworden war.

te, meinen Vater im Gefängnis zu besuchen, waren sie restlos aufgebraucht, und sie fragte sich, woher sie das Geld nehmen sollte, um ihn freizukaufen. In jedem Fall war sie aber schon einen großen Schritt weiter, und die Aussicht, ihren Ehemann wiederzusehen, beflügelte sie. Wenn sie ihren geliebten Mann nur erst einmal wieder in die Arme schließen konnte – daran zweifelte sie nicht einen Augenblick –, dann würde sie auch Kraft und Ideen finden, um ihn aus den Verliesen der Sieben Türme zu befreien.

Nach einer schlaflos verbrachten Nacht stand sie im Morgengrauen auf, um anschließend in einer Kutsche quer durch die ganze Stadt zu fahren. Bei jedem Satz, den das klappernde Gefährt auf dem Kopfsteinpflaster der alten Straßen machte, durchzuckte ein brennender Schmerz ihren hochgewölbten Leib. Am Rande des Armenviertels von Imrahor waren die Hütten immer dünner gesät, um schließlich einer gänzlich unbebauten Esplanade zu weichen, von der aus man auf die glitzernde Fläche des Marmarameeres blicken konnte. Durch das Tor in der byzantinischen Stadtmauer fiel der Blick meiner Mutter auf die Vorstädte, die sich hier in einer grünen Ebene verloren. Vor ihren Augen ragte ein riesiger fensterloser Wall auf, der auf beiden Seiten von zwei wuchtigen Türmen flankiert wurde: die Festung der Sieben Türme. Als sie schließlich dort ankam, waren die Tore des Gefängnisses noch geschlossen. Sie hatte damit gerechnet, zahllose Menschen anzutreffen, die ihre eingekerkerten Angehörigen besuchen wollten. Aber sie sah keine Menschenseele – noch nicht einmal Wachtposten. Allein schon der Ruf der Festung der Sieben Türme genügte, um die Leute abzuschrecken und fernzuhalten, ohne daß es noch zusätzlicher Wachen bedurft hätte. Während langsam der Tag anbrach, wartete meine Mutter geduldig vor den Toren der Feste, bis sie schließlich die Erlaubnis erhielt einzutreten. Das Innere der Anlage war ganz auf die Bedürfnisse der damals allgegenwärtigen und gut funktionierenden türkischen Verwaltung zugeschnitten. Niedere, langgestreckte, gelb gestrichene Gebäude standen rings um die winzige hölzerne Moschee, was das Ganze wie einen zerbrechlichen Körper erscheinen ließ, der von zu groß geratenen Kleidungsstücken umhüllt wurde.

Noch immer begegnete meine Mutter niemandem, ganz so, als sei der Ort völlig menschenleer. Endlich kam doch ein gähnender Wärter auf sie zu und wies ihr mit einer vagen Geste den Weg zum Amtszimmer des Kommandanten. Letzterer blieb regungslos an seinem Schreibtisch sitzen, als sie hereintrat. Er überflog ihren Passierschein und stieß schließlich einen barschen Befehl hervor. Augenblicklich tauchte ein weiterer Wärter auf – diesmal mit nachlässig aufgeknöpftem Uniformrock. Der Gefängnisvorsteher gab ihm ein paar Befehle, und mit einem gleichmütigen Wink seiner Fliegenklatsche wies er meine Mutter an, dem Manne zu folgen.

Sie betrat das Gebäude und wurde von dem dort herrschenden Gestank beinahe überwältigt. Der Geruch des Leidens schlug ihr entgegen: eine Mischung aus Schweiß, Urin, Moder und Zwiebeln. Außerhalb dieser Mauern gab es so etwas wie Sonne, Meer und blühende Obstbäume. Doch hier drinnen war man in der Hölle, einer weißgetünchten Hölle. Meine Mutter folgte dem Wärter einen schier endlosen Gang entlang. Er öffnete eine eiserne Tür. Während das Quietschen des Türflügels noch lange nachhallte, betrat sie die Zelle. Durch das mit dicken Gitterstäben gesicherte Fenster fiel nur ein schwacher Schimmer von Tageslicht. In dem Raum standen zwei Pritschen. Auf jeder von ihnen lag eine zusammengekauerte Gestalt. Instinktiv wußte sie, daß die linke Bettstatt die ihres Mannes war. Wahrscheinlich schlief er sehr tief, denn selbst bei ihrem Eintreten hatte er sich nicht bewegt. Als sie sich vorsichtig näherte, erkannte sie ihn an seinen Haaren. Sie waren das einzige, was unter der schmutzigen Decke hervorlugte, in die er sich eingehüllt hatte. Er blieb auch dann noch regungslos liegen, als sie ihm sanft ihre Hand auf die Schulter legte. Also drehte sie ihn vorsichtig zu sich herum ... und schrak entsetzt zurück. Die gebrochenen, schreckensweiten Augen meines Vaters starrten ins Leere, und sein Mund war wie zu einem Schrei weit aufgerissen. »Gestern früh ist er gestorben«, erklärte ihr sein Zellengenosse, der inzwischen aufgewacht war. Und sogleich erzählte er ihr die Einzelheiten, die zu erfragen oder anzuhören meine Mutter weder Geistesgegenwart noch Kraft hatte.

Mein Vater war mehrmals gefoltert worden. Nach türkischer Gepflogenheit hatte man ihn auf die nackten Fußsohlen geschlagen, um ihm das Eingeständnis seiner Beteiligung an dem Aufstand im Peloponnes abzuringen. Als seine Peiniger merkten, daß er nicht sprechen würde, hatten sie zwar von ihm abgelassen, dafür hatte sich aber das Fieber seiner bemächtigt. Durch die völlige Schwächung seines Körpers, den Mangel an Nahrung und Hygiene hatte sich sein Zustand zusehends verschlechtert. In seinen Fieberphantasien hatte er immer wieder den Namen meiner Mutter gerufen. Der Zellengenosse meines Vaters hatte die Wärter schließlich über dessen Tod informiert, und der Kommandant hatte dies auch ordnungsgemäß in seiner Liste vermerkt. Doch aus einer für die Türken typischen Trägheit heraus hatte es bislang noch niemand für nötig befunden, sich um den weiteren Verbleib des Leichnams zu kümmern.

Meine Mutter stand wie zur Salzsäule erstarrt da, die Augen und den Mund ebenso weit aufgerissen wie die des Toten. Der Zellengenosse meines Vaters stellte sich vor: Panayotis Bourzinos, ein angesehener Mann aus Mani. Auch er war am Aufstand auf dem Peloponnes beteiligt gewesen. Dort hatte er meinen Vater kennengelernt und dann im Gefängnis wiedergetroffen. Bourzinos war sicher, daß sie verraten worden waren. In der Nachbarzelle war sein eigener Bruder einige Tage vor meinem Vater ebenfalls infolge der kata-

strophalen Behandlung gestorben – eine Tatsache, die nicht gerade dazu angetan war, das Leid meiner Mutter zu lindern. Endlich entrang sich ihren Lippen ein Schrei, ein einziger furchtbarer Schrei. Der arme Mann glaubte, daß der Kummer meine Mutter in den Wahnsinn gestürzt hatte. Aber es waren die Wehen, die eingesetzt hatten. Der Schock hatte eine Frühgeburt ausgelöst. Bourzinos geriet in Panik. Meine Mutter krümmte sich vor Schmerzen auf dem mit Unrat bedeckten Boden der Zelle. Bourzinos schrie nach dem Wärter. Als der Mann schließlich kam, war seine erste Reaktion, diese Frau zu packen und aus der Zelle zu werfen – eine Art instinktive Furcht hielt ihn jedoch davon ab.
Meine Mutter besaß noch Geistesgegenwart genug, ihn um heißes Wasser zu bitten, und hastig eilte er davon, um es zu holen. Zwischen Wehenschüben und gequälten Aufschreien gelang es ihr, Bourzinos zu sagen, was er zu tun hatte. Der wiederum tat zitternd sein Bestes. Er und der Wärter waren im Halbdunkel der Zelle hektisch tätig, hin- und hergerissen zwischen dem bäuerlichen Instinkt, der ihnen befahl, einer Gebärenden beizustehen, und ihrer Schamhaftigkeit bei Anblick einer sich halbnackt auf dem Boden der Zelle windenden Frau. Beide sandten sie Stoßgebete zum Himmel, daß es doch so schnell wie möglich vorüber sein möge, während sie mit abgewandtem Blick versuchten, der Frau zu helfen. Niemals waren sich der griechische Gefangene und sein türkischer Kerkermeister näher als in dieser gemeinsamen Furcht. So erblickte ich am 11. Mai 1771 auf dem mit Unrat bedeckten Boden einer türkischen Gefängniszelle das Licht der Welt. Meine Geburtshelfer waren ein mainotischer Edelmann und ein anatolischer Gefängniswärter. Um mich einzuwickeln, gab es nichts anderes als die schmutzige Decke, die zuvor das Leichentuch meines Vaters gewesen war.
Meine Mutter war alles andere als zart besaitet; sie war zäh wie Leder. Schnell gewann sie ihre Selbstbeherrschung zu-

rück und bestand auf einer sofortigen Nottaufe. Da die Niederkunft einige Stunden gedauert hatte, war die Neuigkeit von dem Ereignis mittlerweile in der ganzen Garnison bekannt. Soldaten und Unteroffiziere drängten sich auf dem Gang, einerseits von Neugier getrieben und andererseits erfüllt von einer Art instinktivem Respekt, denn jeder von ihnen dachte an seine eigene Frau oder Mutter. Als schließlich auch der Kommandant des Gefängnisses die Zelle betrat, war meine Mutter gerade dabei, mich zu stillen. Er ließ seinen gebieterischen Blick durch den Raum schweifen und stellte fest, daß alles wieder unter Kontrolle war. Meine Mutter nutzte die Gelegenheit und bat ihn, einen Geistlichen holen zu lassen. Wortlos verließ er die Zelle, um ihrem Wunsch nachzukommen. Schließlich fand sich tatsächlich ein alter Mönch, der als einziger noch in einer halbverfallenen Kapelle inmitten der Überreste des mittlerweile in eine Moschee umgewandelten Priesterseminars wohnte. Dem armen Mann blieb gerade genug Zeit, seine Stola und sein Kreuz mitzunehmen. Die Soldaten, die sich vor der Zellentür drängten, verfolgten die Zeremonie in ehrfürchtigem Schweigen. Und obwohl es einerseits wahr ist, daß sie sich den Griechen gegenüber von einer sehr grausamen Seite zeigten, so waren sie doch andererseits von einer überraschenden Toleranz, was religiöse Dinge betraf. Der Gefängniswärter, den meine Mutter mit einem Goldstück gefügig gemacht hatte, gab sich wirklich alle erdenkliche Mühe. Darüber hinaus spielte er sich natürlich auch vor seinen Kameraden auf. Ihm verdanke ich es, daß der große Topf, in dem normalerweise die Bohnen gekocht wurden, zu meinem Taufbecken wurde. Beinahe gerührt stand er in der Zellentür. Dabei nahm er sich sehr wichtig und drängte immer wieder diejenigen seiner Kameraden zurück auf den Gang, die sich zu weit in die Zelle vorwagten. Währenddessen salbte der Mönch meine Stirn, meine Lippen, meine Handflächen und meine Füße mit heiligem Öl.

Meine Mutter bat Bourzinos, mein Pate zu sein, weil er der letzte Weggefährte meines Vaters gewesen war, weil er seinen Bruder unter den gleichen Umständen verloren hatte und schließlich und endlich, weil er mich zur Welt gebracht hatte. Bourzinos wollte unbedingt, daß ich den ungewöhnlichen Vornamen Laskarina tragen sollte, denn so hatte seine Mutter geheißen, die einzige Frau, die er je respektiert hatte.
Als ich den zitternden Händen des alten Mönchs entglitt und in das kalte Wasser fiel, fing ich laut und ausdauernd an zu schreien. Durch mein Gebrüll wurden die Gefangenen in ihren Zellen aufgeschreckt, und da sie nicht wußten, was vor sich ging, begannen sie alle, laut an ihre Zellentüren zu schlagen. Innerhalb weniger Augenblicke fand der Kerkermeister zu der ihm eigenen Brutalität zurück. Er schrie meine Mutter und den Mönch an und warf sie beinahe gewaltsam aus dem Gefängnis hinaus. Trotz ihres geschwächten Zustandes stolperte Skevo auf unsicheren Beinen mit ihrem schreienden Bündel in den Armen von dannen, besessen von dem einzigen Gedanken, diesem Ort des Schreckens so schnell wie möglich zu entfliehen.
Sie kehrte mit mir nach Hydra zurück. Erschöpft von der Reise und allem, was sie durchgemacht hatte, ersehnte sie nur das eine: endlich wieder zu Hause zu sein. Doch bei ihrer Rückkehr mußte sie feststellen, daß nun die Schwestern ihres Ehemannes ihr Haus bewohnten. Sie rechtfertigten das damit, jemand hätte ja wohl während der Abwesenheit meiner Mutter auf das Haus achten müssen. Der Bitte, das Haus wieder zu verlassen, kamen sie jedoch nicht nach. Unter dem fadenscheinigen Vorwand, daß ein Teil der Erbschaft niemals richtig aufgeteilt worden sei, erklärten sie, daß dafür das Haus nun der ganzen Familie ihres verstorbenen Bruders gehöre.
Da sie vor ihrer Abreise ihren eigenen Besitz veräußert hatte, blieben meiner Mutter nur noch einige Grundstücke auf der Insel selbst und auf dem Festland. Es war nicht viel,

und der Pachterlös, den sie damit erzielen konnte, war mehr als mager, aber für eine mittellose Witwe war das immer noch besser als nichts. Doch jetzt traten die Brüder ihres Mannes mit der Behauptung auf den Plan, daß mein Vater sich von ihnen große Summen Geldes geliehen hätte, die noch nicht zurückbezahlt worden seien. Einige der Grundstücke seien deswegen mit Hypotheken belastet, und andere seien sogar ganz in den Besitz ihrer Familie übergegangen. Ich kann mir gut vorstellen, daß meine Mutter wie eine Löwin kämpfte, um unseren Besitz zu verteidigen – nicht so sehr für sich selbst, sondern vielmehr für mich. Ich sehe sie noch vor mir: groß, schlank, blond, mit dunklen, vor Wut fast schwarzen Augen, wie sie auf ihrem Recht beharrt, sich wehrt, unermüdlich, unerschütterlich. Sie hatte eine gute Erziehung genossen, aber ich bin sicher, daß sie zur kraftvollen, erdverbundenen Sprache des einfachen Volkes zurückfand, um ihrer angeheirateten Familie die Meinung zu sagen. Aber welche Aussichten hatte sie, sich gegen diese Horde geldgieriger Verwandter durchzusetzen?
Deshalb suchte sie schließlich ihren Vater auf, den alten Kokkini, einen der reichsten Männer der Insel. Weil seine älteste Tochter ihm so ähnlich war, hatte dieser sie schon immer bevorzugt und schien auch bereit, ihr zu helfen. Doch da mischte sich die Schwester meiner Mutter ein, eine Furie, die ganz meiner verstorbenen Großmutter glich. Sie hatte Andreas Koundouriotis geheiratet, das Oberhaupt einer anderen äußerst wohlhabenden Familie der Insel. Von jeher war sie auf meine Mutter eifersüchtig gewesen. Als ihr nun zu Ohren kam, daß mein Großvater ihre Schwester unterstützen wollte, eilte sie zu ihm und machte ihm bittere Vorwürfe. Meine Mutter hätte schon zu ihrer Hochzeit ihre Mitgift und ihren Erbteil erhalten. Wenn sie das Geld zum Fenster hinausgeworfen hatte, so war das einzig und allein ihre Sache – dann sollte sie jetzt eben einen Beruf erlernen und anfangen zu arbeiten, das würde ihr sicher nicht scha-

den. Wenn sie jedoch nun noch einmal Geld erhielte, so wäre das eine Ungerechtigkeit ihr, der Nachgeborenen, und ihren Kindern gegenüber. Die Koundouriotis ließen meinem Großvater keine ruhige Minute mehr. Gegen meine Mutter wurden sie sogar handgreiflich, um sie von ihrem Vorhaben abzubringen. Als sie mir später von alldem erzählte, tat sie dies nur sehr vage. Aber schon allein die Nennung des Namens Koundouriotis genügte, um sie erbleichen zu lassen. Schließlich, um seine Ruhe zu haben, gab mein Großvater seiner jüngsten Tochter nach, genau so, wie er es auch stets bei seiner Frau getan hatte. Er ließ meine Mutter wissen, daß sie nicht auf ihn zählen könne.

Unter dem Vorwand, einen Kompromiß zu suchen, trat schließlich im Hause meines Großvaters ein Familienrat zusammen. Aber in Wirklichkeit wollte man der Lieblingstochter auch noch das letzte wegnehmen, ihr, die als angebetete Ehefrau vom Thron ihrer Jugend herab die anderen durch ihre Schönheit, ihren Reichtum und ihr Glück verhöhnt hatte und die nun nur noch die Witwe eines Sträflings war. Der Familienrat fand im Saal des großen Hauses der Kokkini statt, in dem meine Mutter ihre Kindheit verlebt hatte. Alle saßen sie auf den niedrigen Sofas, die rings an den Wänden standen, während meine Mutter als einzige in der Arena aufrecht stehend den blutrünstigen Bestien die Stirn bot. Als ihr klar wurde, daß sie verspielt hatte, warf sie ihnen diese letzten Worte an den Kopf, die sie mir so gerne wiederholte. Ihnen allen, ihren Schwagern und Schwägerinnen, ihrem Vater, ihrer Schwester, den Koundouriotis und allen, die in Hydra Rang und Namen hatten, schleuderte sie ins Gesicht, daß sämtliche Hydrioten Feiglinge seien – während der Revolte gegen die Türken waren sie die einzigen gewesen, die sich den Aufständischen nicht angeschlossen hatten –, denen ihre persönliche Sicherheit schon immer wichtiger gewesen sei als ihre Ehre. Auf der ganzen Insel habe es nur einen echten Mann gegeben:

meinen Vater. Er war aufrecht in den Tod gegangen, während alle anderen mit gekrümmten Rücken und auf dem Bauche kriechend verfaulten. Und dann verfluchte sie jeden einzelnen von ihnen ausdrücklich, und sie schwor, in ihrem ganzen Leben nie wieder einen Fuß auf Hydra zu setzen – was sie dann auch wahr machte.

Meine Mutter nahm mich auf den Arm, und wir verließen die Insel. Aber wir gingen nicht weit fort. Ohne lange zu überlegen, entschloß sie sich, auf die Nachbarinsel Spetsai überzusetzen, deren Bewohner seit jeher Rivalen und unerbittliche Gegner Hydras gewesen waren. In den Augen meiner Mutter stand fest, daß unsere Feinde uns nicht schlechter aufnehmen konnten als unsere Freunde, und wenigstens wurde auf Spetsai Arvanetika gesprochen, also Albanisch, unsere Muttersprache. Meine Mutter, mein Vater und ich selbst waren nämlich strenggenommen eigentlich keine Griechen. Sicher waren wir es in unseren Herzen, im Geiste, in der Religion, was unsere Ideale anbetraf, und in unserem Opferwillen, denn wir würden nicht zögern, unser Leben für Griechenland hinzugeben. Aber nach Meinung der Historiker waren wir nicht von griechischer Abstammung. Eigentlich bin ich eine Arvanitissa, eine Albanerin. Unser Volk, das seit Menschengedenken existiert, hat schon viele Namen getragen. Sind wir Pelasger, Illyrier? Oder leitet sich etwa, wie Fachleute glauben, unsere Sprache direkt aus dem Sanskrit her? Ich weiß nur eines: Wir sind schon vor Tausenden von Jahren vom Balkan gekommen, haben uns über ganz Griechenland verteilt und Kolonien gegründet. Hydra und auch Spetsai werden von Albanern bewohnt.

Als uns das Ruderboot in dem kleinen Hafen von Spetsai an Land setzte, wurde meiner Mutter plötzlich klar, in was für einen Abgrund sie sich gestürzt hatte. Sie, deren Leben bislang von Glück und Wohlstand geprägt war, stand nun plötzlich mit einem Säugling auf dem Arm in der Fremde, von allen verlassen, mittellos und ohne Unterstützung. Doch trotz der hoffnungslosen Lage, in der sie sich befand, vergoß sie nicht eine Träne. Statt dessen setzte sie sich auf ihre wenigen Habseligkeiten und begann, mich zu stillen. Den alten Weibern des Dorfes, die bei jeder Ankunft eines Schiffes voller Neugierde zum Hafen strömten – immer unter dem Vorwand nachzusehen, ob nicht irgendein bekanntes Gesicht unter den Ankömmlingen war –, waren wir natürlich sofort aufgefallen. Sie näherten sich dieser jungen, schönen, elegant gekleideten Frau, die mutterseelenallein auf der Welt zu sein schien. Sie mußten ihr tausenderlei Fragen stellen: Wer war sie? Woher kam sie? Und weshalb war sie hier? Und in diesem Augenblick war ich es, die die Situation rettete, denn wer kann schon einem Säugling widerstehen? Die alten Weiber waren restlos hingerissen von mir, und eine von ihnen gab uns Obdach und etwas zu essen, oder genauer gesagt eine Hütte und einen Teller mit Bohnen.

Aus Armut erwächst Solidarität. Zu unserem Glück befand sich die ganze Insel Spetsai, unsere neue Heimat, in einem ähnlichen Zustand wie wir. Drei Jahre zuvor hatten sich ihre Bewohner im Unterschied zu den treulosen Hydrioten voller Begeisterung am Aufstand gegen die Türken beteiligt. Als erstes brachten sie das Oberhaupt der islamischen Arvaniten um, der die ganze Gegend unterdrückt hatte. Denn obwohl sie selbst Arvaniten waren, jedoch christlichen Glaubens, waren ihnen ihre andersgläubigen Landsleute mehr verhaßt als alles andere. Danach hatten sie sich sofort in das Heer der Aufständischen eingereiht. Der Gegenschlag ließ auf sich warten, war dann aber um so schrecklicher. Oft bestand die Taktik der Türken darin, den Dingen zunächst ihren Lauf zu lassen und ganz so zu tun, als sei ihre Aufmerksamkeit eingeschlafen. Dann plötzlich, wie ein Blitz aus heiterem Himmel, griffen sie an und schlugen drein wie von Sinnen. Eines Tages war eine ganze türkische Armada vor Spetsai aufgetaucht und hatte Tausende von Soldaten angelandet, die sich wie Folterknechte aufführten. Die Männer wurden abgeschlachtet und die Frauen in Harems verschleppt. Am furchtbarsten wüteten die islamischen Arvaniten, die im Dienste der Türken standen. Sie waren es, die die Einwohner der Insel überall aufspürten, wo auch immer sie sich versteckt hielten, sei es in Meeresgrotten oder Berghöhlen. Sie machten sich einen Spaß daraus, ihre Mitbürger wie Wild aufzuscheuchen und zu jagen. Mit allen möglichen Schlichen lockten sie ihre Opfer aus den Verstecken heraus, um sie dann langsam und grausam zu töten. Der Kapetan Pascha* hatte befohlen, keinen Stein auf dem anderen zu lassen und jegliches Leben zu vernichten. Alle Häuser auf der Insel wurden gebrandschatzt, die Bäume abgeholzt, und auf den Feldern wurde Salz ausgestreut. Als die Türken abzogen, ließen sie nichts als verbrannte Erde zurück.

Nachdem er so ein Exempel statuiert hatte, gab der Sultan den Einwohnern von Spetsai, die nach Kythera, Hydra und auf andere Inseln geflohen waren, die Erlaubnis, in ihre Heimat zurückzukehren, um die tote Erde zu neuem Leben zu erwecken. Als wir den Fuß auf die Insel setzten, hatte Spetsai gerade wieder begonnen zu leben. Die Insel war beinahe völlig kahl. Die Bäumchen, die man erst vor kurzem gepflanzt hatte, waren noch klein und unscheinbar, und im alten Viertel von Kastelli hatten die Bewohner erst unlängst ein paar Häuser wieder aufgebaut.

Damals lebte Spetsai einzig und allein von einer mehr als kargen Landwirtschaft. Aber es kam nicht in Frage, daß meine Mutter auf den Feldern arbeitete. Sie hatte das noch nie zuvor in ihrem Leben getan, und sie war physisch dazu einfach nicht in der Lage. Also begann sie zu sticken und verzierte Kissenbezüge, Tischtücher und Servietten mit

* Türkischer Großadmiral

geometrischen Mustern oder einfachen Motiven in Rot und Blau. Die ersten Käufer waren anfangs nur aus Mitleid zu ihr gekommen, doch sie verstand sich so gut auf ihr Handwerk, daß sich die Anzahl der Kundinnen bald vervielfachte. Sehr schnell verdiente sie genug Geld, um unseren Lebensunterhalt und unsere Unabhängigkeit zu sichern. Wir lebten in einer kleinen, weißgetünchten Hütte ganz oben auf dem Hügel von Kastelli, in der Nähe der Kirche zur Heiligen Dreifaltigkeit, die damals noch nicht wieder aufgebaut war. Als einziger Luxus war uns der Ausblick auf das Meer, die kleinen Inseln und die in der Ferne liegenden Berge des Peloponnes geblieben. Meine Mutter war es, die in unserem Haus, wie auch in unserem Leben, für Sauberkeit und Ordnung sorgte. Wir hatten alles, was zum Leben notwendig war, aber auch nicht mehr. Ich habe niemals hungern müssen, und das karge Leben, das meine Mutter und die Einwohner von Spetsai führten, hat mich so sehr abgehärtet, daß ich mich manchmal frage, ob ich zu dem geworden wäre, was ich bin, wenn ich in dem prächtigen Arkontikon* auf Hydra aufgewachsen wäre, in das ich eigentlich hineingeboren worden war.

Meine Mutter litt nicht unter diesem »sozialen Abstieg«, denn auf Spetsai waren alle arm. Man kannte sich untereinander, ja, alle waren mehr oder weniger miteinander verwandt. Das Leben verlief dort in einfachen, patriarchalischen Bahnen. Wenn die Bauern nach getaner Arbeit nach Hause kamen, hockten sie sich auf den Boden, um ihre Abrechnungen zu machen, während die Frauen das einfache Abendmahl bereiteten. Aber die Spetsioten waren sehr viel fröhlicher als die Hydrioten. Oft floß der geharzte Wein in Strömen, und bis in den frühen Morgen hörte man ihre Gesänge über die ganze Insel schallen. Weintrinken und ihre Lieder – beides habe ich von ihnen gelernt.

* Herrenhaus

Kapitel 2

Ich war fünf Jahre alt, als Dimitri Lazarou in unser Leben trat. Eigentlich machte er meiner Mutter schon seit einigen Monaten den Hof, doch ich war noch zu klein, um das zu verstehen. Instinktiv fühlte ich jedoch, daß sie etwas für ihn empfand. Er war ein hochgewachsener, wohlproportionierter, schlanker junger Mann mit ebenmäßigen Gesichtszügen und einer dunklen, matten Haut. Der Blick seiner großen feuchten Augen war wie verschleiert, was seinem Gesicht einen Ausdruck tiefer Sanftmut gab. »Er hat Augen wie ein Schaf«, flüsterte ich meiner Mutter zu. Auch in anderer Weise ähnelte er diesen Herdentieren. »Er hört sich an wie ein Ziegenbock«, fügte ich hinzu – denn wenn er aufgeregt war, klang seine Stimme wie ein Meckern. Kurzum, ich war eifersüchtig auf ihn. Obwohl Dimitri Lazarou wie ein Schaf dreinschaute, blieb sein Charme nicht ohne Wirkung. Überdies gehörte er einer der angesehensten Familien der Insel an und war unter den ersten, die begriffen, daß sich der Wind des Schicksals gedreht hatte. Der Boden von Spetsai war so unfruchtbar, daß Obst und Getreideanbau nur sehr wenig Ertrag lieferten. Lazarou und einigen anderen wurde klar, daß die Zukunft der Insel in der Seefahrt lag, für die sie alle notwendigen natürlichen Voraussetzungen bot. Ich erinnere mich noch an die ersten Boote, die auf den aus allen möglichen Materialien zusammengeschusterten Behelfswerften vom Stapel liefen, und zwar genau dort, wo später der »Alte Hafen« entstehen sollte und wo heute unsere Großwerften mächtige Schiffe auf Kiel legen. Diese ersten Kähne waren kaum größer als

Fischerboote, aber sie genügten Lazarou, um den Handel mit jenem Land aufzunehmen, das damals als das Huhn galt, das goldene Eier legt: mit dem Zarenreich. Der Frieden, den das siegreiche Rußland den Türken abgerungen, und die erniedrigenden Bedingungen, die es ihnen auferlegt hatte, machten aus den griechischen Gewässern, was den Handel anbetraf, im wahrsten Sinne des Wortes beinahe schon ein russisches Binnenmeer.

Zwischen zwei Handelsreisen, von denen er goldbeladen zurückkehrte, bat Lazarou meine Mutter um ihre Hand. Im Andenken an meinen Vater und aus Respekt ihm gegenüber willigte sie nicht sogleich ein, aber ihr Gesicht strahlte vor Freude, denn endlich sah sie das Ende all dieser Jahre der Unsicherheit, Armut und Furcht gekommen. Zu guter Letzt entzog sie sich somit der unterschwelligen Verachtung oder dem nur allzu deutlich zur Schau gestellten Mitgefühl mit der armen Witwe. Endlich würde sie wieder den Status der verheirateten und reichen Frau zurückerlangen. Mir hingegen erklärte sie, daß sie Lazarou nur aus einem einzigen Grund das Jawort gegeben hatte, nämlich um *meine* Zukunft zu sichern. Wäre es nur um sie gegangen, dann wäre sie dem Andenken meines Vaters treu geblieben. Damit schien sie sagen zu wollen, daß sie sich für mich geopfert hatte; alle griechischen Mütter, sogar die selbstlose Skevo, versuchen, ihren Kindern ein Schuldgefühl ihnen gegenüber einzupflanzen.

Für die Hochzeit bekam ich ein neues Kleid. Ich war überglücklich, aber ich hütete mich, dies zu zeigen. Die Zeremonie fand in der Kirche zur Heiligen Dreifaltigkeit statt, die endlich fertig geworden war. Der funkelnagelneue Ikonostas erfüllte die Kirche mit seinem goldenen Glanz. Da sie mich darum gebeten hatten, trug ich die große, weiße, mit einer Schleife verzierte Kerze und stand neben ihnen. Immer wieder beugte sich meine Mutter zu mir herunter, strich mir übers Haar, flüsterte mir irgendwelche liebevollen Worte zu oder herzte mich. Aber ich blieb ungerührt. Die Zeremonie war kurz, denn sie fand beinahe heimlich statt. Lazarou entstammte einer von Frauen beherrschten Familie, die gegen diese Heirat waren. Seine Mutter und seine Schwestern hatten sich für ihren »Mann« die Ehe mit einer reichen Erbin erträumt – und was machte dieser Narr? Er suchte sich eine mittellose Witwe, die zu allem Überfluß bereits ein Kind hatte. Nur eine einzige seiner Schwestern war in der Kirche erschienen. Alle anderen waren unter fadenscheinigen Vorwänden der Feier ferngeblieben. Was seine Mutter betraf, so hatte sie die Teilnahme an der Feier regelrecht verweigert.

Wir verließen unser ärmliches Häuschen in einer Maultierkarawane, die die magere Mitgift der Braut trug: einige wenige schön bestickte Kleider, die ihr noch aus ihrer ersten Ehe geblieben waren. Unser Weg führte uns hinunter in das neue, reiche Viertel von Spetsai, das südlich vom alten Kastelli entstanden war. Schließlich kamen wir vor dem Archontikon der Familie Lazarou an, das erst kurz zuvor fertiggestellt worden war. In einem großen Zimmer des ersten Stocks erwartete uns ein Tribunal wie zum jüngsten Gericht. Mit verschlossenen Gesichtern saßen seine ganz in Schwarz gekleideten Schwestern und seine Mutter schweigend da. Lazarous Mutter und eine ihrer Töchter hatten ihren Ehemann verloren. Die anderen waren bereits als Witwen auf die Welt gekommen. In ihrer goldbestickten Bluse, ihrem schönen Rock, ihrem pelzverbrämten dunkelroten Samtjäckchen und mit ihrer leuchtendroten Gürtelschärpe aus Satin wirkte meine Mutter wie ein seltener Paradiesvogel, den es unter die Krähen verschlagen hatte. Bildschön und höchst elegant saß sie ganz aufrecht auf einem unbequemen Stuhl und ignorierte die feindseligen Blicke, die man ihr zuwarf.

Während ich mich an ihr festklammerte, ging Lazarou ins Erdgeschoß hinunter, wo er angeblich mit den anderen

Männern noch über Geschäfte reden mußte. Niemand richtete auch nur ein Wort an uns. In einer Ecke tuschelten Lazarous Schwestern miteinander. Seine Mutter thronte über dem Ganzen und wachte über ihr kleines Reich. Dabei zuckten ihre Lippen ohne Unterlaß, so als würde sie ein Bonbon essen. Von Zeit zu Zeit krächzte sie mit der schrillen Stimme einer Schwerhörigen: »Was sagt ihr da?«, ohne jedoch eine Antwort auf diese Frage zu erwarten oder zu erhalten.

Verstohlen ließ ich meinen Blick durch den Raum schweifen. Trotz der bestickten Vorhänge, der schön gemusterten Teppiche und einiger venezianischer Spiegel, die vom Reichtum der Lazarous zeugten, machte das Haus einen unpersönlichen, düsteren Eindruck. In meinem bisherigen Zuhause hatte es nur einfache Möbel und die Gegenstände des täglichen Bedarfs gegeben. Aber die Zimmer waren in helles Sonnenlicht getaucht, und überall standen Vasen mit Blumen. Hier gab es weder Licht noch Blumen, statt dessen herrschte eine drückende Atmosphäre. Kinder sind sensibler als Erwachsene, und so empfand ich diese Feindseligkeit bereits, bevor ich ihr höhnisches Gelächter hörte und die bösen Blicke spürte, die man mir zuwarf. Erst nach einer Weile bemerkte ich die Kinder, die sich in einer Ecke des Raumes aufhielten. Es waren die Enkel, Enkelinnen, Neffen und Nichten der alten Frau. Sobald sich eines von ihnen auch nur bewegte, wurde es sofort zur Ordnung gerufen. Das galt für alle gleichermaßen, die einzige Ausnahme hiervon schien ein entzückendes grünäugiges Mädchen zu bilden, das sich scheinbar alles herausnehmen durfte. Ohne Unterlaß lief es herum und herzte seine Großmutter, worauf sich deren zahnloser Mund zu einem Lächeln verzog. Die Kleine starrte mich an, und noch bevor ich ihren Namen erfuhr – sie hieß Maria –, wußte ich bereits, daß ich in ihren Augen ein Eindringling war und daß sie mich nicht leiden konnte. An jenem Abend sehnte ich mich nach unserem kleinen Häuschen zurück, nach unseren Nachbarinnen, diesen einfachen, warmherzigen und fröhlichen Menschen. Leise flüsternd flehte ich meine Mutter an, doch endlich wieder zu gehen. Ebenso leise antwortete sie darauf, daß wir uns damit geschlagen geben würden, und deshalb zog sich das Ganze so lange hin, bis die Alte mit ihrem Ebenholzstock auf den Boden pochte, um anzukündigen, daß sie nun zu Bett gehen würde.

Oh, wie oft mußte ich solche Abende über mich ergehen lassen. Wie oft hatte ich das Gefühl, in dem großen Haus der Lazarous ersticken zu müssen, diesem Haus, das die Alte mit eiserner Hand regierte. In jener Zeit waren Dienstboten noch eine Seltenheit. Obwohl es im Hause einige von ihnen gab, wurde der größte Teil der anfallenden Arbeiten von Familienmitgliedern geleistet: von den Töchtern, Schwiegertöchtern – das heißt von meiner Mutter –, von den Kindern und den mehr oder weniger nahen Verwandten, die mehr oder weniger arm waren. Die Alte wies jedem eine Aufgabe zu: Kochen, Waschen, Putzen. Sie hatte eine Hierarchie der Arbeiten geschaffen, in die alle je nach Beliebtheit, Alter und Reichtum eingeordnet wurden. Ihre Lieblinge kontrollierten die Sklavenarbeit der anderen. Wegen Lazarou hatte es die Alte nicht gewagt, uns die niedrigsten Arbeiten im Haushalt aufzuerlegen. Meiner Mutter fiel – aufgrund ihrer früheren Tätigkeit – die Aufgabe zu, Wäsche und Linnen instand zu halten. Als auch ich alt genug war, um mitzuarbeiten, übertrug mir die Alte die Verantwortung für das Geschirr. Bald – mit zunehmendem Wohlstand – wurde das einfache, auf der Insel aus gebranntem Ton hergestellte Geschirr durch reich verzierte Fayencen aus der türkischen Manufaktur von Kuthaya ersetzt. Oft mußte ich stundenlang die großen glasierten Schüsseln spülen.

Von ihren ausgedehnten Handelsfahrten brachten Lazarou

und die anderen Karavokirides Gepflogenheiten mit, die bis dahin auf unserer Insel unbekannt gewesen waren und unsere Lebensweise veränderten. Auch ich wurde ein Opfer dieser Umwälzungen. Für mich und für die große Mehrzahl der Griechen beschränkte sich die Schulbildung bisher auf den Unterricht durch einen alten Papas, einen Priester, der uns das Lesen beibrachte, indem er einige religiöse Texte herunterstammelte. Er konnte kaum besser schreiben als seine jugendlichen Schüler und ließ uns immer und immer wieder unsere Gebete aufsagen. Aber schließlich tauchten ausländische Bücher auch bei uns auf. Es waren französische, englische, italienische und deutsche Werke. Von da an setzten die Spetsioten alles daran, auch andere Sprachen zu erlernen, um ihre Handelsbeziehungen auszuweiten. Als nächstes setzten ihre Schiffe ganze Scharen von Hauslehrern an Land, die bei den wohlhabenden Familien Anstellung fanden. Auch ich erhielt Privatunterricht, der den kleinen Wildfang, der ich damals war, in ein wohlerzogenes junges Mädchen aus guter Familie verwandeln sollte. Um ganz ehrlich zu sein: Ich war eine ziemlich schlechte Schülerin. Aber im Gegensatz zu dem, was meine Feinde behaupten, bin ich weder Analphabetin noch ungebildet. Ich bin ausgesprochen stolz auf meine gleichmäßige und sogar elegante Handschrift.

Während ich so mein Wissen vermehrte, vergrößerte meine Mutter unsere Familie. Die Geschwindigkeit, mit der ich beim Lernen Fortschritte machte, wurde dabei weit in den Schatten gestellt von der Schnelligkeit, mit der meine Mutter Kinder in die Welt setzte. Sie schenkte Lazarou sechs Söhne und zwei Töchter. Nach jeder Geburt wurde die Kluft zwischen den Neugeborenen und mir deutlicher. Sie kamen im Reichtum zur Welt, während ich in die Armut hineingeboren worden war. Natürlich gaben sich Lazarou und meine Mutter alle erdenkliche Mühe, um diesen Unterschied zu mildern. Aber zu Ostern oder sonstigen

Anlässen bekamen die anderen von ihren reichen Onkeln und Vettern viel mehr Geschenke, Kleinigkeiten und Firlefanz von weither mitgebracht. Die Matrone vergötterte ihre Enkelkinder, die sie über alle Maßen verwöhnte. Mich hingegen ignorierte sie, oder wenn sie mir schon einmal ihre Aufmerksamkeit schenkte, dann nur, um mich zu bestrafen. Wenn Lazarou längere Zeit auf See war und es zwischen den Kindern Streit gab, dann war immer ich die Schuldige. Meist wagte es meine Mutter nicht, mich zu verteidigen; die ganze Atmosphäre wäre sonst noch mehr vergiftet worden.

Einmal jedoch hatte die Alte nicht ganz unrecht, mich zu bestrafen. Meine jüngeren Halbbrüder ärgerten mich ständig, obwohl es meist nicht wirklich böse gemeint war. Da ich älter und kräftiger war als sie, fiel es mir leicht, mich ihrer zu erwehren. Doch eines Tages fielen sie – ohne sich vorher miteinander abgesprochen zu haben – alle gleichzeitig über mich her. Ich verteidigte mich mit Fäusten und Krallen, und sie handelten sich an Armen und Beinen blaue Flecken und tiefe Kratzer ein. Durch ihr Geschrei alarmierten sie die ganze Familie. Mit einer Kraft, die ich ihr nicht mehr zugetraut hätte, packte mich die Alte bei den Haaren und warf mich aus dem Haus. Doch zuvor verprügelte sie mich noch mit ihrem Ebenholzstock.

Die Wut erstickte meinen Kummer. Während meine Mutter mich überall suchte, irrte ich durch die Straßen des Dorfes und wünschte der Alten alles nur erdenkliche Ungemach an den Hals, wobei der Tod wohl noch das harmloseste Unheil war. Erschöpfung und Hunger trieben mich schließlich wieder zu unserem Haus zurück, aber ich betrat es nicht, sondern setzte mich auf die Straße an die Gartenmauer. Die Zeit des Abendessens war schon lange vorbei, als meine Halbbrüder heimlich zu mir herauskamen und mir etwas zu essen brachten, das sie bei Tisch für mich stibitzt hatten. Sie hatten mich vom Fenster aus gesehen, und die

Strenge meiner Bestrafung hatte sie auf meine Seite überwechseln lassen. Von da an herrschte zwischen uns eine Art Status quo, der auf ihrer Seite mit Respekt und meinerseits mit Zuneigung gepaart war. Eine Ausnahme bildete nur mein dritter Halbbruder, Theodosius. Der besaß zwar eine Engelsmiene, war aber heimtückisch wie kein zweiter. Am meisten störte mich jedoch an ihm, daß er meiner Kusine Maria sklavisch ergeben war. Mit den Jahren nahm deren Haß auf mich ebenso zu wie ihre Schönheit. Besonders stolz war sie auf ihre großen grünen Augen, ihre helle Haut und ihre langen schwarzen Haare. Dabei spottete ihr gekünsteltes Gehabe jeder Beschreibung. Schon als Kind gab sie sich wie eine erwachsene Frau. Es war ihr gelungen, sich den kleinen Theodosius völlig gefügig zu machen. In Wahrheit war sie es, die alle möglichen Gemeinheiten gegen mich ausheckte, die er dann in Szene setzen mußte. In den Augen der Alten aber waren beide Unschuldslämmer. Meine Mutter hob jedesmal die Arme zum Himmel, wenn sie mich nach einer Prügelei mit blauen Flecken übersät, zerkratzt, mit gerötetem Gesicht, zerzaustem Haar und zerrissenen Kleidern nach Hause kommen sah.

»Wo sollen wir bloß einen Mann für dich finden, wenn du dich nicht ein klein wenig beherrschen kannst?«

»Ich werde überhaupt nicht heiraten.«

»Und wie stellst du dir dein Leben vor?«

»Ich will Kapitän eines Schiffes werden.«

Eine Frau als Kapitän! Meine Mutter brach in fröhliches Gelächter aus. Mich jedoch zog das Meer magisch an.

Auch wenn ein »wohlerzogenes junges Mädchen« normalerweise nicht ohne Anstandsdame ausging, gelang es mir oft, mich davonzustehlen und zum Hafen hinunterzulaufen. Wie auf einer Bühne konnte sich dort ein Talent voll entfalten, das den Griechen eigen ist, nämlich aus dem unscheinbarsten Vorkommnis, aus einer Kleinigkeit ein phantastisches Abenteuer zu machen. Dies war der Ort, um den alle Reisenden, Güter und Neuigkeiten kreisten. Auf dem höchsten Hügel der Insel befand sich rund um die Uhr ein Ausguck mit einem Fernrohr. Sobald er in der Ferne ein Segel entdeckte, lief er sofort den Hügel hinunter, um die bevorstehende Ankunft eines Schiffes anzukündigen. Sogleich eilte aus den niedrigen Häusern das einfache Volk herbei, und kurz darauf erschienen, getragen und würdevoll, wie es ihrem Reichtum entsprach, die Karavokirides. Inmitten der Neugierigen verfolgte ich auf einem Poller stehend sehnsüchtig die Landung der Reisenden und versuchte, auf ihren Gesichtern zu entschlüsseln, was sie wohl empfanden. Jedesmal, wenn ein Schiff den Anker lichtete, wurde mir das Herz schwer. Noch bevor ich überhaupt zum ersten Mal wirklich mit ihm in Berührung gekommen war, war das Meer schon mein Element.

Ich war damals ungefähr dreizehn Jahre alt. Eines stürmischen Tages – der Meltemi* fegte über die Insel – bemerkte ich, als ich gerade auf die Dapia hinaustrat, eine ungewöhnliche Betriebsamkeit. Die Menschen liefen wirr durcheinander, und die Schiffe lichteten hastig ihre Anker. Ich drehte mich um. Auf dem höchsten Gipfel der Insel brannte ein großes Signalfeuer. Ich wußte, was das zu bedeuten hatte ...

Obwohl Griechenland besetzt war, waren auf Spetsai weder türkische Siedler noch Vertreter der osmanischen Verwaltung anwesend. Selbst die letzten Soldaten der unbedeutenden Garnison waren nach der Rebellion von 1770 abgezogen worden. Nur einmal im Jahr kam der Kapetan Pascha, um die Steuern einzutreiben. Genauer gesagt gab er sich meistens damit zufrieden, einen seiner Tschausch** zu schicken. Obwohl die Steuern nicht sehr hoch waren, murrten die Leute, denn in Griechenland darf man es sich

* Meltemi: ein für die Ägäis vor allem im Sommer typischer Nordwind

**Tschausch: subalterner Beamter

nie anmerken lassen, daß man eigentlich zufrieden ist. Schmerzlicher als der finanzielle Tribut war jedoch jener, der an Menschen zu leisten war. Jedes Jahr mußte Spetsai, wie die anderen Inseln auch, der türkischen Flotte eine bestimmte Anzahl von Seeleuten überlassen. Obwohl man sie nicht allzu schlecht behandelte – sie erhielten sogar einen geringen Sold –, bedeutete diese gewaltsame Rekrutierung junger Burschen für die Familien ein herzzerreißendes Ereignis.

Die Spetsioten hatten sich deshalb eine List ausgedacht. Sobald der Ausguck auf der Kuppe des Hügels das türkische Flaggschiff erspähte, entzündete er ein Buschfeuer. Auf dieses Zeichen hin lichteten sämtliche Schiffe den Anker, verließen den Hafen, setzten alle Segel und fuhren in die abgelegensten Buchten der Küste des Peloponnes, um sich dort zu verstecken. Wenn die Türken schließlich landeten, fanden sie auf Spetsai weder Schiffe noch Seeleute vor. »Es tut uns leid ... dann im nächsten Jahr ...«, entschuldigten sich die Stadtväter, und nach einer ergebnislosen Durchsuchung der Insel lichteten die Türken mit leeren Händen wieder die Anker.

Die Ankunft des türkischen Flaggschiffes war – obwohl sie eigentlich eine Bedrohung darstellte – ein Spektakel, zu dem das ganze Dorf zusammenlief. Meist ankerte es vor der Dapia, denn für das Anlaufen im Hafen war es zu groß. In einer großen Schaluppe kam der Tschausch des Kapetan Pascha an Land. Anders als sonst stieß er diesmal unsere Stadtoberhäupter, die erschienen waren, um ihm ihre Aufwartung zu machen, zurück. Sofort wurde uns klar, daß sich etwas geändert hatte.

Ohne sich irgendwelche Beschwichtigungen oder Erklärungen anzuhören, befahl er seinen Leuten, alles bis in den letzten Winkel zu durchsuchen. Während sie sich überall in den Straßen verteilten, blieben wir wie angewurzelt auf dem Kai stehen und beobachteten den Tschausch, der sichtbar aufgebracht mit großen Schritten auf und ab ging. Ich sehe dieses Bild noch genau vor mir: den stürmischen Wind, den strahlenden Sonnenschein, die zu Salzsäulen erstarrten Leute und dann diesen Würdenträger in einer prächtigen rotgoldenen Uniform, der außer sich war vor Wut. In jenem Moment beschäftigte mich vor allem die Frage, warum der Wind ihm seinen Turban nicht vom Kopf wehte. Anders als in den vergangenen Jahren kamen seine Soldaten mit ungefähr dreißig jungen Männern zurück, denen es nicht gelungen war, rechtzeitig an Bord der Schiffe zu gehen, und die versucht hatten, sich in den Häusern zu verstecken. Wie Deserteure aneinandergekettet und jämmerlich anzuschauen, stolperten sie mit gesenkten Köpfen vor ihren Bewachern her, die sie zwar nicht besonders rücksichtsvoll, aber auch ohne unnötige Brutalität vorwärtstrieben. Ihnen auf dem Fuße folgte eine Gruppe von weinenden und jammernden Müttern, Schwestern und Bräuten, die die Namen der Unglücklichen riefen und die Wächter auf Knien um Gnade für sie baten. Das Ganze wirkte wie eine Szene aus einer griechischen Tragödie. Mir fiel vor allem eine Greisin auf. Sie klammerte sich an die Rockschöße eines der Soldaten und schrie mit einer Stimme, die viel lauter war, als man es von einer Frau ihres Alters erwartet hätte: »Mein Sohn, mein Sohn, mein Sohn.« Verärgert stieß der Mann sie brutal zurück. Nicht weit von mir fiel sie zu Boden. Sofort eilte ich ihr zu Hilfe.

Aber all meine Anstrengungen, ihr wieder auf die Beine zu helfen, waren umsonst. Es gelang ihr nicht aufzustehen. Sie lag auf den Knien. Das Gesicht mit Staub und Blut verschmiert, stammelte sie ohne Unterlaß: »Ich werde sterben, ich werde ihn nie wiedersehen. Mein Gott, gebt ihn mir zurück.« Diese Szene und vor allem den Schmerz dieser alten Frau habe ich niemals vergessen.

Einige Jahre später sind unsere Seeleute gesund in ihre Heimat zurückgekehrt, auch der Sohn der alten Frau. Sie

jedoch war, wie sie es vorhergesagt hatte, gestorben, ohne ihn wiederzusehen.
Der Tod meines Vaters in einem türkischen Kerker hatte mich mit einem abstrakten Gefühl des Hasses erfüllt. Die immerzu gegenwärtige Erinnerung an diese unbekannte Mutter hingegen, deren Qual ich in ihren blutverschmierten Zügen gelesen hatte, weckte in mir einen realen, unauslöschlichen Haß. An jenem Tag schwor ich mir, die Türken aus unserem Griechenland zu vertreiben.

Während all der Jahre, die ins Land gingen, gab ich meinen Widerstand gegen Lazarou niemals auf. Ich zeigte ihm weiterhin die kalte Schulter, wehrte mich gegen seine Liebkosungen und murrte, wenn er sich meiner Mutter näherte. Trotzdem versuchte er nach Kräften, mich wie sein eigenes Kind zu behandeln. Er war nicht oft zu Hause. Meist war er weit weg auf See, damit beschäftigt, seinen Reichtum zu mehren. Ich glaubte, auf ihn eifersüchtig zu sein, aber eigentlich war es seine Abwesenheit, die ich ihm vorwarf. Eines Tages – zwischen zwei Handelsfahrten war Lazarou gerade wieder einmal zu Hause – nahm er mich auf einen Spaziergang mit. Der Pfad schlängelte sich zwischen umzäunten Gärten zum Meer hinunter. Der Weg, den wir eingeschlagen hatten, trennte die Wiesen, auf denen die Schafe weideten, vom Strand. Wir kamen an dem ganz neuen strahlend weißen Kloster des Heiligen Nikolas vorbei, das von einem kleinen unscheinbaren Kirchturm überragt wurde, und erreichten schließlich den alten Hafen. Rings um ihn erstreckten sich mit Olivenhainen übersäte Hügel, und von weitem sah man die Werften und Lagerhäuser, die von Jahr zu Jahr größer wurden. Von Fels zu Fels stiegen wir hinunter bis zu einem winzigen Boot, das auf den Wellen sanft hin und her schaukelte. Es war kaum größer als ein Ruderboot, besaß jedoch einen kleinen Mast und ein Segel, das ungefähr so groß war wie eine große Tischdecke.

»Es gehört dir. Du bist jetzt sechzehn Jahre alt, alt genug, um eine echte ›Kapetanissa‹ zu werden.«
In seiner aufmerksamen Art hatte er meine Leidenschaft für das Meer erkannt. Puppen und irgendwelcher Firlefanz bedeuteten mir nichts, aber ein Schiff war die Verwirklichung des Traumes, den ich schon lange hegte. Zum Dank gab ich ihm lediglich einen flüchtigen Kuß auf die Wange, doch an jenem Tag gewann er mit einem Schlag mein Herz, oder besser gesagt, es gelang ihm endgültig, mein Herz ganz zu gewinnen. Auch meine Mutter billigte sein Verhalten, und dafür bewunderte ich sie. Anders als die anderen griechischen Mütter, die ständig um ihre Küken besorgt waren, war ihr vor allem daran gelegen, daß ich mich abhärtete. Ihr selbst hatte das Leben übel mitgespielt. Deshalb wußte sie, daß Kinder früh lernen mußten, es zu meistern.
Die alten Seemänner, die sich am Strand die Zeit vertrieben, waren von meiner Begeisterung entzückt und überboten sich gegenseitig darin, mir die Kunst des Segelns beizubringen. Sehr schnell lernte ich mein kleines Boot alleine zu manövrieren. Ich hatte es nach Agamemnon benannt, jenem berühmten Griechen, von dessen Heldentaten mir mein Lehrer erzählt hatte. Voller Stolz kreuzte ich jeden Tag im alten Hafen. Bald wagte ich mich immer weiter hinaus, umsegelte schließlich die Insel, warf in der Bucht von Anargyri Anker und segelte zuletzt sogar bis nach Agia Paraskevi. Mit der Zeit wurde ich immer wagemutiger und stieß bis zur Felseninsel von Trikeri vor, die nördlich von Spetsai auf dem Weg nach Hydra liegt. Wochenlang hatte ich meine Expedition in Gedanken vorbereitet. Ich zögerte, ich schob sie hinaus. Doch dann, eines Tages, hielt mich nichts mehr.
Es war an einem Sonntag, an dem ich keinen Unterricht hatte. Schon im Morgengrauen stand ich auf, verließ heimlich das Haus und ging an Bord der Agamemnon. Ich

lichtete den Anker, segelte aus dem Hafen und nahm direkten Kurs auf Hydra. Das ganze Unternehmen war mehr als tollkühn, denn bei der geringsten Windbö drohte meine Nußschale zu kentern. Doch an jenem Tag herrschte auf dem Meer die unvergleichliche Ruhe des griechischen Frühlings, und nur eine leichte Brise blähte mein Segel. Draußen auf dem offenen Meer fühlte ich mich sehr verwundbar, aber das berauschende Gefühl der Freiheit zerstreute jede Angst. Ich hatte den Eindruck, daß die Welt nur darauf wartete, von mir erobert zu werden. Wie ein verwunschenes Eiland tauchte Hydra mit seinen hohen und schroffen Bergen aus der graublauen Weite des Meeres auf. Es verging kein Tag, an dem die Bewohner Spetsais die Hydrioten nicht verwünschten. Man warf ihnen ihre Freundschaft mit den Türken vor und verzieh ihnen nicht ihre Feigheit während des großen Aufstandes gegen die Unterdrücker. Natürlich hatte diese Feindseligkeit meine Neugierde geweckt. Aber da war noch ein anderes, stärkeres Gefühl, das mich nach Hydra trieb: Ich wollte den Ort kennenlernen, an dem meine Eltern geboren worden waren und gelebt hatten. Die Tatsache, daß meine Mutter äußerst widerwillig darüber sprach, stachelte meine Neugierde nur noch mehr an.

Ich segelte an den rötlichen Felsen entlang, die schroff aus dem Meer aufragten. An den Hängen dieser scheinbar unzugänglichen Steilküste wuchs eine Unzahl von Pinien, die sich – Gott weiß wie – am Fels festkrallten. Nachdem ich eine weitere Klippe umsegelt hatte, tauchte schließlich die Stadt vor mir auf. In einem von hohen Häusern gesäumten trichterförmigen Talkessel erstreckte sie sich, immer schmaler werdend, von den Höhen bis hinunter zum Hafen. Die Insel hatte mich, kaum daß ich meinen Fuß an Land gesetzt und begonnen hatte durch die Straßen zu streifen, schon in ihren Bann geschlagen. Hydra war viel älter und viel reicher als Spetsai. Die Menschen, die dort lebten, waren genau wie wir Arvaniten. Aber es waren viel noblere Arvaniten als die auf Spetsai. Anstatt der dort üblichen Wollgürtel trugen die Männer, die mir hier begegneten, seidene Gürtel über ihren Pluderhosen. Zum ersten Mal sah ich Strümpfe aus Seide und feines Schuhwerk. Und was die Frauen betraf, gab es auf Spetsai keine einzige, die es gewagt hätte, solche überreich mit Gold verzierte Samtjäckchen, Brokathalstücher und Diamantbroschen in der Öffentlichkeit zu tragen. Die Familien, die bei uns auf Spetsai solche prachtvollen Stücke besaßen, um sich herauszuputzen, ließen sich an zehn Fingern abzählen, und natürlich holte man diese Kostbarkeiten nur für ganz besondere Anlässe hervor. Auf Hydra hingegen wurde diese prunkvolle Kleidung täglich zur Schau gestellt, und die schönen Hydriotinnen scherten sich überhaupt nicht um die Gesetze gegen den Luxus, die der Sultan ganz besonders für sie erlassen hatte. Obwohl ich einen ziemlich jungenhaften Eindruck machte, träumte ich davon, mich mit solch schillernden Röcken, bunten Seidentüchern, golddurchwirkten Stickereien und funkelnden Ohrringen zu schmücken.

Auch die Häuser überraschten mich. Sie waren viel höher und geräumiger als auf Spetsai – und eines von ihnen überragte die anderen noch um ein Vielfaches. Vom Hafen aus gesehen auf der rechten Seite gelegen, thronte es im Angesicht des Meeres majestätisch auf einem Felsvorsprung über dem Ganzen. Durch seine Größe wirkte es beinahe wie ein Palast, und die Wipfel der Palmen überragten die hohen grauen Steinmauern seines Gartens. Von einem Fischer erfuhr ich, daß es sich um das Haus der Koundouriotis handelte. War das nicht der Name des Schwagers meiner Mutter? Ich stieg die Treppen hinauf, die dorthin führten. Das große Eingangstor war offen. Ich betrat einen sonnendurchfluteten, von eleganten Arkaden gesäumten Innenhof. Inmitten des Hofes war ein Brunnen, neben dem auf einer Stufe ein kleiner Junge stand, der mich von Kopf bis Fuß musterte. Er war fünf oder sechs Jahre alt, dick, mit einem langgezogenen Gesicht und großen hellen Augen. Voller Stolz trug er einen hohen roten Tarbusch. Obwohl er ein Kind war, schien er bereits die Verkörperung der Überheblichkeit zu sein und fragte mich, wer ich denn sei und was ich wolle.

»Ich bin Laskarina Pinotsis, und ich möchte den Kyrios* Koundouriotis sprechen.«

»Er ist nicht da, und ich vertrete ihn. Ich bin sein ältester Sohn, Georgios Koundouriotis.«

Diese Spezies von frechen und ungezogenen Lausbuben kannte ich bereits. Es handelte sich um Kinder, die von ihren Eltern so schlecht wie nur möglich erzogen wurden, nur weil diese überglücklich waren, endlich den langersehnten männlichen Erben in die Welt gesetzt zu haben. Ruhig erklärte ich ihm, daß ich seine Kusine war, die Tochter der Schwester seiner Mutter.

»Du hast hier nichts verloren, verschwinde, oder ich lasse dich rauswerfen.«

Geduld war noch nie meine Stärke gewesen. Mit geballten Fäusten stürzte ich mich auf ihn, worauf er mit schriller Stimme um Hilfe rief. Sofort tauchten zwischen den Arkaden Diener auf, die uns voneinander trennten. Der Kleine fing an, hysterisch zu schreien.

»Schlagt sie, peitscht sie aus, werft sie raus!«

Zwar fügten mir die Bediensteten kein Leid zu, aber sie wiesen mir sehr bestimmt die Tür, während mein Vetter – außer sich vor Wut mit den Füßen stampfend – sie wegen ihrer Weichheit beschimpfte.

Was mich betraf, so schritt ich so würdevoll wie möglich von dannen, und erst, als sie mich nicht mehr sehen konnten, ließ ich den Tränen freien Lauf: Tränen der Wut über diese

* Kyrios: Herr

Demütigung. Ich hatte meine Lektion gelernt. Ich würde nie wieder an die Tür meines Großvaters oder meiner Tante klopfen. Von nun an wußte ich, was meiner Mutter widerfahren war. Die ganze Spannung dieses Abenteuers war gründlich verflogen. Ich war niedergeschlagen und fühlte mich erschöpft. So merkte ich gar nicht, wie es Nacht wurde. Nun war es zu spät, um nach Spetsai zurückzusegeln. Aber ich wollte niemanden um etwas bitten. In der Nähe des Kais fand ich einen Felsen, der nicht ganz so unbequem war wie die anderen, und dort verbrachte ich zusammengekauert die Nacht.

Obwohl ich vor Erschöpfung wie gelähmt war, schlief ich kaum. Im Morgengrauen stach ich wieder in See. Ich fühlte mich übermüdet und steif. Wie am Vortag war auch diesmal der Wettergott mir hold. Als ich um die Mittagszeit wieder zu Hause ankam, platzte ich mitten in die grandiose Tragödie, die ich durch mein Verschwinden ausgelöst hatte. Da ich ahnte, was für ein Empfang mir zuteil werden würde, hatte ich das Haus durch einen Dienstboteneingang betreten und war bis ins zweite Obergeschoß gelangt, ohne daß mich jemand gesehen hatte. Von dort konnte ich durch die bunten Glasfenster des Rundgangs direkt in den großen Saal blicken. Hier hatte sich die ganze Familie zusammengefunden. Meine Mutter war blaß und übernächtigt. Die Haare hingen ihr wirr ins Gesicht, und sie rang die Hände. Ohne Erfolg versuchte Lazarou, sie zu trösten. Die Großmutter, die sich bislang noch nie um mich gekümmert hatte, hing schluchzend und sich die Haare raufend in den Armen ihrer Freundinnen, die auf die Hiobsbotschaft hin herbeigeeilt waren. Lazarous Schwestern berichteten von den neuesten Gerüchten, die kursierten, und schleppten die letzten Personen herbei, die mich gesehen hatten. Für zusätzliche Verwirrung sorgten die Dienerinnen, die ständig frische Taschentücher austeilten, ohne daß irgend jemand sie dazu aufgefordert hätte, Tassen mit türkischem

Mokka abräumten, bevor sie überhaupt ausgetrunken waren, und Gläser umstießen. In einer Ecke des Raumes frohlockten die Kinder voller Aufregung. Meine Kusine Maria war außer sich vor Freude. Wahrscheinlich malte sie sich schon aus, wie streng ich bestraft werden würde, oder – was noch besser wäre – daß ich bereits tot wäre.

Schließlich nahm ich all meinen Mut zusammen, ging die Treppen hinunter und tauchte auf der Schwelle des großen Saales auf. Wo eben noch ein vielstimmiger Mißklang geherrscht hatte, machte sich augenblicklich Grabesstille breit. Niemand erhob sich, aber alle Blicke wandten sich mir zu. Die Tatsache, daß ich lebend zurückgekehrt war, zerstörte das makabre Ende, das die Alte und ihre Töchter sich mit Wonne ausgemalt hatten. Überraschung und Enttäuschung hatten sie sprachlos gemacht.

Schließlich kam Lazarou auf mich zu und sah mich traurig an. »Du hast deiner Mutter sehr viel Kummer bereitet. Komm jetzt zu ihr, und gib ihr einen Kuß.«

Weinend drückt mich meine Mutter an sich: »Warum hast du mir nur so weh getan?«

Auf eine Strafpredigt, auf Ohrfeigen, alle möglichen Strafen, ja sogar auf die augenblickliche Konfiszierung der Agamemnon war ich gefaßt gewesen. Dieser unter aller Großmut so deutlich spürbare Vorwurf jedoch ging mir wie ein Stich durchs Herz.

Kapitel 3

Meine Gewissensbisse machten mich unausstehlich. Ständig reagierte ich bei meiner Mutter voller Trotz und machte mir einen Spaß daraus, ihr nur noch zu widersprechen. Auch Lazarou gegenüber wurde ich immer widerspenstiger. Alle schlechten Charakterzüge, die die Griechen den Arvaniten nachsagten, traten bei mir zutage: Ich war unverschämt und gewalttätig. Meine laute Stimme strapazierte die Trommelfelle aller Hausbewohner, diese Stimme, die mir später beim Kommandieren meiner Mannschaft so gute Dienste leisten sollte ... Aber zu jenem Zeitpunkt ging ich den Erwachsenen schlicht und einfach auf die Nerven, und ich konnte mich selbst nicht ausstehen. Ich hatte den Spiegel entdeckt, den großen bronzenen Wandspiegel, den Lazarou aus Rußland mitgebracht hatte und der sich im Zimmer meiner Mutter befand: Er zog mich magisch an, obwohl ich ihn eigentlich wie die Pest meiden wollte, da er mir stets aufs neue meine Unzulänglichkeiten vor Augen führte. Sie wurden mir immer bewußter, und ich begann mich einzuigeln. Meine Stacheln waren ständig aufgerichtet und stachen vor allem die Parea,* die Gruppe von Mädchen und Jungen, Halbbrüdern, Freunden und Kusinen, mit denen wir abends immer zusammen waren. Da ich meinem Wesen nach ein Einzelgänger war, hatte ich mich keinem von ihnen jemals besonders verbunden gefühlt. Je unausstehlicher ich wurde, um so mehr

* Wörtlich: die Gesellschaft, die Clique

suchte ich ihre Gesellschaft, und so machte ich mich allmählich selbst bei meinen wenigen Freunden unbeliebt.
Dimitri Bouboulis kannte ich seit eh und je. Er war älter als ich und von kräftiger Gestalt. Mit seinen feurigen Augen und seinen ebenmäßigen Zähnen, die ihm etwas Raubtierhaftes gaben, war er mehr als gutaussehend – er war unwiderstehlich. Seine Stimme war unüberhörbar und sein Lachen ansteckend. Auch er war ein Karavokyrios, wie Lazarou, aber noch reicher als jener, da er viel größere Risiken einging. Er war mutig, verwegen – manchmal bis zur Unbesonnenheit. Ihn wünschten sich alle Mütter als Schwiegersohn, und insgeheim waren alle Mädchen in ihn verliebt. Anstatt jedoch eine der kichernden Puten der Parea zu erwählen, zog er es vor, durch die Tavernen zu ziehen und sich mit Damen von zweifelhaftem Ruf einzulassen, immer begleitet von seinem unzertrennlichen Freund Yanouzas.
Ich sah ihn oft bei irgendwelchen Zusammenkünften, oder aber auf der Straße, die der eigentliche Treffpunkt von Spetsai war. Eines Morgens traf ich ihn, wie schon so oft, vor unserem Haus. Wir gingen ein Stück Wegs zusammen. Er fragte, was es bei mir Neues gab, und tat dies mit jener Wärme, die man bei überhaupt allem spürte, was er sagte. Wir sprachen über dies und das – unwichtige Dinge –, und dann trennten wir uns wieder. Er ging in Richtung Hafen davon, und mein Ziel war der Markt. Plötzlich wurde mir klar, daß ich unsterblich in ihn verliebt war. Nur um ihn jeden Abend sehen zu können, schloß ich mich der Parea an. Sobald die Sonne unterging, traf sich die Dorfjugend am Hafen. Die Burschen, die auf der Terrasse des einzigen Cafés oder auf der Kaimauer saßen, sprachen sehr laut und brüsteten sich, einen Schnaps nach dem anderen trinken zu können, ohne daß ihnen das auch nur das geringste ausmacht. Die jungen Mädchen liefen laut lachend immer wieder vor ihnen auf und ab. Stets waren es kleine Gruppen

von vier oder fünf, und immer in Begleitung einer etwas häßlicheren Kusine, die die Aufpasserin spielen mußte. Burschen und Mädchen taten so, als achteten sie kaum aufeinander, aber in Wirklichkeit verbrachten sie die ganze Zeit damit, sich genau zu mustern, abzuschätzen und sich mit Blicken entweder abzulehnen oder gegenseitig anzunehmen. Das Ganze war der Nymphopassaro, der »Nymphenbasar«, ein Jahrmarkt der Liebe. Die Ankunft von Bouboulis trieb die Spannung um einige Grade in die Höhe. Er lief mit schnellen Schritten, begleitet von Yanouzas, seinem Freund und Prügelknaben, seinem Adjutanten *in partibus.* Hier und da grüßte er die eine oder andere und ließ die Herzen höher schlagen. Nicht einen Augenblick lang kam mir der Gedanke, daß er sich in mich verlieben könnte – und doch: Wenn unsere Blicke sich trafen und er mich mit den Augen auszog, überlief mich ein Schauer.

Meine Kusine Maria, die die stumme Anbetung meines Halbbruders Theodosius ignorierte, hatte ihre Netze nach Bouboulis ausgeworfen, und zwar ohne das Gegurre der anderen, sondern fast schon mit der Meisterschaft einer erfahrenen Frau. Da sie sehr schön war, schmeichelte Bouboulis ihr Interesse, und er bot ihr seinen Arm. Sie wiederum nahm diese galante Geste an – was natürlich Klatsch und Tratsch auslöste. Ein Mädchen am Arm eines Burschen, das war der Traum von ihnen allen, aber nur diese Schamlose traute sich, es auch zu tun.

Eines Abends – ich war noch stiller und meine Stimmung düsterer als gewöhnlich – lief ich gerade untergehakt mit ein paar kichernden und herumalbernden Mädchen, als ich plötzlich hinter mir schallendes Gelächter hörte. Wie vom Blitz getroffen, blieb ich stehen und drehte mich um. Es war Bouboulis, den die Ankunft meiner Kusine Maria so zum Lachen gebracht hatte. Sie trug eines meiner Kleider und hatte sich mit Kohle zwei dicke waagerechte Augenbrauen aufgemalt. Mit gespreizten Beinen und weitschwingenden Armen äffte sie einen paradierenden Soldaten nach. Leider war die Ähnlichkeit wirklich frappierend. Die anderen lachten sich halbtot. Ich jedoch stürzte mich auf sie, und wir begannen uns zu prügeln. Zuerst riß ich ihr die Perücke herunter, und dann zog ich sie an ihren langen Haaren, bis sie anfing zu schreien. Theodosius, mein Halbbruder, der nie sehr weit von seiner heißgeliebten Kusine entfernt war, versuchte ihr sofort zu Hilfe zu kommen. Es gelang ihm, mich von Maria zu trennen, und wir begannen beide mit Fäusten aufeinander einzuschlagen. Sogleich warf ich das schmächtige Bürschchen zu Boden, aber beinahe von Sinnen vor Wut, ließ ich nicht von ihm ab. Sein Gesicht war schon ganz aufgeschwollen und blutverschmiert, als ich plötzlich spürte, wie mich zwei starke Arme von hinten umklammerten und von ihm wegzerrten. »Laß ihn in Ruhe, du siehst doch, daß du stärker bist als er.« Es war Bouboulis. In meiner Wut wandte ich mich nun gegen ihn. Ich schlug um mich und kratzte. Er lachte nur und ließ mich nicht los. Schließlich war ich es leid und gab auf. Ich bewegte mich nicht mehr, doch er hielt mich weiterhin umklammert. Hinkend und mit einem blauen Auge machte sich Theodosius aus dem Staub, gefolgt von einer schluchzenden Maria, deren Kleid zerrissen war. Die anderen Zuschauer wandten sich ab, und die Menge zerstreute sich. Bouboulis hielt mich noch einige Augenblicke lang fest, um ganz sicherzugehen, daß ich mich beruhigt hatte. Dann ließ er mich los und entfernte sich mit einem amüsierten Lächeln. Ich war zwar Siegerin geblieben, doch war ich jetzt – durch meine eigene Schuld – ganz allein. Ich war zu Tode betrübt und hoffnungslos verliebt.

Von diesem Augenblick an fand ich wieder zu mir selbst, und um meiner Mutter meine Zuneigung und Unterwerfung zu zeigen, verbrachte ich mit ihr unzählige nicht enden wollende, tödlich langweilige Abende im Kreise der Familie – Abende, von denen sie es sich zur Aufgabe gemacht hatte, keinen zu versäumen, obwohl sie eine Qual für sie waren. Während ich brav auf meinem Stuhl saß, träumte ich von weiten Reisen übers Meer.

Eines Abends – ich war gerade wieder völlig in Gedanken verloren gewesen – fand ich ganz abrupt in die Wirklichkeit zurück; etwas Außergewöhnliches fiel mir auf: Keines der jugendlichen Mitglieder der Familie war im Wohnzimmer anwesend. Sie waren nur selten alle gleichzeitig da, aber in dieser patriarchalischen, oder besser gesagt matriarchalischen, Gesellschaft war es undenkbar, daß nicht jeden Abend mindestens ein halbes Dutzend junger Leute tödlich gelangweilt, aber ergeben zugegen waren und darauf hofften, daß die Zeit schnell verging. An jenem Abend jedoch schienen sich die Alte und ihre Töchter nicht über diese allgemeine Abwesenheit zu wundern. Diese Tatsache machte mich stutzig, und sofort hatte ich das Gefühl, daß da etwas nicht stimmte. Plötzlich fiel es mir wie Schuppen von den Augen: Mein Boot war in Gefahr.

Ich sprang so schnell auf, daß mein Stuhl umfiel und dabei einen Lärm machte wie ein Pistolenschuß. Ich stürzte die Treppe hinunter und rannte durch die menschenleeren, nur an Ecken durch einige Fackeln schwach erleuchteten Straßen. Ich rannte querfeldein, stolperte über Stock und Stein, zerkratzte mich an Dornen und sprang wie ein Pony über die kleinen Mauern, die die einzelnen Gärten voneinander trennten. Außer Atem erreichte ich jenen Teil des Alten Hafens, in dem die Agamemnon normalerweise festgemacht war. Direkt unter dem ehemaligen türkischen Limenarkio* fand ich die ganze Parea versammelt.

Alle waren sie da, nicht einer fehlte. Theodosius hatte ein großes Leck in mein Boot geschlagen, und gemeinsam sahen sie jetzt zu, wie es langsam vollief. Ich stürzte mich auf sie.

* Gebäude des Hafenkommandanten

»Haltet sie fest!« befahl meine Kusine Maria. Vier, sechs, acht Arme umklammerten mich. Vergebens versuchte ich, mich zu wehren, und schließlich gab ich – vom Kummer überwältigt – auf. Auch sie bewegten sich nicht mehr. Schweigend, unbeweglich und nur erleuchtet vom diffus schimmernden Licht einer beinahe mondlosen Nacht, betrachteten sie das Werk der Zerstörung. Wie sie so auf den Felsen standen, wirkten sie wie düstere Statuen, die man für eine uralte Begräbniszeremonie aufgestellt hatte. Als schließlich nur noch die Mastspitze aus dem Wasser ragte, wachte ich aus meiner Trance auf und begann zu schreien. Sie hielten mich fest und begannen, mit Fäusten auf mich einzuschlagen.

»Laßt sie los«, befahl plötzlich eine laute und ruhige Stimme. Überrascht ließen sie die Fäuste sinken. »Laßt sie los«, wiederholte der Mann. Ich erkannte Yanouzas. Aufgerichtet und sehr groß, stand er auf einem Felsen. Er war allein, denn Bouboulis war – das wußte ich – auf See. Es war nicht weiter verwunderlich, daß er sich nachts am Alten Hafen aufhielt, und doch erschien mir sein Auftauchen in jenem Moment und an jenem Ort wie ein Geschenk der Vorsehung. Ruhig kam er näher und befahl ihnen mit der gleichen Festigkeit in der Stimme zu verschwinden. Das ließen sie sich nicht zweimal sagen, selbst Maria wagte keine Widerrede.

Yanouzas nahm mich in die Arme. »Sei nicht traurig, Kapetanissa, ich verspreche dir, daß ich dir ein neues Boot besorgen werde.« Erst jetzt fing ich an zu weinen. Ich vergoß heiße Tränen über die versenkte Agamemnon, über die Boshaftigkeit, meine hoffnungslose Liebe und über mich selbst. Yanouzas strich mir sanft übers Haar. Er schien die ganze Nacht Zeit zu haben. Als ich schließlich aufhörte zu schluchzen, legte er seinen Arm um meine Schultern und führte mich zurück nach Hause. Schweigend drückte Yanouzas mich an sich. Als wir an einem beleuchteten

Hauseingang vorbeikamen, warf ich einen verstohlenen Blick auf ihn. Er hatte ein volles, helles Gesicht mit ebenmäßigen Zügen. Erst jetzt fiel mir plötzlich auf, wie gut er aussah. Er begleitete mich bis nach Hause. Als wir uns unter der Laterne des Hauseingangs verabschiedeten, hob ich meinen Blick, und unsere Augen trafen sich. Das Ganze dauerte nicht einmal eine Sekunde, bis ich wieder meinen Blick senkte, aber der Ausdruck in seinen Augen hatte genügt, um mein Herz schneller schlagen zu lassen. War ich von Sinnen, oder hatte ich tatsächlich in Dimitri Yanouzas' Blick den Ausdruck von Liebe gesehen?

In den darauffolgenden Tagen war ich äußerst nervös. Ich war völlig verwirrt und wagte weder zu glauben, noch zu hoffen. Alles fiel mir aus meinen zitternden Händen. Ich bekam plötzlich ohne Grund endlose Lachkrämpfe, oder die übergroße Anspannung ließ mich in tiefe Erschöpfungszustände fallen. Eine alte Jungfer, ihres Zeichens eine Verwandte von Lazarou, stattete meiner Mutter einen Besuch ab. Auf der Insel war bekannt, daß sie eine »Hohepriesterin« des Proxenio war, das heißt, daß sie die Kunst der Heiratsvermittlung beherrschte. An jenem Abend warf mir meine Mutter seltsame Blicke zu. Ohne etwas zu sagen, sah sie mich mit überraschten, ungläubigen Augen an.

Eines Nachmittags hatte ich gerade meine Klavierstunde, von der meine Mutter überzeugt war, daß sie für jemanden unserer sozialen Stellung unbedingt erforderlich war. Ein armer junger Italiener, der so mager war, daß einem Angst werden konnte, und der Gott weiß wie auf Spetsai gestrandet war, versuchte verzweifelt, mir das Spielen auf einem alten Spinett beizubringen – einem von nur zwei Instrumenten dieser Art, die es auf der Insel gab. Ich kann ziemlich gut und melodiös singen, aber sobald ich Klavier spiele, schlage ich Menschen und Tiere gleichermaßen in die Flucht. Mein Lehrer war gerade dabei, sich die Haare zu raufen, als die Dienerin meiner Mutter eintrat. Ich sollte ins

Empfangszimmer kommen. Dort warteten meine Mutter, Lazarou und Yanouzas auf mich. Alle drei waren steif und ernst. Als Yanouzas mich sah, sprang er von seinem Stuhl auf und sprach mit einer Stimme, die fest klingen sollte.
»Ich hatte dir Ersatz für die Agamemnon versprochen. Nun denn: Alle meine Schiffe gehören dir. Ich bin gekommen, um deine Hand anzuhalten. Deine Eltern sind einverstanden unter der Bedingung, daß du es auch bist.«
Wahrscheinlich schaute ich in diesem Augenblick so entgeistert drein, daß Lazarou mir schnell zu Hilfe kam. »Laß dir mit deiner Antwort Zeit, mein Kind. Es hat keine Eile.«
Die Zeit verstrich, ohne daß ich ein Wort über die Lippen brachte. Ich sehe das Bild noch genau vor mir. Das Licht des späten Nachmittags fiel durch die hohen Glasfenster und zeichnete auf die Wände und den Boden rote, grüne und gelbe Farbtupfer. Schweigend standen die drei vor mir und sahen mich an. Ständig kamen die Dienerinnen herein, brachten die »Gliko Tou Koutaliou«,* frischen Kaffee oder Gläser mit Wasser und Likör. Es war ihnen natürlich nicht entgangen, was da vor sich ging, und deswegen verfolgten sie die ganze Szene mit gespitzten Ohren. Aber vergebens, denn keiner sprach oder tat etwas. Schließlich begann meine Mutter, mit einschmeichelnder Stimme die Vorzüge von Yanouzas zu preisen. Er war nicht nur ein erfahrener Mann mit einem sehr guten Charakter, sondern er war auch wohlhabend, und durch seinen Fleiß würde er sein Vermögen sicher noch weiter vergrößern. Meine Mutter fürchtete wohl, daß ich nein sagen würde, und versuchte mir begreiflich zu machen, daß Yanouzas eine sehr gute Partie war, obwohl er als Schiffsherr erst wenige Schiffe besaß. Als in Armut geborene Halbwaise konnte ich sicher keinen Besseren finden. Es fehlte nicht viel, und sie hätte

* »Die Süßigkeit des Löffels«, eine Art kandierter Früchte, die man Besuchern auf einem Löffel reicht.

durchblicken lassen, daß allein sein Antrag schon ein ungeahnter Glücksfall war. Aber sie deutete mein Schweigen falsch.
Tatsächlich konnte ich mein Glück kaum fassen, und mit meiner Kommandostimme, die sie alle drei zusammenfahren ließ, verkündete ich: »Yanouzas, ich bin einverstanden, deine Frau zu werden.«
Als ich mich später wieder im Spiegel betrachtete, entdeckte ich eine Frau, die kaum der linkischen Halbwüchsigen ähnelte, die mich früher aus diesem Spiegel angeblickt hatte. Groß und schlank gewachsen, hielt ich mich ganz natürlich sehr gerade. Ich hatte ein markantes, ausdrucksvolles Gesicht. Mein Teint war eher dunkel, meine Lippen voll, meine Nase ausgeprägt und mein üppiges Haar pechschwarz. Aber wirklich stolz war ich auf meine Augen, dunkle, funkelnde Augen, über die sich – zwei schwarzen Bögen gleich – meine Augenbrauen wölbten. Obwohl mein Aussehen nicht gerade dem klassischen Schönheitsideal entsprach – oder vielleicht gerade deshalb –, gefiel ich und würde auch in Zukunft gefallen.

Kapitel 4

Die Heiratsvermittlerin, die alle Einzelheiten geregelt hatte, erhielt für ihre Anstrengungen eine Belohnung in Gold, und sehr bald schon fand die Hochzeit statt. Man schrieb das Jahr 1788. Ich hatte Yanouzas vorgeschlagen, die Rückkehr von Bouboulis, seines besten Freundes, abzuwarten. Er überraschte mich mit der Antwort, daß dies nicht nötig sei. Die Familie der Lazarou, die auf ihren Wohlstand sehr stolz war, versuchte, ausländische Sitten und Gebräuche zu übernehmen. Aber die Yanouzas, die sehr viel bescheidener waren, bestanden darauf, daß die traditionellen und überlieferten Sitten eingehalten wurden. Deshalb mußte meine ganze Mitgift, die mir von Lazarou so großzügig mitgegeben wurde – Möbel, Linnen, Kleider, ja sogar Unterwäsche –, auf Eselsrücken mitten durch das ganze Dorf getragen werden, damit alle sie bewundern konnten.

Meine Mutter wollte für mich ein Kleid machen lassen, das der damals vorherrschenden westlichen Mode entsprach, aber ich bestand auf unserer Nationaltracht, weil ich wußte, daß sie mich besser kleidete: ein Rock und eine kurze Jacke aus Samt, eine weite Bluse und ein bestickter Schleier. Meine Mutter verstand nicht, wie ich so ruhig bleiben konnte. Ich war zwar glücklich, aber nicht außer mir vor Aufregung. Meine Mutter und Lazarou hatten darauf bestanden, daß die Zeremonie in der Dreifaltigkeitskirche stattfand, dem Gotteshaus, in dem auch sie getraut worden waren. Bei ihrer Hochzeit waren damals nur wenige Gäste zugegen gewesen, bei meiner jedoch drängte sich eine

große, gutgelaunte und ausgelassene Menschenmenge. Selbst die Matrone, die sich damals geweigert hatte, ihrer Hochzeit beizuwohnen, ließ sich dazu herab zu erscheinen. So glücklich war sie, mich endlich los zu sein, daß sie zu ihrem ewigen schwarzen Kleid sogar eine Diamantenkette trug. Die ganze Hochzeitsgesellschaft kehrte schließlich, die einen auf Maultierrücken, die anderen zu Fuß, zum Haus von Lazarou zurück. Der große Saal im ersten Stock war zu klein für die übergroße Menge der Gäste, die nahen und entfernten Verwandten, Freunde, Freunde von Freunden, Bekannten des Hauses, Angestellte, Würdenträger, Parasiten, kurz und gut, alle, die sich eingeladen fühlten. Das »Glendi«, das Fest, fand im Hof statt, und die kühle Witterung wurde durch die Wärme des Festes mehr als ausgeglichen. Auf die am Spieß gebratenen Hammel und die riesige Menge von geharztem Wein folgten schließlich Gesang und Tanz bis zum Morgengrauen. Die Alte und ihre Töchter rümpften die Nase über diese Verschwendung, aber ich amüsierte mich wie noch nie. Obwohl mir meine Mutter mit gerunzelter Stirn zusah, ließ ich mich von der Parea dazu anspornen, aus vollem Hals zu singen und nicht einen einzigen Tanz auszulassen. Yanouzas und ich waren die letzten, die nach Hause gingen. Eine Hochzeitsreise kam nicht in Frage. Wir zogen lediglich in das Haus, das er sich einige Jahre zuvor hatte bauen lassen. In einem Punkt verweigerte Yanouzas im übrigen seinen Eltern die Einhaltung der alten Traditionen: Am Tag nach der Hochzeitsnacht wurden die blutbefleckten Leintücher, die vom Opfer der Jungfräulichkeit zeugten, nicht öffentlich auf dem Balkon des ehelichen Schlafzimmers aufgehängt.
Durch den Dorfklatsch, diese blitzschnelle Informationsquelle, erfuhr ich von Bouboulis' Rückkehr. Sein erster Besuch galt uns. Ich empfand keinerlei Gefühlsregung bei unserem Wiedersehen. In Wahrheit hatte ich ihn wohl nie wirklich geliebt. Da er während seiner Reise von unserer

Heirat gehört hatte, brachte er uns prächtige Geschenke mit: ein Smaragdkollier für mich und ein Paar ganz neue, in England hergestellte, mit Gold eingelegte Pistolen für Yanouzas.
Als mein Mann kurz in den Keller ging, um eine Flasche Wein zu holen, stieß Bouboulis hervor: »Warum hast du geheiratet? Du bist doch noch viel zu jung dafür.«
Völlig überrascht von dem, was er da sagte, protestierte ich: »Was heißt zu jung? Ich bin beinahe achtzehn Jahre alt, und in diesem Alter sind die meisten Mädchen schon verheiratet, und die, die es noch nicht sind, bedauern dies zutiefst.«
Bouboulis schüttelte den Kopf. Er schien nach Worten zu suchen. »Warum hast du ihn überhaupt geheiratet?«
»Ganz einfach, weil ich ihn liebe.«
»Das stimmt doch nicht. Du glaubst, ihn zu lieben.«
Ich verstand immer weniger. Ich begann beinahe zu glauben, daß er sich über mich lustig machte. Oder er wollte sich abfällig über Yanouzas äußern. »Ist mein Mann nicht dein bester Freund?«
»Und das wird er immer bleiben.«
»Du billigst also seine Wahl nicht, du findest, daß ich nicht gut genug für ihn bin?«
Er antwortete nichts darauf. Bouboulis war eifersüchtig, wie nur Griechen es sein können, in einer Art von Freundschaft, wie sie nur zwischen ihnen existieren kann. Seine Beziehung zu Yanouzas war frei von jeglicher Zweideutigkeit. Aber mein Mann blieb ihm ergeben – nicht unterwürfig, aber treu. Bouboulis behandelte ihn, wie es ihm beliebte, denn er war intelligenter, reicher und eine stärkere Persönlichkeit als er. Doch von nun an war es vorbei mit dem Yanouzas, der Tag und Nacht zur Verfügung stand. Es war vorbei mit den gemeinsamen Zügen durch die Kneipen, vorbei war es auch mit den endlosen Gesprächen über die Vorzüge ihrer jeweiligen kurzlebigen Liebschaften. Bouboulis konnte mir nicht verzeihen, daß ich ihm seinen

Kumpan weggenommen hatte. Und Yanouzas konnte er nicht verzeihen, daß er sich ohne seine Erlaubnis verheiratet hatte. Nun erst begriff ich die Hast, mit der er noch vor der Rückkehr von Bouboulis zur Hochzeit gedrängt hatte. Aber steckte hinter Bouboulis' Vorwürfen einzig und allein das Gefühl des Verrats an seiner Freundschaft? Die Szene, die er mir gemacht hatte, paßte überhaupt nicht zu seinem Charakter, und ich dachte lange darüber nach, was wohl seine Gründe dafür waren ...

Bald darauf heiratete auch Bouboulis. Seine Familie hatte eine gute Partie für ihn gefunden, mit Stammbaum und Vermögen. Eine Braut, die ihn vergötterte, die jedoch so farblos war, daß die Erwähnung ihres Namens in diesen Memoiren nicht gerechtfertigt wäre. Und dann gab meine Kusine Maria einem Botaris ihr Jawort, einem Mitglied der reichsten Familien der Insel, den sie sehr bald zu ihrem Sklaven machte. Aber deswegen brauchte sie noch nicht einmal auf Theodosius zu verzichten, der weiterhin lammfromm und noch unterwürfiger als zuvor in ihrer Nähe blieb. Meine Mutter jubelte, als eben dieser Theodosius einige Jahre später die Hand eines reichen Mädchens aus der Familie der Koutsis errang, das einmal viel Geld erben würde. Der Vater des jungen Mädchens, Christodoulos Koutsis, erwies sich jedoch als ein absoluter Geizhals. Er sparte sich sogar die Dienste der Heiratsvermittlerin und verhandelte selbst mit Lazarou über die Mitgift. Er feilschte um jede Drachme, um jedes Leintuch, um jedes Kleid und drohte mehr als einmal damit, die Verlobung wieder zu lösen. Als er mich aus zusammengekniffenen Augen zum ersten Mal ansah, spürte ich zunächst sein Mißtrauen und dann seine Verachtung, die Geringschätzung eines reichen Mannes für eine unbedeutende Person.

Auf Spetsai verriet die Bauweise des Hauses den gesellschaftlichen Rang, den jemand aufgrund seines Vermögens innehatte. Häuser, deren Grundriß wie der griechische

Buchstabe Gamma aussahen, ließen darauf schließen, daß ihre Besitzer sehr wohlhabend waren. Nur zwei Besitztümern war die Ehre zuteil geworden, wie ein griechisches P gebaut zu sein: Es waren das Haus des unbeschreiblich reichen Mexis und ... das von Bouboulis. Die Familien, die in bescheidenerem Wohlstand lebten, mußten sich mit einem quadratischen Haus begnügen, wie dem unseren. Für mich jedoch war es der schönste Palast der Welt, und zum ersten Mal fühlte ich mich wirklich daheim. Wir besaßen das einzige große Haus im nördlich gelegenen Teil des Dorfes, der sich am Meer entlangzog. Wir lebten praktisch inmitten der ärmeren Familien, die sehr zahlreich die kleinen Behausungen ringsum bevölkerten, und ich fand die Fröhlichkeit und Wärme wieder, in der wir anfangs auf Spetsai gelebt hatten, bevor wir in das kalte Haus von Lazarou übergesiedelt waren. Ich gab mir die größte Mühe, unseren Haushalt tadellos zu führen. Selbst vor den schwersten Arbeiten schreckte ich nicht zurück. Es machte mir Spaß, dort in völliger Freiheit zu arbeiten, ohne wie früher ständig von der Alten überwacht zu werden.

Manchmal empfing Yanouzas seine Freunde und Kameraden, Hochseekapitäne wie er selbst. Dann zog ich mich in das obere Stockwerk zurück, weil die Tradition es wollte, daß sich die Frau den Männern nicht vor dem Abend zeigte. Ich bedauerte das sehr, weil ich darauf brannte, ihre Erzählungen zu hören, mit ihnen ihr Leben auf dem Meer noch einmal zu durchleben und weit entfernte Gestade zu entdecken.

Frivol war ich nicht, aber kokett. Yanouzas wußte das und verwöhnte mich ständig mit neuen Kleidern. Es gab auf Spetsai keine Luxusläden – dafür war die Insel zu klein –, aber durchfahrende Handelsschiffe setzten Schwärme von fliegenden Händlern an Land, die ihre Waren von Haus zu Haus feilboten. Vor meinen begehrlichen Augen breiteten sie in unserem großen Empfangszimmer ihre Stoffe aus. Damals begann ich westliche Waren zu mögen, und anstelle der schweren türkischen Samtstoffe und bestickten Brokate bevorzugte ich leichte französische Seide mit Streifen- oder Blumenmustern und bunte englische Kattunwaren. Ich war diejenige, die Yanouzas bremsen mußte, denn er forderte mich immer zum Kaufen auf. Zu mir kam die Schneiderin, um deren Dienste die Damen von Spetsai sich stritten. Die Anproben dauerten Stunden, und immer waren gerade zufällig einige Nachbarinnen in der Nähe, die überwältigt waren vom Anblick dieser Stoffe, von denen sie noch nicht einmal zu träumen wagten. Ich genoß es, mich besonders sorgfältig zurechtzumachen, bevor ich mich am Abend dann mit meinen Nachbarinnen oder mit meinen Verwandten traf. Wenn ich schließlich soweit fertig war, nahm ich eine kleine Laterne und ging zu Fuß in jenen Teil des Dorfes, wo die Reichen wohnten. Unterwegs sah ich überall die Laternen anderer Spaziergänger in der Dunkelheit hin- und herschaukeln. Wir tranken türkischen Mokka, der in henkellosen Tassen serviert wurde, wobei es schick war, sie möglichst elegant zu halten, obwohl man sich an ihnen jedesmal die Finger verbrannte. Manchmal las eine von uns, von Seufzern oder Gelächter begleitet, aus dem Kaffeesatz die Zukunft der anderen heraus. Wir verschlangen Unmengen von Süßigkeiten, während unaufhörlich geschwatzt wurde, und manchmal fragte ich mich, warum ich so viele Stunden damit verbracht hatte, mich zurechtzumachen, nur um mich dann zu langweilen.

Dann wurde ich schwanger. Ich strahlte vor Glück, obwohl mein zunehmender Körperumfang mich in meiner Bewegungsfreiheit stark einschränkte. Ich hatte eine sehr schwere Geburt. Nach Yanno kam Yorgo, und dann Maria. Einerseits fühlte ich mich ihnen zutiefst verbunden, so daß mir jedesmal das Herz beinahe stehenblieb, wenn sie auch nur ein aufgeschürftes Knie oder einen leichten Husten hatten. Andererseits interessierten mich kleine Kinder nicht besonders. Die sklavische Abhängigkeit, in die ich durch sie gezwungen wurde, fiel mir sehr schwer, und nur mit großem Widerwillen nahm ich sie hin. Ihre Geburt hatte mich an das Haus gekettet, und die Aussicht, mein ganzes zukünftiges Leben mit Hausarbeiten verbringen zu müssen, fand ich unerträglich. Meine Mutter und die anderen ehrbaren Ehefrauen auf der Insel hatten eben dieses Schicksal widerspruchslos, ja sogar freudig, auf sich genommen. Aber ich war unfähig, ihrem Beispiel zu folgen. Ich liebte alles, was der Tradition entsprang und setzte mich vehement für sie ein, aber Zwänge und Konventionen aller Art waren mir zuwider.

Das letzte Jahrzehnt des achtzehnten Jahrhunderts war angebrochen. Eines Abends stattete uns Bouboulis einen überraschenden Besuch ab. Er sprühte vor guter Laune und Begeisterung, und es war, als hätte er uns mit einem Zauberstab angerührt. Wie jeder Grieche hatte Bouboulis nur noch den Namen von Lambros Katsonis auf seinen Lippen. Die russische Zarin Katharina II. war erneut gegen die Türken zu Felde gezogen, und wieder einmal brauchte sie ein Ablenkungsmanöver. Irgendwie machte sie Katsonis ausfindig, einen Überlebenden der Rebellion von 1770, die meinen Vater das Leben gekostet hatte. Sie ermutigte ihn auf tausenderlei Art und Weise, aber vor allem unterstützte sie ihn finanziell. Schließlich hatte er in Triest eine Flotte ausgerüstet und bewaffnet und segelte mit ihr die türkische Adriaküste entlang. Dabei errang er Sieg auf Sieg, und je größer seine militärischen Erfolge waren, um so mehr wuchs auch seine Armee. Er forderte alle Griechen auf, sich ihm anzuschließen, um die Türken zu verjagen. Bei den Spetsioten stieß er da jedoch auf taube Ohren, weil sie durch die Rebellion von 1770 abgeschreckt worden waren und nicht mehr an die Versprechungen der Zarin glaubten. Sie hielten dieses Abenteuer für tollkühn.

Bouboulis empfand von jeher Haß auf die Türken, ohne daß er dieses instinktive Gefühl jemals wirklich hinterfragt hätte. Er brannte darauf, endlich zu kämpfen, und Katsonis gab ihm die unerwartete Gelegenheit dazu. Mit mehreren seiner Schiffe stach er in See, um sich ihm anzuschließen. Von einem Moment auf den anderen bestand wieder diese tiefe Verbundenheit zwischen ihm und Yanouzas, und er schlug seinem Freund vor, ihn zu begleiten. Ohne zu zögern, willigte Yanouzas ein. Ich sagte zu dem Ganzen kein einziges Wort. Daß es einer Ehefrau nicht anstand, eine Meinung zu haben, bekam man täglich von seiten der Männer, aber auch und vor allem von den Müttern zu hören, die jedoch selbst kein Blatt vor den Mund nahmen. Was mich betraf, so dachte ich mir meinen Teil. Yanouzas' Entscheidung erfüllte mich mit Stolz, weil sie ihn in meinen Augen wieder zum Helden werden ließ, aber vor allen Dingen beneidete ich die beiden. Am liebsten wäre ich mit ihnen gezogen und davongesegelt, um zu kämpfen.

Bouboulis verabschiedete sich, denn es war Zeit für uns, zum Haus Lazarou aufzubrechen. Dort fand einmal in der Woche ein gemeinsames Abendessen statt, eine Mühsal, die nichts auf der Welt uns ersparen konnte. Als Yanouzas an diesem Abend ganz nebenbei unbeschwert und heiter seine bevorstehende Abreise ankündigte, war es plötzlich, als ob er den Geist der Tragödie in Person ins Haus geholt hätte. Auf die anfängliche Sprachlosigkeit folgten eine Fülle von Einwänden, Vorwürfen und einschüchternden Argumenten. Wie konnte er es wagen, seine geschäftlichen und familiären Interessen zu vernachlässigen? Wie konnte er es wagen, Frau und Kinder für solch ein irrwitziges und hoffnungsloses Abenteuer im Stich zu lassen? Nie zuvor hatte ich meine Mutter so wütend erlebt. Lazarou, der sanfte Lazarou, sagte unverblümt seine Meinung: Yanouzas war verantwortungslos, ein Egoist. Sogar die Alte mischte sich ein, hocherfreut, daß sie endlich wieder einmal ihr Gift verspritzen konnte. Vielleicht befürchtete sie, daß Yanouzas im Kampf getötet werden könnte und daß seine Witwe und seine Kinder dann wieder in ihr Haus zurückkehren würden. Yanouzas ließ dieses Trommelfeuer schweigend über sich ergehen. Als der Schwall von Vorwürfen schließlich versiegt war, zog im großen Saal bis zum Ende der Mahlzeit eine trübsinnige Stille ein.

Auf dem Rückweg war Yanouzas stumm und nachdenklich. Als wir zu Hause ankamen, erklärte er mir, daß er zu Bouboulis gehen würde. Mir wurde klar, daß er seine Entscheidung fortzugehen geändert hatte. Er tat dies nicht aus Feigheit – ich wußte, daß er genauso tapfer war wie Bouboulis –, aber seine Entscheidung entsprang einer gewissen Verweichlichung. Nach der hitzköpfigen Zeit der Jugend hatte er nun Gefallen gefunden an der Bequemlichkeit des Ehelebens. Die griechischen Ehemänner neigen dazu, auch körperlich zu weich zu werden. Yanouzas hatte sich zwar seine jugendliche Schönheit bewahrt, innerlich aber war er erschlafft, und daran trugen ich und das bequeme Leben, das ich ihm ermöglichte, die Schuld. Erst jetzt wurde mir klar, wie wenig ich eigentlich für die Rolle geschaffen war, die ich spielte.

Ich langweilte mich. Genauso wie der Mond nur scheinen kann, wenn er von der Sonne angestrahlt wird, so konnte Yanouzas nur dann sein Bestes geben, wenn er mit seinem »Alter ego«, mit seinem Vorbild Bouboulis, zusammen war. Dann war er ein lebhafter und heiterer Verführer, der humorvoll und galant sein konnte. Wenn Bouboulis fort war, wurde Yanouzas zu einem schwerfälligen, phantasielosen und langweiligen Mann. Im Grunde seines Herzens war er schwach, und von Anfang an war Bouboulis die dominierende Persönlichkeit in ihrer Freundschaft gewesen. In der Ehe hatte er unbewußt nach der Dominanz durch eine andere Person, nämlich durch mich, gesucht. Aber er offenbarte auch eine zutiefst gütige, großzügige und menschliche Seite seines Wesens, und so fiel es mir schwer, ihm etwas nachzutragen.

Mehrere Monate war Bouboulis abwesend. Ich machte mir Sorgen um ihn, weil es keinerlei Neuigkeiten über Katsonis' Unternehmung gab. Wenn wir dann doch etwas über die Vorgänge hörten – ziemlich spät und nur bruchstückhaft –, war ich genauso aufgeregt wie die anderen. Er war zurück! Ich erfuhr die Neuigkeit in dem Augenblick, als er an Land ging. Aber ich vermied es, gleich zu ihm zu eilen, weil ich nicht den Eindruck vermitteln wollte, daß ich mich zu sehr für ihn interessierte. Er war es, der uns kurz vor dem Abendessen besuchte, genau wie am Vorabend seiner Abfahrt. Wir empfingen ihn wie einen großen Bruder, den wir beinahe verloren hatten. Sehr überschwenglich – denn das Ganze hatte ihn köstlich amüsiert – beschrieb er die blutigen Kämpfe, die Vernichtung ganzer Flotten, das Blutbad unter den Türken und die Siege, die plötzlich in Niederlagen umschlugen, oder die Niederlagen, die dann doch noch zu Siegen wurden. Und das alles, als handele es sich um ein aufregendes Spiel. Unzählige Male hatte er sich schon verloren geglaubt, doch genauso oft hatte er sich wieder in den Kampf gestürzt und die Türken das Fürchten gelehrt.

»Kannst du dir vorstellen, daß der Sultan, um einen Friedensschluß zu erreichen, so weit gegangen ist, Katsonis mehrere Kykladen-Inseln anzubieten, was der natürlich abgelehnt hat!«

»Katsonis ist also ein Held?«

»Überhaupt nicht, er ist ein Hohlkopf, aber dank seiner konnten wir endlich etwas gegen die Türken unternehmen.«

Katherina, die Zarin, hatte – wie es ihre Art war – die Griechen natürlich mitten im Aufstand im Stich gelassen und sich mit den Türken geeinigt. Katsonis hatte darauf jedoch als Ehrenmann reagiert: »Selbst wenn die Kaiserin mit den Türken Frieden geschlossen hat, so habe ich das noch lange nicht getan.« In seiner Bedrängnis war der

Sultan noch nicht einmal davor zurückgeschreckt, die Hilfe der französischen Flotte zu suchen. Weder von Bouboulis' Flotte noch von der Katsonis' war auch nur ein Schiff übrig geblieben, ja, um Haaresbreite wären beide den Türken in die Hände geraten. Ihr Leben verdankten sie einem gewissen Kolokotronis, einem Klephten, einem jener ehrenvollen Strauchritter, die sich in den unzugänglichen Gebirgen des Peloponnes eingenistet hatten, aus denen es den Türken nicht gelang, sie zu vertreiben. Mit seinem Wagemut und seiner Tapferkeit hatte dieser Kolokotronis großen Eindruck auf Bouboulis gemacht. Seine Männer sahen aus wie die schlimmsten Halsabschneider und Straßenräuber, aber sie verstanden zu kämpfen wie sonst niemand. Ihnen hatte Katsonis es zu verdanken, daß er das griechische Festland erreichte, von wo aus er nach Rußland entkommen konnte. Er verließ die Bühne der Geschichte, während Kolokotronis sie betrat.

Bouboulis sehnte sich nach Rache. Seine Kühnheit grenzte nicht etwa an Unbesonnenheit, sie war vielmehr regelrecht von ihr durchtränkt. Alles in allem hatte das Abenteuer doch mit einer Niederlage geendet. »Was für eine Niederlage? Wir haben den Türken eine saftige Abreibung erteilt, und bald geht es wieder los, und dieses Mal werden wir sie aus unserem Vaterland vertreiben.« Die Erinnerung an die atemberaubenden Ereignisse, die er erlebt hatte, hatte seine animalische Anziehungskraft neu belebt, aber obwohl Yanouzas völlig in seinem Bann war, schien er es keinen Augenblick lang zu bereuen, seinen Freund im Stich gelassen zu haben. Was mich betraf, so war ich von den Erzählungen und vom Erzähler gleichermaßen hingerissen.

Kapitel 5

Spetsai veränderte sich zusehends. Nicht nur, daß immer mehr Häuser gebaut wurden, sie waren auch immer größer und prachtvoller. Waren aus dem Westen oder aus Asien erreichten uns im Überfluß. Durch sie erweiterte sich ständig unser Horizont, und der Luxus und Komfort, in dem wir lebten, wurde immer größer.

Über lange Zeit hinweg waren die Franzosen die geschätzten Verbündeten der Türken gewesen, die ihnen im Gegenzug das Privileg eines beinahe exklusiven Handelsmonopols in ihrem Imperium zugestanden hatten. Aber Frankreich litt unter der Revolution. Seit dem Fall von Robespierre war das Land ins Chaos gestürzt, seine Elite dezimiert, seine Währung abgewertet worden, und seine Staatsgrenzen waren bedroht. Frankreich war nicht mehr in der Lage, seine Handelswege zu schützen und seinen Verpflichtungen nachzukommen. Aber die Türken waren bereits zu sehr in der Trägheit ihrer Dekadenz gefangen, als daß sie fähig gewesen wären, jene Zügel an sich zu reißen, die ihrem ehemaligen Verbündeten aus den Händen geglitten waren. Anders jedoch die Griechen. Vor allem wir, die Griechen albanischer Herkunft aus Spetsai, Hydra, Psara und Galaxidi, eigneten uns Zug um Zug die Domäne dieser großen mediterranen Handelsmacht an. Aber wir brauchten leichtere und schnellere Schiffe, mit denen mehr Fracht befördert werden konnte. Wir lernten selbst Briggs und Schoner von vierhundert Tonnen zu bauen, die mit sechzig bis siebzig Seeleuten bemannt waren. Dank dieser Entwicklung vervielfachten die Karavokirides – an ihrer

Spitze Bouboulis – ihr Vermögen ... alle außer Yanouzas. Er behielt die gleichen Schiffe, die gleichen Handelsrouten und die gleichen Gewinnspannen bei. Er war passiv, er entwickelte sich nicht weiter, er ergriff keinerlei Initiative.

Eines Abends nach dem Essen entschloß ich mich, nachdem ich einige Wochen lang gezögert hatte, mit ihm zu reden. Schweigend saß er im großen Saal, den Blick ins Leere gerichtet, und er schien so sehr in Gedanken verloren, daß er vergessen hatte, seinen Tschibuk* anzuzünden, während ich, von ihm unbemerkt, den Tisch abräumte. Als ich ihn an der Schulter berührte, zuckte er zusammen.

»Warum«, sagte ich zu ihm, »gestaltest du dein Geschäft nicht um? Warum lehnst du den Fortschritt ab, der den Reichtum deiner Freunde mehrt?« Zur Antwort gab er mir, daß die Schikanen der türkischen Behörden und die Habgier ihrer korrupten Beamten ihn daran hinderten.

»Dann laß doch deine Schiffe unter ausländischer Flagge segeln«, antwortete ich ihm darauf, »wie dein Freund Bouboulis, der unter russischer Flagge segelt.«

Tatsächlich hatte die Zarin – vielleicht damit wir ihr verziehen, daß sie uns so oft von den Türken hatte massakrieren lassen – unsere Handelsflotte unter ihren Schutz gestellt, und ihre Botschaft in Konstantinopel konnte für uns von den Türken das Berath erlangen, das Recht, unter russischer Flagge zu segeln. Aber das war sehr teuer, denn ihre Abgesandten waren äußerst habgierig.

»Wir werden niemals das Geld aufbringen können, um unser Berath zu kaufen«, seufzte Yanouzas.

Ich setzte mich neben ihn und nahm seine Hand in die meine. »Ich will dir helfen, Yanouzas. Laß es mich versuchen. Laß mich mit dir gehen.« Seit Menschengedenken war auf Spetsai noch niemals die Frau eines Kapitäns mit

* Lange türkische Tabakspfeife, die mit ihrem Kopf bis zum Boden reicht.

auf See gegangen. Die Ehefrauen blieben an Land und kümmerten sich um die Kinder, den Haushalt und das Essen. Gespannt wartete ich auf Yanouzas' Reaktion.
»Willst du wirklich mit mir kommen?« preßte er schließlich leise hervor. In seinen Augen schimmerten Tränen.
Ich drückte ihn an mich. Schlagartig wurde mir klar, daß der Erfolg der anderen ihm seit Wochen und Monaten keine Ruhe gelassen hatte. Um es ihnen gleichzutun, war er bereit, einen Pakt mit dem Teufel einzugehen, oder – was für einen griechischen Ehemann noch schlimmer sein mußte – mit seiner Frau. Ich hatte einen Ehemann verloren und ein Kind gewonnen – aber jedenfalls hatte ich mein Ziel erreicht.
Unzählige Male war ich beim Auslaufen von Schiffen dabei gewesen, aber nie hatte es mich so berührt wie an jenem Morgen im März. In kürzester Zeit hatte ich alles Notwendige zusammengepackt, so sehr fürchtete ich, die Abfahrt zu verpassen. Ich vermied es, meinen drei Kindern in die Augen zu sehen, denn ich spürte, wie übel sie es mir nahmen, daß ich sie zum ersten Mal alleine ließ, und als ich das Haus verließ, hatte ich das Gefühl, für immer Abschied zu nehmen. Ich lief, ja ich schwebte hinter Yanouzas her, der mit großen Schritten zum Hafen ging. Auf den Kais der Dapia wimmelte es von Menschen. Überall auf den Terrassen winkten Frauen mit ihren Kopftüchern und riefen ihren Ehemännern oder Geliebten letzte Worte der Aufmunterung zu. Eine Schaluppe war nur mit Papas vollbesetzt, deren schwarze Schleier im Wind flatterten. Sie legten an jedem einzelnen der Schiffe an, um es zu segnen. Als sie schließlich bei uns an Bord kamen, knieten wir alle vor der am Bug angebrachten, mit Kerzen und Blumen geschmückten Ikone der Panayia* nieder. Als sie nach dieser Zeremonie zum Ufer zurücksegelten, lichteten alle Schiffe

* Jungfrau Maria

beinahe gleichzeitig den Anker. Das Klirren der Kette klang in meinen Ohren wie die schönste Musik der Welt. In dem Augenblick, als die Segel gesetzt wurden, begannen sämtliche Glocken der Insel zu läuten. Langsam entfernten wir uns, und noch lange hörten wir die Zitos* der im Hafen versammelten Menschenmenge. Niemals werde ich das Glücksgefühl vergessen, das ich in dieser Minute empfand. Als Halbwüchsige hatte ich an dem Frühlingsmorgen, an dem ich mich heimlich nach Hydra aufmachte, zum ersten Mal die Freiheit gekostet. Die wahre Freiheit, die einer Erwachsenen, eroberte ich mir an diesem Wintermorgen, an dem sich endlich mein sehnlichster Wunsch erfüllte.

Auf der ganzen Reise führte ich Zwiegespräche mit dem Meer. Stundenlang stand ich an der Reling. Ich betrachtete es, hörte ihm zu, spürte es, und mir wurde klar, daß es wirklich mein Element war. Selbst als es aggressiv wurde, mit seinen tiefhängenden schweren, vom Wind getriebenen Wolken, oder wenn es mit grauen und heimtückischen Wellen über unser Schiff herfiel, dann hatte ich keine Angst vor ihm. Ich wußte, daß es mich liebte und mir kein Leid zufügen würde.

Meine Seefestigkeit erfüllte die Matrosen mit Bewunderung; sie wußten ja nicht, wieviel Zeit ich auf meiner bescheidenen Agamemnon verbracht hatte. Als ich an Bord kam, hatten sie keinerlei Erstaunen gezeigt und auch keine Fragen gestellt. Ich teilte die Kabine mit Yanouzas – es war die einzige Kabine an Bord –, was mir eine gewisse Freiheit ließ. Einmal abgesehen von diesem Privileg herrschten an Bord demokratische Verhältnisse. Von Natur aus sind die Griechen auf Gleichheit bedacht, und auf See ist diese Tugend noch ausgeprägter. Durch einige ungeschickte, aber gutgemeinte Gesten hatten die Matrosen versucht, es mir an Bord bequemer zu machen, ich jedoch

* Hochrufe

lehnte jede Art von Sonderbehandlung ab. Gemeinsam mit Yanouzas teilte ich ihr einfaches Essen: Zwieback, Oliven, Schafskäse und getrocknete Sardinen. Jeder hatte seinen eigenen Proviant mitgebracht, der mit viel Liebe von einer Mutter oder einer Ehefrau zubereitet oder gerichtet worden war: Süßigkeiten, Tabak und – obwohl streng verboten – eine kleine Flasche Schnaps, meist ein furchtbarer Rachenputzer. In der Abenddämmerung, wenn man leicht melancholisch wurde und an zu Hause denken mußte, ging ich, um meinen Proviant gegen den der Matrosen zu tauschen. Zu mehreren saßen wir in der Runde auf dem Deck. Alle öffneten sie ihre Brotbeutel und holten ihre Wegzehrung hervor, die im übrigen schon nach wenigen Reisetagen aufgebraucht war. Auf diese Weise tauschte ich den besten Bordeaux, den ich mitgebracht hatte, gegen einen Raki, in dem man einen Löffel hätte auflösen können. Jede Einzelheit des Bordlebens interessierte mich. Ich unterhielt mich lange mit den Männern über ihre Aufgaben. Sie machten sich über meine Naivität und über meine Unwissenheit lustig, antworteten mir aber bereitwillig. Zunächst brachten sie mir die Namen aller Gerätschaften und Teile des Schiffes bei. Dann lehrten sie mich, wie man den Kompaß benutzte, wie man anhand der Sterne die Position des Schiffes feststellte und woran man die Küsten und die einzelnen Meeresgebiete erkennen konnte. Der Wunsch, dies alles zu lernen, entsprang nicht der Absicht, mich bei ihnen einzuschmeicheln, sondern vielmehr meinem echten tiefempfundenen Interesse für die Navigationskunst. Die Männer spürten dies wohl und akzeptierten mich.

An manchen Abenden, wenn die See ruhig war, lauschten Yanouzas und ich ihren Gesängen. Wenn die Sterne am Firmament auftauchten, schienen sich ihre Zungen zu lösen. Zithern und Fiedeln wurden aus den Seesäcken geholt, und ihre Musik stieg empor zum Mond, der uns den

Weg wies. Ich schmiegte mich an Yanouzas. Ich war glücklich und verliebt.
Der Winter neigte sich dem Ende entgegen. Konstantinopel lag in dichtem Nebel, und wir mußten nach Gefühl navigieren. Auch als wir ins Goldene Horn einfuhren, war die Stadt immer noch nicht auszumachen. Zahllose Schiffe lagen Seite an Seite, und inmitten dieses Mastengewirrs fühlte ich mich zu Hause und geborgen. Im Laufe des Vormittags lichtete sich der Nebel plötzlich, und auf einen Schlag konnte ich die Minarette, Türme, Moscheen, Paläste, Wälle und Gärten von Konstantinopel sehen. Nie hätte ich mir solch eine riesige Stadt vorstellen können.
Wir gingen zum »Russischen Palast«, der im griechischen Stadtteil von Pera lag. Ich machte einen Dragoman* ausfindig. Er war Grieche, wie die meisten seiner Kollegen in den anderen Botschaften. Ihn betraute ich mit unserem Anliegen, nachdem ich einen Preis für seine Dienste ausgehandelt hatte. Dabei setzte ich vor allem darauf, daß wir Landsleute waren – unter Griechen mußte man sich doch helfen. Schon nach einigen Tagen hatten wir unser Berath, nicht für zehntausend Piaster, die er zuerst gefordert hatte, sondern für achttausend. Um diese Summe aufzubringen, hatte ich meinen Schmuck verkauft, alles, was mir Lazarou zur Hochzeit geschenkt hatte, und sogar das Smaragdkollier von Bouboulis. Ich bedauerte das keinen Augenblick lang. Meine wirklichen Schmuckstücke würden unsere Schiffe sein.
Sofort nach unserer Rückkunft auf Spetsai ließen wir eine, dann eine zweite und schließlich eine dritte Brigg auf Kiel legen. Die Werften im alten Hafen, deren Anfänge ich miterlebt hatte, waren so groß geworden, daß wir die Schiffe nicht im Ausland bauen lassen mußten. Wenn

* Botschaftsbediensteter: Mittelsmann zwischen den ausländischen Diplomaten und den osmanischen Behörden

Yanouzas nach unserer Rückkehr aus Konstantinopel auf eine Seereise ging, zögerte ich keinen Augenblick: Demonstrativ packte ich meine Sachen zusammen. Er zeigte keinerlei Überraschung. »Euer Vater braucht mich«, erklärte ich den Kindern, die ich meiner Mutter anvertraute, worüber diese hocherfreut war.

An Bord taten die Matrosen so, als wäre das nichts Besonderes. Sie hatten sich bereits an meine Anwesenheit gewöhnt. Von da an folgte ich Yanouzas überall hin. Wir bildeten ein perfektes Gespann. Yanouzas war ein unvergleichlicher Seemann, kaum einer beherrschte die Kunst der Navigation so wie er. Er erwies sich auch als ausgezeichneter Kapitän. Es gelang ihm, Ordnung und Disziplin aufrechtzuerhalten, ohne daß jemals einer der Männer seine Autorität in Frage stellte. Und schließlich entpuppte er sich als äußerst kluger Geschäftsmann, der eine besondere Begabung dafür hatte, im Dschungel von Angebot und Nachfrage die einträglichsten Geschäfte zu wittern, und dem es gelang, die vorteilhaftesten Kauf- und Verkaufsbedingungen auszuhandeln. Aber er war weit davon entfernt, ein Finanzgenie zu sein. Ich selber hatte bei den Bankiers von Pera einen Kredit ausgehandelt, um unsere neuen Schiffe auszurüsten. Schon überzeugte ich Yanouzas davon, bei den Schiffsladungen nicht mehr auf Kommissionsbasis zu arbeiten. Ich nahm bei den griechischen Bankiers von Smyrna, Triest und Odessa Kredite auf, um unsere Fracht zu kaufen. Ich hatte keine besonderen Kenntnisse in solchen Transaktionen; ich baute dabei ganz auf die menschliche Dummheit. Intelligenz war nämlich nicht immer die größte Tugend der reichen griechischen Bankiers. Problemlos gelang es mir, mich ihnen gegenüber durchzusetzen. Obwohl das nicht den Tatsachen entsprach, bestärkte ich sie in dem Glauben, daß wir über ein riesiges Vermögen verfügten und daß es ihnen eigentlich zur Ehre gereichen mußte, uns Geld zu leihen. Schließlich, um sie in

Sicherheit zu wiegen, forderte ich immer riesigere Summen von ihnen. Hätte ich um geringfügige Summen gebeten, wären sie sicher mißtrauisch geworden.

Ich überzeugte Yanouzas, die Gewinne auch unter den Seeleuten aufzuteilen, um sie so zu noch besseren Leistungen anzuspornen. Wir legten das Kapital und das Einkommen des Kapitäns auf die Seite, ebenso wie die Ausgaben für die Reise und für die Wartung des Schiffes. Die Matrosen baten darum, ein Prozent des Gewinns für milde Gaben oder Spenden an die Panayia abzuführen, die uns ihren Schutz gewährt hatte. Der Rest wurde zu gleichen Teilen ohne Rücksicht auf Alter, Erfahrung oder Rang aufgeteilt. Es war uns gelungen, zwei- bis dreihundert Prozent Gewinn zu machen.

Manche unserer Waren kauften wir an den entlegensten Küsten des Schwarzen Meeres ein, um sie sodann in Spanien und in Italien wieder zu verkaufen. In Marseille tauschten wir griechischen Weizen gegen Seidenstoffe aus Lyon, und in Carthagena Malagaweine gegen Kaviar. Die fremden Länder, die ich auf diese Weise kennenlernte, faszinierten mich vor allem aufgrund der Möglichkeiten, die sie uns boten. Doch wenn ich weit von zu Hause weg war, hatte ich immer ein wenig Heimweh nach Spetsai. Aber eigentlich war ich nur auf dem Meer wirklich glücklich. Es war so, als beführen wir ein griechisches Binnenmeer. Einmal waren wir sogar mit mehr als vierhundert griechischen Schiffen auf dem Schwarzen Meer. Ab und zu kam es vor, daß wir fern der Heimat auf Bouboulis oder andere Freunde aus Spetsai stießen. Dann verbrachten wir mit ihnen einen feuchtfröhlichen Abend in irgendeiner Taverne eines fremden Hafens. Wir lachten und tranken zusammen, aber insgeheim machte jeder im Geist die gleiche Rechnung auf. Und am nächsten Morgen bei Sonnenaufgang versuchte jeder als erster den Anker zu lichten, um so vor den anderen im nächsten Hafen anzukommen, so viel

wie möglich Fracht zu laden und mehr zu verdienen als die anderen. Die jugendliche Begeisterung, mit der wir uns ans Werk machten, ersetzte Erfahrung und Geduld.
Unsere unbefangene Art, Wohlstand zu erwerben, konnte auf Dauer nicht ungestraft bleiben. Seit Jahrhunderten durchstreiften Berberpiraten von Algerien, Tunesien und der Gegend um Tripoli aus das Mittelmeer. Im Prinzip waren all diese Gebiete Besitztümer des Sultans, aber in Wirklichkeit hatte er dort keinerlei Einfluß. Das Abklingen des Handels hatte auch ihre Aktivitäten versiegen lassen, aber die neue Bedeutung des Mittelmeers veranlaßte sie, ihr Treiben wieder verstärkt aufzunehmen. Angelockt durch unseren Wohlstand, fielen sie wie mit stählernen Stacheln bewehrte Wespenschwärme über uns her. Unsere Schiffe verschwanden spurlos. Unsere Karavokirides protestierten bei der Hohen Pforte. Die Türken entschuldigten sich, versprachen, versicherten ... Doch sie waren völlig machtlos. Es ging so weit, daß der Kapetan Pascha persönlich uns Botschaften zukommen ließ, in denen er uns von bestimmten, besonders gefährlichen Routen abriet und vor äußerst gefährlichen Piratenbanden warnte.
Yanouzas und ich wählten die sichersten Routen, selbst auf die Gefahr hin, weniger Profit zu machen. Das ging gut, bis uns eines Tages doch ein befreundeter Kapitän den Verlust eines unserer Schiffe mitteilte. Von Messina aus, wo es eine Zwischenlandung gemacht hatte, war es von zwei Piratenschiffen angegriffen und, nach einem kurzem Kampf, von ihnen ins Schlepptau genommen worden. Mir tat es nicht so sehr leid um unsere Fracht, vielmehr bedauerte ich das Schicksal, das der Mannschaft bevorstand. Die Seeleute, mit denen ich gesegelt war, mit denen ich meinen Proviant geteilt, fröhliche Abende verbracht und die ich singen gehört hatte, würden wie Tiere aneinandergekettet auf die nordafrikanischen Sklavenmärkte gebracht und dort versteigert werden. Sie würden niemals zurückkommen, nie

würden sie ihre Familien wiedersehen. Es hatte keinen Sinn, ausweichen zu wollen – wir mußten der Bedrohung die Stirn bieten.

Ich schickte Yanouzas in die großen italienischen und spanischen Häfen, um Waffen aus preußischer oder englischer Herstellung zu kaufen. Gleichzeitig beauftragte ich meinen ältesten Halbbruder Nikolas Lazarou, mit dem wir uns zusammengetan hatten, unsere Männer in der Handhabung dieser Waffen zu unterweisen. Ich schloß mich ihnen an und lernte so auf einem brachliegenden Feld vor dem Dorf, mit Pistolen zu schießen. Wahrscheinlich hatte ich eine angeborene Begabung dafür, denn in kürzester Zeit eignete ich mir eine Gewandtheit an, auf die ich sehr stolz war. Meine zwei Söhne und sogar Maria spendeten mir für meine Schießkünste donnernden Beifall. Ich wollte, daß sie sich von klein auf an Kampfeslärm und Pulverdampf gewöhnten. Zu diesen Schießübungen kamen natürlich auch die Müßiggänger des Dorfes als Zuschauer. Anfangs machten sie sich über diese Frau lustig, die versuchte, es den Männern gleichzutun. Aber als ich einigen von ihnen ihre roten Mützen vom Kopf geschossen hatte, machten sie sich schleunigst aus dem Staube und wagten sich erst später scheu und voller Bewunderung wieder zurück.

Erst als wir wirklich für alles gerüstet waren, lichteten wir erneut die Anker. Mehr noch als zuvor war ich dazu entschlossen, Yanouzas zu folgen, und ich war sehr stolz auf mich. Meine Mutter war empört über das Risiko, das ich auf mich nahm, aber schließlich gab sie klein bei, weil sie überglücklich war, sich während unserer Abwesenheit um meine Kinder kümmern zu können. Wir schlugen nun den gefährlichsten Kurs ein: die Südroute. Ohne Unterlaß suchte ich die endlose, leere Fläche des Meeres ab. Dabei empfand ich natürlich eine gewisse Furcht, aber auch eine Art Nervenkitzel, der nicht unangenehm war. Yanouzas hüllte sich in völliges Schweigen. Er war bereit, der Situation tapfer die Stirne zu bieten, schloß aber das Schlimmste nicht aus und wog im Geiste wohl schon die möglichen Folgen ab. Ich ertappte mich dabei, daß ich die Abwesenheit von Bouboulis bedauerte, der in seiner Leichtfertigkeit das Unternehmen sicher aufregend gefunden hätte. Unsere Seeleute taten schweigend und teilnahmslos ihre Arbeit. Auf dieser Reise hörte man weder Gesang noch Gitarrenklänge, ganz so, als fürchteten sie, daß ihre Stimmen den Feind alarmieren könnten.

Am vierten Tag befanden wir uns bereits weit draußen auf dem offenen Meer, zwischen dem Süden des Peloponnes und Apulien. Der Nachmittag neigte sich dem Ende entgegen, und der Wind frischte leicht auf. Alles war voller Ruhe und Harmonie, als der Ausguck ein Segel meldete. Während wir uns an der Reling zusammendrängten, sahen wir, wie der Punkt am Horizont immer größer wurde. Seine Umrisse wurden deutlicher, und ein Detail nach dem anderen war auszumachen. Yanouzas erkannte mit dem Fernrohr die Flagge von Karali, dem Pascha von Tripoli. Die alten Matrosen erschauerten, denn sie kannten den Ruf dieses Tyrannen, der als der grausamste des Mittelmeers galt. Durch prunkvolle Geschenke an den Sultan und seine Ratgeber hatten die Mitglieder dieser unheilvollen Familie ihren Titel in Erbfolge erhalten. Aber sie neigten dazu, sich ohne große Umschweife gegenseitig umzubringen, um sich den Platz auf diesem stets bluttriefenden Thron zu sichern.

Das Schiff aus Tripoli kam nicht direkt auf uns zu, es schien nur denselben Kurs zu verfolgen. Yanouzas war nicht davon überzeugt, daß es uns übel wollte, weil die Berber ebenso große Händler wie Piraten waren. Und wenn man ihnen auf See begegnete, wußte man vorher nie, ob man es mit Konkurrenten oder Mördern zu tun hatte. Unmerklich kam uns das andere Schiff immer näher, obwohl es sich nicht für uns zu interessieren schien. Aber mein Instinkt sagte mir, daß es sich um Piraten handelte. Unser Schiff war wahrscheinlich schneller als das ihre und konnte ihnen entkommen, und genau das war es, was Yanouzas versuchen wollte. Aber ich flehte ihn an, zu wenden und direkten Kurs auf sie zu nehmen, weil wir durch einen Überraschungsangriff eher im Vorteil waren, als durch eine Flucht. Er zögerte, denn wenn es sich herausstellen sollte, daß er sich an unschuldigen Händlern vergriffen hatte, würde er sich dadurch außerhalb des Gesetzes stellen. Die Meinungen unserer Männer waren geteilt. Die einen, deren Familienangehörige oder Freunde in die Sklaverei verschleppt worden waren, brannten darauf, sich zu rächen. Die anderen rieten zur Vorsicht.

Parallel zueinander segelten die beiden Schiffe durch die wunderschöne Abenddämmerung. Immer noch gab es keinerlei Anzeichen von Feindseligkeit von seiten des tripolitanischen Schiffes. Ich glaubte schon, daß ich mich geirrt hatte, als Yanouzas plötzlich den Kurs ändern ließ. Und unsere Männer, die sofort verstanden, was das zu bedeuten hatte, holten eilig ihre Waffen hervor. Nun liefen wir mit großer Geschwindigkeit direkt auf das Schiff von Karali zu. Als wir nur noch einige Taulängen von ihm entfernt waren, gab Yanouzas Befehl zu feuern. Die Tripolitaner schossen zurück und verteidigten sich verbissen, aber das konnte ich schon nicht mehr mitverfolgen. Unter dem Vorwand, unsere Waffen zu holen, hatte mich Yanouzas mit in die Kabine genommen und dann dort eingesperrt. »Ich will nicht, daß du deine Haut riskierst«, hatte er durch die geschlossene Tür gerufen. Diese Vorsichtsmaßnahme habe ich ihm nie verziehen. Ich war zwar beim Entern nicht dabei, als es soweit war, bekam ich es jedoch durch den Stoß mit, den es bei der Begegnung der beiden Schiffe gab. Über mir auf dem Deck hörte ich Fußgetrampel, Schüsse und Geschrei. Der beißende Pulverdampf drang durch das offene Bullauge herein. Einerseits vor Wut kochend, andererseits beinahe ohnmächtig vor Angst, war ich völlig aufgewühlt. Ich hätte alles darum gegeben, an Deck zu sein.

Nachdem das Kampfgetöse bereits über eine halbe Stunde währte, hielt ich die Ungewißheit nicht mehr länger aus. Mein Blick fiel auf meine Pistolen. Ich zerschoß das Schloß, hastete die Leiter hinauf und stürzte mich mit der Waffe in der Faust aufs Deck. Zu spät! Der Kampf war so gut wie vorüber, die Tripolitaner ergaben sich unseren Männern, die das andere Schiff erobert hatten. Mit einem Blick sah ich die zerfetzten Segel, die Leichen, das Blut, hörte das Röcheln der Sterbenden und das Gelächter der Sieger. Rings um diese blutige Szene dehnte sich das blaue Meer endlos bis zum Horizont.

Am liebsten hätte ich Yanouzas geschlagen, aber seine Freude und die Begeisterung unserer Matrosen besänftigten meine Wut. Der tripolitanische Kapitän war niemand anders als ein Neffe von Karali Pascha, der wie durch ein Wunder die mörderische Familienintrigen überlebt hatte. Er gab vor, ein ehrlicher Handelsmann zu sein, und protestierte gegen den Akt von Piraterie, den wir gerade begangen hatten. Die türkischen Behörden würden sofort darüber informiert, und wir würden die ganze Strenge des Gesetzes zu spüren bekommen. Mit einer immer schriller und lauter werdenden Stimme fuhr der Kapitän fort, Schmähungen gegen uns auszustoßen. Unsere hartgesottenen Männer, die seine Matrosen in Schach hielten, waren offensichtlich von seiner Wut beeindruckt und begannen sich sehr unwohl zu fühlen. Beschämt senkten sie die Waffen. Gerade als ich mich fragte, ob ich Yanouzas nicht dazu gebracht hatte, einen verhängnisvollen Irrtum zu begehen, erschien auf Deck einer unserer Männer, der die Kajüten des tripolitanischen Schiffes durchsucht hatte. In seinen Armen hielt er ein großes Bündel anscheinend gebrauchter Kleider. Zunächst glaubte ich, daß er sie gestohlen hatte. Aber nein, der Mann war bleich und zitterte. Er warf Yanouzas Seidenwesten, Kniehosen, weiße Strümpfe, Röcke, Schultertücher und sogar einige kleine Kinderkleider vor die Füße. Es waren die Kleider von Europäern, von Griechen. Viele von ihnen waren blutbefleckt. Dies war der unwiderlegbare Beweis für die Schuld des Tripolitaners. Es hatte nur wenig gefehlt, und wir hätten von der Hand dieser Piraten das gleiche Schicksal erlitten wie unsere unglückseligen Landsleute, die massakriert oder bereits auf den Sklavenmärkten verkauft worden waren.

Voller Rachegefühle im Herzen, legten unsere Matrosen ihre Gewehre wieder auf unsere Feinde an. Der Kapitän der Piraten schlug weder seine Augen nieder, noch neigte er seinen Kopf, er spuckte Yanouzas vor die Füße und stieß nur ein »Verfluchter Christ!« hervor. Wahrscheinlich hatte er den Männern, Frauen und Kindern, denen er die Sklaverei oder den Tod gebracht hatte und deren Kleider nun das Deck übersäten, das gleiche an den Kopf geworfen.

»Was sollen wir mit ihnen machen?« flüsterte Yanouzas mir zu.

»Wirf sie ins Meer, damit sie kein Übel mehr anrichten können.«

Das Urteil wurde von unseren Matrosen begeistert aufgenommen und schnell ausgeführt. Ich wandte meinen Blick nicht ab. Ich schaute zu, wie die Männer einer nach dem anderen starben. Einige wehrten sich und flehten um Gnade, aber die meisten ergaben sich in ihr Schicksal und riefen laut: »Allah akbar, Gott ist groß, Gott ist siegreich« Unsere Männer versetzten ihnen mit dem Gewehrkolben einen Schlag über den Schädel und warfen sie dann über Bord. Nur dem Kapitän gelang es – obwohl er gefesselt war – mit einer übermenschlichen Anstrengung, selbst ins Meer zu springen. Nachdem die Exekution beendet war, luden wir die Kriegsbeute, oder vielmehr das Diebesgut, des

Tripolitaners um. Dann sprengten wir sein Schiff. Von weitem sah ich, wie sich die Flammen hoch über das ruhige Meer erhoben, schließlich kleiner wurden und verschwanden. »Entweder sie oder wir«, sagte ich noch einmal zu Yanouzas.

Und das war nicht das einzige Mal, daß wir so handelten. Wir wollten niemandem etwas Böses tun, wir suchten keinen Streit, aber immer, wenn wir ein verdächtiges Schiff entdeckten, griffen wir es an. »Zuerst schießen, dann Halt rufen«, hatte an der Dapia einmal ein alter Seemann zu mir gesagt, dem in seinem Leben viel Schlimmes widerfahren war. Um nicht selbst ausgeplündert und umgebracht zu werden, haben wir geplündert und getötet. Dabei sind uns manchmal Irrtümer unterlaufen, und wir haben unschuldige Handelsfahrer angegriffen. In diesen Fällen versuchten wir, den angerichteten Schaden wiedergutzumachen. »Sie oder wir«, sagte ich mir ständig. Trotz aller Schrecken und Brutalität empfand ich nie auch nur einen Hauch von Schuld. Damals lebte ich ausschließlich in der Erregung des Augenblicks. So veranlaßten uns die Umstände dazu, es von Zeit zu Zeit mit der Piraterie zu versuchen – jedenfalls gelang es uns unseren Reichtum ständig zu mehren. Bald konnten wir unserem Haus einen Flügel hinzufügen, so daß sein Grundriß nun wie ein griechisches Gamma aussah – auf Spetsai das Symbol dafür, daß man es gesellschaftlich zu etwas gebracht hatte.

Mühelos war Yanouzas zum Herrn im Haus geworden. Kaltblütig, mutig und entschlossen leitete er unsere Expeditionen. Er war der erste, der das feindliche Schiff enterte und die Piraten dann aburteilte, bevor er ihre Beute unter seinen Männern aufteilte. In meinen Augen war er der wunderbarste und der besonnenste aller wagemutigen Kapitäne. Und ich stand ihm mit dem ganzen Eifer bei, zu dem ich nur fähig war. Ich hatte mich für ein Leben an seiner Seite entschieden und war dabei vollkommen glücklich.

Eines Tages planten wir eine Fahrt nach Smyrna, um anatolischen Weizen nach Lissabon zu bringen. Eine Woche vor unserer Abfahrt – es war Mitte Oktober – bekamen unsere drei Kinder gleichzeitig Eiterbläschen im Gesicht. Es waren die Pocken. Eine unserer Nachbarinnen, eine alte Frau, die sich als Wahrsagerin betätigte, versicherte uns, daß irgend jemand unsere Familie mit dem bösen Blick verhext hatte. Obwohl es mich sehr verärgerte, bestand sie darauf, einen Exorzismus durchzuführen, in dessen Verlauf sie in allen Zimmern heiliges Öl vergoß, Basilikumzweige in Weihwasser tauchte und jeden von uns damit besprengte, vor dem Ikonenschrank, der auf einem Sockel im Wohnzimmer stand, eine Unzahl von Kerzen entzündete und pausenlos Beschwörungsformeln murmelte. Unseren Kindern ging es danach nicht besser und nicht schlechter. Ihr Gesundheitszustand war unverändert. Yanouzas bat mich, zu Hause zu bleiben und mich um sie zu kümmern. Ohne Widerrede fügte ich mich, da ich es allmählich bedauerte, sie so oft alleine gelassen zu haben.

An dem Tag, an dem er in See stach, stand ich mitten in der Nacht mit ihm auf. Ich half ihm, seinen Seesack zu packen. Ich begleitete ihn bis zur Haustür. Das Morgenrot färbte bereits den Himmel, und in unserer Straße wich die Dunkelheit dem grauen Licht des anbrechenden Tages. In meinen Ohren klang die Brandung wie ein unwiderstehlicher Ruf. Lautes Vogelgezwitscher war zu hören.

Lange sah mich Yanouzas mit einem Gesichtsausdruck an, den ich nicht deuten konnte. »Was würde ich nur ohne dich tun? Du bist immer mein guter Stern«, murmelte er leise.

»Dein guter Stern wird dir von Ferne folgen«, antwortete ich ihm und küßte ihn zärtlich auf die Lippen.

Nur widerwillig machte er sich auf den Weg zum Hafen. Es widerstrebte ihm, ohne mich in See zu stechen. Ich hingegen wäre gerne an seiner Stelle gewesen.

Einige Wochen gingen ins Land, die ich damit verbrachte, über die Genesung unserer Kinder zu wachen. Der Herbst des Jahres 1797 war außergewöhnlich regnerisch, aber in Griechenland ist noch nicht mal der Regen traurig. Das Meer, der Himmel und die Erde waren von einem tiefen Grau, das so ganz anders war, als das helle Grau der ersten Frühlingstage. Ich fühlte mich wie eingesponnen in einen grauen Kokon. Ich empfand und ich dachte nichts. Durch den feinen Nieselregen herrschte allenthalben eine Feuchtigkeit, die bis ins Mark und ins Herz zu dringen schien. An jenem Tag – wir hatten gerade zu Mittag gegessen – fühlte ich mich müßig und traurig, ohne zu wissen warum. Im Haus war es so kalt, daß ich mich wieder ins Bett gelegt hatte, um unter den klammen Decken wenigstens ein bißchen Wärme zu finden. Ich war in einen leichten Schlummer gefallen, als jemand heftig an die Tür trommelte. Hastig zog ich mich an und lief nach unten, um zu öffnen. Vor mir stand Bouboulis, bis auf die Knochen durchweicht, triefend vor Nässe, mit Tränen in den Augen.
»Yanouzas?« rief ich. Er konnte nur stumm nicken. Ungeduldig und energisch packte ich ihn am Arm und zog ihn ins Haus. »Erzähl mir alles«, befahl ich ihm.
Meine Gefaßtheit gab auch ihm die Ruhe wieder. Er hatte die Neuigkeit von anderen Kapitänen erfahren, die in Spetsai angelegt hatten. Yanouzas war südlich von Spanien unterwegs, als drei große Schiffe unter der Flagge des Karali Pascha von Tripoli auftauchten und direkten Kurs auf ihn nahmen. Sie umzingelten ihn und eröffneten das Feuer mit ihren Kanonen. Yanouzas hatte keine Chance. Sie hatten sein Schiff weder geentert noch geplündert – auch die Matrosen hatten sie nicht in die Sklaverei geführt, sondern die Besatzung und seine gesamte Fracht auf den Meeresgrund geschickt. Das Ganze war also kein Zufall, sondern ein kaltblütig geplanter Hinterhalt. Offensichtlich hatten sie Yanouzas überwacht, ausgespäht und ihm auf-

gelauert. Karali Pascha, der persönlich die Unternehmung anführte, hatte an uns Rache nehmen wollen.
Bouboulis war leichenblaß. Er zitterte vor Aufregung und Kälte. Obwohl es noch früh am Nachmittag war, war es in dem kalten Zimmer schon dunkel. Das Feuer im Kamin war erloschen, und auf dem Tisch, den ich noch nicht abgeräumt hatte, standen die Überreste des Mittagessens. Der Regen trommelte an die Fensterscheiben, und über uns stritten sich die Kinder, die überreizt waren, weil sie wegen des Regens nicht ins Freie konnten. »Geh jetzt, Bouboulis. Ich will allein sein.« Er kam dieser Bitte umgehend nach und war so in Eile, das Haus zu verlassen, daß er vergaß, die Tür zu schließen. Wie in Trance starrte ich auf den Regenschleier, der mir die Sicht versperrte. Ich hatte Yanouzas umgebracht, ich war es gewesen, die ihn verleitet hatte, den Neffen von Karali und dessen Mannschaft zu massakrieren. Und ich hatte aus ihm einen Piraten gemacht. Ich fühlte mich allein schuldig an seinem Tod. Dieses Schuldgefühl ließ augenblicklich die grenzenlose Liebe wieder erwachen, die an jenem Abend in mir entbrannt war, als er mich aus den Klauen des Parea gerettet hatte, diese Liebe, die auch mit den Jahren nicht verblaßt war, die aber sehr wohl ihre Höhen und Tiefen gehabt hatte. Ich sah vor mir wieder meinen Befreier, der schön wie ein Erzengel auf dem Felsen stand, bereit, mich ins Glück zu tragen ...
Die Totenmesse für Yanouzas und seine Männer fand – wie es Brauch war – in dem direkt neben dem Friedhof gelegenen Allerheiligenkloster statt. Kein Grabstein würde dort an sie erinnern: Das Meer war ihnen zum Grab geworden. Zwischen den silbrig schimmernden Olivenbäumen hindurch bewegte sich eine lange schwarze Schlange von trauernden Familienangehörigen. Meine beiden Jüngsten, Yorgo und Maria, die ich an den Händen hielt, weinten bittere Tränen. Yanno, mein Ältester, den ich

heimlich im Grunde meines Herzens den anderen vorzog, weinte nicht. Ich spürte in diesem achtjährigen Kind die Entschlossenheit eines Erwachsenen. In einer einzigen Nacht hatte ihn das Unglück heranreifen lassen. Als ich nach der Messe die Kapelle des Klosters verließ, hielt ich lange inne und ließ meinen Blick über das Meer schweifen, das sich am Fuß des Hügels ausbreitete. Die Zukunft verschloß sich vor mir. In jenem Augenblick fiel mir ein seltsames Geschehnis ein. Eines Abends – einige Zeit, bevor er in See stach – war Yanouzas nach oben gegangen, um unsere schlafenden Kinder zu umarmen. Als er aus ihren Zimmer trat, sagte er zu mir: »Wenn mir etwas zustoßen sollte, dann erziehe sie, wie ich das gewollt hätte. Ich möchte, daß du einen guten Ehemann für unsere Tochter findest und daß meine Söhne in meine Fußstapfen treten ...« Ich erinnerte mich nicht daran, was ich darauf geantwortet hatte. Wahrscheinlich irgendwelche beschwichtigenden Gemeinplätze. Aber zweifellos hatte Yanouzas sein Ende vorausgeahnt. In der gegenwärtigen Leere meines Lebens blieb mir jetzt die Aufgabe, seinen Willen zu erfüllen. Wenn ich nun auch selbst nicht mehr auf See gehen konnte, so würden meine Söhne es an meiner Stelle tun.

Das Schicksal wollte es, daß kurze Zeit darauf Bouboulis' Frau starb. Sie war von schwächlicher Konstitution und immer schon etwas blutarm gewesen, und so kam ihr Tod nicht überraschend. Bouboulis war zur Totenmesse von Yanouzas gekommen, und ich ging zur Beerdigung seiner Frau. Das Schicksal der drei kleinen Kinder, die sie hinterließ, berührte mich, da es mich an das meiner eigenen Kinder erinnerte. Nach dem Gottesdienst drückte ich Bouboulis gegenüber zusammen mit meinem Beileid auch die Bereitschaft aus, mich – wenn er das wünschte – um seine Kinder zu kümmern.

Am selben Abend klopfte es an unsere Tür. Meine Einladung einzutreten lehnte er ab, da er in Eile war. Bouboulis hatte es immer eilig und war ständig unterwegs. Wenn er etwas sagte, so sprach er meist abgehackt und nervös: An jenem Abend kamen die Worte nur zögernd über seine Lippen. Er schaute auf seine Stiefelspitzen, und seine Kühnheit, der selbst der Tod seiner Frau nichts hatte anhaben können, schien ihn verlassen zu haben. Ich wollte ihm entgegenkommen: »Du möchtest mit mir über deine Kinder sprechen, nicht wahr?«

Er antwortete nicht direkt darauf. »Ich habe nachgedacht, ich will dich heiraten. Aber beeil dich mit deiner Antwort, denn im Morgengrauen steche ich in See.«

Die Ungebührlichkeit dieses Antrags und die Tatsache, daß er zu einem so unpassenden Zeitpunkt erfolgte, ließen mich in lautes Gelächter ausbrechen. Seit dem Tod von Yanouzas war das wirklich das erste Mal, daß ich wieder laut lachen mußte. »Hör zu, Bouboulis, jetzt sei einmal ernst. Es ist nicht nötig, daß du die Erzieherin deiner Kinder heiratest.«

Mit gerunzelten Augenbrauen, konzentriert und düster dreinblickend, murmelte er: »Ich will dich, Laskarina.«

»Jetzt hör bloß auf, Bouboulis. Du hast nur Mitleid mit mir und willst die Witwe deines besten Freundes nicht ihrem traurigen Schicksal überlassen, und irgendwie möchtest du in meiner Person die Erinnerung an ihn für dich haben.«

»Warum hast du ihn geheiratet? Du hättest von Anfang an mich wählen sollen. Ich habe dich immer schon begehrt.«

Noch nie hatte ich ihn in solch einem Zustand gesehen. Wutentbrannt und grollend; er flößte mir beinahe Angst ein. Aber er irrte sich. Nicht er war es, den ich liebte oder geliebt hatte, sondern Yanouzas. »Das ist doch nicht dein Ernst, Bouboulis. Stell dir doch nur den Skandal vor: ein Mann und eine Frau, die – kaum verwitwet – bereits wieder heiraten. Man wird uns nachsagen, daß wir uns der beiden entledigt haben.« Ich hatte nur diese fadenscheinige Entschuldigung des »Was werden wohl die Leute dazu sagen?« gefunden, die doch so wenig zu mir paßte; aber in Wirklichkeit war ich zu verblüfft, als daß mir etwas anderes eingefallen wäre. In seinen Augen sah ich Wut, ja beinahe Haß aufblitzen.

»Wir sprechen noch darüber«, stieß er hervor, bevor er mir den Rücken zudrehte und davoneilte.

Am nächsten Morgen stach er in See, stets auf der Suche nach immer größeren Gewinnen. Tatsächlich herrschte in unserem Mittelmeer seit einigen Monaten wieder Unruhe. Nacheinander kreuzten dort französische und englische Flotten. Bonaparte war in Ägypten gelandet, und die Engländer hatten ihn verfolgt. Es kam zu Seeschlachten, deren Namen durch ganz Europa hallten, und die ruhigen Fluten des Meeres waren mit Wrackteilen und Leichen übersät. Die Handelsrouten zwischen dem Osten und dem Westen, die die kriegsführenden Parteien mit den Mündungen ihrer Kanonen überwachten, waren unterbrochen. Die Gefahr zog Bouboulis magnetisch an. Unter dem Vorwand, daß sich mit dieser Blockade ein Vermögen verdienen ließ, stürzte er sich ins Abenteuer.

Kapitel 6

Ich war nun Witwe und nahm meine neuen Verpflichtungen wahr. Ich entließ unsere Mannschaften und verkaufte unsere Schiffe. Ich kümmerte mich um die Erziehung meiner Kinder, kontrollierte ihren Unterricht und wählte ihre Lehrer mit äußerster Sorgfalt aus. Übergründlich führte ich meinen Haushalt und die Bücher. Ich nähte und strickte, wie es mich meine Mutter gelehrt hatte, als sie noch dieser Beschäftigung nachging. Wenn ich gar nichts anderes zu tun hatte, las ich Bücher, obwohl das Lesen niemals zu meinen Lieblingsbeschäftigungen gehört hatte. Kurzum, ich tat all jene Dinge, die ich während der Jahre, die ich mit meinem Mann auf See verbracht hatte, vernachlässigt hatte. Einige Monate gingen ins Land, und meine Mutter forderte mich immer wieder auf, es ihr doch gleichzutun und wieder zu heiraten. Auch Lazarou ermutigte mich dazu. Ständig wiederholte er mir, daß meine Kinder wieder einen Vater brauchten: einen möglichst reichen Vater. Darauf entgegnete ich, daß die Ersparnisse, die ich zurückgelegt hatte, ihnen mehr als genügen würden. Ich lebte in der Erinnerung an Yanouzas.

Mit sechsundzwanzig Jahren vegetierte ich in einer Art Winterschlaf dahin. Dabei langweilte ich mich noch nicht einmal, ich hatte das Gefühl, wie in Watte gepackt, irgendwo außerhalb von Zeit und Raum zu schweben. Von Anfang an lehnte ich es kategorisch ab, an den Zusammenkünften der Witwen teilzunehmen, die jeden Abend abwechselnd bei der einen oder anderen stattfanden und in deren Verlauf eine nach der anderen ihr eigenes Unglück beklagte, ohne auch nur einen Augenblick zuzuhören, was den anderen widerfahren war. Es gefiel mir, allein zu sein, und ich machte lange Spaziergänge über die Insel. Ich habe sie so oft durchquert, daß ich glaube, jeden ihrer Büsche und Felsen zu kennen. In den langen Zypressenalleen, in den Mandelhainen und auf den Heideflächen voller Lorbeer und Thymian sog ich Licht, Düfte, Geräusche und Farben in mich ein. Die Bergkämme waren von Pinienwäldern gekrönt. Von dort aus konnte ich das Meer sehen und seine unendliche Anziehungskraft spüren. Die Erinnerungen kamen zurück, aber vor allem verlor ich mich in Tagträumen.

Es war im August, und es war zur Mittagszeit, zu jener Stunde, die ich am liebsten zum Umherschweifen nutzte, da es um diese Zeit unwahrscheinlicher war, jemanden zu treffen. Ich folgte dem staubigen Pfad, der sich auf der Höhe der Insel durch die Pinienhaine schlängelte. Alles schien in der drückenden Hitze stillzustehen. Es regte sich kein Lüftchen, nichts rührte sich. Das Meer glich flüssigem Gold. In der Ferne waren Inseln und Berge in einen leichten, goldenen Dunst getaucht, überall auf den Ästen und in jedem Riß ihrer Rinde stimmten Abertausende von Grillen ein schrilles und ohrenbetäubendes Konzert an. Es kam mir ganz so vor, als könnten jeden Augenblick Flammen aus den Felsen oder aus dem Boden schlagen. Das Atmen fiel mir schwer. Der Schweiß lief mir in Strömen über die Haut und tränkte meine Kleider, aber diese Maßlosigkeit der Natur versetzte mich in Ekstase. In dieser Glut erfuhr ich eine Art Erleuchtung, die sich in einer nüchternen Feststellung konkret niederschlug. Ich gestand mir meine Nutzlosigkeit ein: Ich ließ mein Ungestüm, meine Sehnsucht und mein Geld gleichermaßen verkommen. Ich erinnerte mich an dieses Bild aus meiner Kindheit, als die türkischen Soldaten die unglückliche Mutter, die versucht hatte, ihren Sohn vor der Zwangsrekrutierung zu bewahren, brutal zurückgestoßen hatten. Warum erbitterte mich der Gedanke an die Türken gerade an diesem heißen Augusttag? Weshalb ging mir mein Groll gegen sie gerade jetzt durch den Sinn? Sie hatten meinen Vater umgebracht, ihre Komplizen hatten meinen Mann getötet, sie bedrohten das Leben von Bouboulis, sie unterdrückten meine Landsleute, meine Brüder auf dem Festland, sie schwebten über unserem ganzen Leben wie eine ferne, aber sehr reelle Bedrohung. Es war nicht länger möglich, sie zu ertragen, sie zu akzeptieren. Deshalb beschloß ich ganz einfach, Griechenland und die Griechen von ihnen zu befreien. An diesem Tag zog ich, Laskarina, die einsame, vergessene Witwe, in den Krieg gegen das türkische Kaiserreich, das über drei Kontinente reichte und sich über zahlreiche Königreiche und Hunderte von Provinzen erstreckte. Nur mit meinen beiden Pistolen bewaffnet, würde ich ihnen die Stirn bieten. Ich würde antreten gegen die Abertausende Regimente der Janitscharen, vor denen die Welt gezittert hatte.

Seit Yanouzas' Tod waren drei Jahre vergangen. Drei Jahre des Wartens, die in diesem seltsamen Versprechen gipfelten. Da kam eines Tages jemand in mein Haus, der mit mir sprechen wollte. Die Dienerin führte einen sehr korpulenten Mann herein. Die markanten Gesichtszüge des Besuchers, der Ende Vierzig sein mochte, zeugten von einem starken Charakter. Während ich ihn musterte, versuchte ich mich zu erinnern, woher ich ihn kannte.

Er lächelte. »Ich bezweifle, daß du dich an mich erinnern wirst, denn als ich dich das letzte Mal gesehen habe, warst du gerade mal eine Stunde alt. Ich bin Bourzinos, dein Pate, der Mann, der dich nach deiner Geburt im Gefängnis getauft hat.«

Ich gab ein Fest zu seinen Ehren, in dessen Verlauf ich die Maßlosigkeit seines Appetits kennenlernte. Er leerte alles, bis zum letzten Tropfen und bis zum letzten Krümel. Am meisten schätzte er meinen Bordeaux, von dem selbst mehrere Flaschen kaum ausreichten, um seinen Durst zu stillen. Während er sich bei Tisch vollstopfte, begann er zu erzählen. Er war schließlich aus dem Schloß der Sieben Türme freigelassen worden, was seine Sippe eine schöne Stange Geld gekostet hatte. Als er dann in seine kleine Heimatstadt Kardamili in Mani zurückgekehrt war, hatte er Nachforschungen über unser Schicksal anstellen lassen. Er wußte Bescheid über unseren kurzen Aufenthalt auf Hydra, hatte dann unsere Spur auf Spetsai wieder aufgenommen und war seitdem über das Auf und Ab unseres Lebens ganz genau auf dem laufenden. Es war ihm nicht möglich gewesen, uns persönlich aufzusuchen, denn er mußte sich ohne Unterlaß um seine »Angelegenheiten« kümmern – über die er weiter kein Wort verlor – und die zweihundert Mainoten, über die er das Kommando hatte, durfte man keinen Augenblick aus den Augen lassen. Aus der Ferne hatte er an unserem Glück und an unserem Unglück teilgehabt. Schließlich hatte eine Geschäftsreise es ihm ermöglicht, kurz in Spetsai anzulegen, um uns zu sehen. Ich fragte ihn, ob er meine Mutter sehr verändert vorgefunden habe, worauf er antwortete, daß er noch nicht die Zeit gefunden hätte, sie zu besuchen, und daß es ihm wahrscheinlich auch nicht möglich sein würde, da er umgehend wieder in See stechen müsse. Sogleich begann ich, an der Zufälligkeit dieses Besuches zu zweifeln. Wir saßen nebeneinander auf dem niedrigen Sofa, das an der Wand stand. Vor uns im Mangal, dem Kohlebecken, funkelte die Glut. Genüßlich rauchte er die Wasserpfeife, die ich ihm bereitet hatte, und leerte Glas auf Glas meines besten Raki. Geduldig wartete ich darauf, daß er mir den Grund seines Besuchs erklärte. »Du hättest Bouboulis nicht abweisen sollen«, ließ er plötzlich verlauten. Auf alles andere war ich gefaßt gewesen, darauf nicht. Kannte er Bouboulis? »Sehr gut sogar«, lautete seine Antwort, die durch ihre Einsilbigkeit alle weiteren Fragen im Keim erstickte. Entweder war Bouboulis sehr indiskret gewesen, oder aber mein Pate überwachte mich noch viel genauer, als er hatte durchblicken lassen.

»Und warum überhaupt, None,* hätte ich Bouboulis heiraten sollen?«

»Er ist reich, sehr reich. Er ist dynamisch und mutig. Genau wie du. Ihr würdet ein perfektes Gespann abgeben.«

»Aber wofür?«

Bourzinos ließ sich Zeit. Er richtete sich auf, faßte mich bei der Hand und schaute mir lange tief in die Augen, ganz so, als wolle er mein Innerstes ergründen. In seinem klaren Blick lag so viel Güte, daß ich diese Prüfung überhaupt nicht als unangenehm empfand. Schließlich fragte er mich mit ernster Stimme, in der eine gewisse Feierlichkeit mitschwang: »Liebst du Griechenland, Laskarina?« Erneut war ich überrascht, denn auf solch eine Frage war ich nicht gefaßt. Im übrigen empfand ich sie beinahe als beleidigend, und das ließ ich ihn spüren. »Ich weiß, es war überflüssig, dich das zu fragen, ich spüre, nein, ich kenne deine Vaterlandsliebe. Darum müßt ihr zwei, Bouboulis und du, euch zusammentun, um unserem Vaterland besser zu dienen.« Seine Bitte paßte zu der Entscheidung, die ich vor einigen Tagen getroffen hatte, von der ich aber selbst annahm, daß sie auf die Wirkung der stechenden Sonne zurückzuführen war. Jedenfalls hatte ich nicht die geringste Lust, mit Bouboulis gemeinsame Sache zu machen oder weitere Heiratsanträge von ihm zu erhalten. Unbeholfen versuchte ich, Bourzinos zu erklären, daß ich allein viel besser dran war.

»Wenn du weiterhin nichts tun willst, dann vielleicht. Aber allein etwas auf die Beine zu stellen, das schaffst du nicht, Laskarina.« Daß dies zutraf, war mir zu sehr bewußt, als daß

* Pate

ich es hätte hinnehmen können, ohne mich zu ärgern. Er wollte mich besänftigen: »Ich weiß, wie tapfer du bist. Ich weiß, daß du dich wie ein richtiger Kämpfer verhalten hast, als ihr das Schiff von Karali Pascha angegriffen habt. Aber du bist zu jung und leidenschaftlich. Du hast noch nicht genug Erfahrung, die mußt du erst noch sammeln.«
»Erklär mir das, None, jetzt hast du zuviel gesagt, oder nicht genug.«
»Bouboulis verfügt über enorme, geheime Möglichkeiten. Er hat viele Freunde und Kontakte. Hinter den Kulissen ist seine Macht riesengroß. ER könnte deiner Kühnheit und deinem Wunsch, unseren Brüdern zu dienen, Flügel verleihen.«
»Aber warum muß ich ihn dafür heiraten?«
»Weil eine Heirat deine Lippen versiegeln würde für gewisse Geheimnisse, die unbedingt gewahrt bleiben müssen.«
»Zu spät, None, ich habe ihn schon abgewiesen.«
Bourzinos lächelte und erhob sich so schnell und gewandt, wie ich es von jemandem seiner Korpulenz nie erwartet hätte. Sein gleichermaßen liebevoller und amüsierter Blick, der seinem Gesicht einen außergewöhnlichen Ausdruck von Jugendlichkeit verlieh, war auf mich gerichtet. »Ausgezeichnet, dieser Raki. Ich werde wiederkommen, um davon zu trinken.« Dann verschwand er und überließ mich meinem Erstaunen.
Einige Tage später war ich nach dem Abendessen in dem großen Zimmer geblieben. Selbst die Nacht hatte die Hitze dieses außergewöhnlich heißen Sommers kaum mildern können. In der Hoffnung auf einen kühlen Windhauch hatte ich die Fenster offen gelassen. Zum wiederholten Male gingen mir die seltsamen Reden meines Patenonkels durch den Kopf, und ich war ganz in Gedanken verloren, als mich ein fröhliches »Denkst du gerade an mich?« plötzlich in die Wirklichkeit zurückholte. Durch das offene Fenster lehnte sich Bouboulis herein. Natürlich war er

während dieser drei Jahre oft nach Spetsai zurückgekehrt, aber meistens waren seine Aufenthalte von so kurzer Dauer, daß es mir gelungen war, ihm aus dem Weg zu gehen. Ich war mir sicher, daß mein Pate Bescheid wußte, weil Bouboulis' Besuch so kurz nach dem seinen erfolgte. Ohne daß ich ihn dazu aufgefordert hätte, schwang sich Bouboulis durch das offene Fenster ins Zimmer.

»Da nimm, das ist für dich.« Mit diesen Worten begann er unsere Unterhaltung und reichte mir die schönste Waffe, die ich je gesehen hatte. Es war ein Krummdolch aus Gold, dessen Griff schachbrettartig mit Rubinen und Smaragden besetzt war. »Den habe ich dem toten Karali Pascha abgenommen.«

»Tot?«

»Ja, ich habe ihn eigenhändig umgebracht.«

Ich war völlig überrascht, denn meines Wissens war keine Flotte groß genug, um dem listigen Pascha von Tripoli den Garaus zu machen.

»Kein Fuchs ist so schlau, daß es nicht noch einen schlaueren gäbe«, meinte Bouboulis nur.

Er war an den Küsten von Tripolitanien entlanggesegelt, hatte den Blockadering vor Ägypten durchbrochen und gleichzeitig das Gerücht ausgestreut, daß er Fracht im Werte von mehreren hunderttausend Piastern an Bord hatte. Der Hai ließ sich durch den fetten Köder anlocken. Genau wie Yanouzas hatte Karali auch Bouboulis in einen Hinterhalt gelockt. Dann hatte er persönlich das Kommando über drei seiner Schiffe übernommen und war über sein Opfer hergefallen. Im letzten Augenblick, als der Tripolitaner seinen Sieg schon sicher glaubte, hatte Bouboulis seine Tarnung fallenlassen und mehrere hundert seiner gut ausgebildeten und mit englischen Gewehren bewaffneten Männer zum Einsatz gebracht. Durch ihr Trommelfeuer hatten sie die beiden kleineren Schiffe des Pascha in die Flucht geschlagen. Diesen Überraschungseffekt nutzte Bouboulis aus, um das größte der drei Schiffe zu entern. Seinen Männern gelang es, die Mannschaft des feindlichen Schiffes zu überwältigen, und er erfüllte sich seinen Wunsch, Karali eigenhändig umzubringen und so seinen Freund Yanouzas zu rächen. Damit hatte er auch für mich Rache genommen. Ohne daß es weiterer Worte bedurft hätte, war mir bereits klar, worauf er hinauswollte.

»Wie steht's? Ist deine Antwort noch immer nein?« fragte er mich mit einem Raubtierlächeln auf den Lippen. Ich errötete, was mir nicht oft passierte, und bat um Bedenkzeit. »Laß dir ruhig Zeit, diesmal setzte ich nicht so bald wieder Segel.«

Mir war es gelungen, jene Kunst bis zur Perfektion weiterzuentwickeln, die den Griechen eigen ist, nämlich das Gefühl, allem aus dem Weg gehen zu müssen, was sie auch nur irgendwie ihrem Glück näher bringen könnte. Und diese drei Jahre der Einsamkeit und des Nichtstuns hatten mich in diesem Gefühl bestätigt, auch wenn ich weiterhin starrköpfig versuchte, mir selbst das Gegenteil einzureden. Ich hatte von Bouboulis geträumt, aber ich hatte ihn aus meinen Gedanken verbannt. Plötzlich wurde das Unmögliche möglich. Aber er, was wollte er? Was suchte er? Hatte er mich tatsächlich – wie er behauptete – schon von Anfang an geliebt, wofür die Szene sprechen würde, die er mir nach meiner Heirat gemacht hatte, und auch der Heiratsantrag so kurz nach dem Tod meines Mannes? Vor meinem geistigen Auge drängte sich das Gesicht von Yanouzas zwischen mich und Bouboulis. Ich war verwirrt und unentschieden. Bevor ich meine Antwort gab, wollte ich ganz sicher sein. In Griechenland ganz allgemein, und insbesondere auf einer kleinen Insel, läßt sich so gut wie nichts geheimhalten. Ich wußte, daß die am besten informierten Inselbewohner von Bouboulis' Heiratsantrag Kenntnis hatten, ebenso wie es mir klar war, daß meine Mutter Bescheid wußte. Aber wohlweislich hütete ich mich, sie nach ihrem

Rat zu fragen, den sie mir nur zu gern gegeben hätte und der sich nur unschwer erraten ließ.

In meiner Unentschlossenheit wandte ich mich an meine Kinder. Eines Abends, bevor es Zeit war, ins Bett zu gehen, hatte ich sie alle versammelt und ihnen gesagt, daß ich mit ihnen zu reden hätte. Da standen sie nun alle drei mit der ihnen eigenen Zurückhaltung vor mir. Da ich ihnen auch den Vater ersetzen mußte, erzog ich sie zwar nicht hart, aber streng, und je älter sie wurden, um so mehr hielt ich mich absichtlich mit zärtlichen Gesten zurück. »Ich habe vor«, erklärte ich ihnen, »wieder zu heiraten. Ich habe einen Heiratsantrag bekommen.«
»Von Bouboulis«, fügten sie im Chor hinzu.
Ich bat sie um ihre Meinung.
»Wenn du das möchtest, zögere nicht, nimm an«, erklärte der zwölfjährige Yanno. »Er ist reich, heirate ihn«, fügte der neunjährige Yorgo hinzu. »Er liebt dich, sonst hätte er dich nicht um deine Hand gebeten. Sag ja«, sagte die kleine achtjährige Maria.
Trotz der Gewichtigkeit dieser Argumente, glaube ich, daß es die Eifersucht meiner Kusine Maria war, die mich schließlich meinen Entschluß fassen ließ. Als jemand ihr gegenüber den Antrag erwähnte, der mir gemacht worden war, hatte sie mit all der Giftigkeit, derer sie fähig war, ganz nebenbei und abfällig geäußert: »So dumm ist nicht einmal sie, diesen Antrag anzunehmen. Denn so häßlich wie sie ist, kann sie sich ausrechnen, daß Bouboulis sie schon in der Hochzeitsnacht betrügen würde.«
Es war nicht Bouboulis' Art, jemanden den Hof zu machen. Er war zu stolz, um noch einmal zu mir zu kommen und sich meine Antwort zu holen. Also ging ich zu ihm. Er bewohnte ein älteres, nicht besonders großes Haus. Um sich seine Unabhängigkeit zu bewahren, hatte er Mutter, Schwestern, Tanten und Kusinen gemeinsam in einem

großen Haus untergebracht, das ziemlich weit von dem seinen entfernt lag. Er war gerade dabei, seine Waffen zu reinigen. Als er mich hereinkommen sah, hielt er mit offenem Mund inne und blickte mich fragend an. Ich sagte nur: »Ich bin einverstanden.«
Darauf er: »Dann werden wir nächste Woche die Hochzeit feiern.« Dabei fuhr er fort, seinen Säbel zu polieren, und zwar mit einer Inbrunst, die er zuvor nicht an den Tag gelegt hatte.
In einer Truhe habe ich noch immer das Kleid, das ich am Tag meiner Hochzeit mit Bouboulis getragen habe. Es war ein gelbes Seidenkleid, das aus langen, mit weißen und gelben Blumen bestickten Stoffbahnen gefertigt war. Dazu hatte ich einen passenden, mit goldenen und silbernen Blüten und Blättern bestickten Schleier. Die ganze Stadt – man sprach nicht mehr von einem Dorf – war bei der Zeremonie anwesend. Da die Dreifaltigkeitskirche mich an meine erste Heirat erinnerte, wählte ich diesmal das in der Nähe gelegene Heiligtum von Taxiarchos. Wir hatten meine Mutter gebeten, unsere Kumbara* zu sein. Als sie die kostbaren, mit Gold und Edelsteinen besetzten Brautkronen über unsere Köpfe hielt, war mir, als öffne sich vor mir eine riesige Tür, hinter der ein Ozean von Licht lag. Sodann ließ uns der alte Papas, dessen weißer Bart einen großen Teil seiner silberverbrämten Dalmatik bedeckte, wie es Brauch war, dreimal den Altar umrunden, während die Hochzeitsgäste uns mit Rosenblättern bewarfen. Beim anschließenden Hochzeitsschmaus, der nicht im Licht der sonst üblichen Fackeln, sondern im Schein von Silberkandelabern stattfand, aß man von Porzellantellern. Die »feinen Leute« der Insel, die bei diesem Essen unter sich

* Trauzeugin. In Griechenland ist immer nur eine Person Trauzeuge, und sie spielt während des ganzen Lebens eines Paares eine wichtige Rolle.

waren, hatten in ihrer Annäherung an die Sitten und Gebräuche des Westens auch gelernt, mit Messer und Gabel zu essen, was sonst im Orient nicht üblich war. Bouboulis war maßlos stolz auf die Abstammung seiner Familie von einem alten Adelsgeschlecht und wollte an seinem Tisch nur seinesgleichen. Ich hatte vorgeschlagen, das majestätische und kalte Innere seines Hauses anders zu dekorieren; seine erste Frau hatte das augenscheinlich nicht gewagt. Aber Bouboulis erlaubte mir nicht, ein einziges seiner geschichtsträchtigen Erinnerungsstücke auch nur anzurühren, er verwies mich in meine Schranken und machte mir dadurch klar, daß es sich hierbei um etwas handelte, das für Frauen tabu war. Damals machte mich die Liebe blind für all die Hindernisse, die vor uns liegen würden.

Kaum waren wir verheiratet, als wir auch schon mit Geld überschüttet wurden. In diesen ersten Jahren des neunzehnten Jahrhunderts ließ Napoleon unfreiwillig einen regelrechten Goldregen auf uns niedergehen. Dank seiner unermüdlichen Anstrengungen führte eine ständig wachsende Anzahl von Staaten Krieg gegeneinander. Dies wiederum hatte zur Folge, daß die zum Militärdienst gezwungenen Bauern ihre Felder nicht mehr bestellen konnten und diese nun brachlagen. Dies führte dazu, daß immer mehr Getreide aus der Ukraine, Rumänien, Anatolien und anderen vom Krieg noch verschonten Gebieten importiert werden mußte. Wer aber sollte den Transport dieses nun unverzichtbar gewordenen Getreides übernehmen?

In der Schlacht von Trafalgar hatten die siegreichen Engländer die französische Flotte vernichtet. Das zerfallene spanische Reich war noch nicht einmal mehr fähig, die Verbindung zu seinem kolonialen Imperium in Amerika aufrechtzuerhalten. Venedig, früher die Königin der Meere, war von eben jenem Napoleon von den Weltkarten getilgt worden. Einzig England war wohl noch präsent, aber durch seine Kriegsanstrengungen voll und ganz beschäftigt. Plötzlich sahen wir, die Einwohner einer relativ kleinen griechischen Insel, daß die Meere wie leergefegt waren und uns da eine Gelegenheit wie eine reife Frucht in den Schoß fiel. Wir faßten den Entschluß, den freigewordenen Platz der Großmächte einzunehmen. Umgehend gingen wir daran, die Anzahl unserer Schiffe zu vervielfachen. Dafür brauchten wir Arbeitskräfte. Unsere Bevölkerung, die nach der Rebellion von 1770 nur noch einige hundert Einwohner betragen hatte, hatte sich mehr als verzehnfacht. Wir brauchten Baumaterial, und so holzten wir ganze Wälder in der Gegend um Korinth und Etolien-Akarnanien ab. Aus unseren Werften liefen Schiffe der unterschiedlichsten Tonnage und Bauarten vom Stapel: Tartanen, Brigantinen, Schoner. Schließlich besaß Spetsai neunzig Schiffe. Wir bauten unsere Briggs nun als Dreimaster von vierhundert Tonnen und strebten danach, immer größere Schiffe zu bauen, um mehr Fracht transportieren und die Piraten besser bekämpfen zu können.

Damit jedoch verstießen wir gegen die türkische Verordnung, die die Größe der Schiffe beschränkte, um bei uns erst gar keine gefährlichen Gedanken an Rebellion aufkommen zu lassen. Bouboulis machte sich nach Konstantinopel auf, um eine Übereinkunft mit dem Großadmiral Hussein Pascha zu erreichen. Sein Vermögen öffnete ihm alle Türen. Der Admiral entpuppte sich als aufgeschlossener und charmanter Mann, der fließend Griechisch sprach, weil er – wie alle Kinder aus besseren türkischen Kreisen – von einer griechischen Amme erzogen worden war. Wir hatten erfahren, daß Hussein Pascha die griechischen Reeder ermutigte und bereit war, ihnen gegenüber viel Nachsicht zu zeigen, weil er dadurch dem Einfluß der Russen entgegenwirken wollte. Bouboulis machte den Vorschlag, ihm spetsiotische Bootsbesatzungen zur Verfügung zu stellen, und stieß damit auf großes Interesse. Die Zeit der gewaltsamen Aushebungen, die mich in meiner Jugend so schockiert hatten, war vorbei. Wir würden keinerlei Schwierigkeiten haben, unsere Männer dazu zu bringen, beim Kapetan Pascha anzuheuern, da sie dort gut behandelt und gut bezahlt werden würden. Darüber hinaus bot sich so eine Gelegenheit, ihn von unserer Loyalität zu überzeugen. Und das wiederum würde dazu führen, daß er uns in Ruhe lassen und die Länge unserer Schiffe nicht nachmessen würde ... Es regnete Colonnata auf unsere Insel. Die spanischen Münzen, die sechs Goldfranken wert waren, wurden zusammen mit den österreichischen Talern ausschließlich für unsere Geschäfte im Mittelmeer verwendet. In jenen segensreichen Tagen gab es nicht einen Spetsioten, der sie nicht anhäufte. Die Matrosen versteckten sie im Dachgebälk oder in einer Vase und die Reeder in großen Hohlräumen, die sie heimlich in den Wänden ihrer Zisternen anlegten. Spetsai war – so sehr die Hydrioten dies auch bestritten – zur reichsten Insel Griechenlands geworden, und Bouboulis war, mit seiner Gewinnspanne von vierhundert Prozent, von allen Spetsioten der reichste. Daher ist es nicht weiter verwunderlich, daß die Legende entstand, unsere riesige Zisterne sei randvoll mit Gold. In Wirklichkeit deponierten wir unser Geld ganz einfach in der einzigen auf griechischem Boden existierenden Bank, an deren Gründung wir im übrigen beteiligt gewesen waren.

Yanouzas war ein ausgezeichneter Kapitän gewesen, Bouboulis war ein kühner Abenteurer. In der Gefahr fühlte er sich wohl wie andere in Glück und Bequemlichkeit.

Die ständigen kriegerischen Auseinandersetzungen lösten eine nicht enden wollende Serie von Blockaden zwischen den verschiedensten Staaten aus. Bouboulis kam das nur gelegen. Manchmal segelte er unter russischer, dann wieder unter türkischer oder sogar unter malteser Flagge. Letztere war zwar nicht besonders angesehen, ermöglichte es ihm jedoch, zwischen den Maschen so mancher Netze hindurchzuschlüpfen. Je schwieriger die Situation wurde, um so wohler fühlte er sich. Während die Nationen sich in ihre Staatsgrenzen zurückzogen und auch die Leute sich nicht von zu Hause wegrührten, war er auf dem ganzen Globus unterwegs, bis hin nach Buenos Aires, Montevideo oder Veracruz. Er konnte mich zwar nicht nach Amerika mitnehmen, aber durch ihn lernte ich Odessa, Smyrna, Triest, Carthagena und Lissabon kennen. Diese Namen klingen in meiner Erinnerung wie die Namen berühmter Diamanten, die mit ihrem Funkeln die Phantasie der Menschen beflügeln. In den Herbergen, in den Häfen und bei unseren Bankiers begegnete ich Händlern, Soldaten, Diplomaten und Politikern. Ich beobachtete sie alle, hörte ihnen zu und lernte von ihnen. In den meisten Ländern, die wir besuchten, herrschten Krieg und Tyrannei, und trotzdem spürte ich auch dort den Windhauch der Moderne. Meist wurde die Freiheit mit Füßen getreten, aber überall keimte die Hoffnung. Der Geist lebte, regte sich und ließ sich durch nichts ersticken. Wenn wir dann nach Hause zurückkehrten, war mir die türkische Trägheit immer unerträglicher. Es war fast so, als würde sie in jede Faser meines Wesens dringen, und ich war entschlossen, sie ein für allemal aus mir herauszureißen. Denn nun wurden die Griechen von einer Gefahr bedroht, die noch viel schlimmer war als die Sklaverei und vor der man sie retten mußte, koste es, was es wolle: der Verrohung.

Ob ich es wollte oder nicht: Meine Schwangerschaften unterbrachen meine Reisen. Ich schenkte Bouboulis zwei Töchter, Skevo und Eleni, und einen Sohn, Nikolas – damit erhöhte sich die Zahl der Kinder im Haus auf neun. Ich profitierte von dem Ruhm und dem Namen, den Bouboulis sich erworben hatte und der schon aus massivem Gold zu sein schien, um meine Maria, die Tochter des »armen Yanouzas«, gut zu vermählen. Sie heiratete den Sohn des alten Mexis, Träger des geachtetsten Namens der Insel, der

der gebotenen Mitgift nicht hatte widerstehen können. Tatsächlich hatten wir gemeinsam für Maria die unglaubliche Summe von zehntausend Colonnata aufgebracht. Um aus unserer Erinnerung die Trauer zu vertreiben, die das Begräbnis von Yanouzas hinterlassen hatte, war es mein Wunsch, die Hochzeit im Dreifaltigkeitskloster zu feiern. Ein farbenfroher und fröhlicher Hochzeitszug schlängelte sich durch die Olivenhaine. Da Bouboulis es gern sah, daß ich mich elegant kleidete, kam ich seinem Wunsch nach und legte das Schönste an, was ich besaß. Mein Kleid war übersät mit Spitzenrüschen und künstlichen Blumen – die neueste Pariser Mode, die bis zu uns vorgedrungen war. Ich verabscheute nüchterne Kleidung. Lieber hüllte ich meine Rundungen, die Bouboulis so sehr gefielen, in die prachtvollsten und auffälligsten Gewänder. Die Feier lief in fröhlicher Unordnung ab. Die Kapelle des Klosters war viel zu klein, um allen Platz bieten zu können. Aber unter den Gästen war sowieso ein ständiges Kommen und Gehen. Sie unterhielten sich draußen und wärmten sich in der Sonne auf. Erst in dem Augenblick, als der Priester die rituelle Trauungsformel rezitierte, drängten sie sich im Eingang des Heiligtums. Die beiden alten Nonnen, die sich um die Kapelle kümmerten und sie sauberhielten, wurden dabei so sehr hin und her geschoben, daß sie schließlich laut vernehmlich protestierten.
Im Schatten des Zypressenwäldchens, das bis zum Meer hinunterreichte, hatte ich lange Tische aufstellen lassen. Die laue Frühlingsluft und der Wein brachten die feinen Leute von Spetsai bald dazu, die distanzierte Überheblichkeit aufzugeben, um die sie sich bemühten. Schließlich wurde ein Tzamiko* getanzt, und der wilde Reigen zog sich quer durch die blühende Wiese, um schließlich hinter einem Gebüsch zu verschwinden.

* Traditioneller griechischer Tanz

Kapitel 7

Die Hochzeit ihrer Enkelin war die letzte Freude, die meiner Mutter zuteil wurde. Lazarou, ihr Mann, war ein Jahr zuvor ebenso unauffällig gestorben, wie er gelebt hatte. Sein Tod hatte ihr das Herz gebrochen und den Lebenswillen genommen. Sie wurde krank, aber sie ließ sich nicht gehen, und nicht ein Wort der Klage kam über ihre Lippen. Auch als sie bettlägerig wurde, verlor sie nie den Mut. Bleich, abgemagert und mit schmerzverzerrtem Gesicht, kämpfte sie bis zum Schluß. Wenn ihre Kinder um ihr Krankenbett versammelt waren, so gab sie ihnen Anweisungen zur Führung des Haushalts oder zur Aufteilung ihres Besitzes. Sie regelte ihr Ableben mit derselben Sorgfalt, mit der sie auch ihr Leben geordnet hatte. Furchtlos schaute sie dem Tod direkt ins Angesicht, und ohne zu klagen, hauchte sie ihr Leben aus.

Entgegen der Gewohnheit anderer griechischer Mütter hatte Skevo die ebenso mutige wie nützliche Initiative ergriffen, mich so schnell wie möglich abzustillen. Sie wollte immer, daß ich unabhängig war, um so dem Leben besser gewachsen zu sein. Was sie getan hat, steht in den Annalen der Geschichte griechischer Mütter einzigartig da: Nicht genug damit, daß sie nie den Versuch machte, über mich zu bestimmen – wenn ich mich manchmal, in seltenen Augenblicken der Schwäche, an sie klammern wollte, dann unterband sie selbst diese kurzzeitige Unterwerfung sofort. Sie tat dies entschieden, aber auch liebevoll. Die Tränen, die ich jetzt um sie vergoß, waren um so ehrlicher, als ich wußte, daß sie dies gar nicht gewollt hätte.

Da ich die Älteste war, nahm ich nach der Beerdigung meine Halbbrüder und Schwestern mit zu mir nach Hause, um dem jahrtausendealten Aberglauben Genüge zu tun, daß man nach einem Begräbnis etwas Zuckerzeug zu sich nehmen muß, um so dem Leben wieder ein wenig Süße zu verleihen. Zum ersten Mal betraten sie das neue Haus, das Bouboulis hatte bauen lassen und in das wir gerade eingezogen waren. Dieser kleine Palast war größer und komfortabler als das Haus, in dem wir nach unserer Hochzeit gewohnt hatten. Das Gebäude hatte die Form des griechischen Buchstabens P, was davon zeugte, daß eine sehr reiche Familie darin wohnte. Wir hatten es nach traditioneller Art möbliert. An den Wänden entlang standen mit Brokat überzogene niedrige Sofas, und der Boden war übersät mit reich verzierten Orientteppichen. Aber wir hatten dem Ganzen noch Spiegel aus Venedig, englisches Silberzeug, Porzellan aus Sachsen oder Sèvres, italienische Kommoden und deutsche Sekretäre hinzugefügt. Sie bestaunten die jüngste Errungenschaft einer französischen Instrumentenfabrik, ein seltsam geformtes »piano girafe«. Es versteht sich von selbst, daß ich mich von diesem Instrument eher fernhielt. Meine Töchter hingegen spielten darauf ihrer entzückten Mutter und ihren neidischen Freundinnen kleine Sonaten vor. Meine Gäste fischten sich Malteser Orangen aus den Obstschalen und Datteln aus Kleinasien aus vergoldeten Konfektdosen. Beeindruckt sahen sie sich um, brachten ihre Begeisterung zum Ausdruck, schätzten dabei alles mögliche ab und sprachen gleichzeitig – trotz ihrer tiefempfundenen Trauer – den Speisen und Getränken zu, die ich hatte auffahren lassen. Argwöhnisch musterten sie von Kopf bis Fuß Nur, »das Licht«, eine junge sudanesische Sklavin – meine neueste Erwerbung –, die ich aus Zypern mitgebracht hatte. Dabei vergaßen sie jedoch nicht, sich reichlich von den Tabletts zu bedienen, mit denen Nur an ihnen vorbeiging. Ich wollte ihre gute Laune

dazu nutzen, die Aufteilung des Erbes zu regeln, die eigentlich keinerlei Probleme aufwerfen sollte. Das Geld unserer Mutter würde, so sagte ich ihnen, gleichmäßig unter uns aufgeteilt.
»Einspruch!« Es war Theodosius, mein Feind aus Kindertagen, der dieses Wort ausgesprochen hatte. Er stand auf, und während er auf die Spitzen seiner Stiefel starrte, rief er mit schriller Stimme: »Es ist ungerecht, wenn die, die am meisten besitzen, genausoviel bekommen wie die, die nichts haben. Und im übrigen hatte Mutter eines Tages den Wunsch geäußert, daß ihr Geld denjenigen zukommen sollte, die es am nötigsten hätten. Du bist die Reichste von uns, Laskarina, dir steht es an zu verzichten.«
Ich war sprachlos. Natürlich erinnerte ich mich ganz genau an diesen Wunsch, den meine Mutter geäußert hatte, aber diese sehr vage Absichtserklärung hatte überhaupt nichts mit ihrem Testament zu tun. Ich wollte meinem jüngsten Bruder den Mund verschließen und hielt ihm vor, daß die königliche Mitgift seiner Frau und das riesige Vermögen der Koutsis, seiner Schwiegereltern, ihn wohl kaum als besonders armen Mann dastehen ließen. Darauf reagierte er nur noch um so heftiger und warf mir Ungerechtigkeit und Habgier vor. Aus seinem Mund hörte es sich ganz so an, als würde ich in nimmersatter Besitzgier alles nur erreichbare Gold an mich raffen. Ich wartete darauf, daß die anderen mich in Schutz nehmen würden, doch nicht einer öffnete den Mund. Regungslos saßen sie auf ihren Sofakissen und fuhren fort, ihre Wasserpfeifen zu rauchen und ihren Mokka zu schlürfen. Meine Halbbrüder nickten mit den Köpfen, als wären sie tief in Gedanken versunken. Dabei verzogen sie mitfühlend das Gesicht. Selbst Nikolas, der Älteste, der mir von allen der liebste war, kam mir nicht zur Hilfe. Sofort wußte ich, daß sie sich vorher abgesprochen hatten.
»In dieser Angelegenheit gibt es weder Reiche noch Arme«,

erklärte ich mit Bestimmtheit. »Mit ihrem Sinn für Gerechtigkeit wollte unsere Mutter sicher, daß jeder von uns den gleichen Anteil an ihrem Erbe erhält. Und genau so wird es auch geschehen.«

Mit zornesrotem Gesicht machte Theodosius einen Schritt auf mich zu, um etwas darauf zu erwidern. Da griff Nikolas ein. »Sei still. Für heute haben wir genug gehört. Laßt uns gehen.«

Langsam standen alle auf, strichen ihre Kleider glatt, ganz so, wie Tiere ihr Gefieder ordnen, und mit langen Gesichtern schlichen sie – einer hinter dem andern – schwerfällig, wie eine Herde von Dickhäutern von dannen.

Als ich Bouboulis erzählte, was vorgefallen war, war er einerseits genauso empört wie ich, andererseits fragte er sich aber auch, wie es dazu kommen konnte, daß ein Feigling wie Theodosius den Mut aufbrachte, mir zu widersprechen. »Ich bin sicher, daß er so etwas nicht tut, ohne sich zuvor der Unterstützung seiner Schwiegereltern zu versichern.«

Ich konnte die schleichende Eifersucht von Theodosius und den Koutsis beinahe körperlich spüren. Und was Kusine Maria anging, so fiel es mir nicht schwer, ihre Gefühle zu erraten. Ich, die die Ärmste von allen gewesen war, war nun die Reichste. Ein paar Stunden zuvor noch war ich so glücklich darüber gewesen, meine Verwandten in meinem neuen Haus willkommen heißen zu können, und plötzlich ekelte mich dieser Luxus an, der Neid und Feindseligkeit hervorrief.

Einige Tage darauf kam ein ganz besonders abgerissener Mönch an meine Tür. Er war ein Abgesandter des Kirchengerichtshofs von Nauplia, der einzigen Instanz, die für Streitigkeiten zwischen Griechen zuständig war. Im Auftrag der Koutsis drohte er mir mit gerichtlichen Schritten, wenn ich nicht auf meinen Erbteil verzichtete.

Außer sich vor Wut eilte Bouboulis zu Theodosius' Schwiegervater, dem gefürchteten Christodoulos Koutsis. Ich hatte niemals die Verachtung vergessen, die er mir damals in meiner Armut entgegengebracht hatte, und ich befürchtete, daß Bouboulis' Ungestüm am Panzer dieses steinharten alten Mannes abprallen würde. Jedoch findet man, wenn man sehr reich ist, immer eine Möglichkeit, sich untereinander zu verständigen. Und wahrscheinlich weil er von Bouboulis' Reichtum beeindruckt war, ließ sich dieser alte Geizhals tatsächlich herab, ihn anzuhören ... und die Klage wurde umgehend wieder zurückgezogen.

Bei der Andacht, die vierzig Tage nach dem Tod meiner Mutter zu ihrem Gedächtnis abgehalten wurde, waren wir alle auf dem Friedhof des Allerheiligenklosters versammelt. Als wir so an ihrem Grab standen, mußte ich so sehr an sie denken, daß ich nur mit halbem Ohr den Gebeten des Papas lauschte. Ich sah Weihrauchwölkchen aufsteigen und sich in einem Zypressenzweig festsetzen, der über das steinerne Kreuz ragte. Schließlich trat ich vor, um mein Stück Kolyva* entgegenzunehmen. Leise sprach ich jeden einzelnen der aus Zuckerperlen geformten Buchstaben ihres Namens vor mich hin. Plötzlich erhielt ich einen Stoß in den Rücken. Theodosius war nach vorne gekommen, um sein Stück des Gebäcks zu holen. Ich drehte mich zu ihm um, und ebenso wie die bei der Zeremonie anwesenden Koutsis würdigte er mich keines Grußes. Kusine Maria hingegen umarmte mich mit übertriebener Herzlichkeit und versicherte mich ihrer tiefsten Zuneigung. Ihr Verhalten bewies mir augenblicklich, daß sie es gewesen war, die Theodosius angestiftet hatte. Heirat, Mutterschaft und die vielen Jahre, die verstrichen waren, hatten weder ihren Einfluß auf meinen Halbbruder, noch ihren Haß gegen mich gemildert.

* Gebäck, das nach einer jahrtausendealten Tradition zu diesem Anlaß eigens hergestellt und auf das Grab gelegt wird.

In jedem größeren griechischen Haus gibt es ein Anrichtezimmer. Dabei handelt es sich nicht um die beinahe tempelgleiche Kochstelle, sondern um das Offizium oder, genauer gesagt, einen Vorraum zur Küche. Dort werden Bittsteller vorstellig, Nachbarn, Lieferanten, die Verwandtschaft der Haushälterin oder andere Schicksalsboten, deren Neuigkeiten augenblicklich von hier aus in die oberen Etagen weitergegeben werden. Auf diese Art erfuhr ich eines Tages von der Ankunft des türkischen Flaggschiffs vor der Dapia. Es war weder die Zeit der jährlichen Steuereintreibung, noch war der Kommandant des Schiffes der übliche Tschausch; vielmehr war es der Großadmiral in höchst eigener Person, der auf der Brücke stand. Ich selbst maß diesem außergewöhnlichen Ereignis, das heftig diskutiert wurde, keinerlei Bedeutung bei. Im Laufe des Vormittags schickte ich Nur aus, um mir etwas zu besorgen, das ich zur Vervollständigung meiner morgendlichen Toilette benötigte. Ich glaube mich daran zu erinnern, daß es sich um Genueser Borte handelte. Völlig aufgelöst kam meine kleine schwarze Dienerin in das Ankleidezimmer zurück. Ihre weit aufgerissenen Augen rollten hin und her, und sie war kaum fähig zu sprechen. Die Soldaten des Kapetan Pascha hatten unseren Garten umstellt und sie daran gehindert, das Grundstück zu verlassen. So schnell ich konnte, lief ich die Treppe am Eingang hinunter, überquerte den sonnenüberfluteten Hof und öffnete das Tor, das zur Straße führte.

Rings um unsere Mauern stand ein Kordon rotuniformierter Wachen. Ich hatte kaum den ersten Schritt auf die Straße hinaus getan, als ein Offizier mich mit einer drohenden Gebärde seiner Hand zum Stehenbleiben aufforderte. Als ich einen zweiten Schritt tat, stieß er mich brutal in das Innere des Hofes zurück und warf die Tür ins Schloß. Ich eilte zu Bouboulis, der im Arbeitszimmer über seinen Büchern saß und den niemand zu stören gewagt hatte, um ihn

zu informieren. Außer sich vor Wut, wollte er hinausstürmen, um sich auf die Soldaten zu stürzen. Mit einiger Mühe gelang es mir, ihn zurückzuhalten und davon zu überzeugen, daß es nur eine Möglichkeit gab, nämlich abzuwarten, wie sich die Situation weiterentwickeln würde. Aber bevor ich noch über die eigentlichen Gründe für dieses außergewöhnliche Geschehen nachdenken konnte, wurde ich von einer seit jeher in mir schlummernden Angst gepackt. Uns drohte Gefängnis, Folter, vielleicht sogar der Tod. Dieses Schicksal wollte ich zumindest den kleineren unserer Kinder ersparen, die im Haus waren. Deswegen schob ich das Stück Wandverkleidung im Flur des oberen Geschosses beiseite, hinter dem sich unser Geheimversteck befand. Dieses Versteck war beim Bau des Hauses eingerichtet worden und diente einerseits als eine Art Schatzkammer, andererseits als Zufluchtsort für Verfolgte. Denn obwohl die Zeiten sich sehr geändert hatten, war tief in unserem Herzen die Erinnerung an die Greueltaten der Türken immer noch gegenwärtig.
Ich befahl unseren Kindern, sich in das Versteck zu begeben, und schloß die Wandverkleidung hinter ihnen. Sodann kehrte ich in den großen Saal zurück, um gemeinsam mit Bouboulis dort zu warten. Bewegungslos und sehr würdevoll saßen wir uns in zwei Mahagonisesseln gegenüber. Zwischen uns fiel kein Wort; wir wagten kaum nachzudenken. Plötzlich hörten wir, wie Türen eingeschlagen wurden. Laute Befehle, das Geräusch hastiger Schritte und ein lärmendes Durcheinander sagten uns, daß etwas geschehen war. Wir standen auf, sahen uns an, und es gelang uns sogar, vage zu lächeln. Hand in Hand standen Bouboulis und ich vor dem großen Mangal,* bereit, den Türken die Stirn zu bieten. Die Türen des großen Saales wurden eingeschlagen. Zwei Offiziere stürmten mit gezückten Sä-

* Mangal: türkisches Kohlebecken

beln herein und schienen sich auf uns stürzen zu wollen. Aber sie waren nur die Vorhut des Kapetan Pascha.
Sofort schoß mir durch den Kopf, daß seine Mutter wohl eine Tscherkessin war, denn er hatte eine helle Haut, blondes Haar und blaue Augen. Er war ein schöner Mann mit energischen Gesichtszügen und einer Adlernase. Er trug eine goldbestickte rote Uniform. Dazu die bizarre hohe, im selben Rot wie seine Uniform gehaltene Kopfbedeckung, an der ich seinen Rang erkannte. Bouboulis hatte ihn mir als einen gastfreundlichen und verbindlichen Mann geschildert, der durchaus auch Kompromißbereitschaft zeigte. Das Bild, das er jetzt bot, als er so energisch, arrogant, imposant und augenscheinlich außer sich vor Wut auf uns zuging, war das ganze Gegenteil. Er blickte uns starr in die Augen, aber ich bemerkte beinahe augenblicklich, daß er wohl kurzsichtig war und uns wahrscheinlich gar nicht richtig erkennen konnte. Schließlich stand er uns von Angesicht zu Angesicht gegenüber. Zu meiner großen Überraschung – ich hatte Gebrüll und Gezeter erwartet – war seine tiefe Stimme melodiös und warm. Wenn man ihn so hörte, waren wir die schlimmsten Verbrecher und Verräter, die unsägliche Missetaten begangen hatten und für die die schlimmsten Strafen, ja, der grausamste Tod noch zu gnädig war. Da wir an die Gepflogenheiten der türkischen Administration gewöhnt waren, konnte uns dieser Wortschwall nicht besonders beeindrucken. Ruhig harrten wir dessen, was nun kommen würde, nämlich der Aufzählung unserer Verbrechen.
Wir hatten gegen die strengsten Gebote Seiner Majestät des Sultans verstoßen. Wir wagten es, Schiffe zu bauen, die in Größe und Tonnage über das vorgeschriebene Maß hinausgingen. Wir nutzten die kaiserlichen Freibriefe schamlos aus – und das nicht etwa, um uns beim Handeltreiben größere Freiheiten zu nehmen, was wir die Stirn hatten, auch noch offen zuzugeben, sondern mit dem heimlichen

Ziel, eine Kriegsflotte aufzubauen, um uns eines Tages gegen unseren Herrn, den Padischa, aufzulehnen, obwohl letzterer uns mit nichts als Wohltaten überhäufte. In Wirklichkeit dauerte diese Anklagerede des Kapetan Pascha natürlich viel länger, weil er sie ausgiebig mit Flüchen und Drohungen ausschmückte. Ich spürte, daß Bouboulis neben mir anfing, vor Wut zu kochen.
»Bedeutet das etwa«, unterbrach er den Kapetan Pascha, »daß wir nicht das Recht haben, uns gegen jene zu rüsten, die unsere Schiffe angreifen?«
Diese Worte hatte er auf Griechisch gesprochen; er hatte mir erzählt, daß der Kapetan Pascha unserer Sprache mächtig war. In diesem Moment fürchtete ich das Schlimmste. Während der endlosen Tirade des Admirals hatte ich genügend Zeit gehabt nachzudenken. Das einzige, was mir wirklich Angst machte, war Bouboulis' unbeherrschtes Wesen. Ich legte meine Hand auf seinen Arm und krallte meine Fingernägel in sein Fleisch, um ihn zum Schweigen zu bringen. Tatsächlich hielt er überrascht inne, und ich nutzte die Gelegenheit, um sogleich in Türkisch fortzufahren: »Es liegt sicher ein Mißverständnis vor, und Eure Exzellenz ist wahrscheinlich ohne böse Absicht falsch informiert worden. Wenn Eure Exzellenz mir erlauben wollen, den wahren Sachverhalt zu schildern, so wird dies sicher zu Eurer vollsten Zufriedenheit geschehen.« Der Kapetan Pascha machte weiterhin ein sehr ernstes Gesicht, obwohl der Anflug eines Lächelns um seine vollen Lippen zu spielen schien. Unvermittelt und ohne ein weiteres Wort drehte er sich um und verließ mit seinen Offizieren und Wachen unseren Salon. Das Echo ihrer schweren Schritte auf unserem Parkettboden würde mich noch lange in meinen Träumen verfolgen. Die rot uniformierten Soldaten bildeten nach wie vor einen engen Kordon um die Umfriedung unseres Hauses, ließen uns nun jedoch ein und aus gehen, manchmal nickten sie uns sogar beinahe freundlich zu.

An jenem Abend ging ich alleine zum Kapetan Pascha. Es hatte meiner ganzen Überredungskunst bedurft, um Bouboulis davon zu überzeugen, daß es unklug wäre, wenn er mich begleitete. Für das Gelingen meines Planes war es unbedingt erforderlich, daß er nicht dabei war, denn schon eine falsche Geste oder der geringste Versprecher konnten fatale Folgen haben. Eine vergoldete, mit rotem Samt ausgeschlagene Barke brachte mich zum Flaggschiff des Admirals. Das Deck wimmelte von Seeleuten, Offizieren und Würdenträgern. Das Ganze mutete an wie ein Kaleidoskop leuchtender Farben und funkelnden Goldes. Hussein Pascha empfing mich in seiner Kabine, die sowohl die Funktionalität eines Kommandostandes als auch den luxuriösen Komfort eines Selamlik* bot. Auf den intarsienverzierten Tischen lagen Navigationsinstrumente, und auf den niedrigen Diwans waren Seekarten ausgebreitet. Feinziselierte Silberlaternen hingen über den mit Perlmutt und Schildpatt verzierten Lesepulten, auf denen prächtige Ausgaben des Korans lagen. Selbst wenn er überrascht war, mich an Stelle meines Mannes zu sehen, so ließ Hussein Pascha sich dies in keiner Weise anmerken. Er empfing mich mit der ausgesuchten Höflichkeit, zu der die türkischen Herren von Adel fähig sind, ganz so, als wäre ich ein wichtiger Gast, und vor allem so, als wäre das, was sich zuvor in unserem Haus abgespielt hatte, niemals geschehen.
Meine beiden Diener stellten zu seinen Füßen eine mittelgroße Schatulle ab. Sie war aus Ebenholz gefertigt und besaß Beschläge aus vergoldeter Bronze. Ich kannte die Vorliebe der türkischen Würdenträger für alles, was aus Europa kam. »Dies, o großer Pascha, ist eine in London hergestellte Reiseschatulle. Ich dachte, daß sie einem vielgereisten Manne wie Euch von Nutzen sein könnte. Ich

* Jener Teil des muselmanischen Hauses, der ausschließlich Männern vorbehalten ist.

hoffe, daß Ihr mir die Ehre erweist, dieses Geschenk einer unwürdigen Bewunderin anzunehmen.«

Hussein verbeugte sich feierlich ohne jedes weitere Wort und öffnete die Schatulle. Dieser Augenblick war der kritischste von allen. Ich war sehr freigebig gewesen, aber die Gier der Würdenträger des türkischen Imperiums war manchmal von unvorstellbarem Ausmaß. Ein einziger kurzer Blick genügte dem Admiral, um den Betrag abzuschätzen, der da in mit Goldmünzen prallgefülltem Seidenbeutel vor ihm lag. Sogleich klappte er den Deckel der Schatulle wieder zu und erteilte zweien seiner Pagen den Befehl, sie wegzubringen. Mit keiner Geste, mit keinem einzigen Wort zeigte er mir, ob die Summe ausreichte, seinen Zorn zu besänftigen. Statt dessen forderte er mich auf, neben ihm auf einem der niedrigen, mit rosafarbenem, goldbesticktem Brokat bedeckten Diwane Platz zu nehmen. Seine Diener brachten Konfitüren, Lokums und andere Süßigkeiten, Sorbets und Säfte. Er selbst nahm aus ihren Händen die winzige Tasse entgegen, die mit sehr starkem, mit Ambra parfümiertem Kaffee gefüllt war, und reichte sie mir.

Ich war auf alles gefaßt, außer auf seine Galanterie. Und von eben dieser Seite zeigte er sich nun, indem er begann, mir Gedichte vorzutragen, in denen es um unerreichbare, unsäglich schöne Damen, furchtbare Königinnen und nach Rache dürstenden Prinzessinnen ging, denen alle Männer zu Füße lagen. Er gab mir allerlei poetische Namen: »stählerne Blume«, »seidener Adler«, »samtener Panther«. Ich hatte zwar keineswegs das Gefühl, aus Samt zu sein, aber irgendwie sagte mir »samtener Panther« zu. Hatte sich der Kapetan Pascha etwa in mich verliebt? Würde er versuchen, mir zu nahe zu treten? Würde ich mich opfern müssen, um uns alle zu retten? Von Anfang an hatte es mich beruhigt, daß sich seine »Youssoufakia« ständig in der Nähe des Admirals aufhielten. Die Anwesenheit dieser jungen, beinahe zu hübschen und etwas zu sehr geschminkten Pagen, die wir in Griechenland – ich weiß eigentlich nicht warum – »kleine Josephs« nennen, hatten mir die wahren Neigungen Hussein Paschas offenbart. Und dann machte er den Vorschlag, doch in unsere Arsenale zu gehen und unsere erst kürzlich fertiggestellten Schiffe zu vermessen, um so zu überprüfen, ob sie die Normen nicht überschritten. Dieser Vorschlag wurde in einem Tonfall gemacht, in dem man sonst vielleicht seine Herzallerliebste zu einem Spaziergang einlädt.

Der Moment der Wahrheit war gekommen. Entweder hatte mein »bescheidenes Geschenk« den Kapetan Pascha besänftigt, oder aber wir würden verurteilt werden. Meine Befürchtungen waren ihm sicherlich nicht entgangen; ganz im Gegenteil, es war offensichtlich, daß er sich an ihnen weidete und das Ganze in die Länge zog. Was mich betraf, so versuchte ich meine Furcht zu verbergen und, während die rotgoldene Barke uns zum alten Hafen brachte, so gleichgültig wie möglich zu erscheinen. Ich hatte einen Sonnenschirm aufgespannt, den ich eigentlich nie benutzte, der aber an jenem Tag meine Weiblichkeit noch mehr betonte, und mit einer nachlässigen Geste grüßte ich so die Schaulustigen, die sich am Ufer zusammengedrängt hatten ... obwohl mir das Herz in Wirklichkeit bis zum Halse schlug. Bouboulis erwartete uns mit unseren Angestellten am Tor des Arsenals. Ringsum drängten sich zahlreiche Spetsioten, die aufgeregt und furchtsam ein Drama einerseits befürchteten und andererseits erwarteten. Sicher waren unter ihnen auch viele Neider, die nur zu gern die Macht und den Reichtum von Bouboulis zerstört gesehen hätten. Wir gingen an Bord des ersten unserer drei kurz zuvor fertiggestellten Schiffe. Der Vormann begann die Länge des Decks abzumessen. Er rief dabei die Maße nicht mit lauter Stimme, aber jeder von uns, allen voran der Kapetan Pascha, zählte im Geiste mit. Ich konnte meine Augen nicht von diesem Mann wenden, der da auf seinen Knien über das Deck glitt, in seinen Händen das rote Maßband, das mich an die Seidenkordel erinnerte, die man im Serail benutzte, um heimlich Prinzen und Odalisken zu erdrosseln. Unsere Augen folgten ihm, wie er langsam über das Deck glitt, und mit jedem Schritt wurde meine Furcht größer. Wir gingen langsam auf die hundertfünfzig Fuß zu, die vom türkischen Gesetz festgelegte Maximallänge. Und dann gingen wir deutlich darüber hinaus. Hunderteinundfünfzig. Hundertzweiundfünfzig. Wir zählten bis hundertfünfundsechzig. Der Vormann richtete sich wieder auf, ohne diese schicksalhafte Zahl laut auszusprechen. Er blickte lediglich in Erwartung einer Entscheidung oder irgendeines Befehls ängstlich in Richtung des Kapetan Pascha. Auch der sagte kein einziges Wort. Gemeinsam verließen wird das Deck des Schiffes und bestiegen das nächste. Dort erreichten wir – was Bouboulis und ich natürlich genau wußten – hundertsiebzig Fuß. Was das dritte betraf, so maß es sogar hundertfünfundsiebzig Fuß.

Während dieser ganzen langen Zeremonie fiel nicht eine einzige Zahl und wurde kein einziges Wort gesprochen. Ich sah lediglich, wie die Lippen des Kapetan Pascha sich stumm bewegten, während er mitzählte. Als der Vormann seine Arbeit beendet hatte, richtete er sich wieder auf. Alle Blicke wandten sich nun dem Türken zu. Ich selbst starrte ihn wohl so intensiv an, daß er es bemerkte. Aber anstatt ein Urteil über uns zu fällen, spielte um seine Lippen plötzlich das charmanteste Lächeln, das man sich nur vorstellen kann, und mit seiner seltsam tiefen und warmen Stimme sagte er: »Ich stelle hiermit fest, daß willentlich Falsches über Sie ausgesagt worden ist und daß Ihre Schiffe ganz und gar den Normen unserer Gesetze entsprechen.« Also hatte ich richtig gerechnet, und der Kapetan Pascha war bereit, beide Augen zuzudrücken. Mit leiser Stimme fügte er noch einen Satz hinzu, der mich aufhorchen ließ: »Wenn jemand eine falsche Anklage erhebt, so ist das beinahe ein genauso großes Verbrechen wie jenes, dessen man Euch fälschlicherweise beschuldigt hat.« Im Klartext hieß das, daß man uns denunziert hatte. Aber wer? Mit aller nur denkbaren Raffinesse versuchte ich, von Hussein Pascha eine Antwort auf diese Frage zu erhalten. Aber er nickte nur nachdenklich und sagte schließlich: »Ich bin glücklich, die Gelegenheit gehabt zu haben, eine so tapfere und in vielerlei Hinsicht äußerst bemerkenswerte Frau kennenzulernen.« Bouboulis würdigte er keines weiteren Blickes, was diesen sehr kränkte.

Von der Reling aus sahen wir, wie sich seine Barke entfernte. Kurz darauf lichtete das Flaggschiff des Admirals den Anker und verschwand am Horizont. Lange noch blieben Bouboulis und ich an Deck, unterhielten uns ausführlich über diesen Zwischenfall und versuchten herauszufinden, wer und was wohl genau dahintersteckte. Ich wußte, daß mein Mann mir unendlich dankbar war, obwohl sein männlicher Stolz es ihm verbat, dies auch auszudrücken. Erleichtert waren wir uns in die Arme gefallen und sogen nun die köstliche Luft dieses Abends ein, der beinahe unser letzter gewesen wäre. Als wir wieder in unserem Haus ankamen, fand ich dort ein Paket vor, das auf Befehl des Kapetan Pascha für mich hinterlegt worden war. In Seide eingewickelt enthielt es eine silberne Konfitürenschale, deren Deckel von einem winzige Vogel aus dem gleichen Edelmetall gekrönt war. Sein Inhalt war ein wunderschön kalligraphiertes anonymes Schreiben. »Eine Frau ist dir Feind. Sie trägt den Namen der Mutter eures Propheten, den ihr für einen Gott haltet. Sie ist ebenso falsch wie ein Tiegelmacher.« Das türkische Wort für diesen Beruf war »Potaris« ... Die Mutter von Jesus war Myriam ... Myriam Potaris, Maria Botaris. Nachdem es ihr nicht gelungen war, über Theodosius auf die Verteilung der Erbschaft meiner Mutter Einfluß zu nehmen, hatte sie nicht gezögert, mit dem Feind gemeinsame Sache zu machen und uns zu denunzieren. Es würde die Stunde kommen, da sie dafür bezahlen mußte.

Der Zwischenfall mit Hussein Pascha hatte bei mir ein unbehagliches Gefühl hinterlassen. Ich war dem Türken vor allem deswegen böse, weil es ihm gelungen war, mir angst zu machen. Außerdem kam mir diese Warnung wie ein schlechtes Omen vor. Ohne konkreten Grund war ich nervös und unruhig. Ich lief in meinem Boudoir auf und ab, und es gelang mir nicht, mich zu konzentrieren. Die kleine Nur hatte versucht, mich abzulenken, als aber alle ihre Anstrengungen nichts fruchteten, war sie in einer Ecke des Raumes eingeschlafen. Es war die Zeit der Mittagsruhe, und durch die Jalousien, die wir wegen der glühenden Hitze heruntergelassen hatten, lag das Zimmer in einem goldfarbenen Halbdunkel. Plötzlich hörte ich ein Lied. Es schien vom Himmel her zu klingen, aber im Wirklichkeit kam es aus einem Zimmer im ersten Stock:

»Siehe, Mutter, ich kann den Ungläubigen nicht dienen,
Ich kann nicht mehr. Es zerreißt mir das Herz.
Ich werde mein Gewehr nehmen und zu den Klephten gehen.
Meine einzigen Vertrauten werden Bäume und wilde Tiere sein,
Mein Dach der Schnee und mein Bett die Felsen.
Ich werde das Lager der Klephten teilen.
Ich gehe nun, weine nicht, Mutter, sondern segne mich,
damit ich den Türken den Garaus machen kann.
Pflanze Du einen weißen Rosenbusch und schwarze Nelken.
Begieße sie mit Nektar und Moschus,
Und solange sie gedeihen und stolz ihre Blüte tragen,
weißt Du, daß dein Sohn lebt und gegen die Türken kämpft.
Aber wenn schließlich der bittere Tag anbricht,

wo beide gleichzeitig dahinwelken,
dann sage Dir, daß ich dahingegangen bin,
und trauere um mich.«

Diese Worte erfüllten mein Herz gleichermaßen mit großem Stolz und tiefer Traurigkeit. Ich hatte die Stimme meines ältesten Sohnes Yanno Yanouzas erkannt. Er sang dieses Lied in seinem Zimmer, das sich genau über meinem Boudoir befand. Die Kraft seiner Stimme ließ vor meinen Augen sein Ebenbild entstehen, ganz so, als stünde er leibhaftig vor mir. Er war nicht sehr groß, er wirkte fast zerbrechlich, aber in Wirklichkeit war er aus Stahl. Seine Zähigkeit wurde nur noch durch seine Kraft übertroffen. Mit seinen langen rötlichen Haaren, seinen großen hellbraunen Augen, seinem breiten Lächeln und seinem schmalen Gesicht glich er einem Poeten. Und doch war er ein Realist, voller Energie, Glauben und Leidenschaft. Er war mittlerweile einundzwanzig Jahre alt, und es schien mir, als würde ich ihn überhaupt nicht kennen. Nach dem Willen von Yanouzas hatte ich die beiden, ihn und seinen jüngeren Bruder Yorgo, als Seeleute heranwachsen lassen. Sie hatten in der Flotte von Bouboulis ihre Lehrzeit hinter sich gebracht und arbeiteten jetzt dort in untergeordneten Positionen. Sie verdienten, was zum Leben notwendig war, hatten aber keinerlei Verantwortung zu tragen. Um Yorgo machte ich mir keine Sorgen. Er genoß das Leben und war ein Frauenheld. Yanno hingegen, das spürte ich ganz deutlich, mußte sich völlig für etwas einsetzen, sich beinahe opfern. Diese Ausschließlichkeit seines Wesens erfüllte mich einerseits mit Respekt, ließ mich andererseits für ihn zittern.

Und in eben diesem Moment brannten sich die Worte seines Liedes unauslöschlich in mein Herz ein. Genau das war es, das Zeichen, auf das ich gewartet hatte. Seit so langer Zeit trug ich tief in mir diese Sehnsucht nach Taten.

Ich reiste, ich steckte alle meine Energien in meine Arbeit, und eigentlich irrte ich, von Frustration und Leidenschaft gepeitscht, nur ziellos umher. Ich hatte Tat und Tätigkeit miteinander verwechselt. Und nun war die Zeit gekommen. Der Kapetan Pascha hatte uns eine Rebellion vorgeworfen, die es gar nicht gab. In diesem Fall war die Anklage vor dem »Verbrechen« erhoben worden – sie war sogar dessen eigentlicher Auslöser.
Überall im Haus war es ruhig. Es war schon lange nach Mitternacht. Schützend umgab mich die Dunkelheit, da ich in unserem Zimmer nur zwei oder drei Öllampen angezündet hatte. Ich wartete auf Bouboulis, denn ich hatte beschlossen, sofort mit ihm darüber zu reden. Nach dem Abendessen war er in sein Arbeitszimmer im Erdgeschoß gegangen, um seine Rechnungen fertigzustellen. Er war ein Nachtmensch, und manchmal blieb er dort bis zum Morgengrauen. Die Zeit schritt voran, und ich wurde langsam ungeduldig. Wie eine Gefangene ging ich in der Stille meines Zimmers auf und ab. Plötzlich wurde es mir zuviel, und ich brach mit einem zwischen uns bestehenden ungeschriebenen Gesetz. Ich beschloß, Bouboulis aufzusuchen. Ich ging auf die Veranda hinaus, stieg die breite Außentreppe hinunter. Meine goldbestickten Hausschuhe glitten lautlos über die Steinplatten. Ich betrat das Erdgeschoß, das nur durch das Mondlicht erleuchtet wurde. Als ich die Tür des Arbeitszimmers erreichte, hörte ich Stimmen. Überrascht blieb ich stehen. Es war mir unmöglich zu verstehen, was sie sagten, weil sie sehr leise sprachen, aber mehrere Männer waren in seinem Arbeitszimmer und unterhielten sich angeregt. Ich öffnete die Tür. Blitzschnell erfaßte ich die ganze Szene. In dem Raum waren sechs oder sieben von ihnen, alles mir unbekannte Männer, sicher keine Spetsioten. Weil Bouboulis nur eine einzige Lampe angezündet hatte, war es mir kaum möglich, ihre Gesichter zu erkennen. Als sie gehört hatten, daß jemand die Tür

öffnete, hatten sie alle ihre Pistolen gezogen, die nun auf mich gerichtet waren. Bouboulis' Gesicht war wutverzerrt. »Geh!« stieß er zwischen den Zähnen hervor. Die Männer hatten ihre Waffen gesenkt, schauten mich aber immer noch mißtrauisch an. Ich öffnete den Mund, um etwas zu sagen, aber dann änderte ich meine Meinung. Langsam verließ ich das Arbeitszimmer und schloß die Tür so leise wie möglich hinter mir.

Als ich wieder in meinem eigenen Zimmer war, fing ich erneut an, auf und ab zu gehen, hin- und hergerissen zwischen Wut und Neugierde. Einerseits empfand ich Furcht, aber andererseits auch Hoffnung, die mir ein Lächeln abrang. Ich brauchte nicht mehr lange auf Bouboulis zu warten. Auch er wollte eine Erklärung.

»Wer waren sie?« fragte ich ihn.

»Das geht dich nichts an.« Und in aller Ruhe begann er sich auszukleiden. Er näherte sich mir mit Leidenschaft in den Augen. »Du gefällst mir, wenn du wütend bist. Dann bist du noch schöner.« Er versuchte, mich zu umarmen, aber ich stieß ihn zurück.

»Ich habe verstanden, ich weiß, was los ist«, sagte ich. »Das waren Leute, mit denen du eine Verschwörung gegen die Türken im Schilde führst, ist es nicht so? Warum hast du mir nichts davon gesagt?«

Bouboulis war sofort auf der Hut. Mißtrauisch und gereizt verschränkte er seine Arme über der nackten Brust. »Ich habe dir nichts zu sagen.«

»Warum kann ich nicht mit dabeisein?«

»Das ist nichts für Frauen.«

»Ich habe sehr wohl gelernt zu kämpfen, das habe ich dir oft genug bewiesen.«

»Piraterie hat nichts mit einem bewaffneten Aufstand gemein. Im übrigen, Laskarina, wird es deine Rolle sein, unser Geschäft während meiner Abwesenheit weiterzuführen und auf unsere Kinder zu achten, vor allem, wenn mir

etwas passieren sollte. Glaube mir, der Kampf mit den Türken ist Sache von uns Männern.«
»Bourzinos, mein Pate und dein Freund, möchte, daß wir zusammenarbeiten.«
»Er hat schon zuviel geredet.«
Plötzlich sah ich vor mir die heimliche Vorbereitungen zu einer weitreichenden Verschwörung. »Hör mir gut zu, Bouboulis. Ich will für euch und mit euch arbeiten.«
»Wenn sie dich erwischten, würden sie dich foltern, und du würdest alles verraten.«
Ich schluckte diese Beleidigung, ohne mit der Wimper zu zucken. Wir standen uns gegenüber. Ich spürte, daß er äußerlich ruhig, innerlich aber sehr gespannt war. Das Licht der Lampen verzerrte seine Gesichtszüge und gab ihm etwas Teuflisches. So viele Griechen waren heimlich dabei, diesen großen Tag vorzubereiten, an dem sie ihre Ketten endlich zerbrechen würden, und ich sollte tatenlos zusehen und Däumchen drehen?
»Nimm mich mit, Bouboulis. Seit Jahren warte ich auf diesen Moment.«
»Das ist nichts für eine Frau.«
Ich sah ihm lange in die Augen, bevor ich ihm feierlich die letzte Frage stellte: »Wenn es schließlich soweit sein wird, wenn ihr zuschlagt, du und deine geheimnisvollen Kameraden, wirst du mich dann zu dir rufen? Wirst du mich mitmachen lassen?«
»Niemals!« Dieses Wort hatte er ganz spontan laut hervorgestoßen, und es duldete keinen Widerspruch. Ich wußte genau, wie starrköpfig er sein konnte und daß es keinen Sinn hatte, weiter darauf zu bestehen. Mir wurde klar, daß das Geheimnis einer Verschwörung der letzte Wall war, hinter dem er sich vor mir versteckte, ganz so, als würde er es bereuen, daß er es mir erlaubt hatte, in seinem Leben einen so bedeutsamen Platz einzunehmen.
»Aber dann, Bouboulis, laß wenigstens nicht auf meine

Kinder die Verachtung fallen, die du für eine schwache Frau empfindest. Gib ihnen eine Aufgabe, die ihrer würdig ist.«

Er war nur zu glücklich, sich so billig aus der Affäre ziehen zu können, und versprach, Yanno zum ersten Offizier auf seinem eigenen Schiff zu machen. Das Öl der Lampen war verbraucht, und die Dochte verloschen. Im übrigen hatten wir uns auch nichts mehr zu sagen, weder an diesem Abend noch in Zukunft. Wir legten uns in das große, aus England eingeführte Doppelbett aus Mahagoni und taten beide so, als würden wir schlafen. Lange Zeit noch blickte ich durch das offene Fenster hinaus in die Dunkelheit, auf die Sterne der Milchstraße, ohne sie wirklich wahrzunehmen. Sicher war Bouboulis immer noch der faszinierende Abenteurer, der hochherzige Mann und mutige Patriot, den ich geliebt hatte. Aber von nun an untersagte er mir, selbst tätig zu werden. Er hatte die Tore meines Traumes zugeschlagen, und dafür verabscheute ich ihn bereits, obwohl ich noch nicht aufgehört hatte, ihn zu lieben. Und dennoch, er hatte meine Entschlossenheit um kein Jota gemindert.

Am darauffolgenden Tag ging unser Leben wieder seinen gewohnten Gang, aber die Familie merkte, daß es nun eine Kluft gab. Vor allem die Kinder fanden sich in zwei Lagern wieder. Meine Söhne aus der Ehe mit Yanouzas, Yanno und Yorgo, denen ich nichts über die Ursache des Streites gesagt hatte, schlugen sich auf die Seite von Bouboulis, die Seite des Mannes, des Wohltäters. Nikolas war mit seinen sechs Jahren zu klein, um wirklich zu begreifen, was vor sich ging. Meine Töchter errieten, was vorging, ohne es wirklich genau zu wissen. Skevo überschüttete mich mit Zärtlichkeiten, so als ob sie die Rolle tauschen und versuchen würde, mich zu beschützen. Eleni hingegen überschüttete ihren Vater mit Zärtlichkeiten und Gegurre, als wäre er das bedauernswerte Opfer. Mir gegenüber jedoch war sie sehr abweisend. Sie war gerade sieben Jahre alt. Ich schwieg dazu,

denn ich wollte die Kluft nicht noch vergrößern. Bouboulis ging mit einer Feigheit, die – was solche Situationen betrifft – wohl für alle Männer typisch ist, jeder Diskussion aus dem Weg und suchte das Weite. Die Ereignisse gaben ihm sehr schnell die beste Möglichkeit dazu, denn aufs neue brach Krieg zwischen Rußland und der Türkei aus. Angezogen durch das Abenteuer, den Profit und die Möglichkeit, mir aus dem Weg zu gehen, stürzte sich Bouboulis Hals über Kopf an die Seite der Russen. Stolz führte er die russische Fahne, trieb Handel mit ihnen und stellte sich in ihre Dienste. Ich hingegen hatte keinerlei Vertrauen zu den Russen, denn sie hatten die Griechen schon viel zu oft verraten, nachdem sie sie mit leeren Versprechungen umgarnt hatten. Auf diese Einwände zeigte mir Bouboulis als Antwort seine russische Ehrenbürgerurkunde und den Orden des Heiligen Stanislaus, den er gerade erhalten hatte. Mit den türkischen Blockadetruppen trieb er sein Spiel, und über die türkischen Verbote machte er sich lustig – ja, er verachtete die Türken, seit es uns so leichtgefallen war, den Kapetan Pascha zu bestechen und seine Wut zu besänftigen. Ich versuchte, ihm die Augen zu öffnen, ihm zu erklären, daß die Zeiten sich geändert hatten und wir es nicht mehr mit der Zarin Katharina II. zu tun hatten, die das türkische Reich in den Rang eines Vasallen gezwungen hatte. Nun regierte in Konstantinopel Sultan Mahmud, ein aufgeklärter Herrscher, der entschlossen war, in seinem Reich Ordnung zu schaffen, es zu modernisieren und keinerlei Übertretungen mehr zu dulden.
»Ich werde den Türken auch weiterhin entkommen«, war Bouboulis' Antwort, »ihre Schiffe sind nicht so schnell wie meine Briggs.«
»Du gehst zu weit, Bouboulis. Eines Tages werden sie dir den Garaus machen.«
»Sie sind zu schwach. Sie können mir nichts anhaben.«
Yanno, mein Sohn, den er zu seinem ersten Offizier

gemacht hatte, stimmte ihm zu, nicht wegen der außergewöhnlichen Reichtümer, die er von seinen Expeditionen zurückbrachte, sondern wegen des Spaßes, den er daran fand, sich über die Türken lustig zu machen. Einerseits lebte Bouboulis ganz seiner Tollkühnheit, andererseits war er jedoch auch auf der Hut. Wir sprachen eigentlich nie mehr wirklich miteinander, obwohl er immer noch die Notwendigkeit empfand, sich mir zu offenbaren, und dies auch weiterhin tat, als wäre nichts geschehen. Auf diese Art und Weise erzählte er mir auch einmal über den Besuch von Panayotis. Er kannte nur seinen Vornamen. Dieser griechische Angestellte des Pascha von Saloniki, der auf einer offiziellen Reise in Spetsai Zwischenstation gemacht hatte, war zu Bouboulis gekommen, um ihm ein außergewöhnlich gewinnbringendes Geschäft vorzuschlagen. Eine riesige Ladung mazedonischen Tabaks, die einem in Rußland lebenden Griechen gehörte, drohte im Hafen von Saloniki zu verfaulen. Kein Kapitän war bereit, diese Ladung bis nach Messina zu transportieren. Warum hatte sich Panayotis ausgerechnet an Bouboulis gewandt? Weil allein Bouboulis die Tollkühnheit besaß, diesen gefährlichen Auftrag zu übernehme. Und warum verriet eben jener Panayotis seine türkischen Herren? Weil er Christ geblieben war und sein Herz noch immer für Griechenland schlug, obwohl er durch Not und widrige Umstände gezwungen war, für unsere Unterdrücker zu arbeiten. »Ich nehme mich vor diesem Panayotis in acht«, fügte Bouboulis hinzu. »Ich weiß nicht warum, aber mein Instinkt macht es mir unmöglich, ihm zu trauen.«
»Lehnst du das Geschäft ab?«
»Es würde uns riesige Profite bringen, aber ich weiß nicht so recht.«
»Du wirst älter, Bouboulis. Du verlierst deine Kühnheit.«
Ich hatte das gesagt, ohne nachzudenken. Halb im Scherz, um mich zu rächen. Er schaute mich an, als würde er mich

gleich erwürgen, und dann, ohne ein weiteres Wort, verließ er den Raum und schlug die Tür hinter sich zu. Am nächsten Morgen war er davongesegelt. Voller Groll hatte ich mich zum ersten Mal überhaupt geweigert, bei seiner Abfahrt dabeizusein, und so sah ich auch meinen Sohn Yanno nicht, der sich mit ihm zusammen einschiffte.

Kapitel 8

Mein Geburtstag fiel auf den 11. Mai 1811. Wir feierten ihn wie gewöhnlich mit einem Gottesdienst in der Kapelle des Heiligen Basilius, die ganz in der Nähe unseres Hauses gelegen war, und danach traf sich die ganze Familie zu einem Festmahl. Da ich in keiner guten Stimmung war, herrschte insgesamt eine drückende, ja beinahe trostlose Atmosphäre. Ich war vierzig geworden und hatte damit eigentlich einen Wendepunkt in meinem Leben erreicht, aber der fiel mir gar nicht weiter auf.

Am darauffolgenden Tag kam der Ausguck, der normalerweise niemals den Gipfel des höchsten Hügels verließ, atemlos zu mir gelaufen, um mir mitzuteilen, daß er mit seinem Fernglas das Schiff von Bouboulis erkannt hatte, das unter vollen Segeln auf Spetsai zulief. Eigentlich hatte ich mich entschlossen, ihn nicht zu empfangen, aber eine unerklärliche Vorahnung trieb mich doch zum Hafen. Auf der Dapia war eine große Menschenmenge versammelt. Der Dreimaster hatte bereits die Landzunge mit dem Leuchtturm passiert und segelte nun direkt auf uns zu. Die Statisten, angefangen von meinem Hauspersonal über die Angestellten von Bouboulis' Kontor bis hin zum letzten Gaffer, hatten ihre Plätze eingenommen: Die Willkommensszene, deren Riten ich in- und auswendig kannte, konnte beginnen. Plötzlich erhob sich aus der Menschenmenge ein gedehntes, dumpfes Murmeln. Die Leute neigten sich einander zu, um eine Neuigkeit, ein Geheimnis von Mund zu Mund weiterzugeben. Dieses Geraune erfaßte schließlich auch die Leute in meiner unmittelbaren Umgebung. Mir fiel auf, daß sie langsam Platz machten und sich von mir entfernten, so daß um mich herum ein freier Raum entstand. Schließlich stand ich, dem Meer zugewandt, ganz allein mitten auf dem Kai. Erst jetzt fiel auch mir auf, was sie alle bemerkt hatten: Die weiß-rot-blaue Flagge der russischen Marine flatterte auf Halbmast. Aber vor allem wehte oben am Hauptmast anstelle von Bouboulis' persönlicher Standarte eine schwarze Flagge. Er war tot. Augenblicklich verwandelte sich das lang erwartete fröhliche Spektakel in eine Zeremonie, die sehr viel beeindruckender, sehr viel unmittelbarer war als die Beerdigung, die am übernächsten Tag stattfinden würde. Die bislang erregt diskutierende Menge verstummte gänzlich. Die Männer nahmen ihre Kopfbedeckungen ab. Niemand bewegte sich mehr. Die Glocken der Kirchen, die bisher fröhlich geläutet hatten, begannen nun ihre Totenklage. Die Popen, die gekommen waren – und dies in der Hoffnung auf eine kleine Spende –, um jene zu segnen, die heimkehrten an den heimischen Herd, stimmten sogleich die traurigen, tiefen und bewegenden Gesänge des griechischen Ritus an. Eine Barke legte vom Dreimaster ab. Quer über den Ruderbänken lag ein einfacher Holzsarg. Im Bug stand – kerzengerade aufgerichtet, fast wie eine Galionsfigur – mein Sohn Yanno. Nachdem das Boot am Kai angelegt hatte, ließ er den Sarg herausheben und zu meinen Füßen absetzen. Ich kniete nieder und preßte meine Lippen gegen das rauhe Holz. Gemäß einer jahrhundertealten orthodoxen Sitte wurde der Sarg geöffnet. Bouboulis' Gesicht spiegelte eine Ruhe wider, die ich zu seinen Lebzeiten nur selten bei ihm gesehen hatte. Er wirkte fast heiter, aber mitten in seiner Stirn war ein schwärzliches Loch. Mir war, als würde mir ganz genau an derselben Stelle ein glühendes Eisen in den Schädel getrieben. Ich konnte meine Augen nicht lösen von diesem Gesicht, das ich so geliebt hatte. Dieser Mann war einmal mein ganzer Lebensinhalt gewesen, bevor er schließlich alles zerstörte und verwüstete, was ich für ihn empfunden hatte. Und doch: Als ich nun vor seinem Leichnam stand, kamen all diese Erinnerungen wieder, Erinnerungen an glückliche Zeiten, an Bilder, Szenen, Momente, Geräusche, an die Freude, die Lust, die Jugend, die Liebe. Und sie waren so stark, so allgegenwärtig, so besitzergreifend, daß sie die Gegenwart durchtränkten und mich die Kluft vergessen ließen, die sich zwischen uns aufgetan hatte. Ich weinte nicht, aber ich zitterte wie Espenlaub. Yanno nahm mich am Arm, während der Sarg wieder zugenagelt wurde, und brachte mich nach Hause.

Meine Töchter weinten, die versammelte Verwandtschaft schluchzte, die Diener rauften sich die Haare, die Klageweiber schrien – all dies zur größten Erbauung der ebenfalls schluchzenden Nachbarinnen. Was mich betraf: Ich wollte wissen, was geschehen war. Also schloß ich mich mit Yanno ein. Instinktiv hatte ich ihn in Bouboulis' Arbeitszimmer im Erdgeschoß gedrängt. Seine Geschäftsbücher waren ordentlich aufgeschichtet, und im Raum schwebte noch ein leichter Geruch nach Tabakrauch. Mit beherrschter Stimme begann Yanno zu erzählen. Die Reise war ohne Zwischenfälle verlaufen, und sie hatten den Süden Italiens erreicht. Die Zeiten, in denen Piraten uns bedroht hatten, waren vorbei. Natürlich griffen sie noch manchmal an, aber die Größe unserer Schiffe und die Feuerkraft unserer Waffen hielten sie uns vom Leibe. Sie waren auf der Höhe der kleinen italienischen Insel Lampedusa, als der Ausguck zwei unter französischer Flagge segelnde Schiffe entdeckte, die sich auf Gegenkurs befanden. Es gab keinerlei Grund zur Beunruhigung, denn Bouboulis führte die Fahne Rußlands, eines Alliierten Frankreichs. Er segelte also ruhig weiter auf die Franzosen zu, die sich ihm friedlich näherten. Als sie schließlich auf gleicher Höhe waren, drehten sie plötzlich bei. Es blieb ihm kaum Zeit, sich über dieses Manöver zu wundern, als die Franzosen auch schon das Feuer eröffneten. Trotz des Überraschungseffekts reagierte

Bouboulis mit der ihm eigenen Energie: Er wehrte sich wie ein Besessener, und zwar so wirkungsvoll, daß es ihm in nur einer halben Stunde gelang, seine Angreifer abzuschütteln. Sie wandten sich zur Flucht. In diesem Augenblick – Bouboulis trat gerade von seinem Sieg berauscht hinter der schützenden Reling hervor und richtete sich auf – traf ihn eine Kugel, die von einem der feindlichen Schiffe aus abgefeuert worden war, mitten in die Stirn. Yanno hatte ganz deutlich das Bajonett des Gewehres im Sonnenlicht aufblitzen sehen. Mehr wußte er nicht. Und was war danach geschehen? Yanno zögerte, und da mir klar wurde, daß es seine Bescheidenheit war, die ihn am Sprechen hinderte, drängte ich ihn, weiterzuerzählen. Er hatte das Kommando des Schiffes übernommen und die Mannschaft im Kampf gegen die Franzosen geführt, die erneut angriffen. Ihr Abdrehen war nur eine Kriegslist gewesen. Schließlich war es ihm gelungen, sie in die Flucht zu schlagen, und er brachte nicht nur unsere ganze Ladung, sondern auch die Mannschaft bis auf den letzten Mann heil zurück. Aus den kargen Worten seines nur widerwillig vorgetragenen Berichtes schloß ich, daß er mutig, schnell und besonnen gehandelt hatte.

»Du hast deinen Mann gestanden, wie Bouboulis es nicht besser hätte tun können.«

»Eigentlich war es gar nicht schwierig. Ich hatte den Eindruck, daß die Franzosen abdrehten, sobald sie bemerkt hatten, daß Bouboulis getroffen war.«

Aber warum hatten Franzosen das getan? Was hatte sie dazu veranlaßt, ein Schiff anzugreifen, das unter der Flagge eines ihrer Alliierten segelte? Wie dem auch war, ob es nun Franzosen waren oder Piraten, das Ziel ihres Angriffs war einzig und allein die Ermordung Bouboulis gewesen. Hatten die Türken ihn bei den Franzosen als Piraten denunziert? Oder hatten sie etwa als Franzosen verkleidete Seeräuber gedungen? Das Ergebnis war das gleiche. Die Türken hatten sich des mysteriösen Verräters Panayotis bedient, um Bouboulis in eine Falle zu locken und ihn schließlich umbringen zu lassen. Solange er lebte, das wußte ich ganz sicher, war mir eine Aussöhnung zwischen uns undenkbar erschienen. Nun, da er tot war, war ich plötzlich überzeugt, daß wir einen Weg zu einem gemeinsamen neuen Anfang hätten finden können.

Meine Traurigkeit wurde durch die Trauer der anderen noch vertieft. Ebenso wie seine eigenen Kinder beweinten auch Bouboulis' Stiefkinder Yanno und Yorgo bitterlich seinen Tod, denn er hatte ihrer aller Herzen gewonnen. Besonders Eleni schien völlig am Boden zerstört. Ich fühlte den brennenden Haß, den sie mir gegenüber hegte; sie machte mich für den Tod ihres Vaters verantwortlich. Ich fühlte, daß ihre Brüder und Schwestern mir tief in ihren Herzen die Gleichgültigkeit vorwarfen, die ich Bouboulis während der letzten Wochen seines Lebens entgegengebracht hatte. Dieser unausgesprochene Vorwurf verletzte mich um so tiefer, als er meine Mitschuld an eben diesem Tod zu vergrößern schien. Tatsächlich mußte ich befürchten, daß Bouboulis vor allem deswegen den Türken in die Falle gegangen war, weil meine Haltung und mein Spott ihn dazu angestachelt hatten, ihnen die Stirn zu bieten. Ich gestand mir die Schuld an seinem Tod ein, genauso wie ich glaubte, den Tod von Yanouzas verschuldet zu haben. Ich brachte Verderben über alle, mit denen ich in Berührung kam – und von allem, was ich liebte, blieb nichts als Asche. So verhielt es sich auch mit der Liebe meiner Kinder. Was für einen Sinn hatte es da noch, weiterzumachen? Wozu noch etwas unternehmen? Ich war so bedrückt, daß ich mich entschloß, allem zu entsagen.

Nachmittags, nach Bouboulis' Begräbnis, mußte ich – ob ich wollte oder nicht – die Beileidsbezeugungen der Trauergäste über mich ergehen lassen. Ich stand gerade in dem großen Empfangszimmer, inmitten einer Herde schwarzgekleideter Frauen, die sich an meinem Zuckerzeug und meinen Likören schadlos hielten, als plötzlich jemand nach mir verlangte. Ich trat hinaus auf die Veranda, von der aus man nicht nur die Treppe zum Hof, sondern auch den ganzen Hof, den Garten und die hinter der Mauer gelegene Straße einsehen konnte. Überall wimmelte es von roten Mützen. Es war das gleiche Gewimmel roter Kopfbedeckungen, das sich meinen Augen während des Begräbnisses zwischen den schwarzen Stämmen der Zypressen geboten hatte. Nicht einer von Bouboulis' Matrosen fehlte. Alle waren sie gekommen. Bouboulis war ein gerechter und freigebiger Herr gewesen, und ich hatte viele gesehen, denen Tränen über ihre braungebrannten und wettergegerbten Gesichter geflossen waren. Als sie auf mich aufmerksam wurden, nahmen sie wie ein Mann ihre Mützen ab. Auf diesem kleinen Raum erweckten sie den Eindruck einer riesigen Menschenmenge. Diese Männer, deren Lebensfreude und deren Lachen mir so vertraut waren, standen nun schweigend und beinahe verlegen vor mir. Ich glaubte, daß der Grund für ihr Kommen ein mir willkommener, rührender Beileidsbesuch war. Aber da irrte ich, denn nun traten ihre Ältesten vor und legten auf der untersten Stufe der Treppe zu meinen Füßen einige Beutel ab. Dabei vernahm ich das Klimpern von Goldmünzen.

»Hier ist das, was der Kapitän zurückbringen wollte, als er ums Leben kam: sein Anteil an der Beute. Er gehört jetzt dir, Kapetanissa.«

Es fiel mir schwer, Tränen der Rührung zurückzuhalten. Aber eine Kapetanissa, die dieses Titels wirklich würdig ist, weint nicht. Zumindest nicht in der Öffentlichkeit. Ich bat sie, das Gold zu behalten und es zur Erinnerung an ihren Kapitän untereinander aufzuteilen. Möglichst ohne ihre Gefühle zu verletzen, versuchte ich ihnen sodann zu bedeuten, nach Hause zu gehen. Aber keiner von ihnen rührte

sich. Aller Augen waren auf mich gerichtet. Sie schienen auf etwas zu warten. Aber worauf?
Plötzlich kam mir die Erleuchtung, und ich richtete die folgenden Worte an sie: »Männer! Der Tod des Kapitäns stellt euch vor eine Wahl. Sein Sohn, unser Sohn, ist zu jung, um seine Nachfolge anzutreten. Ihr könnt bei anderen anheuern, und die Tatsache, daß ihr unter Bouboulis gesegelt seid, wird euch alle Türen öffnen. Oder ihr bleibt bei mir, und gemeinsam werden wir weitermachen ...«
Ein beifälliges Gemurmel, ja was sage ich: ein tosendes Durcheinander von Stimmen war die Antwort auf meinen Vorschlag. Als ich es vernahm, wurde mir klar, daß die Verantwortung für Hunderte von Männern, die mir hier gegenüberstanden, nun auf meinen Schultern ruhte. Einerseits wollte ich diese Verantwortung, andererseits machte sie mir auch angst. Aber nun war keine Zeit mehr für Gefühlsduseleien. Ich sagte diesen Seeleuten, was ihnen bevorstand, wenn sie bei mir blieben. Bei mir würde strenge Disziplin herrschen, auch wenn andere Schiffseigner darauf kaum noch Wert legten. In den Häfen würde ich keine Schlägereien dulden, keine durchzechten Nächte in den Tavernen und keinerlei Eigeninitiative ohne meine ausdrückliche Billigung. Ich sagte ihnen auch, daß ich nicht zur geringsten »Rousfeti« bereit war, das heißt, daß ich den unzähligen »mittellosen Verwandten« und den noch zahlloseren Schützlingen keine Vorteile oder Sonderbehandlungen gewähren würde, denn aus eben diesem Grund waren in unserer Flotte eine so große Anzahl völlig unfähiger Männer beschäftigt. Sollten sie diese Bedingungen annehmen, so würden wir zusammen Großes vollbringen. Nicht ich war es, die so sprach, sondern sie sprachen durch mich, sie legten mir diese Worte in den Mund. Es war so, als würde ich zu jedem einzelnen von ihnen sprechen. Dabei fühlte ich mich akzeptiert und wußte, daß sie mich verstanden. Sie waren von der gleichen Begeisterung erfüllt wie

ich selbst. »Die, die bleiben, mögen jetzt die Hand heben. Alle anderen können gehen.« Nicht einer von ihnen rührte sich. Ich glaubte schon, mich geirrt zu haben. Nicht einer von ihnen würde unter einer Frau dienen wollen. Das war's. Und dann hob sich langsam, beinahe schüchtern, die erste Hand. Ich sehe das alles noch vor mir, als wäre es gestern gewesen. Dieser Arm, der langsam mit der Handfläche zu mir gedreht aus einem Teppich von Köpfen herauswächst. Ich erinnere mich noch, daß es links von mir in der hintersten Ecke des Hofes, in der Nähe der Gartenmauer war. Es folgte ein zweiter Arm, dann ein dritter und ein vierter. Und schließlich war da ein Wald von Armen. Natürlich gab es auch einige Männer, die den Hof verließen – aber die nahm ich kaum wahr. Insgesamt waren es vielleicht zehn, fünfzehn von den sechshundert, die sich um mich versammelt hatten. Nachdem sie gehört hatten, was sie gehofft hatten zu hören, fluteten sie – dem Meer bei Ebbe gleich – in Menschenwogen aus dem Hof. Oben in dem großen Empfangszimmer schnatterten die Frauen weiter und stopften sich mit Süßigkeiten voll. Meine beiden ältesten Söhne waren, vom Lärm angelockt, ebenfalls nach draußen gekommen und standen nun neben mir: Yanno, der gefühlvolle Dichter, sanft, zerbrechlich und doch unzerstörbar, und Yorgo, der charmante Herzensbrecher mit seinen großen blauen Augen, ungeduldig und lebenshungrig.

»Yanno, du wirst meine rechte Hand sein, mein erster Offizier.«

»Und ich?« kam die dringliche Frage von Yorgo. »Auf welchem Schiff werde ich sein?«

»Auf keinem. Du bleibst hier, achtest auf unsere Speicher und kümmerst dich um unser Kontor.« Er lehnte sich auf, denn er wollte mit seinem Bruder und mit mir zur See. Doch ich blieb hart. »Du liebst das Geld, Yorgo, und du hast die Begabung, es zu vermehren.«

Bouboulis hinterließ mir in seinem Testament, außer dem Haus, in dem wir lebten, die riesige Summe von achtzigtausend Colonnata. Aber was sollte ich damit anfangen? Was sollte ich überhaupt tun? Unabsichtlich, gegen seinen Willen hatte Bouboulis mir einen kurzen Einblick gewährt in eine weitreichende und geheimnisvolle Verschwörung, durch die man bereits dabei war, das in die Tat umzusetzen, wovon ich nur träumen konnte. Den Zugang dazu hatte er mir jedoch verwehrt. Und dann ließ sein Tod auch diese einzige vage Verbindung, die ich zu dem Komplott hatte, abreißen. Wo nur sollte ich den geheimnisumwitterten Bourzinos, meinen Paten, finden, der diesen Strudel verursacht hatte, von dem ich mich nun mitgerissen fühlte? Ich nahm mir vor, in der Zwischenzeit Geld zu verdienen. Immer mehr Geld, und zwar genug, um damit meinem Ziel näher zu kommen, denn ohne Geld war ein erfolgreicher Kampf undenkbar.

Wieder einmal boten uns die politischen Ereignisse, die den Reedern von Spetsai schon seit mehr als zehn Jahren hold gewesen waren, unerwartete Möglichkeiten wie auf einem silbernen Tablett. Man schrieb das Jahr 1812, ein Jahr, in dem die spektakulärsten Wendungen und die unvorhersehbarsten politischen Umwälzungen stattfanden. Aus heiterem Himmel schlossen Russen und Türken einen Friedensvertrag, was es denen, die wie wir mit den Russen zusammengearbeitet hatten, ermöglichte, der Rache der Türken zu entgehen. Nachdem Napoleon jahrelang öffentlich seine Freundschaft zu Rußland erklärt hatte, war er jetzt dort einmarschiert. Außerdem hatte er auf allen Meeren eine strikte Seeblockade befohlen, was natürlich eine unwiderstehliche Aufforderung darstellte, dieses Diktat zu unterlaufen. Umgehend stach ich in See. Lange hatte ich gezögert, welche Kleider ich jetzt in meiner Funktion als Flottenkommandantin wohl tragen wollte. Schließlich entschied ich mich für einen knöchellangen Rock aus schwe-

rem blauem Tuch und Lederstiefel. Dazu trug ich weiterhin ein weißes Seidenhemd, darüber eine bestickte Bolerojacke und als Krönung den um meinen Kopf geschlungenen Schleier, der lediglich mein Gesicht freiließ.
Meine Abfahrt war triumphal. Die anderen Schiffseigner und die offiziellen Würdenträger ließen sich nicht sehen – vermutlich, weil sie sich mit dem Gedanken an eine Frau als Bootseignerin nicht anfreunden konnten –, ebenso wie die Priesterschaft, die wahrscheinlich irgendwelche teuflische Ränke hinter dem Ganzen vermutete ... Das Volk von Spetsai hingegen war sehr wohl anwesend, und man drängte sich auf dem Kai und auf der Dapia. Es wurde viel gelacht, und überall spürte man Fröhlichkeit und Zuneigung, aber auch einen gewissen Respekt. »Hoch lebe die Kapetanissa!« erscholl es immer wieder. Am meisten jedoch berührte mich der Zuruf eines alten Fischers, der mit seinem kleinen Boot meinen Kurs kreuzte: »Du bist ein echter Palikari.«* Nie zuvor war einer Frau dieses Kompliment gemacht worden. Mein Flaggschiff, die Koriezou, setzte sich mit vollen Segeln an die Spitze meiner Flotte. Von Stolz beinahe überwältigt, stand ich neben Yanno, der das Ruder führte.
Die Seeblockade der Franzosen war gnadenlos und wirkungsvoll. Was den Handel betraf, so diktierten sie die Gesetzte nach ihrem Gutdünken. Überall im Mittelmeer hatten sie Sperrzonen eingerichtet, und sie zu überlisten war sehr schwierig. Mir war es – gegen klingende Münze – gelungen, in allen Häfen ein Netz von Spitzeln aufzubauen, die mir zutrugen, wo die französischen Patrouillen lauerten. Das ermöglichte es mir, meine Routen so abzustecken, daß ich, falls nötig, rechtzeitig eines meiner Verstecke anlaufen konnte. Mir zur Seite standen Seeleute, die durch die Aussicht auf ungeheure Gewinne äußerst motiviert

* Heldenhafter Krieger

waren. Und außerdem war da noch der tüchtige Yanno mit seiner absoluten Verläßlichkeit. Deshalb war mir dieses Katz-und-Maus-Spiel nicht unangenehm. Schon mehrmals hatten wir Schmugglerware transportiert, ohne auf irgendwelche Probleme zu stoßen.
Wir kamen von Cadiz, das kurz zuvor durch die Engländer von den Franzosen befreit worden war und wo wir Fracht an Bord genommen hatten. Es handelte sich dabei um Kisten mit Stichwaffen, die neuesten Produkte der weltweit führenden englischen Waffenschmieden, die für Venedig bestimmt waren. Unter türkischer Flagge – die Türkei war zu jener Zeit eine neutrale Macht – segelten wir also durch das adriatische Meer. Auf der Höhe von Brindisi, vor der Küste des Königreiches von Neapel – dessen König Joachim Murat Napoleons Schwager war –, tauchte plötzlich aus einer abgelegenen Bucht ein großes, unter französischer Flagge segelndes Kriegsschiff auf. Zweifellos hatte es dort auf der Lauer gelegen. Unsere Spione hatten schlechte Arbeit geleistet oder sich vom Gegner für noch mehr Geld kaufen lassen. Der Franzose zielte geradewegs auf uns zu und signalisierte uns beizudrehen. Wahrscheinlich waren wir schneller als er, aber schließlich ließen wir uns von einem schlagenden Argument überzeugen: Er öffnete seine Geschützpforten, und wir blickten in die Mündungen seiner Kanonen. In jenem Moment verfluchte ich die türkischen Behörden dafür, daß sie es den griechischen Reedern verboten hatten, Kanonen mitzuführen, und ich schwor mir, meine Schiffe eines Tages zu bewaffnen ..., falls wir jemals lebend aus dieser mißlichen Lage herauskommen würden. Also holten wir die Segel ein und harrten der Dinge, die da kommen sollten.
Von dem französischen Kriegsschiff wurde eine Schaluppe zu Wasser gelassen, in der die Offiziere Platz nahmen. Der französische Kapitän kam auf meine Brücke. Mit keiner Geste ließ er sich seine Überraschung darüber anmerken,

eine Frau vorzufinden. Ich hingegen war völlig überrascht, ein Kind vor mir zu sehen: Er hatte ein glattes bartloses Gesicht, große, dunkle Augen, die durch lange Wimpern verschleiert wurden, einen kleinen, vollen, roten Mund und eine zierliche Nase. Der Dreispitz mit dem blau-weiß-roten Federbusch, die dunkelblaue goldverbrämte Uniform, die Epauletten – das alles wirkte an diesem jungen Mann mit dem Engelsgesicht wie eine Verkleidung. War Napoleon schon so weit gesunken, daß er Halbwüchsige derart verantwortungsvolle Posten übertragen mußte? Aber die Stimme, mit der der Franzose sich vorstellte, war außergewöhnlich männlich: »Capitaine Justin de la Jaunais.« Er salutierte und bestand dann in äußerst höflicher Form darauf, unsere Ladung zu kontrollieren. Seine Untergebenen hatten meine Antwort gar nicht erst abgewartet, sondern waren schon, trotz Yannos' heftiger Proteste, durch unsere Ladeluken geklettert. So standen wir, Capitaine de la Jaunais und ich, uns nun gegenüber. Ich hielt seinem Blick stand, ohne die Augen niederzuschlagen, obwohl er nicht aufhörte, mich spöttisch anzulächeln, wobei sein Gesichtsausdruck weniger zu meiner Beunruhigung, als vielmehr zu meiner Gereiztheit beitrug. Es dauerte nicht lange, bis seine Männer einige der belastenden Kisten an Deck brachten. Wir hatten noch nicht einmal die Vorkehrung getroffen, ihre Herkunft zu verschleiern. Sie trugen noch immer die Aufschrift »Sheffield, England«. Diese Buchstaben stachen mir nun schamlos ins Auge.
»Frau Kapitän, hiermit erkläre ich Sie für festgenommen.«
»Wenn Sie sich die Mühe machen wollen, Herr Kapitän, sich umzudrehen, so werden Sie feststellen können, daß aus den Fenstern meiner Kabine die Gewehre meiner Leute auf Sie und Ihre Offiziere gerichtet sind. Wenn Sie uns nicht ziehen lassen, ist das Ihr Todesurteil. Natürlich werden wir zwei Ihrer Offiziere als Geiseln bei uns behalten, die wir aber selbstverständlich mit allem Respekt, der

ihrem Rang gebührt, behandeln und im ersten Hafen, den wir anlaufen, freilassen werden.«

»Wenn sich Ihr Schiff bewegt, wenn Sie auch nur ein einziges Segel setzen oder wenn wir nicht in einer halben Stunde auf unser Schiff zurückgekehrt sind, so hat mein erster Offizier den Befehl, das Ihre zu versenken, Frau Kapitän, und wir werden gemeinsam untergehen.«

»Nicht genug damit, daß die Franzosen meinen geliebten Gatten umgebracht haben, jetzt wollen sie mir auch noch das letzte nehmen, was mir geblieben ist ...« und mit pathetischer Stimme trug ich einen wunderbar tragischen Monolog vor. Wir Griechen lieben es, das Unglück, das uns widerfährt, vor aller Welt auszubreiten, und es dabei – falls nötig – noch ein wenig größer erscheinen zu lassen. Und in solchen Augenblicken schauspielern wir nicht etwa, denn jedesmal, wenn wir alles Unglück aufzählen, das uns zugestoßen ist, glauben wir wirklich, aufrichtig zu sein. Und genau so aufrichtig war ich auch an jenem Nachmittag mit Capitaine de la Jaunais. Unsere Kunstfertigkeit liegt dabei vor allem im Tonfall, in Blicken, in der Geste. Wir sind die besten Schauspieler der Welt, weil wir dabei völlig unbewußt handeln. An jenem Tag war ich in jeder Beziehung ganz auf der Höhe, denn ich verteidigte meinen Besitz, wenn nicht sogar mein Leben und das meiner Männer.

Capitaine de la Jaunais war jedoch so unverschämt, mich gerade in dem Augenblick zu unterbrechen, als ich über meine als mittellose Waisen zurückbleibenden Kinder sprach. »Die Abenteuer, die Ihnen widerfahren sind, sind uns bekannt.« Er hatte es gewagt, meine tragischen Lebensumstände als Abenteuer zu bezeichnen! Und dann fügte er spöttisch hinzu: »Und Sie selbst, Frau Kapitän, sind uns noch viel genauer bekannt.«

»Vielleicht, Herr Kapitän, könnten wir uns in meine Kajüte begeben, um dieses Mißverständnis aus dem Weg zu räumen.«

Dies war mein letzter Versuch, unseren Kopf aus der Schlinge zu ziehen. Sollte er scheitern, so erwartete uns schlimmstenfalls ein Erschießungskommando oder bestenfalls eine Gefängniszelle. Und über die Internierungslager des großen Napoleon, in denen Hunderttausende verfaulten, kursierten die grauenvollsten Geschichten. Zu meiner Überraschung willigte de la Jaunais ein. Er akzeptierte auch den Kaffee, die Süßigkeiten und ein Glas Likör auf das Wohl des Gastes.

»Und nun, Kapitän, wieviel? Ein Viertel, die Hälfte oder alles?«

Justin de la Jaunais brach völlig unvermittelt in schallendes Gelächter aus. Dieses Lachen war frisch, jugendlich und ungeziert. Ein ansteckendes Lachen, das Sonne und Frühling in sich trug. Und dann sah er mir lange tief und wortlos in die Augen. Sein Gesichtsausdruck ließ mich erschauern. Ich empfand jedoch keine Angst. Einerseits war ich voller Erwartung, andererseits fühlte ich mich seltsam erregt und etwas irritiert.

Schließlich sprach er mit klarer Stimme: »Als Beute will ich nur eines, den Kapitän dieses Schiffes.«

Nun war es an mir, in Gelächter auszubrechen. Ich lachte, und dabei fühlte ich mich gleichermaßen erleichtert, überrascht, froh und jung.

»Jetzt, Kapitän?«

»Jetzt, Kapetanissa. So werden Sie doch von Ihren griechischen Landsleuten genannt.«

So wurde ich die Geliebte von Justin de la Jaunais, seines Zeichens Kapitän der kaiserlich französischen Kriegsmarine, während draußen auf Deck französische Offiziere, griechische Seeleute und mein eigener Sohn geduldig warteten.

Yanouzas strahlte als Liebhaber genau die gleiche Kälte aus, die auch von seiner Schönheit ausging. Bouboulis hingegen zeigte die Leidenschaft, die sich schon in seinen ausdrucksvollen Gesichtszügen widerspiegelte. Das jugendliche Feuer von Justin aber trieb mich zur Ekstase. Er konnte wie ein Kind sein, das sich völlig unterordnete, oder aber wie ein perverser Lebemann. Manchmal war er ganz dominierend und männlich, und dann wiederum so subtil und zärtlich wie eine Frau. Als wir schließlich an Deck kamen, wandte mir Yanno den Rücken zu und starrte auf den Horizont.

Justin de la Jaunais lud mich zum Essen auf sein Schiff ein. Ich ging nicht so weit, mich umzuziehen und etwas weiblichere Kleidung anzulegen, aber ich schmückte mich mit ein paar langen Ohrringen und einer goldenen Kette. Sorgfältig wählte ich einen dezent bestickten Schleier aus und trug auf meine Lippen und Augenlider etwas von der Schminke auf, die ich immer aus Konstantinopel kommen ließ. Während des Essens unterhielten wir uns fröhlich, ganz so wie zwei alte Freunde, oder vielmehr wie zwei Komplizen, was wir ja auch einige Stunden zuvor geworden waren. Als der Tisch abgeräumt war, herrschte Schweigen. Durch das offene Bullauge seiner Kabine hörte ich das leichte Plätschern des Meeres, und das flackernde Licht der Laternen überzog sein zartes Gesicht mit tanzenden Schatten. Er ergriff meine Hand, und diese einfache Berührung überwältigte mich. Ich verbrachte die Nacht an Bord des französischen Kriegsschiffes. Im Morgengrauen war der Augenblick gekommen, Abschied zu nehmen. Dieser Abschied zog sich so lange hin, daß wir schließlich wieder ins Bett sanken. Beide stimmten wir darin überein, daß es schade wäre, so einfach auseinanderzugehen, ohne sich je wiederzusehen. Der Krieg, der ganz Europa entflammt hatte, machte es uns unmöglich, irgendwo zusammenzuleben, und darüber hinaus hatten wir beide unsere Pflicht zu erfüllen. Aber während wir diesen Pflichten nachkamen, konnten wir wenigstens kurze Zeit zusammen verbringen. Ich mußte nach Venedig? Also segelten wir nach Norden, aber so langsam es nur ging. Justin hatte die Aufgabe, die Küste Apuliens zu überwachen? Also segelten wir sie Schritt für Schritt entlang. Bari, Trani, Bartella, Manfredonia, und eine Reihe kleiner Buchten am Fuß des Monte Gargano: Wir ließen keine einzige malerische Stelle dieser Gegend aus. Wir liefen über sonnenverbrannte Felder, wir aßen an menschenleeren Stränden, wir spazierten durch Pinienwälder, und ich sah zu, wie er nackt im Meer badete. Ich selbst haßte es zu schwimmen. Wir liebten uns im Schatten der Bäume, in kleinen Grotten, oder aber wir warteten voller Ungeduld bis zum Abend, um uns einander hinzugeben. Wir machten in kleinen Städten halt und erkundeten sie. Meist handelte es sich um schläfrige kleine Ortschaften, in denen überhaupt nichts geschah – was einerseits auf den lethargischen Charakter dieser Gegend zurückzuführen war und andererseits auf die Zeitumstände. Zu jener Zeit terrorisierte nämlich Fra Diavolo den Süden Italiens. Dieser Mönch, der zu einer Art ehrenwertem Banditen geworden war, bekämpfte die Franzosen, die das Königreich Neapel besetzt hielten. Er kommandierte eine Schattenarmee und legte dabei einen teuflischen Mut an den Tag. In den menschenleeren Gassen, durch die wir kamen, hatten wir immer das Gefühl, daß wir unaufhörlich durch die Ritzen der geschlossenen Fensterläden hindurch beobachtet wurden. Eines Tages pochten wir mittags so lange an die Tür einer Herberge, bis man uns schließlich doch öffnete. Wir ließen uns frisch gefangene Fische zubereiten und tranken dazu einen Weißwein aus der Kellerei des Grafen von Trabbia. Gerade nahmen wir unsere Mahlzeit mit Blick auf den Hafen ein, als zwei seiner Seeleute uns dabei unterbrachen. Sie hatten uns gesucht, weil es hieß, Fra Diavolo sei in der Gegend. Wir sollten so schnell wie möglich wieder an Bord kommen. Justin schickte sie zum Schiff zurück. Er rührte sich nicht von der Stelle. Er war Fatalist. Wenn Fra Diavolo auftauchen sollte, so wäre er glücklich darüber, in meinen Armen sterben zu dürfen. Früher oder später – welche Rolle spielte das schon? Im Gegenteil, die drohende Gefahr wirkte stimulierend auf ihn. Er zog mich auf das Feldbett, das der Wirt nach draußen gestellt hatte, damit wir die Kühle der Nacht genießen konnten. Ungeachtet der glühenden Sonne und der drohenden Gefahr liebten wir uns jetzt auf diesem Lager. Das kleinste Detail dieses Nachmittags ist für immer in meine Erinnerung eingegraben: das Meer und der feurige Himmel, die unsichtbare Gegenwart des gefürchteten Banditen, das Gewicht von Justins Körper auf dem meinen und seine helle Haut, die noch nach Meerwasser schmeckte.

Justin erzählte mir sein Leben. Er war nicht so jung, wie es den Anschein hatte. Er war schon über siebenundzwanzig und stammte aus bescheidenen, ja beinahe ärmlichen Verhältnissen. Als einfacher Matrose war er in die Marine eingetreten und schnell aufgestiegen. Das einzige, was ihn wirklich interessierte, war, zu Reichtum zu gelangen, denn Napoleon gab allen das Gefühl, daß ihnen unter seinen Fahnen ein außergewöhnliches Schicksal widerfahren konnte. Julien war ein Nachkomme der Generation, die die französische Revolution erlebt hatte und Zeuge so vieler erstaunlicher Umwälzungen und unglaublicher Wendungen geworden war, daß er an nichts mehr glaubte. Aber sein frühreifer Zynismus war gepaart mit einer völligen Hingabe, mit einer ehrlichen Zärtlichkeit, die wahrscheinlich auf seine Jugend zurückzuführen war und die ihn ganz besonders anziehend machte. Er brachte mir all jene Feinfühligkeit und Subtilität entgegen, für die die Franzosen als Liebhaber so berühmt sind. Die Griechen sind ganz von Leidenschaft erfüllt. Emotionen, wie sie der Capitaine de la Jaunais mich lehrte, waren ihnen völlig fremd.

Mit ihm lebte ich zum ersten Mal voller Unbekümmertheit, aber diese für mich so neuen Gefühle bewirkten in mir auch ein gewisses Unbehagen. Nach einer Woche des sorglosen Dahinlebens erwachte ich eines Morgens gereizt und unruhig, ohne daß es dafür einen konkreten Anlaß gegeben hätte. Der Grund lag vielmehr tief in meinem Wesen. Ich war nicht geschaffen für diese immerwährende Zeit des süßen Nichtstuns, zu der mein Geliebter mich einzuladen schien. Hilfesuchend wandte ich mich wieder den Pflichten zu, die ich hatte, und der erhabenen Mission, die meiner harrte. Ich war überrascht, wie melancholisch mir beim Abschied von Justin zumute war. Er hatte seine Galauniform angelegt, und der Federbusch warf einen Schatten über sein Gesicht. Aus seinen Zügen sprach eine gewisse Traurigkeit, auch wenn er mit einem Lachen in der Stimme verkündete: »Gemäß den Gesetzen des französischen Kaiserreichs konfisziere ich hiermit Ihre Ladung.« Zunächst glaubte ich, daß er einen Scherz machte. Aber da sollte ich mich irren. Ich reagierte augenblicklich und instinktiv und begann, mit ihm zu feilschen, wie ich es mit den Händlern in Odessa oder Triest gewohnt war. Der Capitaine de la Jaunais mußte sich mit einem Viertel unserer Ladung zufriedengeben, dreißig Kisten, die sicher niemals in die Depots des französischen Zolls gelangt sind. Ich kochte noch vor Wut über seine Unverfrorenheit, als er sich zu mir neigte und mir zuflüsterte: »Nächsten Monat in Tarent... wirst du da sein?« Dies war kein Befehl mehr, sondern eine inständige Bitte, und zum Zeichen meines Einverständnisses nickte ich ihm zu.

So schnell es nur ging, segelte ich nach Venedig, wo ich den Rest meiner Ladung auf dem Schwarzmarkt verkaufte, und dann kehrte ich nach Spetsai zurück, denn ich mußte dort die Vorbereitungen für die Hochzeit meiner Tochter Skevo mit Nikolas Koutsis treffen, einem Kapitän, dessen Aussichten auf eine glänzende Karriere ebenso groß waren wie sein Vermögen. Er war ein Vetter der »bösartigen« Koutsis, zu denen auch Christodoulos gehörte, der Schwiegervater meines Bruders und Feindes Theodosius. Mit der Ausrichtung dieser Heirat verfolgte ich auch das Ziel, bis zu einem gewissen Grad die Feindseligkeit dieses einflußreichen Clans zu neutralisieren.

Die Vorbereitungen zur Hochzeit nahmen meine ganze Zeit und meine ganze Aufmerksamkeit in Anspruch. In unserem Haus gingen ständig Verwandte, Lieferanten, Kutscher, Boten und vor allem Schmarotzer ein und aus, die zwar alles besser wußten, aber keinen Finger rührten. Auf der Höhe dieses Durcheinanders kam ein Tschausch des Pascha von Tripolitza an. Ich empfing ihn im Arbeitszimmer von Bouboulis. Er überreichte mir ein Dokument. Als ich es entrollte, sah ich die Tughra* des Sultans Mahmud. In diesem Ferman wurde offiziell festgestellt, daß Bouboulis während des bereits einige Jahre zurückliegenden Krieges zwischen der Türkei und Rußland die russische Seite gegen die Türken unterstützt hatte. Das war der Grund, weshalb nun seine gesamte Flotte – das heißt die Schiffe, die jetzt mir gehörten – beschlagnahmt wurde.

Ich war ruiniert. Ich konnte mir meinen Traum nicht mehr erfüllen und an der Befreiung unserer Brüder mitwirken. Ohne Geld war ich machtlos. Alles, wofür ich jahrelang so viel erduldet hatte, um die Ausführung meines großen Planes vorzubereiten, würde in türkischen Schatullen verschwinden. Natürlich reizte ein so riesiges Vermögen wie das von Bouboulis, das nun in die Hände einer »schwachen Frau« gelegt war, die wohlbekannte Gier der türkischen Verwaltung. Aber die Tatsache, daß die Strafe erst so lange Zeit nach dem »Verbrechen« verhängt wurde, konnte ich mir nur durch Verrat erklären. Ich spürte, daß meine Gegner die Waffen nicht strecken wollten, und daran konnte auch die Verbindung einer meiner Töchter mit

* Reich verzierte Unterschrift des Sultans, die den Kopf aller offiziellen Dokumente zierte.

einem Koutsis nichts ändern. Von diesem Augenblick an konnte ich nur noch auf die sprichwörtliche Langsamkeit des türkischen Beamtenapparates hoffen. Zwischen der Verhängung und der Durchführung des Dekretes würden einige Wochen vergehen, was mir eine letzte Möglichkeit, eine einzige und sehr vage Chance ließ, die ich aber auf jeden Fall nutzen mußte.
Ich ließ mir nichts anmerken, und so gelang es mir, meine Lage vor den anderen bis nach der Hochzeit zu verheimlichen. Die Festlichkeiten fanden am nächsten Tag mit all dem Pomp statt, der dem Zusammenschluß zweier sehr reicher Familien gebührt. Sämtliche Koutsis waren anwesend, allen voran meine Feinde, jene, die mich vielleicht denunziert hatten. Sie gaben sich höflich, aber distanziert. Meine Kusine Maria hingegen war von geradezu überschwenglicher Freundlichkeit, so daß der Verdacht, den ich gegen sie hegte – nämlich, daß sie auf geheimnisvolle Weise ihre Finger im Spiel hatte bei dem Unglück, das nun über mich hereinbrach –, zur Gewißheit wurde. Die Lampions waren noch nicht erloschen, als ich schon an Bord der Koriezou ging, um nach Konstantinopel zu segeln. Der charmante Capitaine de la Jaunais mußte einfach warten. Und Yanno, der mich begleiten wollte, hatte ich angewiesen, zu Hause zu bleiben, um – falls es zum Schlimmsten kommen sollte – zu retten, was noch zu retten war.

Kapitel 9

Konstantinopel, die kaiserliche Metropole mit ihren tausend Kirchen, die stadtgewordene Pracht mit ihren unzähligen Minaretten, dieser Magnet, der seit fünfzehn Jahrhunderten die ganze Welt anzog, war für mich immer ein Ort des Unglücks gewesen. Konstantinopel stand in Zusammenhang mit dem Tod der Meinen, aber nie zuvor war mir die Stadt bedrohlicher erschienen als jetzt, da ich dort an Land ging, um zu retten, was noch zu retten war.
Sofort nachdem wir am Goldenen Horn Anker geworfen hatten, ging ich in den Phanar, das griechische Viertel der Stadt. Dort hatte der Patriarch von Konstantinopel seinen Sitz. Er war das Oberhaupt aller orthodoxen Kirchen, aber vor allem unser geistlicher Führer. Seit dem Zerfall des byzantinischen Kaiserreiches und dem Verlust unserer Unabhängigkeit hütete nur noch unsere Kirche die Flamme unserer Kultur, unserer Traditionen, unserer Denkweise und unserer Vaterlandsliebe. Als ich so durch die alten Gassen ging, schien es mir, als ob unter jedem Pflasterstein eine Falle auf mich lauerte. In diesen Gassen stand ein Holzhaus neben dem anderen. Die meisten von ihnen hatten alte schiefe und verwaschene Fassaden, aber von Zeit zu Zeit sah man auch streng und schmucklos anmutende steinerne Paläste. Sie waren im Besitz derjenigen griechischen Familien, die im türkischen Imperium die höchsten Posten bekleideten. Eben diese Familien hatten es damals abgelehnt, meiner Mutter beizustehen, als sie sie für meinen Vater um Hilfe gebeten hatte. Und aus diesem Grund war es auch für mich undenkbar, mich an sie zu wenden.

Die Residenz des Patriarchen war ein relativ neues, gelb verputztes Gebäude, das von außen sehr bescheiden wirkte. Ein paar überhebliche und sich geschäftig gebende Mönche ließen mich ein. Dabei rümpften sie über meine beinahe männlich wirkende Kleidung demonstrativ die Nase. Das Prestige des Namens Bouboulis und die allzeit gegenwärtige Hoffnung auf eine große Spende ließen sie meiner Bitte um eine Audienz jedoch entsprechen. Sie baten mich, in einem Vorzimmer Platz zu nehmen, dessen Wände mit den Porträts verstorbener Patriarchen dekoriert waren.

Nach einer angemessenen Wartezeit führten sie mich in ein weitaus kleineres Empfangszimmer, dessen Einrichtung mich sehr an Bouboulis' Arbeitszimmer auf Spetsai erinnerte – mit Ausnahme einiger riesiger Ikonen, die an den Wänden hingen. Gregor V., Patriarch des gesamten Orients, bereitete mir einen einfachen und leutseligen Empfang. Ich kniete vor ihm nieder und küßte seine Hand. Er forderte mich auf, Platz zu nehmen und sodann folgte der Ritus des Kaffees, des Glases mit frischem Wasser und der Süßigkeiten, was mir Zeit ließ, ihn zu beobachten. Mit seiner schwarzen Kopfbedeckung und dem schwarzen Schleier unterschied sich seine Kleidung in nichts von der unserer Geistlichen. Einzig die an Goldketten hängenden, mit Edelsteinen besetzten Kruzifixe und Amulette waren die äußeren Zeichen seines hohen Ranges. Für einen Vierundachtzigjährigen machte er auf mich einen unglaublich rüstigen Eindruck. Er hielt sich sehr gerade, und sein Gesicht hatte nichts Greisenhaftes. Er hatte nur einige wenige graue Haare, und seine großen Augen waren voller Lebenskraft. In seiner Jugend war er Schäfer gewesen; vielleicht verdankte er dem gesunden Leben, das er als Halbwüchsiger geführt hatte, seine unglaubliche Jugendlichkeit. Da die Kirche natürlich immer gut informiert ist, wußte er so ziemlich alles über mich und erkundigte sich nach jedem meiner Kinder. Ich erzählte ihm von der Heirat meiner Tochter Skevo, und er segnete sie ebenso wie ihren Mann. Als schließlich die Mönche, die uns bedienten, den Raum verlassen hatten, schilderte ich ihm meine traurige Lage. Ich bat ihn um seine Fürsprache bei den türkischen Behörden, um zu erwirken, daß diese die Beschlagnahme meiner Flotte rückgängig machten. Als ich ihm meine Bitte vortrug, zeigte er weder Überraschung noch Bedauern, ganz so, als hätte er schon zuvor gewußt, weshalb ich um eine Audienz nachgesucht hatte.

»Sich mit Waffen gegen die türkische Hoheit aufzulehnen, wie es dein verstorbener Mann getan hat, ist ein Verbrechen, nicht wahr, mein Kind?«

Sofort fühlte ich mich angegriffen und antwortete leidenschaftlich: »Ein Verbrechen in den Augen der Türken, Euer Heiligkeit, aber doch sicherlich nicht in den Augen der Griechen.«

»So kommen wir nicht weiter. Nicht Waffen werden die Sache der Griechen voranbringen, sondern die Kultur. Wir schaffen überall Druckereien, um so die griechische Kultur zu erhalten und weiterzuentwickeln.« Sodann erklärte er mir ausführlich sein Kulturprogramm. Seine salbungsvolle Arroganz half mir nicht weiter.

»Und die Absicht Eurer Heiligkeit ist es, die griechische Kultur unter dem türkischen Joch zu verbreiten?«

Einen Augenblick lang funkelte Wut aus seinen Augen. »Das türkische Joch! Aber, mein Kind, wir stehen unter keinem Joch. Nie zuvor war die religiöse Toleranz im Kaiserreich so vollkommen. Die Autorität des Patriarchen von Konstantinopel und seiner Prälaten wird vom Sultan voll und ganz anerkannt. In religiösen Fragen können wir mit unserer eigenen Gerichtsbarkeit Urteile fällen.«

Die Aufzählung der Wohltaten, die der Verwaltungsapparat des Sultans mit sich brachte, erregte mich so sehr, daß ich es wagte, den Patriarchen zu unterbrechen: » ... und der

Sultan hat Euch die Kontrolle über die nichtgriechischen Orthodoxen zugebilligt, darüber hinaus fordert er von Euch keine Steuern, während die Griechen unter dem Joch der Sklaverei stöhnen.«

Nun stieg ihm die Röte ins Gesicht, und mit schneidender Stimme entgegnete er: »Muß ich dich daran erinnern, daß ich zweimal von den Türken entthront und ins Exil geschickt worden bin?«

»Aber warum akzeptiert Ihr dann ihre Vorherrschaft?«

Plötzlich war seine ganze Wut verraucht, und er schien völlig niedergeschlagen. Zusammengesunken saß er in seinem Sessel und wirkte sehr alt, bestürzt und verloren. Verlegen stand ich auf und ging ans Fenster. Am Goldenen Horn, unterhalb des Phanar, war der Schiffsverkehr sehr dicht. Die Rufe und Flüche der Seeleute waren bis hierher zu hören, bis zu mir herauf, und ich lauschte, um herauszufinden, welche Sprachen da an mein Ohr drangen.

Die Stimme des Patriarchen brachte mich abrupt in die Wirklichkeit zurück. Sie klang kraftlos, als er sagte: »Du verstehst nicht, mein Kind. Wenn ich eine Rebellion gegen die Türken ermutigen würde, dann würde das bedeuten, daß ich unsere Landsleute, die Griechen des Kaiserreiches, einem Massaker überantworte. Bei der geringsten Auflehnung würden die Türken über sie herfallen und kurzen Prozeß mit ihnen machen.«

Trotz seiner augenscheinlichen Betroffenheit konnte ich kein Mitleid mit ihm empfinden. »Mit anderen Worten, aus Furcht vor einem Massaker zieht Ihr es vor, den Türken auf Gnade und Ungnade ausgeliefert zu sein. Natürlich ist Freiheit nicht umsonst, und die unsere wird viel Blut und Schweiß kosten. Aber kein Preis ist zu hoch, um sie zu erringen. Es war ein Fehler, hierherzukommen. Mir wird jetzt klar, daß Ihr wirklich, wie man hört, der Urheber dieser anonymen ›väterlichen Mahnungen‹ seid, die von jeder umstürzlerischen Aktivität abschrecken wollen und

die den Sultan als ›unseren Schutzherrn‹ beweihräuchern.«
Diese Beleidigung gab ihm seine Kraft zurück, und mit seiner tiefen, durch die Kirchengesänge gekräftigten Stimme donnerte er: »Nimm dich in acht, Weib! Nur das Unglück, das dir widerfahren ist und für das ich mit dir fühle, hält mich davor zurück, dich wegen deines Ungehorsams uns gegenüber zu exkommunizieren. Übe dich in Demut und überlasse es denen, die darin erfahren sind, sich um Angelegenheiten zu kümmern, die dich nichts angehen.«
»Ihr werdet also weder für mich noch für die Griechen, die sich nach Freiheit sehnen und bereit sind, darum zu kämpfen, einen Finger rühren.« Ich muß gestehen, daß ich diese Anschuldigung aussprach, ohne den geringsten Beweis dafür zu haben. Aber durch das ausweichende Taktieren dieses Geistlichen war ich außer mir.
Mittlerweile hatte er zu seiner Ruhe zurückgefunden und murmelte mir mit sanfter einschmeichelnder Stimme ins Ohr: »Ich kann nichts für euch tun, aber mit dem Herzen bin ich bei euch. Sag das allen anderen.« Wahrscheinlich meinte er das sogar ehrlich, aber in jenem Augenblick unterstellte ich ihm Falschheit. Ich war also umsonst gekommen. Ich lehnte alle weiteren Süßigkeiten, die der Patriarch mir nun anbot, ab – seine Lokums ebenso wie seine salbungsvollen Worte – und beendete meinerseits die Audienz. Auf sein Läuten erschienen einige Mönche, unter deren mißbilligenden Blicken ich den förmlichen Kniefall zu meiner Verabschiedung sehr schnell und halbherzig ausführte. Ich konnte nicht umhin, Gregor V. zum Abschied noch zu sagen: »Eure Heiligkeit möge sich davor hüten, das erste Opfer seiner eigenen Zaghaftigkeit zu werden.«
Viele Jahre später habe ich mich im Licht der Ereignisse oft gefragt, was mich wohl dazu veranlaßt hatte, gerade damals

diesen prophetischen Satz auszusprechen. Ich verließ die Residenz des Patriarchen mit einer Wut, von der ich hoffte, daß sie ebenso groß war wie die, die der Patriarch nach meinem Besuch empfinden mußte. Ich machte mich umgehend auf den Weg nach Galata auf die andere Seite des Goldenen Horns zur russischen Botschaft. Allen Griechen, die ein wenig in der Welt herumgekommen waren, war bekannt, daß der russische Botschafter, Graf Strogonoff, ein glühender Verfechter unserer Sache war, und zwar mehr noch aus seiner persönlichen Überzeugung heraus, als auf Anordnung seiner Regierung. Ich betrat das große neoklassizistische Palais mit seinen weißen Säulen. Der diensthabende Adjutant führte mich in ein Vorzimmer, an dessen Wänden Zarenporträts hingen, und beinahe augenblicklich wurde ich empfangen. Ich hatte damit gerechnet, einem alten Mann gegenüberzustehen. Was ich sah, war ein großer, noch jugendlich wirkender, reger Mann, dessen Haar jedoch, trotz seiner vierzig Jahre, schon ganz grau war. Sein voller Mund verriet den Lebemann, aber in seinen graugrünen Augen lag die für die Slawen so typische Melancholie. Seine flache Nase und die hervorstehenden Backenknochen verrieten seine kalmückische Abstammung. Er war ein echter Edelmann, äußerst höflich und galant, und empfing mich keineswegs wie eine Bittstellerin, sondern als wäre ich die erste Dame des kaiserlichen Hofes. Er bat mich, Platz zu nehmen, kümmerte sich um mich, umschmeichelte mich, bot mir ein Glas Madeirawein an und erkundigte sich nach meinem Befinden. Ich erläuterte ihm meinen Fall, erinnerte ihn daran, daß Bouboulis unter der russischen Fahne gekämpft hatte, und legte ihm sowohl seine Ehrenbürgerurkunde als russischer Staatsbürger, als auch seine Beglaubigungsschreiben durch den russischen Großadmiral vor.

Strogonoff schob die Dokumente von sich. »Um das Andenken an Ihren Gatten zu ehren und mich der Dienste zu erinnern, die Kapitän Bouboulis meinem erhabenen Herrn, Seiner kaiserlichen Majestät, geleistet hat, brauche ich weder Beweise noch Ihre Worte, gnädige Frau.« Es war nicht nötig, ihn um seinen Beistand zu bitten, denn er bot mir von sich aus an, schon am nächsten Tag zur Hohen Pforte zu gehen. »Ich werde mit dem Großwesir sprechen. Ich verfüge über Mittel und Wege, eine Audienz zu erhalten. Ich werde ihm erklären, daß Ihr verstorbener Gatte Offizier der kaiserlichen russischen Flotte war und daß demzufolge seine Witwe nicht der türkischen Rechtsprechung unterliegt.« Nun wechselte der Graf von der Rolle des Beschützers in die des galanten Lebemannes, bot mir seine Gastfreundschaft an und bestand darauf, mich wenigstens zum Abendessen einzuladen. Höflich lehnte ich ab. Es war mir lieber, an Bord meines Schiffes zurückzukehren, da ich mich an Land nicht wohl fühlte.

Am nächsten Morgen kam ich wieder. Als Strogonoff mich eintreten sah, zog er die Augenbrauen hoch und öffnete den Mund. Er schien ebenso verwirrt wie betrübt. Noch bevor er etwas sagen konnte, hatte ich bereits begriffen, daß seine Mission gescheitert war. »In seiner Antwort sagte mir der Großwesir, daß Sie ein Untertan des Sultans seien und daß Sie deswegen auch dem türkischen Recht unterlägen. Außerdem stünde es Ihnen nicht an, die Protektion einer ausländischen Macht – in diesem Fall also die meine – zu beanspruchen ... Mir ist die Unbeugsamkeit des Wesirs unbegreiflich. Normalerweise gewährt er mir eine Gunst dieser Art, ohne zu zögern. Sie müssen also mächtige Feinde haben, die Ihr Verderben wollen. Stehen Sie etwa ganz oben auf der schwarzen Liste der Hohen Pforte?« So sehr er auch nachdachte, er konnte keine Lösung finden. Er schenkte mir Wodka ein, und geistesabwesend trank er selbst ebenfalls einige Gläser. Er schien so ratlos zu sein, daß schließlich ich es war, die versuchte, ihm Trost zuzusprechen.

»Machen Sie sich wegen mir nicht zu viele Sorgen, Herr Botschafter, ich werde schon eine Lösung finden.«
Ich sagte das einfach so dahin, aber in Wirklichkeit fragte ich mich, was ich nun wohl tun würde. An welche Tür sollte ich klopfen? An wen sollte ich mich wenden?
Strogonoff war ganz in Gedanken versunken und schien mich nicht zu hören. Schließlich gab er mir einen Rat: »Natürlich gibt es da noch die Sultana Valideh, die Mutter von Sultan Mahmud. Es wird gesagt, daß sie eine ungewöhnliche Frau ist, daß sie einen immensen Einfluß auf ihren Sohn hat und daß sie zugänglich ist. Vielleicht sollten Sie sie aufsuchen – aber der Teufel soll mich holen, wenn ich weiß, wie ich Ihnen helfen kann, von ihr empfangen zu werden. Ich habe Beziehungen zur Hohen Pforte, aber wie Sie sich denken können, keinerlei Kontakte zum kaiserlichen Harem.«
»Nochmals, verehrter Graf, machen Sie sich keine Sorgen, ich werde schon Mittel und Wege finden.« Wiederum versuchte ich, Optimismus auszustrahlen, aber diesmal begann ich auch selbst daran zu glauben. Aus den Erzählungen meiner Mutter über die Versuche, die sie zur Rettung meines Vaters unternommen hatte, hatte ich gelernt, wie man in solch einem Fall vorgehen mußte.
Ich ging zum großen Basar von Konstantinopel. Kaum hatte ich das große schmiedeeiserne Tor durchschritten, da fühlte ich auch schon, wie mich beim Anblick dieses mit so viel Leben erfüllten Ortes trotz meiner Sorgen eine angenehme Erregung erfaßte. Die endlosen überdachten Arkadengänge mit ihren in grellen Farben gestrichenen kleinen Läden lagen, einem riesigen Labyrinth gleich, vor mir. Ein hell erleuchteter Laden neben dem anderen, und das Ganze war erfüllt von einer unermeßlichen Menschenmenge, in der die unterschiedlichsten Altersgruppen und Rassen vertreten waren. Dieses beeindruckende Schauspiel aus Farbe, Bewegung, Licht und Eindrücken überwältigte

mich. Da gab es keine Hast, kein lautes Reden, kein Gedränge. Dieser einzigartige Schmelztiegel wirkte auf mich ruhig und diszipliniert. Ich wußte genau, wohin ich gehen mußte. Ich bog nach rechts ab und gelangte so in den ältesten Teil des Basars, ein kleines Viertel, das von kürzeren Galerien schachbrettartig durchschnitten wurde. Hier gab es weniger Licht, weniger Lärm und weniger Käufer, und bei den hier ansässigen teuersten Juwelieren der Stadt herrschte eine gedämpfte Atmosphäre. Nun wandte ich mich an eine jener Gestalten, die müßig in den Winkeln des Basars herumstanden. Wahrscheinlich handelte es sich um einen Wächter der Händlerzunft, oder vielleicht auch um einen Spitzel der Behörden. Ihn fragte ich nach den Geschäften, die von den Damen des kaiserlichen Harems bevorzugt wurden. In Wahrheit hatten die Haremsdamen nicht das Recht, selbst in den Basar zu kommen, um ihren Schmuck auszusuchen. Zu diesem Zweck schickten sie Diener. Von den drei oder vier Läden, die man mir daraufhin nannte, suchte ich mir denjenigen aus, der die schönsten und teuersten Stücke feilbot, das heißt die, die am ehesten dazu angetan waren, das Interesse der Lieblingsfrauen des Sultans oder gar seiner Mutter selbst zu wecken. Ich betrat den Laden. Mit großer Sorgfalt begann der Händler mir sogleich seine Schmuckstücke eins um das andere zu zeigen. Ich entschied mich für einen diamantenbesetzten Vogel, dessen Augen mit Rubinen eingelegt waren. Ich handelte gerade genug mit ihm, daß er mich nicht für ein törichtes Frauenzimmer hielt, aber dann auch wieder nicht zu sehr, so daß er spüren mußte, daß er es hier mit einer sehr vermögenden und auch äußerst großzügigen Person zu tun hatte.

Ich kam auch am nächsten, übernächsten und an allen darauffolgenden Tagen in den Laden zurück. Auf diese Weise erwarb ich einen sehr schön gefaßten polierten, aber ungeschliffenen Rubin und eine Diamantbrosche, die –

dem abendländischen Stil nachempfunden – in »Trembleuse«-Art gearbeitet war. Mittlerweile schien es beinahe so, als wolle der Händler – immer wenn er mich eintreten sah – sich mir im nächsten Augenblick zu Füßen werfen. Sogleich klatschte er in die Hände und ließ Kaffee, Zuckerwerk und Erfrischungen bringen. An dem Tag, an dem ich mich zum Kauf eines Diamantkolliers entschloß, kannte sein Überschwang keine Grenzen mehr.

»Möge Allah dich segnen, du Sultanin der Giaur.«*

Sofort ergriff ich die Gelegenheit: »Deine Worte schmeicheln mir und treffen mein Anliegen. Ich möchte mit jemandem aus dem kaiserlichen Harem Kontakt aufnehmen.«

Der Juwelier kratzte sich am Kopf, runzelte die Stirn und strich über seinen Bart. Er konzentrierte sich und schien nach einer Antwort, nach einer Lösung zu suchen, was ihm jedoch augenscheinlich nicht gelang. Schließlich holte er aus einer Schublade eine Smaragd-Aigrette hervor, die er mit denselben Worten anpries, mit denen er zuvor meine Schönheit und meine Tugenden gepriesen hatte.

»Ich werde darüber nachdenken«, sagte ich zu ihm. »Bis morgen.« Ich wußte, daß es ein Fehler gewesen wäre, ihn jetzt weiter zu bedrängen.

So verging Tag um Tag der Unsicherheit und des ungeduldigen Wartens, während ich meine Zeit zwischen dem Gewimmel des Basars und der Einsamkeit meiner Kajüte auf der Koriezou teilte. Sie war in hellem Holz gehalten und gab mir ein Gefühl von Wärme und Bequemlichkeit, obwohl sie sehr eng und karg eingerichtet war. Ich bestand darauf, daß in ihr wie auch auf dem ganzen Schiff Sauberkeit und Ordnung herrschten. Ich hatte es gerne, durch die geschlossene Tür die vertrauten Stimmen meiner Besatzung zu hören, wenn die Männer auf Deck miteinander sprachen. Ihre unsichtbare Gegenwart empfand ich als beruhigend.

* Christen

Beim Juwelier hatte sich inzwischen eine Art Ritual eingebürgert. Wenn ich seinen Laden betrat, führte er mich sogleich zu einem Stapel von Kissen, wo ich Platz nahm und er mir sodann zunächst einen Imbiß servieren ließ. Er selbst setzte sich im Schneidersitz vor einen niederen, mit Samt überzogenen Tisch, unter dem er kleine, in Seide eingeschlagene Päckchen hervorholte, die die Juwelen enthielten. Dann nahm er eines der Schmuckstücke in die Hand und ließ es im Licht funkeln und glitzern, während er seine Vorzüge, seine Vollkommenheit und seinen Seltenheitswert pries. Dann legte er es auf den Samt des Tisches und nötigte mich, es anzulegen.

An jenem Nachmittag lag vor mir gerade ein ungarischer Gürtel aus ziseliertem Gold, der mit Türkisen besetzt war, als ein Neger den Laden betrat. Mit seinem faltigen Gesicht und seiner gebeugten Körperhaltung wirkte er bösartig. Er trug einen lächerlichen blumenbestickten Kaftan über einer Robe aus gelber Seide. Noch bevor der Juwelier ihm demutsvoll seine Reverenz erwies, hatte ich ihn an seiner Kleidung als Eunuchen des kaiserlichen Harems erkannt. Der Händler forderte ihn auf, bei mir Platz zu nehmen, nachdem er ihm ins Ohr geflüstert hatte, wer ich war und daß ich sehr wohlhabend zu sein schien. Der Schwarze musterte mich voller Neugierde. Ich hingegen fuhr fort, die vor mir liegenden Schmuckstücke zu betrachten, ganz so, als sei er überhaupt nicht anwesend. Dabei wählte ich die teuersten aus und legte sie auf die Seite, bis ich schließlich eine kleine Kollektion von beachtlichem Wert zusammengestellt hatte. Ohne ihn dabei anzusehen, sagte ich dann ganz nebenbei: »Ich würde mich demjenigen sehr erkenntlich zeigen, der mir eine Audienz bei ihrer Hoheit der Sultana Valideh verschaffen könnte.« Dabei vermittelte ich den Eindruck, daß mein Anliegen nichts weiter als die Kaprice einer durchreisenden Fremden war.

»Dies zu erreichen ist sehr schwierig, ja beinahe unmöglich«, antwortete der Eunuch. Man müsse sorgfältig darüber nachdenken, einen Plan entwerfen und viele Leute einweihen. Das würde sehr lange dauern. Und es würde viel Geld kosten, sehr viel Geld. So begannen alle Gespräche im Orient. Daran war ich gewöhnt. Nach außen hin blieb ich völlig gleichgültig, als ob der Erhalt dieser Audienz in Wirklichkeit nicht weiter von Bedeutung wäre und ich keinen übersteigerten Wert darauf legte. Schließlich stand ich auf, um mich zu entfernen. Im Vorbeigehen steckte ich dem Eunuchen einen Diamantring zu, den ich gerade erworben hatte.

Die nächsten zehn Tage verbrachte ich mit täglichen Besuchen bei dem Juwelier und mit langen, diskreten Palavern, in deren Verlauf ich dem Schwarzen immer größere Geldbörsen zusteckte. Er war jedesmal in Begleitung eines anderen, in der Hierarchie immer höher stehenden Eunuchen. Die Zeit, die verfloß, zerrte an meinen Nerven. Täglich mußte ich damit rechnen, daß meine Schiffe beschlagnahmt wurden – allen voran meine Koriezou. Die Aussicht, mein schwimmendes Heim, meine Zuflucht zu verlieren, ließ mich schaudern. Schließlich wurde mir eine Antwort zuteil: Die Sultana Valideh gewährte mir eine Audienz. Um nicht den Eindruck zu erwecken, eine einfache Frau des Volkes zu sein, kleidete ich mich an jenem Tag mit besonderer Sorgfalt. Ich trug einen Rock aus bedruckter Seide, eine goldbestickte Weste und eine ebensolche kurze, ärmellose Jacke, dazu einen Gürtel aus rotem Satin und einen Kopfschmuck aus weißgoldenem Tüll. Als Ohrgehänge und um den Hals trug ich meine größten Perlen. Ich mietete eine Sänfte und mit einem Dutzend meiner Matrosen als Eskorte machte ich mich auf den Weg zum Serail.*

Am ersten Portal wurden wir von der diensthabenden Janitscharenwache zunächst angehalten, durften jedoch

* Der kaiserliche Palast von Konstantinopel

bald, dank meines Passierscheins, unseren Weg fortsetzen. Wir durchquerten einen großen, von Kasernengebäuden umrahmten Hof. Als wir das zweite Tor erreichten, erschauerte ich, denn ich wußte, daß die Nischen, die sich rechts und links davon befanden, normalerweise die sichtbaren Zeichen der Rechtsprechung des Sultans enthielten: Pyramiden aufeinandergestapelter abgeschlagener Köpfe von Hingerichteten. Vielen meiner Landsleute war dieses grausame Schicksal schon widerfahren – so auch den Kampfgefährten meines Vaters, die sich mit ihm gegen den Sultan aufgelehnt hatten. Zum Glück waren die Nischen an jenem Tag gerade leer. Hier mußte ich nun meine Sänfte und meine Eskorte zurücklassen. Ein Hellebardenträger führte mich zum zweiten Innenhof. Ich hatte damit gerechnet, dort eine bunte Menschenmenge vorzufinden, und mir ein Gewimmel von geschäftig hin und her laufenden Soldaten, Wesiren und turbantragenden Paschas vorgestellt. Aber außer einigen Wachen war keine Menschenseele zu sehen, so als wäre der ganze Palast verlassen. Hunderte von Vögeln zwitscherten in den Zypressen der Allee, auf der wir nun liefen, und die Sonne ließ die Blumenbeete in leuchtenden Farben erstrahlen. Der Hellebardenträger brachte mich bis vor eine unscheinbar wirkende Pforte, den Eingang zum Harem.

Augenblicklich öffnete sich dieses Nadelöhr wie von Geisterhand. Ich betrat den Hof der Eunuchen, der eigentlich eher einem dunklen schmalen Gang glich. Dutzende von müßig herumstehenden und herumsitzenden Schwarzen musterten mich voll amüsierter Neugierde. Der von mir bestochene Eunuch kam schnell auf mich zu und führte mich nun durch einen langen, im Zickzack verlaufenden Korridor. Sodann überquerten wir einen menschenleeren marmorgepflasterten Hof, um schließlich ein prunkvolles Gemach zu betreten. Durch die Muscharabiehs aus Edelholz fiel nur wenig Licht, so daß der ganze Raum im

Halbdunkel lag. Nach der gleißenden Helligkeit des letzten Hofes empfand ich diesen Mangel an Licht noch viel stärker, und mein Eunuch mußte mich an der Hand nehmen, um mich bis zu einem relativ kleinen Raum zu führen. Später versuchte ich vergebens, mich an Einzelheiten seiner Einrichtung zu erinnern. Es sind mir nur flüchtige Eindrücke geblieben von den unterschiedlichsten subtilen und raffinierten Gerüchen, von einer unvorstellbaren Pracht, die aber gleichzeitig gepaart war mit äußerster Raffinesse, denn während der Audienz hatte ich nur noch Augen für sie, die Sultana Valideh Nakshidil. Das weibliche Gefolge, das sie umgab, bemerkte ich kaum. Ich sah nur diese Frau vor mir, die sich nicht etwa in ihren Polstern räkelte, sondern sehr aufrecht inmitten einer Unmenge bunter Brokatkissen saß. Ich erinnere mich an indische Musseline in allen Farben des Regenbogens, an riesige Smaragde und an überdimensionale Perlen, zehnmal größer als die meinen, die voller Nonchalance zur Schau gestellt wurden, ganz so, als seien sie Teil des täglichen Lebens. All dieses Geschmeide verblaßte jedoch vor dem schönsten Schmuckstück der Valideh: ihren großen, wunderschön strahlenden saphirblauen Augen. Sie war höchstens ein paar Jahre älter als ich und hatte die rosige Gesichtsfarbe und die runden Wangen eines jungen Mädchens. Ihr Gesicht wies nicht die kleinste Falte auf. Daß das Leben ihr auch Heimsuchungen bereitet hatte, sah man – wenn überhaupt – nur ein wenig an ihren Mundwinkeln. Von dieser Frau ging etwas aus, das nicht allein durch ihre körperliche Schönheit zu erklären war. Sie hatte eine unvergleichliche Aura. Nachdem ich mich zum Zeichen der Unterwerfung verbeugt und den Boden mit meiner Hand berührt hatte, begann ich auf türkisch die rituellen Begrüßungsfloskeln und Artigkeiten herunterzubeten. Sie unterbrach mich.

»Lassen Sie uns Französisch sprechen, Madame. Ich bin

sicher, daß diese Sprache einer Griechin angenehmer ist als das Türkische, und gleichzeitig gibt mir dies die Gelegenheit, mich darin zu üben.« Sie hatte ohne den Schatten eines Akzents gesprochen, und später, nach ihrem Tode, kam mir das Gerücht zu Ohren, daß sie Französin gewesen sei. Sie sei, so hieß es, von der Insel Martinique gekommen, es wurde sogar behauptet, es habe sich bei ihr um die Kusine der Kaiserin Josephine gehandelt. Ihr Blick durchdrang mich, bevor sie schließlich das Wort an mich richtete: »Ich weiß, daß Sie und Ihr Mann sich an einem Aufstand gegen den Padischah, meinen Sohn, beteiligt haben, und jemand, der so handelt, muß mein Feind sein.« Wenn es um ihre Gefühle als Mutter ging, konnte sie sicher zur Tigerin werden.

»Ich bitte Eure Hoheit nur um die Gunst, mir zuzuhören und mich meine Geschichte erzählen zu lassen.«

Die Antwort hierauf war ein anmutiges Nicken des Kopfes. Ihre Dienerinnen forderten mich auf, mich auf einem kleinen Diwan an ihrer Seite niederzulassen. Ich wollte gerade beginnen, als sie sich vorbeugte und die Seide meines Rockes befühlte.

»Welch ein hübscher Stoff! Woher haben Sie den?«

Ich antwortete ihr, daß dieses Material aus einer Lyoner Weberei stammte und daß ich ihn erst vor kurzem während eines Aufenthalts in Marseille erworben hatte.

Träumerisch, ja beinahe melancholisch vertraute sie mir daraufhin an: »Trotz all der Jahre, die ich schon hier bin, habe ich manchmal noch Lust zu reisen. Natürlich wird diese Sehnsucht immer nur ein Traum bleiben, da ich dazu verurteilt bin, für immer eingeschlossen zu sein ...«

»... mit einem Königreich zu Euren Füßen.«

Als Reaktion auf meine Bemerkung umspielte ein Lächeln ihre Lippen. »Sprechen Sie.«

Vor der Audienz hatte ich hin und her überlegt, was und wie ich erzählen würde. Ich hatte eine äußerst tragische

Rede vorbereitet, in der ich die Tatsachen nicht verdreht, aber etwas zu meinen Gunsten geändert vortragen wollte. Als ich dieser Frau nun gegenüberstand, war es mir unmöglich, ihr etwas vorzumachen. Ich erzählte ihr mein Leben so, wie es war, vom Tage meiner Geburt im Kerker der Sieben Türme bis zu jenem Tag. Die Valideh lauschte mir sichtbar interessiert. Sie wußte, wann jemand die Wahrheit sprach. Als ich schließlich verstummte, dachte sie lange nach, bevor sie das Wort ergriff. Ihre wohlklingende Stimme hatte den gepflegten Akzent und das Timbre einer großen Dame.

»Ich muß Ihnen sagen, Madame, daß ich durchaus Sympathie, ja, sogar eine gewisse Hochachtung für Sie empfinde. Aber das verrät mir noch immer nicht, warum ich einer Feindin meines Sohnes helfen sollte.«

»Weil Ihr, genau wie ich, wißt, was es bedeutet zu leiden.«

Was brachte mich gerade zu dieser Erwiderung? Vielleicht habe ich Gerüchte über die Vergangenheit der Valideh gehört, Geschichten über eine Entführung, über Massaker, unerfüllte Liebe, ja sogar über die Ermordung von Liebhabern. Vielleicht war es aber auch nur mein Instinkt, der mir diese Worte eingab. Jedenfalls hatte ich eine empfindliche Stelle getroffen, denn ich sah, wie sich die faltenlose Miene der Mutter des Sultans für einen kurzen Augenblick verdunkelte, als ob plötzlich eine schmerzhafte Erinnerung wieder in ihr wach geworden wäre. Und dann wagte ich noch hinzuzufügen: »Und auch, weil Ihr und ich niemals aufgeben.« Unvermittelt überzog sich ihr Gesicht mit einem unwahrscheinlich jugendlichen und spontanen Lächeln.

»Und was bieten Sie mir als Gegenleistung, wenn ich mich dazu entschließe, mich für Sie zu verwenden, damit Sie Ihr Eigentum zurückerhalten?«

»Eure Hoheit möge mir Ihre Bedingungen nennen.«

Sie schien nachzudenken. Dabei musterte sie mich abschätzend mit ihren wunderschönen Augen. »Sollte ich Ihnen Ihre Bitte gewähren, so habe ich nur einen Wunsch: Falls eines Tages türkische Frauen zu Ihnen kommen und Sie um Ihre Hilfe und Ihren Schutz bitten, so wie Sie es heute bei mir tun, dann gewähren Sie ihnen beides in Erinnerung an mich.« Ich versprach ihr, dies zu tun, und zwar mit so viel Inbrunst, daß sie mich unterbrach: »Täuschen Sie sich nicht! Ich habe, was Sie betrifft, noch nichts entschieden. Ich muß erst darüber nachdenken.« Und mit der ihr eigenen Anmut gab sie mir durch ein leichtes Nicken zu verstehen, daß die Audienz beendet war.

Ich verneigte mich wieder und verließ den Raum. Im Rücken spürte ich, wie ihr saphirblauer Blick mir durch das goldene Gitter folgte, das den prächtigen Käfig umgab, in dem die mächtigste Frau des türkischen Reiches lebte.

Tief bewegt war ich an Bord der Koriezou zurückgekehrt, ganz im Bann der seltsamen Ausstrahlung der Sultana Valideh, und ich fragte mich, ob es mir wohl gelungen war, sie zu überzeugen. Für mich sprachen nur meine Kühnheit und meine Offenheit, zwei Charakterzüge, die sie zu schätzen schien. Außerdem hatte ich es fertiggebracht, ihr eine kleine Abwechslung zu bereiten. Einige Stunden lang hatte ich die unermeßliche Eintönigkeit ihres Daseins gebrochen, die einherging mit ihrer unermeßlichen Macht. Sollte sie sich meiner Sache annehmen, so würde dies sicher aus einem momentanen Impuls heraus geschehen, aus – wie sie selbst sagte – Sympathie. In Wirklichkeit hatte ich doch nur um ihre Hilfe gebeten, damit ich die Mittel wiedererlangen konnte, ihren Sohn zu bekämpfen. Wußte diese Frau, die ich respektierte, ahnte sie auch nur, daß ich sie irregeführt hatte? Aber das Ziel, das ich mir gesetzt hatte, rechtfertigte jedes Mittel.

Die Sonne ging gerade unter, als ich noch auf dem Deck hin und her lief, das mit dem Schornstein der Kombüse, dem Tauwerk, den Pollern, den Leitern und anderen

Aufbauten beinahe ebenso unwegsam war, wie die Gänge des großen Basars. Ich hatte mich nicht umgezogen, sondern lediglich meine Schmuckstücke in ihre Schatullen zurückgelegt. Sodann aß ich ohne besonderen Appetit, alleine und gedankenverloren in meiner Kabine. Mein Koch war besorgt. »Eßt doch etwas, Kapetanissa, das wird Euch guttun. Oder mögt Ihr die Keftedes* nicht, die ich eigens für Euch zubereitet habe?« Nein, ich hatte keinen Hunger. Ohne Unterlaß fragte ich mich, ob es mir wohl gelungen war, die Valideh zu überzeugen.

Plötzlich stürzte einer meiner Matrosen in die Kabine. »Die türkische Polizei hat den ganzen Kai abgesperrt. Sie kommen aufs Schiff zu.« Tatsächlich hörte auch ich jetzt das Geräusch zahlloser Stiefel, die auf das Pflaster des Kais hämmerten. Ich war verloren. Rasch sah ich mich um. Ich stürzte ans Kajütenfenster. Tief unter mir sah ich das Ruderboot, das neben der Koriezou lag. Aber meine Kabine lag zu hoch: Es war unmöglich, hinunterzuspringen. Augenblicklich verstand der Koch den Grund für meine Furcht. Schnell durchsuchte er die Kajüte, fand ein Seil und befestigte es hastig am Bullauge. Ich ergriff das Tau mit beiden Händen und schwang mich nach draußen. Aber ich hatte meine Kräfte überschätzt. Es gelang mir nicht, mich am Seil festzuhalten, und so glitt ich viel zu schnell am Tau entlang nach unten, wo ich hart in der Barke aufschlug. Meine vom Tau bis aufs Blut aufgerissenen Handflächen brannten wie Feuer. Mit blutigen Händen ergriff ich die Ruder und entfernte mich behutsam von der Koriezou, wobei ich mich so nah wie möglich an den anderen Schiffen hielt, um vom Kai aus unentdeckt zu bleiben. Ich hörte hastige Befehle in türkischer Sprache, begleitet von Flüchen und den Schreien meiner mißhandelten Matrosen. »Dort hinten! Sie ist dort hinten in dem Ruderboot.

* Hackfleischklößchen

Schießt auf sie. Gebt Feuer!« Eine Gewehrsalve krachte. Ich sah das Aufblitzen der Mündungsfeuer, und durch mein rechtes Ohrläppchen zuckte ein Schmerz, als hätte man Nadeln hindurchgejagt. Etwas Warmes und Feuchtes rann auf meine Schulter. Es war nur ein Streifschuß, aber an einer Stelle, die sehr stark blutet, wenn sie verletzt wird. Deutlich hörte ich das Geräusch ihrer hastigen Schritte auf dem Kai – sehen konnte ich fast nichts. Hier und da bewegten sich Fackeln tanzend durch die Nacht. Mir wurde klar, daß es unmöglich war, ihnen zu entkommen. Vor mir, am Ufer, erhob sich eine kleine Moschee. Ich ließ die Barke zurück und ging hinein.

Bis auf einen einsamen Greis, der im flackernden Schein einer Öllampe mit singender Stimme Verse aus dem Koran rezitierte, war die Moschee menschenleer. Mein Blick richtete sich auf den Mimbar, die Kanzel, von der aus der Imam das Gebet leitet. Eine dicke Lage von Teppichen verschluckte das Geräusch meiner Schritte, als ich die Moschee durchquerte. Leise stieg ich die Holztreppen hinauf und betrat die kleine überdachte Kanzel, in der ich mich zusammenkauerte. Gerade noch rechtzeitig. Schon drangen die Polizisten in die Moschee ein. Gründlich durchsuchten sie jeden Winkel des Gebäudes, und ich war darauf gefaßt, jeden Augenblick entdeckt zu werden. Sie konnten unmöglich die Blutspur übersehen, die ich auf den Teppichen und auf den hölzernen Stufen der Kanzel zurückgelassen hatte. Der fromme Greis, der mich sicher gehört hatte, würde mich verraten. Sorgfältig durchsuchten sie den Balkon, der den Frauen vorbehalten war, und öffneten die Schränke mit den sakralen Gegenständen. Aber nicht einer von ihnen erhob seinen Blick zum Mimbar. Schließlich verließen sie die Moschee und durchkämmten die Umgebung. Danach kamen sie wieder zurück in das Gotteshaus. Nun war es sicher, daß sie mich finden würden. Erneut durchsuchten sie alles, mit Ausnahme des Mimbar.

Schließlich schienen sie es überdrüssig zu sein und gaben ihre Suche auf. Erst als sich aufs neue völlige Stille über die Moschee gelegt hatte, wagte ich es, mich wieder zu bewegen. Der fromme alte Mann war noch immer in sein Gebet versunken. Er hatte sich nicht bewegt und saß auch noch unverändert da, als ich die Moschee verließ.

Im Schatten des überdachten Eingangsportals hielt ich inne. Meine durch das Seil verbrannten Hände bereiteten mir furchtbare Schmerzen. Ich taumelte vor Erschöpfung und Verzweiflung und mußte an einer der steinernen Säulen Halt suchen. Mir war, als würde das Leben mich erdrücken. Ich war so entsetzlich müde, daß ich nur noch den einen Wunsch hatte: einzuschlafen und nie mehr aufzuwachen. Meine Lider wurden schwer, und alles verschwamm vor meinen Augen. Es wurde immer stiller um mich, als mir plötzlich vom Bosporus her der Wind ins Gesicht peitschte. Langsam kam ich wieder zu mir und begann, wieder klar zu denken. Der einzige Ausweg, der mir blieb, war Strogonoff. Ich machte mich auf den Weg.

Es war nicht weit bis zur russischen Botschaft, aber in dem Zustand, in dem ich mich befand, schien mir, als würde ich nie die Kraft aufbringen können, es bis dorthin zu schaffen. Außerdem mußte ich die Wachen umgehen, die dort zur Sicherung dieses europäischen Stadtteils patrouillierten. Als ich plötzlich Schritte hörte, gelang es mir gerade noch, mit beinahe übermenschlicher Kraftanstrengung den schmiedeeisernen Zaun eines Vorgärtchens der Villa zu überklettern und mich in einem Strauch zu verstecken. Mit starr nach vorn gerichtetem Blick liefen die Polizisten wie Automaten an mir vorüber, ohne mich zu sehen. Und dennoch hatte ich das Gefühl, vor Aufregung beinahe zu sterben. Es war mir, als wolle mein Herz zerspringen, und als würde es mir nie gelingen, mich die paar Meter bis zum Eingang der Botschaft zu schleppen. Schließlich gelang es mir doch, und nun stand ich einem russischen Matrosen gegenüber, der am schmiedeeisernen Tor der Botschaft Wache hielt. Er verstand kein Wort von dem, was ich ihm zu erklären versuchte. Er wollte mir auch überhaupt nicht zuhören und noch viel weniger mich in den Innenhof der Botschaft lassen, in dem ich vor der türkischen Polizei in Sicherheit gewesen wäre. Jeden Augenblick konnten meine Verfolger auftauchen, und das einzige, was dieser Dummkopf tat, war, ständig den gleichen Satz auf russisch zu wiederholen und mich dabei mit seinem Bajonett in Schach zu halten. Die Wut gab mir neue Kraft, und ich warf ihm einen Schwall von griechischen Seemannsflüchen an den Kopf, deren Bedeutung er zu verstehen schien. Vielleicht schüchterten ihn auch mein Aussehen und mein Gesichtsausdruck ein. Jedenfalls wußte er sich schließlich nicht mehr zu helfen und verließ seinen Posten, um einen Vorgesetzten zu wecken. Der Unteroffizier, der wütend war, daß man ihn aus dem Schlaf gerissen hatte, schien sichtlich erschrocken, als er mich erblickte. Äußerst widerwillig gab er mir endlich die Erlaubnis, das Botschaftsgelände durch den Lieferanteneingang zu betreten, und brachte mich dann in ein kleines, kaltes und kahles Zimmer, in dem er mich zurückließ. Kurz darauf erschien Graf Strogonoff in einem Hausmantel aus rotem, golddurchwirktem Brokat. Seine Züge spiegelten Ungläubigkeit und Entsetzen wider. Er sah sich einer Frau gegenüber, die von Sinnen zu sein schien, totenbleich, mit zerzaustem Haar, in einer zerknitterten, blutverschmierten Abendrobe und deren Ohr, Hals und Hände voller Blut und schmutzig waren. Aber Strogonoff überwand seine Überraschung und reagierte sofort. Galant und doch mit fester Hand stützte er mich, führte mich in seine Privatgemächer und ließ den Arzt der Botschaft holen. Er lieh mir eine Robe seiner Frau, die sich zu jener Zeit gerade in Sankt Petersburg aufhielt, und überantwortete mich den Händen ihrer Kammerzofen. Sobald ich gewaschen, verbunden und wieder angekleidet war, führte man mich zu ihm in seinen Rauchersalon. Er ließ eine große Flasche Wodka holen, und noch bevor wir unser Gespräch begannen, schenkten wir uns beide mehrmals davon ein.

Meine Lebensgeister waren zurückgekehrt, und ich erzählte ihm von meinem Besuch bei der Valideh und von der Verfolgung durch die Polizei. Lange diskutierten wir darüber, was wohl seit der Ankündigung der Beschlagnahme meiner Flotte geschehen war. Alles deutete darauf hin, daß meine Feinde in Griechenland ungeheuren Einfluß beim Großwesir hatten. Ich schämte mich, über meine Kusine Maria zu sprechen, und erwähnte deshalb nur vage irgendwelche Feinde, die um jeden Preis mein Verderben wollten. Nach Strogonoffs Meinung kam sicherlich noch eine für den Serail typische Intrige hinzu. Ein Wesir, vielleicht der Großwesir, hatte wahrscheinlich von meinem Besuch bei der Valideh Wind bekommen, und – um einer eventuellen Einmischung ihrerseits zu meinen Gunsten zuvorzukommen – war beschlossen worden, die Dinge zu beschleunigen und mich aus dem Weg zu räumen, bevor die Sultanin ihre Entscheidung treffen konnte. Die Intrigen am Hofe des Sultans waren so verworren, daß es uns niemals gelingen würde herauszufinden, was letzten Endes der Auslöser dieses Anschlags auf mich gewesen war.

»Und nun, verehrter Graf?« Zum ersten Mal wußte ich nicht, was ich tun sollte.

»Zunächst einmal müssen wir Sie in Sicherheit bringen. Danach sehen wir weiter.«

»Und wo gibt es noch einen Ort, an dem ich in Sicherheit wäre?«

»In Rußland, Madame.«

KAPITEL 10

Am nächsten Morgen brachte mich der Botschafter persönlich in seiner mit dem Doppeladler, dem Wappen der Zaren, gekennzeichneten Kutsche zu einem Schiff, das mich nach Odessa bringen würde. Da es unter russischer Flagge segelte, hatte die türkische Polizei – gemäß den Artikeln des Kapitulationsvertrages – nicht das Recht, es zu betreten. Gleichzeitig sandte er Zar Alexander eine Depesche, in der er meine Lage schilderte und für mich um die Gastfreundschaft und den Schutz seines Souveräns bat. In Odessa wartete ich auf die Antwort des Zaren, die auch bald eintraf. Der Herrscher aller Reußen stellte mir, solange es mir beliebte, eine seiner Besitzungen auf der Krim zur Verfügung.

Ich schiffte mich nach Simferopol ein, und von dort aus gelangte ich auf Maultierrücken bis nach Ismailowa. Als ich dort sicher angekommen war, konnte ich erst einmal aufatmen, obwohl ich immer noch nicht wußte, wie es weitergehen sollte.

Ismailowa war ein märchenhafter Ort. Diese befestigte Schloßanlage, die auf der Kuppe eines bewaldeten Hügels lag, dessen Abhänge steil zum Meer abfielen, war ursprünglich ein Tataren-Konak gewesen. Sie lag inmitten eines Gartens oder besser gesagt inmitten eines riesigen Blumenmeeres. An den Mauern des Hauses klommen Rosensträucher empor, und um die jahrhundertealten Zypressen rankte sich Jasmin. Die Kulisse der alten geborstenen Springbrunnen aus Marmor wurde durch Gardenien belebt. Immer wieder verlor sich mein Blick in der unendlichen Weite des Meeres, des Himmels und des Lichtes. Ein Schwarm von Dienern und Knechten las mir jeden Wunsch von den Augen ab. Aber dieser Komfort, diese Ruhe und diese Schönheit, die in einem solch krassen Gegensatz zu meiner tatsächlichen Lage standen, nährten auch meine schlimmsten Befürchtungen. Was war wohl aus meinem Schiff und aus meinen Matrosen geworden? Was war meinen Kindern und meinem Haus auf Spetsai widerfahren? Wie lange würde ich in diesem sonnigen Paradies bleiben müssen? Und wohin würde mich mein Weg nun führen? Ständig suchte mein Geist ruhelos, wie in einem dornenreichen Labyrinth, nach den Antworten auf die stets gleichen Fragen. Um nicht den Verstand zu verlieren, wandte ich mich Wladimir Alexandrowitsch zu. Damals war dieser ruhmreiche General der großen kaiserlichen Armee gerade ein junger Offizier, dessen Auftrag es war, über meine Sicherheit und mein Wohlergehen zu wachen. Er sah blendend aus in seiner Sommeruniform, der weißen Mütze, dem weißen Uniformrock und den blauen Hosen mit dem schwarzen Streifen an der Seite. Seine strohblonden Haare, die in einem seltsamen Kontrast zu seinen tiefschwarzen Augenbrauen standen, gaben seinem sonst eher runden Gesicht etwas Interessantes. Er war, was man sonst bei Russen selten fand, ein sehr beherrschter Mensch, aber in seinen dunklen Augen blitzte es oft beunruhigend auf. Obwohl er sehr zurückhaltend, höflich und ein wenig geheimnisvoll wirkte, fühlte ich doch, daß er zu allem fähig war.

Eines Abends nach dem Essen – vielleicht hatte ich dem Wodka, den ich dank Graf Strogonoff schätzen gelernt hatte, zu sehr zugesprochen – stand ich vom Tisch auf und nahm ihn ganz einfach bei der Hand. In soldatischer Förmlichkeit neigte er den Kopf und folgte mir in mein Gemach. Er wurde mein Liebhaber, und ich entdeckte, daß hinter seinem frostigen Äußeren die glühende Lava der

Leidenschaft brodelte. Er wollte jedoch nicht die Nacht bei mir verbringen und zog sich in sein Quartier zurück. Am nächsten Morgen erklärte er kategorisch, daß er es verabscheue, Dienst und Privatleben miteinander zu vermengen, und daß sein Auftrag es ihm unmöglich mache, mein Geliebter zu sein. Ich erwiderte nichts darauf, aber noch am selben Abend nahm ich erneut seine Hand, und wiederum folgte er mir in meine Gemächer. Als leidenschaftlicher Liebhaber verbrachte er die Nächte mit mir, und tagsüber war er mir ein verschwiegener, geistvoller und gewandter Vertrauter. Oft unternahmen wir weite, ausgedehnte Streifzüge durch die nahegelegenen Wälder und Berge. Als echte Griechin hatte ich es immer verabscheut zu wandern. Durch Wladimir Alexandrowitsch lernte ich dies zu genießen, und durch die richtige Einteilung meiner Kräfte entwickelte ich Ausdauer. Er schärfte meinen Blick für Bäume, Pflanzen und Tiere. Dabei ging er ruhig und methodisch vor, und durch ihn wurden selbst kleinste Details interessant. Viel sprach er nicht, aber was er sagte, war tiefschürfend und intelligent. Er schien mich auf unerklärliche Weise verhext zu haben ...

Eines Tages sahen wir von der Terrasse aus, daß ein einfacher Zweimastküstensegler in der Bucht am Fuße des Hügels geankert hatte. Dies war ein besonderes Ereignis, da normalerweise niemand sonst in diese abgelegene Gegend kam. Wir waren gerade noch dabei, Vermutungen über dieses außergewöhnliche Vorkommnis anzustellen, als ein Mann zwischen den Zypressen auftauchte. Es war mein teurer Capitaine Justin de la Jaunais. Zunächst warf er mir halb scherzhaft, halb im Ernst vor, nicht zu unserem Stelldichein in Tarent erschienen zu sein. Es war ihm nicht leichtgefallen, mich zu finden. Zunächst hatte er mich in Spetsai gesucht, dann in Konstantinopel, wo er meine Spur aufgenommen hatte. Er hatte seine goldbetreßte Uniform gegen die ebenso schlichte wie kleidsame Ausstattung eines Freibeuters getauscht. Diente er also nicht mehr in der kaiserlich französischen Marine?

»Wie? Du weißt nicht? Napoleon ist gestürzt worden. Es dauert wohl sehr lange, bis Neuigkeiten hierher gelangen.«

In Ismailowa wußte man nichts von dem, was in der Welt vorging. Justin erzählte mir von der Rückkehr Napoleons, von den hundert Tagen und von Waterloo. Ich empfand beinahe Bedauern. Napoleon hatte uns viele Schwierigkeiten gemacht mit seinen Blockaden, aber wieviel Geld hatte er uns dadurch unfreiwilligerweise verdienen lassen! Die Bourbonen-Könige hatten ihren Thron zurückerhalten ... aber einen guten Kapitän und glühenden Anhänger Bonapartes verloren. Plötzlich stand de la Jaunais vor dem Nichts. Aber dank des kleinen Vermögens, das er sich zusammengerafft hatte – zum Beispiel indem er einen Teil meiner Ladung hatte verschwinden lassen –, hatte er sich, in der Absicht, es mir gleichzutun, ein Schiff gekauft. Er wollte Handel treiben, um so schnell wie möglich möglichst viel Geld zu verdienen. Und dabei würde er vor nichts zurückschrecken. Ich erfuhr, daß es sehr schwierig war, Fracht zu bekommen, und daß es nicht einfach war, Geld zu verdienen. Auf meine Nachfragen gestand er ohne falsche Scham seine Schwierigkeiten ein. Dabei legte er etwas von jener Ironie an den Tag, die so typisch für ihn war. Justin de la Jaunais war nicht der Mann, der sich in seinem Verhalten von Gefühlen leiten ließ. Eben deswegen fragte ich mich, was ihn wohl nach Ismailowa geführt hatte. War er auf der Suche nach einem Auftrag? Oder nach einer Idee? Mit dem Sturz seines Kaisers und seinem eigenen Abstieg hatte sich sein Zynismus noch verstärkt, aber seine Züge waren immer noch jugendlich und engelsgleich.

Er lud mich zu einer mehrtägigen Kreuzfahrt auf seinem Ewer ein. Wir stiegen die steinerne Treppe hinunter, die

zwischen wohlriechenden Büschen am Hang entlang steil zum Meer hinabführte. Am Fuß des Hügels vor dem Kieselstrand dümpelte sein Schiff sanft auf den Wellen – aber wir waren nicht allein. Wladimir Alexandrowitsch wartete bereits auf uns, und seine Soldaten hatten ihre Gewehre auf Justins Matrosen angelegt. Er trat auf mich zu, und ohne Justin auch nur eines Blickes zu würdigen erklärte er: »Ich bedaure, aber es ist mir unmöglich, Sie absegeln zu lassen.«
Zunächst dachte ich an eine Eifersuchtsszene. Gleichermaßen gerührt wie wütend, befahl ich ihm, sofort mit diesem absurden Unfug aufzuhören. »Sie mißverstehen mich, Madame. Ich führe nur meine Befehle aus.«
Ich verstand tatsächlich nicht. »Heißt das, ich bin eine Gefangene? Und wenn dem so ist, wessen Gefangene?«
Er lächelte und entblößte dabei seine weißen Raubtierzähne. »Sie sind Gast seiner kaiserlichen Majestät.«
»Damit wollen Sie wohl sagen: ob ich nun will oder nicht!«
»Ich habe den ausdrücklichen Befehl, Sie hierzubehalten.«
»Ich dachte, Sie seien mein Beschützer, und nun muß ich erkennen, daß Sie mein Kerkermeister sind.«
Meine Beleidigung erschütterte diesen Starrkopf in keiner Weise, lediglich seine von Wut und Leidenschaft erfüllten Augen blitzten mich an. »Ich habe den Befehl, Sie zu schützen, Madame, auch gegen sich selbst.«
Ich begann zu verstehen. Der Zar erwies mir die Gunst seines Schutzes, aber er wollte um keinen Preis wegen meiner Person einen Zwischenfall mit den Türken heraufbeschwören. Ich hatte schon genug Wirren ausgelöst, und bis auf weiteres stand ich unter Hausarrest.
»Hiermit fordere ich Sie zum Duell heraus, mein Herr«, mischte sich Justin ein. Mit diesen Worten warf er Wladimir Alexandrowitsch seinen Handschuh ins Gesicht, der daraufhin langsam und methodisch begann, ebenfalls seinen Handschuh auszuziehen, um es Justin gleichzutun. Nun griff ich ein.

»Jetzt ist es aber genug – das gilt für Sie beide.«

Wir liefen Gefahr, uns alle lächerlich zu machen, daher zog ich es vor zu erklären, daß ich auf unseren Ausflug verzichtete, und kehrte in meinen goldenen Käfig zurück. Das Schicksal kam mir in Gestalt eines Wettersturzes zur Hilfe. In Minutenschnelle wurde der Himmel pechschwarz. Fast augenblicklich brach ein Gewittersturm los, wie dies oft am Schwarzen Meer geschieht. Sintflutartige Regenfälle machten es unmöglich, einen Fuß vor die Tür zu setzen, und unsere Laune war genauso düster wie der Himmel. In dieser geladenen, von Blitzen zerrissenen Atmosphäre verrannen die Stunden. In jener Nacht schlief ich sehr schlecht ... und allein.

Gegen Morgen wurde ich durch das sich langsam entfernende Tosen des Donners geweckt. Irgendwann hörte es schließlich ganz auf zu donnern, das Unwetter war abgezogen. Ich kleidete mich in einen Brokatkaftan, der dem Khan gehört hatte, dem ehemaligen Schloßherrn, dessen gesamte Garderobe meine Schränke füllte, und ging hinaus auf die regenfeuchte spiegelnde Terrasse. Ein trostloser Himmel lastete von der Höhe der Klippe aus über der aufgewühlten grünschimmernden See. Tatsächlich war ich nun – obwohl es von der Gegenseite nie ausgesprochen worden war – eine Gefangene, und mein Schicksal war unsicherer denn je. Meine Sorge um die Meinen und all meine Befürchtungen kehrten zurück. Gleichzeitig wuchs meine Ungeduld, zu handeln und weiterzukommen. Die Prüfungen und das mir drohende Schicksal, alles zu verlieren, hatten lediglich meine Entschlossenheit gefestigt.

In den folgenden Tagen gingen wir uns ganz bewußt aus dem Weg. Eines Nachts jedoch gelang es Justin, sich in mein Zimmer zu schleichen, um mir die gemeinsame Flucht vorzuschlagen.

Solange die Valideh nichts entschieden hatte, war ich gezwungen, mich zu verstecken. So gesehen bot mir die Krim alle nur erdenklichen Vorteile. Andererseits kam es nicht in Frage, mich ganz in die Hand von Wladimir Alexandrowitsch zu begeben. Diese immerwährende märchenhafte, aber auch erzwungene Sommerfrische begann mich zu ersticken. Alles in allem zog ich es vor, vogelfrei zu sein, anstatt weiterhin nur das paradiesische Dasein in einem Palast zu genießen, der in Wirklichkeit ein Gefängnis für mich war. Ohne lange zu überlegen, nahm ich Justins Angebot an. In der folgenden Nacht würden wir gemeinsam fliehen.

Am nächsten Tag standen zwei Posten vor meiner Tür. Ich sprach Wladimir Alexandrowitsch darauf an. »Es handelt sich um eine einfache Vorsichtsmaßnahme«, lautete seine Antwort, »um Ihnen jeglichen Gedanken an Flucht auszutreiben.« Hatten die Wände hier Ohren? Oder gaben ihm seine Gefühle für mich hellseherische Fähigkeiten? Diese Maßnahme bestärkte mich noch in meinem Entschluß zu fliehen, allerdings fragte ich mich, ob es dafür notwendig sein würde, mich in die Heldin eines Abenteuerromans zu verwandeln.

Zum Glück bewahrte mich das Schicksal davor, ins Melodramatische abzugleiten. Im Verlauf des Tages kam ein Bote mit einer Nachricht aus Konstantinopel, die mich über Odessa und Simferopol schließlich hier erreichte. Strogonoff teilte mir darin die Neuigkeit mit, auf die ich voller Bangen gewartet hatte. Die Sultana Valideh hatte sich doch noch für mich verwendet. Ein einziges Wort von ihr hatte genügt. Mein Hausarrest war damit beendet. Man hatte mir meine Flotte zurückgegeben, und ich persönlich war in keiner Gefahr mehr. Und da außerdem nicht mehr zu befürchten stand, daß die Repräsentanten des Zaren durch mich in irgendwelche Verlegenheiten geraten würden, konnte ich also zurückkehren.

Sogleich schlug Justin vor, mich nach Konstantinopel zurückzubringen. Ich war in Eile und nahm sein Angebot an. Bei unserem Abschied schien Wladimir Alexandrowitsch sein Gesicht hinter einer bleiernen Maske zu verbergen. Lediglich seine Augen legten Zeugnis davon ab, wie sehr er innerlich aufgewühlt war. Wir wußten beide, daß wir dazu verdammt waren, uns niemals wiederzusehen. Sehr oft denke ich mit Bedauern an diesen ebenso ruhigen wie leidenschaftlichen Mann. Justin glaubte, weil ich mit ihm davonsegelte, seinen Rivalen aus dem Feld geschlagen zu haben, und malte sich schon unser gemeinsames Leben aus. Er war so gelöst und fröhlich, daß ich es nicht übers Herz brachte, ihn aufzuklären. Für mich jedoch war die Zeit der amourösen Abenteuer zu Ende. Griechenland erwartete mich.

Es war grau und kalt, als wir in Konstantinopel anlegten, und ein eisiger Wintersturm fegte vom Schwarzen Meer herüber über das Land. Justin begleitete mich, und schnell fanden wir die Koriezou, die noch an derselben Stelle vor Anker lag. Auf Deck warteten mein Sohn Yanno und Bourzinos auf mich. Mein Pate hatte das Geschick, immer zur rechten Zeit in meinem Leben aufzutauchen. Man hatte mir meinen Besitz zurückgegeben – aber wie sah er aus! Dieses Schiff, das ich mit so viel Liebe ausgestattet hatte, war nur noch eine leere Schale. Die Tatsache, daß ich ihnen entkommen war, hatte die türkische Polizei so wütend gemacht, daß man alles geplündert und zerstört hatte. Es sah ganz so aus, als wäre das Schiff in einen Taifun geraten. Und was meine abgemagerten und nervösen Matrosen anging, so sah man ihnen ihren Aufenthalt in den türkischen Gefängnissen noch sehr an. Zurückhaltend wie eh und je, schwieg Yanno, aber sein Schweigen und sein Gesicht sagten mir, was für eine schwere Zeit er durchgemacht hatte: Er war blaß, und unter seinen tiefliegenden Augen lagen dunkle Schatten.

Sie hatten meinetwegen leiden müssen. Das hatte ich zwar nicht gewollt, aber ich fühlte mich schuldig. Ein Gefühl der Entmutigung überkam mich, das noch tiefer war als der

Haß, den ich gegen ihre Folterknechte, unsere Unterdrücker, empfand. Justin de la Jaunais verstand das, und mit lauter Stimme lud er mich ein, mit ihm ans andere Ende der Welt zu gehen.
»Wir werden nach Südamerika segeln. Dort, in den spanischen Kolonien, herrscht großer Aufruhr, und die Möglichkeiten sind grenzenlos. Alle Piraten, alle Freibeuter der Welt geben sich dort ein Stelldichein. Wir werden es ihnen gleichtun, wir werden in Abenteuer und Gefahr leben. Wir werden fette Beute machen und Schätze erringen.«
Die Antwort auf seinen Vorschlag war absolutes Schweigen. Bourzinos blickte ihn beinahe gerührt an. Yanno hätte ihn am liebsten über Bord geworfen. Was mich betrifft, so starrte ich ihn an, als wäre er mir von einem Augenblick auf den anderen völlig fremd geworden. Wir waren unter Griechen, und für ihn gab es keine Möglichkeit, an dem, was in uns vorging, teilzuhaben. Augenblicklich begriff er, daß er sich geirrt hatte und daß er überflüssig war. Als guter Verlierer zog er sich mit Eleganz zurück. »Ich bin glücklich, daß wir uns begegnet sind, Laskarina. Adieu.« Plötzlich schien er es mit seiner Weiterfahrt sehr eilig zu haben. Sein Fatalismus rührte mich, und spontan machte ich eine Bewegung auf ihn zu, als wollte ich ihn zurückhalten. Er lächelte und schüttelte den Kopf. »Mach dir keine Sorgen um mich. Eines Tages, das weiß ich ganz gewiß, werde ich dich wiedersehen«, sagte er, während er schon über den Landungssteg ging.
Mit einem Rundblick machte ich eine kurze Bestandsaufnahme des Schadens, den die Polizisten verursacht hatten. Die Segel hingen in Fetzen herunter, Treppen- und Gitterluke waren mit Äxten eingeschlagen worden, und das Steuerruder war völlig zertrümmert.
»Das geht zu weit«, murmelte ich.
»Jetzt ist der Augenblick gekommen zu handeln«, hörte ich Bourzinos darauf sagen.

»Handeln? Wie? Mit wem?« Den letzten Satz hatte ich etwas zu laut gerufen.

Ruhig nahm Bourzinos mich am Arm und zog mich in meine Kabine, deren Tür er sodann verriegelte. Mit ernster Stimme sagte er: »Es gibt immer eine Möglichkeit zu handeln.«

»Ich höre, Pate.«

»Es ist zu früh, um dir mehr zu sagen, denn wenn du danach zögern würdest, wären die Konsequenzen für dich, für mich und für andere furchtbar.«

»Du, der du immer genau über mich Bescheid weißt, du solltest doch auch wissen, daß ich vor nichts zurückschrecken werde. Auf solch eine Gelegenheit warte ich schon seit Jahren.«

»Wenn du wirklich für unsere Sache kämpfen willst, dann mußt du alles opfern: deine Zeit, deine Energie, dein Vermögen, vielleicht sogar dein Leben. Du wirst dann keine Freunde, keine Kinder mehr haben.«

»Ich bin bereit dazu.«

»Das glaubst du, aber bevor du deine endgültige Antwort gibst, möchte ich, daß du nachdenkst. Nicht über die Ehrlichkeit deines Engagements, sondern über die Möglichkeiten, die du hast, um es zu erfüllen.«

Mehrere Tage und Nächte schloß ich mich in meiner verwüsteten Kajüte ein. Draußen fielen Schneeflocken – die Kais und die Kuppeln der Moscheen waren verschneit. Eingemummt in einen mit dicker Wolle gefütterten Schäferumhang, den ich mir von einem meiner Männer geliehen hatte, konnte mir die Kälte nichts anhaben. Aber alles an mir roch nach Schaf. Ich wusch mich kaum noch, vernachlässigte meine Toilette und hatte keinen Appetit mehr. Ich weigerte mich sogar, Yanno zu empfangen. Ich dachte nach, und die ganze Situation ging mir ohne Unterlaß im Kopf herum.

Bourzinos kam jeden Tag auf die Koriezou. Er drängte sich

in meine Kajüte, ignorierte meinen Zustand völlig, und ohne mir irgendwelche Fragen zu stellen, brachte er mir immer irgendeine Leckerei mit, die ich unberührt stehenließ. Eines Morgens sagte ich ihm, daß ich bereit sei. Sofort kam der andere Bourzinos wieder zum Vorschein, und dieser Untergrundkämpfer befahl mir, mich noch in derselben Nacht bereitzuhalten. Er bestand darauf, daß auch Yanno mit von der Partie war.

Es war schon nach Mitternacht, als er kam, um uns abzuholen. Eine Schaluppe setzte uns auf die andere Seite des Goldenen Horns über zu den Vororten der Altstadt. Wir durchquerten ärmliche Stadtteile, die jetzt in tiefem Schlaf lagen. Die Gäßchen schlängelten sich zwischen windschiefen Häusern hindurch, deren einzige Beleuchtung das düstere Licht der Sterne war. Bourzinos kannte dieses Labyrinth, in dem ich mich sofort verirrt hätte, in- und auswendig. Er schien unermüdlich. Schließlich kamen wir in eine besonders schäbige Sackgasse. Hinter einer Reihe von Hütten ragte im Dunkel die zinnengekrönte Silhouette der alten zerfallenen byzantinischen Stadtmauer auf. Bourzinos nahm uns mit in ein Haus, das so schief war, daß ich mich fragte, warum es nicht schon längst in sich zusammengestürzt war. Es machte einen unbewohnten Eindruck.

Wir stiegen eine steile, wackelige Holztreppe hinunter. Das Untergeschoß lag in völliger Dunkelheit. Mein Pate nahm uns an der Hand und führte uns auf der gestampften Erde des Kellerbodens zwanzig, dreißig Meter weit. Dann zündete er mehrere Öllampen ein. Wir befanden uns in einem sehr großen unterirdischen Saal. Das Kuppelgewölbe, die glatten Steinmauern, die zahlreichen eleganten Marmorsäulen, die von Akanthusblättern gekrönten Kapitelle zeigten deutlich, daß dieser Saal überhaupt nichts zu tun hatte mit den Hütten, die wir zuvor gesehen hatten.

»Weißt du, wo wir sind, Laskarina? Wir sind in den ehemaligen Kellern des byzantinischen Blachernenpalasts, im Tekfu Serail, wie die Türken dieses armselige Überbleibsel nennen. Hier residierten über Generationen die griechischen Kaiser. Von hier aus strahlten griechische Sprache und Kultur in das ganze Universum hinaus. Und hier lebten ängstlich zurückgezogen die letzten Herrscher des untergehenden Imperiums. Hier verbrachte der letzte von ihnen, Basileus Konstantin, die Nacht, bevor er auf die Wälle stieg, um sich gegen die angreifenden Türken zu verteidigen und schließlich von ihren Händen zu sterben. Danach legte sich über ganz Griechenland tiefe Finsternis. Aber dir und vielen anderen werden wir es zu verdanken haben, wenn bald eine neue Ära anbrechen wird. Um sich besser auf den Kampf vorbereiten zu können, haben diejenigen von uns, deren einziges Ziel die Erringung der Freiheit ist, einen Geheimbund gegründet. Bouboulis – Friede sei seiner Asche – war einer von uns, und es war falsch von ihm, dich nicht einzuweihen. Heute nun frage ich dich: Willst du zu uns gehören?«

»Ja, das will ich.«

»Aber es gibt ein großes Hindernis: Unser Geheimbund nimmt keine Frauen auf.« Er hatte das voll belustigter Ironie gesagt, so daß mir sofort klar wurde, daß es eine Lösung geben mußte. »Dein Ruf, Laskarina, ist jedoch der beste Freibrief, den man sich nur denken kann. Die anderen ›Priester‹ und ich, die wir diesem Bund vorstehen, wir haben beschlossen, daß du ein halbes Mitglied sein wirst. Du und dein Sohn, ihr werdet gemeinsam aufgenommen, und beide zusammen erhaltet ihr nur eine Stimme.«

Sodann ließ uns Bourzinos vor einem wackligen schiefen Holztisch niederknien. Auf diesem Tisch standen zwei kleine Ikonen des Pantokrators. Mein Sohn und ich legten unsere rechte Hand auf sie, und in die linke Hand nahmen wir eine dünne Kerze aus braunem Wachs, wie sie in den Kirchen vor den Heiligenbildern brennen.

»Diese Flamme«, erklärte Bourzinos, »ist der einzige Zeuge, den unser geknechtetes Vaterland anerkennt, wenn seine Kinder den Eid auf den Kampf um die Freiheit leisten.«
Und die folgende Eidesformel mußten wir ihm nun langsam nachsprechen: »Ich schwöre, heiliges Vaterland, ich schwöre auf dein Jahrhunderte währendes Leiden, ich schwöre auf die bitteren Tränen, die deine unglücklichen Kinder so viele Jahrzehnte lang vergossen haben, ich schwöre auf meine eigenen Tränen, die ich hier und jetzt vergieße, und ich schwöre auf die zukünftige Freiheit meiner Landsleute und Brüder, daß ich mich ganz dir weihe. Von nun an ist dein Wille der Grund und das Ziel für all meine Anstrengungen. Dein Name wird alles, was ich tue, leiten, und dein Glück wird die einzige Belohnung für meine Mühen sein.«
Tränen waren mir in die Augen getreten, als ich Bourzinos diese bewegende Eidesformel sprechen hörte. Er fuhr fort, und wir mußten weitere grauenhafte Versprechen leisten.
»Ich schwöre, daß ich gegen die Unterdrücker meines Vaterlandes, ihre Helfershelfer und Komplizen in meinem Herzen einen abgrundtiefen Haß bewahren werde. Ich schwöre, daß ich mit all meinen Kräften und Mitteln versuchen werde, ihnen Schaden zuzufügen, und daß ich, wenn die Zeit dafür reif sein wird, mich an ihrer völligen Vernichtung beteiligen werde.«
Und schließlich schworen wir feierlich, daß wir niemals irgendwelche Informationen über den Geheimbund preisgeben würden, und bürgten dafür mit unserem Leben. Dann bekreuzigten wir uns dreimal. Bourzinos legte seine rechte Hand leicht auf unsere linke Schulter und umfaßte mit seiner rechten Hand unsere Linke. Seine tiefe Stimme hallte in den byzantinischen Gewölben wider.
»Vor dem Angesicht des unsichtbaren, allgegenwärtigen, einzig wahren Gottes – Quelle aller Gerechtigkeit, Rächer aller Verfehlungen, Richter des Bösen – gemäß der Gesetze

der Philiki Hetairia* und kraft der mir von ihren Priestern übertragenen Macht, nehme ich euch in ihrer Mitte auf, ganz so, wie ich selbst in ihrer Mitte aufgenommen worden bin.« Nun ließ er uns aufstehen und umarmte uns. Sodann, um die Feierlichkeit seiner Worte und die spannungsgeladene Atmosphäre des Augenblicks aufzulockern, fügte er lächelnd hinzu: »Außerdem hast du noch eine Aufnahmegebühr von fünfzig Piastern zu entrichten.« Ich wollte ihm zehntausend Piaster geben, was er jedoch ablehnte. »Jetzt bist du dem Geringsten unter uns gleichgestellt.«

Die Tatsache, daß ich ein in der Rangordnung der Philiki Hetairia ganz unten stehender »Bruder« war, hielt mich nicht davon ab, Fragen zu stellen – insbesondere über ihre wirkliche Macht. Die von der rotflackernden Lampe erleuchteten Züge Bourzinos' verhärteten sich, und sein Gesichtsausdruck war von einer furchterregenden Entschlossenheit. Mit rauher Stimme flüsterte er: »Wir haben Tausende von Mitgliedern aus allen Schichten der Gesellschaft und in allen Ländern: Priester, Bankiers, Händler, Soldaten, Beamte, Diplomaten, Aristokraten, weltberühmte Persönlichkeiten ... zwecklos, sie alle aufzuzählen. Wir sind überall gegenwärtig, auf allen Stufen und in allen Strukturen der Macht.« Mehr wollte er dazu nicht sagen.

Wir löschten die Lampen und verließen dann leise und wortlos die bedrückenden Kellergewölbe des ehemaligen Kaiserpalastes, die ich an jenem Abend als die prächtigste und erhebendste Kapelle empfand. Auf der Gasse drehte ich mich nach den alten, in tiefer Dunkelheit liegenden Wällen um, den Zeugen der letzten, furchtbarsten Schlacht um Byzanz. Unsere Vorfahren, die dort oben auf diesen halbverfallenen Zinnen ihr Leben gelassen hatten, waren nicht umsonst gestorben. Wir würden die Flamme der Freiheit neu entfachen.

* Freundeskreis

Als mittellose Bittstellerin und angeklagte Verbrecherin war ich in Konstantinopel angekommen. Nun, da ich es wieder verließ, war ich erneut im Besitz meines Ranges, meiner Rechte und meines Vermögens, und mein Ziel stand mir immer klarer vor Augen. Als meine Koriezou an der Landspitze vorübersegelte, auf der das Serail steht, fiel mein Blick auf die Dächer des Harems, und ich mußte an die Sultana Valideh denken. Auch sie wich um keinen Preis von ihrem Ziel ab: ihrem Sohn zu dienen und ihn zu schützen. Für mich jedoch war dieser Sohn der Inbegriff des Feindes, den es zu bekämpfen und zu besiegen galt.

Kapitel 11

In Spetsai wurde ich keineswegs mit der Begeisterung empfangen, die ich erwartet hatte. Meine Familie war an meine langen Abwesenheiten gewöhnt, und sie hatte keine Ahnung, was mir in der Zwischenzeit alles widerfahren war. Nichts hatte sich verändert. Es schien ganz so, als ob Einstellungen, Gedanken, Träume und Gefühle erstarrt wären. Doch dann änderte sich doch etwas: Meine Kusine Maria verließ die Insel, oder genauer gesagt, sie wurde mit ihrem Mann zusammen in die Verbannung geschickt. Eine Brigg der türkischen Admiralität brachte ihnen den Bannbrief, der sie von Spetsai verstieß, und hatte auch den Auftrag, sie sogleich an Bord zu nehmen. Verborgen in einer Hofeinfahrt, wurde ich Zeuge ihrer Abreise. Marias unscheinbarer Ehemann kümmerte sich nervös um den Berg von Gepäck, den sie mitführten. Maria selbst, das muß ich zugeben, hatte nichts von ihrem Stolz und ihrer Arroganz verloren. Sie trieb ihren Mann und die Dienerschaft an, ohne auch nur das geringste Zeichen von Bedauern an den Tag zu legen. Mein Halbbruder Theodosius kam, um von ihr Abschied zu nehmen. Er schien verzweifelt. Sie schimpfte mit ihm, und dann sah ich, daß sie ihm offensichtlich Instruktionen und Befehle gab. Endlich ging sie an Bord des türkischen Schiffes. Dabei stellte sie so viel Selbstbewußtsein und Sicherheit zur Schau, als wäre sie der Kapetan Pascha in Person. Gerade und aufrecht stand sie auf dem Achterdeck, und als das Schiff schließlich den Anker lichtete, drehte sie sich plötzlich um und streckte ihren Arm aus. Mit ihrer Handfläche wies sie auf mein Haus

und spreizte ihre fünf Finger weit auseinander. Und nun kam über ihre Lippen die schönste Moutza,* die mir je zu Ohren gekommen war.
Sie haßte mich zu Recht, denn tatsächlich hatte sie mir ihre Vertreibung zu verdanken. Ich hatte nicht vergessen, daß sie es war, die die Hauptschuld an dem trug, was mir widerfahren war. Aber vor allen Dingen wollte ich alle Hindernisse und alle Feinde aus dem Weg räumen, bevor ich begann, meine Pläne in die Tat umzusetzen. Ohne große Schwierigkeiten hatte ich beim Kapetan Pascha den Bannbrief erwirkt, der sie zum Verlassen der Insel zwang.
Bevor ich aus Konstantinopel wegging, hatte ich bei meinem alten Bekannten Hussein Pascha vorgesprochen. Er empfing mich mit allen Ehren, die man einer Freundin zuteil werden läßt, vor deren Einfluß es gilt, sich in acht zu nehmen. Nach dem üblichen Begrüßungsritual erklärte ich, daß der Handel im Mittelmeer nicht länger möglich sei, falls dem Treiben der Piraten nicht Einhalt geboten würde. Ich nahm die armen Piraten als Vorwand, obwohl ihre Schreckensherrschaft ständig schwächer wurde. Hussein Pascha gab zu, daß es ihm genau wie seinen Vorgängern auf diesem Posten nicht gelungen war, das Tun dieser Gesetzlosen zu unterbinden. Ich beklagte die Verluste, nicht nur auf Seiten der ehrlichen Händler, wie ich einer war, sondern auch die der Hohen Pforte, der ein Teil unserer Gewinne als Steuern zufloß. Ganz besonders war davon natürlich der Kapetan Pascha betroffen, dessen Aufgabe es war, diese Steuern einzutreiben, und der – das versteht sich von selbst – den größten Teil davon in die

* Griechische Art, jemanden zu verfluchen – der schlimmste Fluch überhaupt. Dabei streckt man den Arm aus und dreht die aufgerichtete Handinnenfläche in Richtung der zu verfluchenden Person. Die fünf ausgestreckten Finger erinnern an die fünf Wunden Christi und bedeuten, daß dem Verwünschten Leid widerfahren möge, so schlimm wie diese fünf Wunden.

eigene Tasche fließen ließ. Natürlich traf dieses Argument meinen Gesprächspartner – wie vorauszusehen war – sehr tief, und er bat mich sogleich um meinen Rat. Ich zählte Möglichkeiten zur Lösung des Problems auf, und jedesmal seufzte Hussein Pascha traurig: »Unsere Mittel reichen dafür nicht aus ... Dafür fehlen uns die Männer ...«

»Dann gibt es nur noch eine Lösung, Exzellenz: Die zur Zeit bestehende Regelung muß abgeschafft werden, und die griechischen Reeder müssen die Erlaubnis erhalten, ihre Schiffe mit Kanonen zu bestücken.«

Ich hatte einige Schwierigkeiten erwartet, aber Hussein Pascha war sofort einverstanden, und mir wurde klar, wie wertvoll die Protektion der Sultana Valideh für mich war. Am türkischen Hof gab es keine Geheimnisse. Sie hatte für mich Fürsprache eingelegt, und das genügte schon, um einen hohen Würdenträger wie Hussein Pascha glauben zu lassen, daß ich Einfluß auf die Sultana Valideh ausüben konnte – was natürlich keineswegs in meiner Macht stand. Die Folge war, daß er mich mit Vorsicht und Rücksicht behandelte. Diesen neugewonnenen Einfluß nutzte ich nun für die Rache an meiner Kusine Maria.

Sofort nach meiner Rückkehr auf Spetsai widmete ich mich entschlossen dem Vorhaben, an dem mein ganzes Herz hing: dem Bau der schnellsten, mächtigsten und am besten bewaffneten Korvette, die man sich nur denken konnte. Sie sollte nicht über zehn Kanonen verfügen, sondern über achtzehn. Ich hatte beschlossen, daß sie auf einer unserer eigenen Werften auf Spetsai vom Stapel laufen sollte. Aber ich hätte mir keinen schlechteren Augenblick für dieses Vorhaben aussuchen können, da wir mitten in einer Wirtschaftskrise steckten. Wie Justin de la Jaunais vorausgesehen hatte, war unser Monopol durch die auf den Sturz Napoleons folgende Aufhebung der Kontinentalsperre gebrochen worden. Von nun an hatte jeder das Recht, Getreide von Ost nach West zu transportieren. Schlimmer noch: In den vorangegangenen Jahren war es im Westen zu Rekordernten gekommen, die die Einfuhr von Getreide unnötig machten. Unsere Schiffe blieben vor Anker, und je mehr Geld ich brauchte, um den Bau meines neuen Schiffes zu finanzieren, desto weniger Geld kam in unsere Kassen. Unsere Seeleute blieben oft ohne Arbeit, und eines Tages machte sich die schwelende Unzufriedenheit Luft. Es gab Demonstrationen und Aufruhr, wobei einige Lagerhäuser geplündert wurden. Eigentlich war das Ganze nicht sehr beunruhigend, aber dann wiederum doch beunruhigend genug, um unsere Efori, unsere Honoratioren, in Panik zu versetzen. Sie baten den Pascha von Tripolitza, einen seiner Tschausch zu schicken, um die Ordnung wiederherzustellen. Ich unterstützte sie energisch bei dieser Entscheidung. Die Gegenwart eines Repräsentanten der türkischen Staatsmacht, der über meine Aktivitäten direkt nach oben Rechenschaft ablegen konnte, würde allen eventuellen Verdachtsmomenten oder Denunziationen entgegenwirken. Die »Protektion« der Valideh und die Billigung des Kapetan Pascha wiederum würden die Neugier eben dieses türkischen Beamten von mir ablenken. Als ich dann Sarkis Bey, die rechte Hand des Paschas von Tripolitza, zum ersten Mal sah, war ich ganz und gar beruhigt. Auf dem Gesicht dieses armenischen Abtrünnigen spiegelte sich nichts als Dummheit. Er hatte hellblaue ausdruckslose Augen, sein Mund war immer halb offen, und er sabberte. Seine Zeit verbrachte er damit, in einer Wasserpfeife eine Mischung aus Tabak und Haschisch zu rauchen. Wenn er nicht vor sich hinträumte, dann hielt er ein Mittagsschläfchen. Der Schlag gegen mich kam aus einer Richtung, aus der ich ihn am wenigsten erwartet hatte.

Eines Sonntags war ich auf dem Weg zur Messe in der kleinen nahe meinem Haus gelegenen Kirche des Heiligen Basilius. Gefolgt von meinen Kindern und von Nur, die noch immer Aufsehen und Neugierde erregte, waren wir schließlich dort angelangt. Ich saß in der ersten Reihe, wo die bereits anwesenden Gläubigen mir Platz gemacht hatten, als der alte Pater Gregori hinter dem Ikonostas hervortrat, hinter dem er sich normalerweise zu dieser Zeit auf den Gottesdienst vorbereitete. Er kam zu mir. Mit zitternder Stimme flüsterte er mir zu, daß ich nicht bleiben durfte und daß ich nicht mehr das Recht hatte, diese oder eine andere Kirche zu betreten. Ich sah ihn an, als hätte er den Verstand verloren. Mit Tränen in den Augen stotterte er: »Ich kann nichts dafür, Kapetanissa. Lies den Anschlag an der Kirchentür.«

An der Tür war ein Dokument angenagelt, bei dem mir vor allem die Unterschrift des Patriarchalischen Rates von Konstantinopel ins Auge sprang. Dieser Rat hatte schlicht und einfach entschieden, mich vorläufig aus der heiligen orthodoxen Kirche auszuschließen. Inmitten der Menschenmenge, die den Atem anhielt, erfuhr ich aus dem Dekret, daß ich Bouboulis' Söhne aus erster Ehe, seine wahren Erben, um eben dieses Erbe betrogen hatte. Mir wurde auferlegt, dieses Unrecht wiedergutzumachen und alles offenzulegen, was ich besaß – vor allem, was ich angeblich veruntreut hatte. Wenn ich dieser Anordnung nicht Folge leistete, wenn ich was auch immer verstecken oder verheimlichen würde und wenn ich das Unrecht nicht wiedergutmachen würde, dann fiel ich der Verdammnis anheim – nicht mehr und nicht weniger. Sollte ich diesen Kindern das Erbe ihres Vaters nicht zurückgeben, so würde ich exkommuniziert und feierlich verflucht. Man wünschte mir die Seelenqualen von Kain, den Strick von Judas und den Aussatz von ich weiß nicht mehr wem an den Hals. Bis ich schließlich meine Entscheidung gefällt haben würde, war es mir untersagt, eine Kirche zu betreten oder das Sakrament zu empfangen.

Nachdem ich das Dokument gelesen hatte, schob ich die Gaffer beiseite und ging zurück auf meinen Platz in der

Kirche. Dem unglückseligen Pater Gregori, der ängstlich der Dinge harrte, die nun kommen sollten, rief ich mit lauter Stimme – so daß die Gläubigen mich hören konnten – zu: »Es gibt den Patriarchen. Aber es gibt auch noch Gott, den Herrn, der über dem Patriarchen steht. Gott liebt mich. Und Er läßt mich hieran teilhaben. Beginnt mit der Messe, Priester.« Als Pater Gregori dann seinen Gebetsgesang anstimmte, war seine Greisenstimme von neuer Kraft erfüllt. Was die Antwort der Gläubigen betraf, die sich meist wie ein schläfriges Gemurmel anhörte, so schwangen nun, als sie zu der ausgemalten Kuppel emporstieg, so viel Eifer, Energie, Leidenschaft, Überschwang und Feuer in ihr mit, daß es mir das Herz erwärmte. Es war jedoch unbedingt erforderlich, daß ich etwas gegen diese Verschwörung, die meine zahllosen Feinde angezettelt hatten, unternahm, und ich mußte auch Gregor V., der nur allzu glücklich war, endlich für meine Respektlosigkeit Rache nehmen zu können, eine passende Antwort erteilen. Also schickte ich dem kirchlichen Gericht die auf den neuesten Stand gebrachte und beglaubigte Aufstellung des Erbes, das mein Mann hinterlassen hatte, und bewies so die Haltlosigkeit der Anklage. Sogleich nachdem meine Unschuld festgestellt worden war, setzte ich Bouboulis' Sohn vor die Tür dieses Hauses, das nun mir gehörte.

Seit meiner Rückkehr nach Spetsai hatte Bourzinos es bewerkstelligt, mir die Namen anderer Verschwörer mitzuteilen, und ich war überrascht, unter den »Brüdern« meine leiblichen Brüder vorzufinden, einige Lazarous – unter anderem Nikolas, den Ältesten von ihnen, der mir der liebste war. Außerdem waren da noch einige Koutsis aus der angeheirateten Familie meiner Tochter und einige Botaris, die durch Heirat mit meiner Kusine Maria verwandt waren. Nach Einbruch der Dunkelheit kamen wir abwechselnd bei dem einen oder anderen zusammen, meist bei mir. Das Haus wurde zu einer Art Niederlassung der höchst geheimen Philiki Hetairia. Im Arbeitszimmer von Bouboulis, in dem ich mich sehr gerne aufhielt, verbarg ich auch meine Briefwechsel, die Bücher und die Geheimcodes unseres Bundes. Mehr und mehr erhielt ich Nachrichten und Instruktionen, die mir buchstäblich vom Himmel zufielen. Sie standen auf einem Stück Papier, das mir – Gott weiß von wem – unter der Tür durchgeschoben wurde. Oder aber ein Händler ließ mir eine Schachtel mit Lokum da, und später fand ich darin ein Briefchen. Dann wieder erhielt ich eine Liste, die mir ein Unbekannter in die Hand drückte, während ich auf dem Markt meine Einkäufe machte. Manchmal war es auch nur eine einfache mündliche Nachricht, die mir ein Kapitän überbrachte, der auf einer langen Seereise in Spetsai anlegte. Ich gewöhnte mich an das Ungewöhnliche, und nichts konnte mich mehr überraschen. Oft waren die Nachrichten auch chiffriert, und ungeduldig und fluchend mußte ich Stunden damit verbringen, sie zu entschlüsseln. Manchmal verbargen selbst die unauffälligsten Sätze einen tieferen Sinn, den mir erst ein Lexikon, das sich in einem Versteck in meinem Büro befand, offenbarte. Die Summe von tausend Piastern zum Beispiel, die ein Gläubiger der Kirche vom Heiligen Johannes spendete, gab mir in Wirklichkeit die Höhe des Betrages an, den ich der Gruppe des betreffenden Dorfes zur Verfügung stellen sollte – oder aber hinter den Olivenölfässern, die meine Schiffe nach Messolonghi liefern mußten, verbarg sich eine Waffenlieferung an die »Brüder« dieser Stadt. Wenn in einer Familie jemand krank war, so bedeutete dies, daß man ein Mitglied unseres Bundes gegen bare und klingende Münze aus den Klauen der türkischen Polizei befreien mußte: Ich war zu einer mobilen Zentrale geworden, denn ich vertraute auf niemanden außer auf mich selbst. Deshalb hob ich auch kaum Schriftliches auf, sondern behielt fast alles nur im Kopf. Die verschlüsselten Briefe enthielten auch gute Nachrichten. Wenn darin von

Geburten die Rede war, so bedeutete dies den Eintritt neuer Mitglieder. Im Frühling dieses Jahres 1820 gab es außergewöhnlich viele solcher freudigen Ereignisse. Aber die Begeisterung konnte bei einem Volk, das so schwatzhaft und indiskret ist wie das unsere, katastrophale Folgen nach sich ziehen ... Um diesen möglichen Katastrophen zuvorzukommen, war Eile geboten. Ich trieb meine Arbeiter an, damit meine Korvette endlich vom Stapel laufen konnte. Jeden Tag ging ich auf die Werft, um den Fortgang der Arbeiten zu überwachen.

Eines Morgens, als ich über den Dapia ging, hörte ich, wie jemand mir nachrief: »Verzeiht, Laskarina Hanum.* Schenkt mir einen Moment Eurer kostbaren Zeit.«

Es war Sarkis Bey, der Tschausch des Pascha von Tripolitza. Zwischen den Zähnen hielt er das Bernsteinmundstück der Wasserpfeife, von der er sich nie trennte, und um ihn herum saßen seine Gehilfen, die genauso schläfrig wirkten wie er und träge ihre großen Fliegenwedel schwenkten. Ich begab mich also in den Schatten der hellblau gestrichenen Holzveranda des öffentlichen Cafés, zu dem Frauen normalerweise keinen Zutritt hatten. Der Tschausch lud mich ein, eine Tasse Mokka mit ihm zu trinken. Also setzte ich mich neben ihn. Aus der Tasche seines Kaftans zog er einen goldenen Zahnstocher hervor und begann, seine Fingernägel damit zu reinigen. Sodann schickte er mit einer nachlässigen Handbewegung seine Helfer weg.

»Wo lauft Ihr bereits so früh am Morgen so geschäftig hin, Laskarina Hanum?«

Schon allein die Tatsache, daß er mich auf türkisch ansprach, widerstrebte mir. »Ich möchte nachschauen, wann meine Korvette endlich fertig sein wird, mit der ich meine Handelsbeziehungen ausweiten will.«

* Frau Laskarina

»Ihr meint das Kriegsschiff, mit dem Ihr uns beschießen wollt.«
Vor Schreck verschüttete ich meinen Kaffee. Er hatte diese Worte nur leise geflüstert, und die Gäste an den anderen Tischen, die sich in respektvoller Distanz zum Repräsentanten des Pascha von Tripolitza hielten, hatten nichts gehört. Ich spürte trotzdem, wie mir Schweißperlen an Stirn und Hals hinunterrannen. Ich machte keinen Versuch sie wegzuwischen, denn ich war unfähig, auch nur den kleinen Finger zu rühren. Was würde nun geschehen?
»Ich weiß so ziemlich alles über eure Zusammenkünfte, das ganze Hin und Her, Eure verschlüsselten Nachrichten und Eure kleinen Geheimnisse. Ich weiß, daß Ihr und Eure Freunde einen Aufstand gegen uns vorbereitet, und ich weiß auch, daß Ihr mich für dümmer haltet, als ich es bin ...«
Endlich vermochte ich wieder zu schlucken. »Und was werdet Ihr nun tun?«
»Nichts.« Er führte seine Tasse an den Mund und schlürfte mit sichtlicher Zufriedenheit seinen Kaffee. Sein Phlegma und die morgendliche Ruhe standen in einem seltsamen Gegensatz zu dieser Gefahr, die uns alle so unvermittelt bedrohte. Auf die unausgesprochenen Fragen, die mir durch den Kopf schossen, antwortete er, indem er aus seinem Leben erzählte: »Von Geburt bin ich Armenier. Dadurch, daß ich meinem Glauben abschwor, glaubte ich meinen Ehrgeiz stillen und einen sehr einflußreichen Posten in der türkischen Verwaltung erreichen zu können. Aber von jenem Tage an haben mich meine Landsleute verstoßen, und insgesamt habe ich nur eine recht bescheidene Karriere gemacht. Bitternis empfinde ich jedoch vor allem jenen gegenüber, die meine Fähigkeiten nicht zu würdigen wußten. Als eine Art Rache habe ich mir eine kleine Zerstreuung ausgedacht: Ich sehe alles, aber ich sage nichts. Alle halten mich für einen Dummkopf, aber manch-

mal, wenn ich einem außergewöhnlichen Menschen begegne – so wie Euch –, dann kann ich der Versuchung nicht widerstehen zu zeigen, daß ich seiner ebenbürtig bin.«
Diese letzten Worte wurden von einem unterdrückten Gähnen begleitet, und dann sank sein Kopf langsam auf seine Brust. Er war eingeschlafen. Ich schaute mir diesen überaus seltsamen und beunruhigenden Menschen genauer an und mußte zu meinem größten Erstaunen feststellen, daß er nicht etwa nur simulierte, sondern wirklich eingeschlafen war.
Vorsichtig erhob ich mich und verließ auf Zehenspitzen die Veranda. Würde er tatsächlich Stillschweigen bewahren, wie er es versprochen zu haben schien? Von nun an schwebte das Beil des Henkers über unseren Häuptern. Ein Grund mehr zur Eile. Zwar kostete es mich fünfundzwanzigtausend Colonnata – also mehr noch, als die Mitgift meiner Tochter Maria, nämlich ungefähr ein Drittel des gesamten Vermögens, das Bouboulis mir hinterlassen hatte –, aber mein Schiff wurde rechtzeitig fertiggestellt. Selten war ein Fest fröhlicher begangen worden als diese Schiffstaufe. Eine große, ausgelassene Menschenmenge – an ihrer Spitze Sarkis Bey als Repräsentant der türkischen Behörden – bestaunte einträchtig das Spektakel. Alle Schiffe, ob groß oder klein, waren mit bunten Wimpeln beflaggt. Es war ein sonniger Frühlingstag voller Lampions und Feuerwerkskörper. Unbeeindruckt von der zu erwartenden wütenden Reaktion des Patriarchen, war Pater Gregori in seinem schönsten Ornat erschienen, um die Taufe zu vollziehen. Mit einem Basilikumstrauß sprengte er unermüdlich Weihwasser auf den Rumpf des Schiffes, das majestätisch zu Wasser glitt. Zur Erinnerung an mein erstes, kleines und bescheidenes Boot, an Bord dessen ich – zum ersten Mal in meinem Leben – empfunden hatte, was Freiheit überhaupt bedeutet, hatte ich mein Schiff Agamemnon getauft.
Eines Morgens fand ich auf meiner Kommode eine Rose,

um deren Stiel ein Zettel gewickelt war. Die Botschaft, die darauf stand, war so kurz, daß ich sie im Nu entschlüsselt hatte: »Ali Pascha weiß alles.« Ali von Tepelen, Pascha von Janina, war eine der schillerndsten Persönlichkeiten dieser Epoche und überdies zweifellos der größte Halunke, den die Erde je hervorgebracht hat. Wie wir war er Arvanit, also albanischer Abstammung, aber er war Moslem. Seit dreißig Jahren waren seine Heldentaten und seine Verbrechen in aller Munde. Ursprünglich war er der Stellvertreter des Sultans in Epirus gewesen – eine Stellung, die er dazu genutzt hatte, seinem grenzenlosen Ehrgeiz freien Lauf zu lassen und seine Macht ständig weiter auszubauen und zu festigen. Mittlerweile beherrschte er mehrere Königreiche. Erreicht hatte er dies durch ein Höchstmaß an Skrupellosigkeit, Zynismus, Verrat und Grausamkeit. Einerseits waren ihm die Befehle seines Gebieters, des Sultans, gleichgültig – andererseits überhäufte er diesen mit Geschenken und Schmeicheleien. Der Sultan wiederum war nicht Manns genug, ihn zur Ordnung zu rufen. Wenn andere Machthaber zu naiv waren, um ihn zu durchschauen, und eine Allianz mit ihm eingingen, täuschte er sie mit falschen Versprechungen und Lügen. Die Starken betrog er, die Schwachen ließ er umbringen. Außer Epidauros, seinem eigentlichen Lehen, war es ihm gelungen, Thessalien, Westmazedonien und Zentralgriechenland an sich zu reißen, und nichts schien seiner unersättlichen Gier Einhalt gebieten zu können.

Jetzt, da er das Geheimnis der Philiki Hetairia enthüllt hatte, würde er zweifellos so schnell wie möglich den Sultan, mit dem er sich restlos überworfen hatte, darüber in Kenntnis setzen, um ihm so einen Beweis seiner scheinbaren Loyalität zu liefern. Eine Information aus einer solchen Quelle würde natürlich nicht angezweifelt werden. Vielleicht würde dann sogar Ali Pascha höchstpersönlich mit unserer Entlarvung und Ausrottung beauftragt werden, er, der mit seinen brachialen Methoden in den Lagern schon so großen Erfolg gehabt hatte. Und ihm würde es ein persönliches Vergnügen sein, diese Befehle auszuführen, denn so hätte er eine neue Gelegenheit zu foltern und zu töten, zwei Beschäftigungen, denen er leidenschaftlich gern nachging. Die Gefahr war so groß, daß ich mich entschloß, den in der Hierarchie über mir stehenden »Hohenpriester« des Geheimbundes aufzusuchen, der auch tatsächlich dem orthodoxen Klerus angehörte. Dieser Mann war der Bischof von Patras, Germanos. Wir tauschten verschlüsselte Nachrichten aus, aber ich hatte ihn noch nie vorher zu Gesicht bekommen. Da all meine Schiffe, auch die Agamemnon, außerhalb Spetsais auf Fahrt waren, mußte ich den Landweg einschlagen. Die über Korinth an der Küste entlangführende Hauptstraße war zu bevölkert und wurde zu sehr überwacht. Deshalb wählte ich, um unbemerkt zu bleiben, den Weg über den Peloponnes: Tripolitza, Vitina, Olympia, Pirgos. Kaum hatte ich die Küstenregion verlassen, als mir auch schon die sommerliche Hitze des Landesinnern sehr zu schaffen machte. Kein Windhauch regte sich, und jedes Blatt, jeder einzelne sonnengedörrte Halm, einfach alles erschien leblos, wie erstarrt. Auf den Feldern sah man kaum Bauern, und nicht ein einziger Vogel war in der Luft. Nur das Zirpen der Grillen war überall zu hören. Aber die Hitze allein war nicht der einzige Grund für die mißtrauische Stille, die auf den Dörfern lastete, durch die ich kam. Alle Türen waren verschlossen. Nicht ein einziges Mal wurde ich aufgefordert einzutreten, mich zu erfrischen und auszuruhen. Wenn ich dann doch einmal irgendwelche Dorfbewohner um Gastfreundschaft bat, so reagierten diese sehr unfreundlich. Das Geld, das ich ihnen bot, schien sie nicht zu interessieren. Mit ihrem durch die Prüfungen der Geschichte geschärften Instinkt errieten sie, daß sich etwas zusammenbraute, ohne jedoch zu wissen, was. Sie waren höchst mißtrauisch, unnahbar und zeigten sich allen Fremden gegenüber äußerst ablehnend.

In Spetsai hatte ich so selten die Gelegenheit, unsere Besatzer zu sehen, daß ich jetzt diejenigen, die mir auf meinem Weg begegneten, mit großer Neugierde beobachtete. Ob es sich nun um untergeordnete Beamte oder Soldaten handelte, alle schienen sehr nervös zu sein, und noch früher als sonst bekamen die Bauern, die ihnen nicht schnell genug den Weg frei machten, ihren Unmut zu spüren. Prüfend musterten sie die Passanten, ganz besonders mich, und die allenthalben herrschende Hitze verschlimmerte noch ihre Trägheit. Jeder Schritt, jede Bewegung kostete sie augenscheinlich größte Überwindung, und sie zogen es vor, ihre Mittagsruhe bis zum Abend auszudehnen. Waren es diese trägen Zeitgenossen, gegen die wir einen allgemeinen Aufstand vorbereiteten?
Kurz vor Erreichen meines Zieles – ich durchquerte gerade eine Ortschaft – hörte ich, wie mir jemand auf türkisch befahl, stehenzubleiben. Von der überdachten Terrasse eines winzigen Polizeipostens aus gab mir ein von der Hitze offensichtlich ermatteter türkischer Unteroffizier den Befehl, abzusteigen und näher zu treten. »Und beeile dich, ich habe keine Zeit zu verlieren.« Er verhörte mich lange, fragte mich nach meiner Identität und nach Ziel und Zweck meiner Reise. Ein Dutzend Mal stellte er mir die gleichen Fragen. Mit seinen Froschaugen, die unter halbgeöffneten schweren Lidern hervorblinzelten, musterte er mich, und ich hatte den Eindruck, daß er keines meiner Worte glaubte. Würde er mich verhaften? Nein; mit einer herablassenden Geste bedeutete er mir, meinen Weg fortzusetzen. Rülpsend ließ er sich schließlich wieder auf seine Sitzkissen zurückfallen. Vielleicht war ihm langweilig, und ich war für ihn *die* Ablenkung des Nachmittags. Jedenfalls war mir sehr heiß geworden, und das nicht nur wegen der sommerlichen Temperaturen.
Patras, eine große Hafenstadt, war geschäftig wie eh und je. Sitz des Erzbischofs war ein aus dem Mittelalter, wahr-

scheinlich noch aus der Zeit der Kreuzzüge stammendes Haus, das mit seinem stucküberladenen und verschnörkelten Innern den seit vielen Jahrzehnten vorherrschenden offiziellen türkischen Stil widerspiegelte. Der Mönch, der mich eingelassen hatte, ließ mich zunächst in einer Art Boudoir warten. Sodann führte er mich in ein großes Empfangszimmer, in dem niedere, reich verzierte brokatüberzogene Sofas standen und an dessen Wänden vergoldete Ikonen hingen. Bischof Germanos war drei Jahre jünger als ich. Er hatte ein langes Gesicht, eine Adlernase, buschige, meist gerunzelte Augenbrauen, schwarze Augen, in denen auch nicht die Spur von Nachsicht oder Sanftmut zu entdecken war, und einen Bart, der genauso dunkel war wie der Umhang, den er trug. Er strahlte Autorität aus. Augenblicklich spürte ich eine gewisse Verärgerung – ein Zustand, in dem er sich wahrscheinlich die meiste Zeit befand. Sichtlich widerwillig zelebrierte er das unumgängliche Begrüßungsritual mit Kaffee, Wasser und Lokum, und es schien, als wolle er mich so schnell wie möglich wieder loswerden.

Wie war es möglich, daß Ali Pascha etwas über uns herausgefunden hatte? »Wie konnte das passieren?« fragte ich ihn.

»Sehr einfach«, war seine beinahe gleichgültige Antwort. Das Sandkorn, das sich in das Räderwerk eingeschlichen hatte, war ein Metzger von der Insel Zante. Er war Bruder der Philiki Hetairia und hatte sich wegen einer Lappalie mit einem anderen »Bruder« gestritten. Um sich an ihm zu rächen, war er nach Prevetza geeilt, wo sich Ali Pascha aufhielt, und hatte ihm alles verraten. Wegen einer bedeutungslosen Streiterei hatte er keinen Augenblick gezögert, unsere Organisation bis in ihr Fundament zu erschüttern. Aber Bischof Germanos schien durch das Ganze nicht besonders berührt, und das erstaunte mich.

»Heißt das, daß alles verloren ist, Euer Eminenz?«

»Ganz im Gegenteil«, stieß er mit rauher Stimme hervor. Meine Verblüffung schien ihn etwas milder zu stimmen, und schließlich erklärte er mir, nicht ohne eine gewisse Überheblichkeit, die verschlungenen Pfade der Politik, auf denen er so leichtfüßig wandelte. Seit vielen Jahren schon stand Ali Pascha, der Muselmane und Griechentöter, in Kontakt zu ihm, Germanos, dem griechischen Bischof von Patras – jedoch nur, weil dieser alte Aasgeier überall da war, wo es etwas zu holen gab. Germanos prahlte damit, daß er ganz unauffällig die Kluft zwischen dem Pascha von Janina und dem Sultan erweitert hatte, eine Kluft, die uns nur von Nutzen sein konnte. Diese geheime Nachrichtenverbindung war lange Zeit mit Hilfe der außergewöhnlichsten Boten aufrechterhalten worden. Schließlich war sie monatelang zum Stillstand gekommen, bis sie nun plötzlich wieder begonnen hatte zu funktionieren. Mit jeder neuen mündlichen Botschaft war Ali Pascha dringlicher geworden. Er schlug Germanos nichts Geringeres vor, als eine Allianz zwischen seinen Armeen und der Philiki Hetairia, wobei er behauptete, daß ihm nichts ferner liege, als seinen Gebieter über das zu informieren, was er erfahren hatte. Ein Aufstand gegen den Sultan schien erfolgversprechend. Um diesen Erfolg zu sichern, forderte Ali Pascha unsere Hilfe. »Und du, mein Kind, du wirst ihm so schnell wie möglich Waffen und Geldmittel zu Verfügung stellen.«
Daß ein Mann, der jünger war als ich, mich mit solcher Überheblichkeit behandelte, ärgerte mich. »Eure Eminenz vergißt, daß der Pascha von Epirus schon immer unser schlimmster Feind gewesen ist, ein blutrünstiger Schlächter der Griechen.«
»Aber du weißt doch, daß Kira Phrossini, die einzige Frau, die er je geliebt hat, Griechin ist – obwohl das eigentlich nicht so wichtig ist. Um das Ziel zu erreichen, das wir uns gesetzt haben, müssen wir das Feuer des Aufstandes mit

allem Holz schüren, das wir nur bekommen können, und je verfaulter dieses Holz ist, um so besser wird es brennen. Wenn wir mit Ali Pascha eine Allianz eingehen, sind wir unbesiegbar.« Und dann knurrte er in ärgerlichem Ton: »Wirst du nun endlich tun, was von dir verlangt wird?« Der einfältige Kirchenmann hatte noch nicht ausgesprochen, als mir schon der Verdacht kam, daß Ali Pascha die gleiche Rechnung aufgemacht hatte wie er, was ich auch sogleich versuchte, ihm zu erklären: »Er will uns zum Angriff zwingen, um damit das Reich zu untergraben und die Besatzer zu dezimieren, so daß er dann noch leichter über uns herfallen und uns überrennen kann.«

Wenn er wütend war, wurde der Bischof von Patras nicht etwa rot im Gesicht, sondern er erbleichte. Schäumend vor Wut stieß er hervor: »Störrisches Weibsbild! Du hast keine Ahnung von Politik, und es steht dir nicht an, dich hier einzumischen. Du hast lediglich die Befehle deines Vorgesetzten auszuführen.«

Nun wurde es auch mir zu viel. »Ihr und Euresgleichen wollt doch nur eines: auf irgendeine Art und Weise mit dem Feind gemeinsame Sache machen – und genau das wird Euch ins Verderben stürzen.« In dem Augenblick, da ich diesen Satz aussprach, erinnerte ich mich daran, daß ich es gewagt hatte, dem Patriarchen von Konstantinopel eine ähnliche Warnung an den Kopf zu werfen.

Auch Germanos kam dies sofort in den Sinn, und er rief: »Seine Heiligkeit hatte recht mit dem, was er mir über dich gesagt hat. Du bist eine Sünderin, eine Gottlose, die die Kirche und ihre ehrwürdigen Diener beleidigt. Für jemanden wie dich gibt es keinen Platz in unserer Hetairia, und ich werde dafür sorgen, daß man dich ausstößt.«

»Keine Hetairia für mich, kein Kredit für Euch, Eminenz.«

Nun war Germanos außer sich. Die Beleidigungen, die er mir an den Kopf warf, werde ich hier nicht wiederholen, so sehr standen sie im Gegensatz zu seinem Amt als Würden-

träger der orthodoxen Kirche. Statt einer Antwort knallte ich lediglich die Tür hinter mir zu.
Ich war gerade erst seit zwei Tagen nach Spetsai zurückgekehrt, als man mir einen Besucher meldete: Sarkis Bey. Er bereitete sich auf seine Rückreise nach Tripolitza vor, zu seinem Gebieter, dem Pascha der Stadt. Da unsere Efori der Meinung waren, daß die Ordnung auf der Insel nunmehr wiederhergestellt sei, hatte man ihn wissen lassen, daß seine Mission beendet sei. Er stattete mir deshalb seinen Abschiedsbesuch ab. Ich empfing ihn in dem großen Saal im ersten Stock. Zunächst setzte er sich in einen mit rotem Damast bezogenen englischen Sessel, aber da er an diese Art von Sitzmöbel nicht gewöhnt war und es wahrscheinlich als unbequem empfand, ließ er sich schließlich auf einem kleinen Diwan nieder. Nur zündete sein Nargileh an, und er wirkte so entspannt, daß ich fürchtete, ihn wieder einschlafen zu sehen. Tatsächlich hatte einige Minuten lang zwischen uns völlige Stille geherrscht, als mich dann plötzlich das Zischeln seiner leisen Stimme zusammenfahren ließ.
»Deine große Weisheit hat dich in Patras nicht im Stich gelassen, Laskarina Hanum.«
Trotz aller Vorsichtsmaßnahmen, die ich getroffen hatte, wußte er also von meiner Zusammenkunft mit Germanos. Daß er Bescheid wußte, überraschte mich zwar nicht mehr, aber verwundert stellte ich mir die Frage, wie es ihm möglich war, so viel zu erfahren. So wie die Sache stand, war es wohl am besten, die Karten auf den Tisch zu legen. Ich fragte ihn also, was er von dem Angebot einer Allianz mit Ali Pascha hielt.
Sarkis Bey zog mehrmals am Mundstück seiner Wasserpfeife und stieß dichte Rauchwolken aus, die ihn fast völlig einhüllten. Von dem süßlichen Tabakgeruch wurde mir fast übel. »Wenn man es ganz genau nimmt, sitzt der Pascha von Janina in der Klemme. Natürlich hat er dem Sultan einen

langen Brief geschickt, in dem er die Aktivitäten der Philiki Hetairia enthüllt, um so die Gunst seiner Hoheit des Sultans zurückzugewinnen. Er hat jedoch das Pech, daß er dem Großwesir von jeher verhaßt ist. Und letzterem ist es nicht schwergefallen, Seine Hoheit davon zu überzeugen, daß die Philiki Hetairia – wie so vieles andere – einzig und allein der abgefeimten Phantasie des Paschas entsprang, dessen Ziel es immer schon gewesen ist, alle Welt hinters Licht zu führen. Schließlich hatten die Enthüllungen Ali Paschas Sultan Mahmud keineswegs besänftigt, sondern ihn im Gegenteil noch mehr gegen seinen Vasallen eingenommen! Da sich Ali Pascha nun bedroht fühlte, ergriff er die Initiative und wandte sich euch Griechen zu. Er hoffte, daß ihr für ihn die Kastanien aus dem Feuer holen würdet, um euch sodann im Stich zu lassen.«

Ich versicherte Sarkis Bey meiner Dankbarkeit für die wichtigen Informationen, die er mir geliefert hatte. »Danke mir nicht, Laskarina Hanum. Vielleicht bin ich es, der dir eines Tages danken muß.«

Als er dies sagte, kam es mir zum ersten Mal so vor, als stünde er unter einer gewissen Anspannung. Äußerlich wirkte er zwar immer noch sehr schläfrig, aber seine Stimme hatte leicht gezittert. Ich fragte ihn, was diese seltsame Prophezeiung zu bedeuten habe. »Große Ereignisse werfen ihre Schatten voraus, Laskarina Hanum. Die Türken und diejenigen, die ihnen dienen, werden darunter zu leiden haben. Es droht Gefahr. Wenn mir der Dolch der Rache an die Kehle gesetzt werden wird, so hoffe ich, daß du eingreifen wirst, um dafür zu sorgen, daß ich verschont bleibe.« Ich versprach es ihm und konnte nicht anders, als ein gewisses Mitgefühl für diesen so außerordentlich weitsichtigen, aber auch so tief enttäuschten Mann zu empfinden. Er hatte keinerlei Erwartungen, keinerlei Hoffnungen – alles, was er wollte, war weiterzuleben ... und er kannte unser Geheimnis. Als ich ihn zur Tür begleitete, ließ ich unauffällig eine goldene, mit Diamanten besetzte Tabaksdose in seine Hand gleiten. Er betrachtete sie lange und gab sie mir dann mit dem Schatten eines Lächelns auf den Lippen zurück. »Geld interessiert mich nicht. Gier und Korruption sind Schwächen, die den Geist vernebeln.« Arm zu bleiben machte Sarkis Bey nichts aus. Arm, aber geistig rege.

Mir war sehr daran gelegen, Bischof Germanos über dies alles zu informieren. Ich sandte ihm also einen verschlüsselten Bericht über das, was ich gehört hatte. Dabei beging ich jedoch den Fehler, mit folgendem Satz zu schließen: »Man müßte schon unglaublich naiv sein, um zu glauben, daß Ali Pascha, dieser nach dem Blut der Griechen dürstende Tiger, uns helfen würde, unsere Unabhängigkeit zu erringen. Wenn wir ihm in diese Falle gegangen wären, dann hätte er uns den Garaus gemacht ...« Diesen letzten Satz sollte der Bischof von Patras mir niemals verzeihen, ganz besonders als der weitere Verlauf der Ereignisse mir recht gab.

Der Sultan proklamierte eine Fatwa,* durch die Ali Pascha für vogelfrei erklärt wurde. Der alte Bandit jedoch gab sich nicht geschlagen. Er setzte alles auf eine Karte und bereitete sich darauf vor, Widerstand zu leisten. Deshalb ließ der Sultan, der beschlossen hatte, ihn zu vernichten, mehrere seiner Armeen gegen ihn aufmarschieren. Wenn wir uns mit ihm verbündet hätten, wären wir zermalmt worden. Jedenfalls würde er seinen Gegnern das Leben schwermachen und ihre Kräfte binden. Dadurch gab er uns die Gelegenheit, anderswo in Griechenland zu den Waffen zu greifen. Mit einem Mal herrschte bei den Zusammenkünften der Philiki Hetairia eine andere Atmosphäre. Bis dahin hatten die »Brüder« zwar immer wieder betont, daß sie

* Beschluß der Ulema, der islamischen Rechts- und Religionsgelehrten, der einem Gesetz gleichkommt.

bereit seien, ihr Leben auf dem Altar des Vaterlandes zu opfern, gleichzeitig hatten sie aber auch stets die düstersten und pessimistischen Szenarien und Neuigkeiten vorgetragen. Plötzlich wehte ein anderer, zuversichtlicher Wind und zerstreute die stickige Atmosphäre von Bouboulis' Arbeitszimmer, in dem wir unsere Versammlungen abhielten. Nie zuvor waren die Umstände günstiger gewesen. Endlich war der Augenblick gekommen, auf den wir so viele Jahre so sehr gewartet hatten. Und zu allem Überfluß konnten wir auf die militärische Unterstützung Rußlands zählen. Ich erinnere mich nicht, wie wir zu dieser Überzeugung kamen, aber sie war tief in unseren Herzen verwurzelt, ganz so, als ob jeder von uns die ausdrückliche Zusicherung der kaiserlichen Regierung in Sankt Petersburg erhalten hätte. Selbst ich wurde von diesem allgemeinen Gefühl des Optimismus erfaßt, obwohl ich den Russen nicht traute.

Kapitel 12

Die allgemeine Begeisterung war so groß, daß wir einstimmig beschlossen, unsere Schiffe in den Hafen zurückzubeordern, ohne dabei auf bestehende Verträge oder die an Bord befindliche Ladung Rücksicht zu nehmen. Jetzt spielte Geld keine Rolle mehr; es ging einzig und allein darum, das Vaterland zu befreien. In dieser Atmosphäre von Ungeduld und Aufregung kam eines Morgens der Kapitän eines Küstenschiffes zu mir und sagte, er habe eine Botschaft »von Sarkis Bey«. Der Text war verschlüsselt. Mit der ihm eigenen Ironie hatte er seine Nachricht in unserem speziellen Code abgefaßt, den zu entschlüsseln ihm gelungen war. Der Spaß, den er sich gemacht hatte, um uns zu beweisen, daß er überall seine Augen und Ohren hatte, rang mir ein Lächeln ab, das jedoch auf meinen Lippen gefror, als ich den Inhalt der Botschaft las: »Kurchid Pascha kommt nach Tripolitza.«

Der Name allein genügte, um mich zittern zu lassen, so wie er das ganze Kaiserreich erzittern ließ. Später würde ich in Erfahrung bringen, daß dem Sultan Gerüchte über ein griechisches Komplott zu Ohren gekommen waren. Die türkische Polizei war nicht so blind, wie ich mir eingeredet hatte, und meine Landsleute waren noch schwatzhafter, als ich befürchtet hatte. Um sich Klarheit zu verschaffen, hatte der Sultan seinen blutrünstigsten Spürhund auf uns gehetzt. Sein mörderischer Ruf eilte ihm voraus. Kurchid Pascha war ein abtrünniger Georgier. Er war ganz besonders den Christen gegenüber unbarmherzig, als wollte er den eigenen Verrat an seinen ehemaligen Glaubensbrüdern mit Blut abwaschen. Als er einige Jahre zuvor nach Serbien geschickt worden war, um dort einen Aufstand niederzuschlagen, waren selbst die Türken über seine Grausamkeit entsetzt gewesen. Aber sein Gebieter war mit seiner Leistung sehr zufrieden. Seine große Intelligenz und seine skrupellose Durchtriebenheit wurden nur noch von seiner grenzenlosen Grausamkeit übertroffen. Er tötete weder aus Rache noch aus Zorn oder aus einem Wahn heraus wie Ali Pascha, er rottete einfach methodisch und ohne jede Gefühlsregung aus. Dadurch war er die Verkörperung einer der Grundregeln der türkischen Politik, die da lautete: »Zunächst einmal alle massakrieren und dann die Schuldigen suchen.« Man hatte uns keinen General geschickt, sondern einen Henker.

Als er Anfang November dieses Jahres 1820 in Tripolitza ankam, verflog die Begeisterung der »Brüder« ebenso schnell, wie sie aufgewallt war. Natürlich sprach niemand davon, unser Vorhaben aufzugeben, aber alle schienen unsere Erfolgschancen viel kritischer zu sehen. Das erste, was wirklich in Zweifel gezogen wurde, war die Unterstützung durch Rußland. So wie man einige Wochen zuvor jeden Eid darauf geleistet hätte, daß der Zar uns mit seinen Armeen zu Hilfe eilen würde, genauso sicher war man sich jetzt, daß er um jeden Preis einen Konflikt mit dem Sultan vermeiden wollte. Bischof Germanos überschüttete uns mit Geheimbotschaften. Er, der uns vor Ungeduld bebend zum Handeln aufgestachelt hatte und ständig von uns forderte, nun endlich loszuschlagen, er befahl uns nun ebenso nachdrücklich, den Zeitpunkt unseres Losschlagens hinauszuschieben.

Andere ebenso sorgfältig verschlüsselte Botschaften erreichten uns aus Konstantinopel. Die »Priester« hatten beschlossen, daß der Aufstand in fünf Jahren stattfinden sollte, im Jahre 1825. Ständig ging mir der Name meines Paten Bourzinos durch den Kopf. Gerne hätte ich ihn um

Rat gefragt, weil er der einzige war, der mir weiterhelfen konnte. Aber wie immer war er unerreichbar. Schließlich wurde auch ich von dem allgemein vorherrschenden Gefühl der Entmutigung erfaßt.
Wir waren einfach noch nicht soweit. Wie die »Brüder«, so zögerte auch ich zu handeln. In Wahrheit hatte ich Angst – nicht um mich, sondern um meine Söhne, meine Freunde und all die unbekannten Brüder, die Gefahr liefen, ihr Leben zu verlieren. Ausgerechnet jetzt, als es darum ging, den Kampf aufzunehmen, empfand ich wieder als Frau und Mutter. Mein Sohn Yanno, dem ich das alles ersparen wollte, war der einzige, der sich gegen einen neuen Aufschub aussprach. Mit der ganzen Ausstrahlung seiner scheinbaren Zerbrechlichkeit und der Überzeugung seines edlen Herzens machte er mir klar, daß ein weiterer Aufschub fatale Folgen haben würde. Jeden Augenblick konnten die Türken mehr über uns herausfinden und die Philiki Hetairia aufspüren. Wir verfügten über die Waffen; und unsere Kämpfer waren bereit. Es war unmöglich, es weiter hinauszuschieben. »Enttäusche uns nicht, Mutter«, wiederholte er immer wieder. »Enttäusche unsere Männer nicht.«
Um die Weihnachtszeit wurde ein Unbekannter, ein blonder Mainote bei mir vorstellig. Die ruhige Kraft, die er ausstrahlte, sein männlich kämpferisches Äußeres und seine klaren blauen Augen gefielen mir. Mihail Avieris – so hieß der Mann – überreichte mir einen Brief von Bourzinos. Wie immer ließ mein Pate zum richtigen Zeitpunkt von sich hören. Er fegte unsere Zweifel und unser Zögern einfach dadurch hinweg, daß er sie ignorierte. »Ich zähle auf euch. Ich weiß, daß Eifer, Freude und Hoffnung eure Herzen erfüllen. Bevor wir unseren Kampf aufnehmen, wollten wir wissen, wie der russische Zar dazu steht. Wir haben beschlossen, seine Pläne zu ergründen, und für diese Mission haben wir den Überbringer dieses Briefes

ausgewählt, einen Mann von Rang aus meinem Lehen in Kardamili ...«

Mihail Avieris kam direkt aus Konstantinopel. »Aber warum«, so fragte ich ihn, »bist du erst bei mir vorbeigekommen, anstatt gleich jenem Bericht zu erstatten, der dich geschickt hat?«

»Der Ausführende gab mir den Befehl, zu niemandem auch nur ein einziges Wort zu sprechen, bevor ich dich nicht informiert hatte.« »Ausführender« war der Titel, den Bourzinos in der Philiki Hetaira trug. Ich verstand nicht, welche Absicht dahintersteckte, aber ich wußte, daß er nichts ohne Grund tat. Avieris faßte sich kurz. In Konstantinopel hatte er mit Strogonoff gesprochen. Zar Alexander lehnte es ab, mit uns gemeinsame Sache zu machen, solange er mit der Türkei in keiner offenen Auseinandersetzung stand. Kurzum: Er gewährte uns nicht den Beistand, den er uns versprochen hatte. Wir standen alleine.

Ich reagierte sehr schnell. »Unter keinen Umständen dürfen unsere ›Brüder‹ das erfahren.«

Avieris begehrte auf. Seine Mission war es, den »Brüdern« einen schonungslos offenen Bericht zu geben. Ich erklärte ihm, was für eine Katastrophe er damit auslösen würde. Bereits jetzt zögerten sehr viele der »Brüder«, und die Bereitschaft zu kämpfen ließ ständig nach. Eine solche Nachricht würde das Ende bedeuten für unseren Aufstand, für die Freiheit, für Griechenland.

»Ich muß die Wahrheit sagen«, wiederholte er. Mihail Avieris war einfältig. Unermüdlich versuchte ich ihn davon zu überzeugen, was notwendig war. Seine Antwort darauf war lediglich: »Mein Gewissen verbietet es mir zu lügen.« Mihail Avieris war starrköpfig. Ich flehte ihn an, das Für und Wider abzuwägen und sich seiner Verantwortung bewußt zu sein, bevor er sprach. Darauf sagte er lediglich immer wieder: »Ihr habt mir nicht vorzuschreiben, wie ich mich zu verhalten habe.« Mihail Avieris war zu allem Überfluß auch noch eingebildet.

Mir wurde klar, wie sehr ich mich von seiner äußeren Erscheinung hatte täuschen lassen. Er verachtete die Frauen, das spürte ich an seinem Verhalten mir gegenüber. Er hielt sich für äußerst wichtig, und meine Bitten und Aufforderungen bestärkten ihn nur noch in dieser Haltung. Wenn er reden würde, bedeutete dies das Ende unseres Aufstandes und den Untergang unserer Sache. Es fiel mir wie Schuppen von den Augen. Plötzlich verstand ich, mit welcher Absicht Bourzinos ihn zu mir geschickt hatte. Wenn Mihail Avieris ermutigende Neuigkeiten mitgebracht hätte, so hätte ich ihm dabei geholfen, sie zu verbreiten. Im gegenteiligen Fall mußte ich nun entscheiden, was zu tun war, und dadurch beweisen, daß eine Frau fähig war, ein Mitglied der Philiki Hetairia zu sein.

Ich bot Mihail Avieris an, ihn in die Mani zu bringen, so daß er Bourzinos so schnell wie möglich Bericht erstatten konnte. Ich bat meinen zweiten Sohn Yorgo, uns zu begleiten. Instinktiv wollte ich es vermeiden, Yanno an dieser dunklen Seite des Kampfes, den wir führten, zu beteiligen. Am Weihnachtstag gingen wir an Bord meiner guten alten Koriezou. Ein schneidender Wind fegte über die Insel, und – was sehr selten war – eine knappe Stunde lang hatte es sogar geschneit. Zum Schutz gegen die Kälte hatte ich einen mit Zobelpelz gefütterten Mantel über meine Schultern gelegt, ein Geschenk von Wladimir Alexandrowitsch. Wir hatten Kap Maleas umsegelt und ankerten nun als einzige in der riesigen Bucht der unbewohnten Insel Elafonissos. Der Wind frischte immer mehr auf, fegte über das Deck und durch die Laufgänge, ließ Türen zuschlagen, pfiff durch die Ritzen der undichten Bullaugen und brachte die Kerzen zum Flackern. Eigensinnig und überheblich hielt es Mihail Avieris noch nicht einmal für nötig, sich zu unterhalten. Statt dessen durchbohrte er Yorgo und mich mit seinen Blicken, so als wären wir ihm auf Gnade oder Ungnade ausgeliefert. Um mir Mut anzutrinken, leerte ich

Glas auf Glas. Trotzdem zitterte meine Hand leicht, als ich Avieris zum Nachtisch ein Glas Mavro Daphni* reichte. Er nahm das Glas, drehte und wendete es in seinen Händen, betrachtete dabei lange die bernsteinfarbene Flüssigkeit und roch schließlich an ihr. Mein Magen krampfte sich zusammen. Endlich trank er sein Glas in einem Zug aus. Schreckerfüllt und wie gelähmt starrte ich ihn an. Er erwiderte meinen Blick mit einem ironischen Ausdruck in den Augen – als wüßte er Bescheid. Yorgo war sehr bleich, und ich mußte mich an der Armlehne meines Sessels festhalten, um nicht ohnmächtig zu werden. Wie vom Blitz gefällt, fiel Avieris mit dem Gesicht nach vorne auf seinen Teller. Er schlief tief. Die Zeit hatte gedrängt, und darüber hinaus gab es bei uns nicht viele Möglichkeiten, an Gift zu kommen. Da Gift eine Waffe war, die fast ausschließlich von orientalischen Frauen verwendet wurde, hatte ich nur ein starkes Schlafmittel zur Verfügung gehabt.

Meine Stimme versagte beinahe, als ich mich nun an Yorgo wandte: »Jetzt mußt du handeln, mein Sohn ... für das Vaterland ...« Er erhob sich, trat neben Avieris, zog den Schlafenden an den Haaren empor, so daß er wieder aufrecht saß, und stieß ihm den kurzen silbernen Dolch, den er immer an seinem Gürtel trug, ins Herz. Dann ließ er den Kopf des Toten los, der auf die Lehne des Sessels zurückfiel, und blieb, das blutige Messer in der Hand, neben ihm stehen. Unfähig, auch nur einen Finger zu rühren, starrte ich fasziniert den Toten an, der mir mit weit aufgerissenen Augen und offenem Mund gegenübersaß. War er verheiratet? Hatte er Kinder? Mein Gewissen meldete sich und riß mich aus meiner Erstarrung. »Wir müssen die Leiche beseitigen«, sagte ich zu Yorgo. Wir zerrten den toten Körper bis zum hinteren Fenster der Kabine. Er kam mir unglaublich schwer vor. Wir rollten ihn in ein Tuch,

* Süßer Wein aus Korfu

befestigten Gewichte an ihm, und es gelang uns schließlich, ihn hochzuheben und über Bord zu hieven. Auf dem Schiff war keinerlei Reaktion zu hören. Aber in meinen Ohren hallte noch lange das dumpfe Geräusch des auf das Wasser aufschlagenden Körpers nach. »Du hast unserer Sache einen großen Dienst erwiesen, Yorgo. Sei bedankt.« Er gab mir keine Antwort, sah mich nicht an und ging unsicheren Schrittes in seine Kajüte. Ich begab mich an Deck. Der Wind hatte sich gelegt und eine beißende Kälte durchdrang mich bis ins Mark – doch ich beachtete sie nicht.
Möge deine Seele in Frieden ruhen, Mihail Avieris. Gott in seiner Sanftmut wird mir vielleicht vergeben, daß ich dich getötet habe. Die Griechen aber hätten es mir niemals vergeben, wenn ich es nicht getan hätte.

Das Jahr neigte sich dem Ende zu, als eines Morgens vom Hof her Geschrei bis zu mir drang. Ein Mann brüllte – anders läßt es sich nicht beschreiben – auf türkisch herum und bestand darauf, mich sofort zu sehen. Meine Diener versuchten, ihn zurückzuhalten. Trotz ihrer Proteste lud eine Trägerkolonne auf sein Geheiß hin in meinem Hof riesengroße Kisten ab. Wutentbrannt stürzte ich hinaus.
Auf der Treppe kam mir schon ein hochgewachsener Türke entgegen. Er trug einen Turban und stolzierte herum, als wäre er der Herr im Haus. Ich machte mich auf erneute Schwierigkeiten und Drohungen gefaßt. Als er schließlich vor mir stand, zwinkerte mir der Türke, der ein paar Köpfe größer war als ich, zu und legte seine Hand auf die Brust, was das Erkennungszeichen unter den »Brüdern« unseres Geheimbundes war. Ich glaubte meinen Augen nicht trauen zu können. Und doch hatte ich mich nicht geirrt, denn er flüsterte das Kennwort: »Sipsi«.*
Ich war so überrascht, daß ich mich frage, woher ich die

* Pfeife auf albanisch

Geistesgegenwart nahm, ihm gemäß unserem Geheimcode mit der Losung »Tzaroukia«* zu antworten.
»Siehst du diese Kisten, Kapetanissa? Das, was ich dir da bringe, reicht aus, um alle Türken auf dem Peloponnes umzubringen.«
Der Mann hatte diese Worte herausgeschrien, und ich war geistesgegenwärtig genug, ihn sofort zur Ruhe zu mahnen. Beinahe mit Gewalt stieß ich ihn in Bouboulis' Arbeitszimmer, dessen Türen und Fenster ich eiligst verschloß. Trotz seines jugendlichen Alters – er war sicher nicht älter als fünfundzwanzig – strahlte dieser Mann eine ungewöhnliche Energie aus. Dabei sah er mit seiner fleischigen Nase und seinen grobschlächtigen Gesichtszügen keineswegs gut aus. Mit seinen buschigen Augenbrauen und seinem dunklen, struppigen Bart wirkte er eher furchteinflößend.
»Auf die Knie, Kapetanissa, vor dir steht der Verwalter.** Auf die Knie mit dir, damit ich dich segnen kann, denn ich bin gleichzeitig Priester unserer heiligen orthodoxen Kirche.«
Das war wirklich zuviel des Guten, und ich brach in schallendes Gelächter aus, was ihn aber in keiner Weise zu kränken schien. Gelassen erzählte er mir, daß er viele Jahre zuvor Priester geworden war, und daß er seit kurzem ein Mitglied der Philiki Hetairia sei. Wenn es die Sache erforderte, so reiste er in den unterschiedlichsten Verkleidungen. Papa Flessas – so lautete der Spitzname, unter dem er bekannt war – hatte die Gabe, Menschen zu überzeugen. Er reiste kreuz und quer durch Griechenland, um unseren Brüdern den bevorstehenden Aufstand anzukündigen und um unsere Aktivitäten zu koordinieren. Jetzt kam er geradewegs aus Votitzas auf dem Peloponnes, wo er vor einer Versammlung von Prälaten und hohen Würdenträgern gesprochen hatte.

* Mit einer knäuelartigen Quaste verzierte Schuhe

**Eines der ranghöchsten Mitglieder der Hetairia

»Unmöglich, sie zum Handeln zu bewegen. Das sind alles Eunuchen, besonders dieser Germanos, der Bischof von Patras. Er hat seinen kirchlichen Rang dazu benutzt, mich zum Schweigen zu bringen, mir Befehle zu erteilen und mich zu erniedrigen. Es war unmöglich, zu Wort zu kommen. Er will um jeden Preis den Zeitpunkt unseres Aufstandes hinausschieben. Er kläfft, aber gleichzeitig zittert er. Ich sage dir, das sind alles Eunuchen.«

Die Redseligkeit von Papa Flessas belustigte mich, und da ich nur zu gut wußte, wie der Bischof von Patras war, konnte ich mir bildlich vorstellen, wie die beiden Kirchenmänner sich krächzend und mit flatternden Schleiern gegenüberstanden, wie zwei riesige schwarze Vögel.

»Er hat es gewagt, mich als Landstreicher, Gesetzlosen, ärmliches Subjekt und verlausten Vagabunden zu bezeichnen.«

»Und was dann, Papa Flessas?«

»Am Ende ging er mir so auf die Nerven, daß ich ihn schließlich einen ›Kolo Despotis‹* genannt habe. Ich hoffte, daß er dadurch einen Herzanfall kriegen würde. Du hättest die Gesichter der anderen sehen sollen.«

»Nimm dich vor der Rache der Pfaffen in acht, du solltest doch am besten wissen, wie gefährlich sie sind, nicht wahr, Papa?«

Der Verwalter wollte jene Reeder und Würdenträger von Spetsai kennenlernen, die Mitglieder der Philiki Hetairia waren.

Den ganzen Tag war ich damit beschäftigt, diese Zusammenkunft zu arrangieren und – was noch sehr viel schwieriger war – ihn dazu zu bringen, etwas diskreter aufzutreten. Ständig verließ er das Arbeitszimmer von Bouboulis, und nur in diesem sollte er sich aufhalten. Er plauschte mit der Dienerschaft, ging auf die Straße, sprach mit diesem und

* Ein »Arsch« von Bischof

jenem. Schon durch sein Äußeres fiel er sofort auf, aber mit seinen zündenden Reden zog er die Aufmerksamkeit noch viel mehr auf sich. Es war unmöglich, ihn zum Schweigen zu bringen. Diese traurige Erfahrung mußte ich machen, als wir auf dem Weg zum alten Mexis waren, bei dem die Zusammenkunft stattfinden sollte. Es fehlte nicht viel und Papa Flessas hätte unsere Aufstandspläne laut hinausposaunt. Pausenlos versuchte ich voller Verzweiflung, ihn dazu zu bringen, leiser zu sprechen. Wir gingen durch das Portal des Hauses von Mexis, des prunkvollsten der ganzen Stadt, überquerten den gepflasterten Innenhof, der im Schatten eines riesigen Maulbeerbaumes lag, und gingen durch eine Flucht von Empfangszimmern, bis wir schließlich zu einer steilen Holztreppe gelangten. Unter dem Dach, weit ab von allen neugierigen Ohren, hatte Mexis einen Konferenzsaal einrichten lassen. Um einen langen Tisch herum saßen ungefähr dreißig Männer, beinahe alles, was in Spetsai Rang und Namen hatte: die Reeder, die Reichen, die Würdenträger. Unter ihnen waren zwei meiner Halbbrüder aus der Familie Lazarou und natürlich Yanno.

Papa Flessas, der, um sie zu beeindrucken, sein Priestergewand angelegt hatte, erklärte ihnen zunächst, daß er ihnen Waffen und Geld – fünfzigtausend Piaster – brachte. Dieses Almosen konnte die anwesenden Millionäre natürlich nicht beeindrucken. Dann schlüpfte er ganz in die Rolle des Verschwörers und offenbarte ihnen sehr theatralisch die geheimsten Pläne der Hetairia: Epirus, der Peloponnes, Mazedonien, Thessalien, Rumelien und die Inseln würden sich in einigen Wochen, zwischen Ende Februar und Anfang März, gleichzeitig erheben. Kurz darauf würden die Serben und die Montenegriner desgleichen tun und das Joch der Türken abwerfen. In Konstantinopel selbst würde an einem festgelegten Tag eine Gruppe von sehr gut organisierten Verschwörern die wichtigsten Gebäude der

Stadt sprengen und den Sultan ermorden. Und schließlich und endlich hielt sich Rußland bereit, um der Türkei den Krieg zu erklären und den Griechen zu Hilfe zu eilen.
Ich hütete mich davor, gegen diese offensichtlichen Lügen zu protestieren, und ließ mir meine Skepsis in keiner Weise anmerken. Die Reeder hingegen zögerten nicht, die ihre zu zeigen. Obwohl sie nicht wußten, daß Rußland uns seine Unterstützung versagte, blieben sie trotz der schönen Versprechungen von Papa Flessas äußerst vorsichtig. Sie waren natürlich bereit, den Kampf aufzunehmen, aber unter der Bedingung, daß die Provinzen, die Papa Flessas aufgezählt hatte, dies vor ihnen taten. Diese im internationalen Handel erfahrenen Geschäftsleute wurden im Handumdrehen wieder zu listigen Bauern. Als er merkte, daß er keinen Erfolg hatte, begann Papa Flessas ihnen die Leviten zu lesen und sie zu beschimpfen. Aber auch das half nicht. Rein gar nichts auf der Welt konnte starrsinnige Arvaniten dazu bringen, ihre Meinung zu ändern. Papa Flessas war außer sich und schrie: »Mögen die Türken jeden einzelnen von euch umbringen, den sie unbewaffnet antreffen.« Unsere Spetsioten ließen sich jedoch von diesen Verwünschungen in keiner Weise beeindrucken. Papa Flessas schäumte vor Wut und verließ türenschlagend den Raum.
In meinem Hof fand ich ihn wieder, wo er zwischen den Kisten mit Waffen auf und ab ging. Er stieß laute Verwünschungen gegen die Reeder hervor, gegen die Einwohner von Spetsai, gegen Arvaniten und Griechen. Sie alle wünschte er an den Galgen oder zum Henker. Seine Schwatzhaftigkeit brachte uns in Gefahr. Ich zog ihn ins Haus.
»Jetzt beruhige dich, Papa Flessas, und sag mir die Wahrheit. Was stimmt an den Aufstandsplänen, von denen du erzählt hast?«
Sein Gesicht nahm einen listigen, beinahe heuchlerischen Ausdruck an. Er sah fast aus wie ein Roßtäuscher, der sich

einem einfältigen Opfer gegenübersieht, das er ausnehmen kann.
»Was ich gesagt habe, stimmt alles, Kapetanissa.«
»Nimm dich in acht, Papa Flessas! Entweder du bist mein Freund und du sagst mir die Wahrheit, oder du erzählst mir die gleichen Märchen wie den Reedern und du verläßt mein Haus.«
Schließlich rückte er mit der Wahrheit heraus. Er sagte, daß einiges von dem, was er erzählt hatte, stimmte. Aufstände standen kurz vor ihrem Ausbruch in Moldawien, in einigen Gegenden des Peloponnes, ganz besonders in der Mani und auf einigen Inseln wie Psara, unserer Konkurrentin. Das, so meinte er, reiche voll und ganz. Sein Enthusiasmus war neu entflammt: Leichten Herzens würde er alles, was türkisch war, umbringen und so in kürzester Zeit Griechenland vom Joch der Besatzer befreien. Ich aber blieb nachdenklich.
Es war schon ziemlich spät nachts, und er hatte sich entschlossen, vor dem Morgengrauen aufzubrechen. »Ich will nicht schlafen. Gib mir eine Flasche, ich warte hier, bis es soweit ist.« Meine Diener schliefen. Ich schickte Nur, die treue Nur, die nie vor mir zu Bett ging, um einen Imbiß aus der Küche zu holen. Zusammen aßen wir in dem großen Saal. Ich hatte dort nur ein paar Kerzen angezündet, um nicht die Aufmerksamkeit der Nachbarn oder irgendwelcher Nachtschwärmer auf uns zu ziehen. Wir saßen an einem kleinen intarsienverzierten Tisch. Papa Flessas trug noch immer sein schwarzes Priestergewand. Auch ich hatte mich seit der Zusammenkunft nicht umgezogen und hatte noch immer mein besticktes Seidenkleid an. Nur hatte Wunder gewirkt. Sie schleppte Käse, Pasteten, Böreks und Zuckerzeug heran, das mein Gegenüber im Nu verschlang. Nur, die sich natürlich mit Wein überhaupt nicht auskannte, brachte alle möglichen Flaschen an, die ihr in die Hände gefallen waren: roten Bordeaux, Champagner, Retsina,

Raki, Cognac, Porto, Madeira. Papa Flessas trank abwechselnd von allem, und seine Trinkfestigkeit erfüllte mich mit Bewunderung. Dann begann er die arme Nur zu belästigen. Jedesmal, wenn er sie kniff oder ihr die Hand auf den Hintern legte, kicherte sie.

»Wie du siehst, Kapetanissa, habe ich als guter Christ keinerlei Rassenvorurteile.« In Weinlaune ließ er sich zu Vertraulichkeiten hinreißen.

Der Mann, der mir gegenübersaß, war nicht nur ein echter Patriot, sondern auch ein schlitzohriger Gauner. Er war das jüngste von achtundzwanzig Kindern, denn sein Vater war zweimal verheiratet gewesen. Er war bereits Mönch, als er mit einem türkischen Bey Schwierigkeiten bekam, dessen Ehefrau er nicht nur geistigen Beistand geleistet hatte.

»Ihr werdet mich niemals kriegen, ihr Schlappschwänze!« hatte er dem Bey und seinen Soldaten entgegengeschrien. »Ich gehe weg, und wenn ich zurückkomme, dann als Bischof oder Pascha.« Er brach in schallendes Gelächter aus, das er mit einem lautstarken Rülpser krönte. »Und ich habe mein Versprechen gehalten, denn zurückgekommen bin ich mit dem Range eines Bischofs in unserem Geheimbund.« Als ich meinem Erstaunen darüber Ausdruck gab, daß er in so jungen Jahren schon so einen hohen Posten innehatte, während ich selbst immer noch im Range eines einfachen »Bruders« stand, gab er zu, daß er den Priester, der ihn in den Geheimbund einführen wollte, erpreßt hatte.

»Ich hatte einfach zu ihm gesagt, daß ich ihn bei der türkischen Polizei denunzieren würde, wenn ich nicht von Anfang an den gleichen Rang erhalten würde wie er selbst.«

Angeheitert und gesprächig, grapschte Papa Flessas nach Nur, schüttete Glas auf Glas in sich hinein, lachte, rülpste – und das alles, während er seine gelungensten Abenteuer zum Besten gab.

»Du bist ein großer Sünder, Papa Flessas, und ein großer Wegelagerer. Aber ich mag Priester deines Schlages.«

Eben in diesem Moment – es war einer der wenigen Augenblicke, in denen Papa Flessas' Wortschwall versiegt war – drang ein leises Geräusch an mein Ohr. Mit sphärisch kristallinem Läuten schlug meine Taschenuhr Mitternacht. Papa Flessas machte ein nachdenkliches, ja beinahe gerührtes Gesicht.

»Weißt du, Kapetanissa, daß heute der einunddreißigste Dezember ist? In eben diesem Augenblick beginnen wir – du und ich – das Jahr 1821.« Langsam erhob er sein Glas, und mit rauher Stimme sagte er: »Auf das Wohl Griechenlands.«

Auch ich hob mein Glas. »Auf das Wohl der Griechen.«

Gegen fünf Uhr morgens erhob er sich. Ich bestand darauf, ihn zu begleiten. Gemeinsam gingen wir in die stockdunkle Nacht hinaus. Am Gartentor warteten seine Leibwächter auf ihn – sieben an der Zahl, von denen einige seine Brüder waren, die er mir noch nicht einmal vorgestellt hatte. Schweigend folgten sie uns, während Papa Flessas in den stillen Gassen weiter seine weinseligen und lauten Volksreden hielt. Gott sei Dank trafen wir weder auf Türken noch auf indiskrete Lauscher. Die Sterne waren die einzigen Zeugen für diesen Schwall von Flüchen gegen unsere Unterdrücker. Es war sehr kalt, deswegen gingen wir schnell, um uns etwas aufzuwärmen, und wir hatten auch schon beinahe die Dapia erreicht, als ich plötzlich eine dumpfe Detonation hörte. Die Kugel pfiff nur ein paar Zentimeter über unsere Köpfe hinweg. Die Leibwächter ließen das Gepäck von Papa Flessas fallen und rannten in die Richtung, in der sie den Schützen vermuteten. Sie durchsuchten das ganze Viertel, jedoch ohne Erfolg. Der Attentäter hatte sich in Luft aufgelöst. Ich zitterte. Papa Flessas klopfte mir so heftig auf die Schulter, daß ich beinahe hingefallen wäre.

»Komm schon, Kapetanissa. Ein Palikari wie du kennt keine Furcht ...«
»Ich fürchte mich auch nicht, wenigstens nicht vor einem Piraten, der mit gezücktem Säbel auf mich zustürmt. Aber ein Meuchelmörder, der mir in den Rücken schießt, selbst wenn die Kugel nicht für mich bestimmt war ...«
»Die war für dich bestimmt.«
»Da irrst du dich. Sie war für dich bestimmt; ich bin bei weitem nicht so berühmt wie du.« Tatsächlich durchlebte ich eine der seltenen Phasen meines Lebens, in denen ich keine Feinde hatte. Papa Flessas hingegen, das hatte ich gehört und auch selbst mitansehen können, hatte die Gabe, sich immer und überall Feinde zu schaffen.
»Deine reichen Freunde scheinen ziemlich nachtragend zu sein«, sagte er.
»Und deine Bischöfe schrecken vor nichts zurück«, erhielt er von mir zur Antwort. Dabei dachte ich an die Kirchenmänner, die er beleidigt hatte. Ich bedauerte, daß er abreisen mußte.
Einige Tage später befand ich mich gerade im Hof und war dabei, die Einkäufe zu überprüfen, die meine Diener vom Markt zurückgebracht hatten, als ich plötzlich ein furchterregendes Grollen vernahm, das von überall und nirgends zu kommen schien. Zunächst dachte ich, daß die türkische Flotte dabei war, uns zu beschießen. Aber nein, der Lärm kam aus dem Inneren der Erde selbst. Ich wurde durchgeschüttelt, hin und her gestoßen und wäre sicher zu Boden gefallen, wenn es mir nicht gelungen wäre, mich am Ast eines Baumes festzuhalten, der beinahe genauso hin und her schaukelte wie ich selbst. So plötzlich, wie es begonnen hatte, hörte das Beben auch wieder auf. Aber niemand hatte Zeit, auch nur einen Schrei auszustoßen, als auch schon das zweite Beben kam, das zwar viel kürzer war als das erste, aber auch viel stärker. Diesmal wurde ich zu Boden geschleudert und schlug der Länge nach auf das Pflaster des Hofes.

Einige Sekunden lang herrschte eine fast übernatürliche Stille, bevor man Geschrei und Gestöhn vernehmen konnte. Und dann waren seltsame Phänomene zu beobachten. Fontänen kochenden Wassers schossen aus der Erde. Brunnen versiegten mit einem Schlag und ganze Abschnitte der Küste brachen los und stürzten ins Meer. Ich weiß nicht, welcher Reflex mich dazu veranlaßte, auf die höchste Terrasse des Hauses zu laufen, da, wo es eigentlich im Falle eines Erdbebens am gefährdetsten war. Von dort oben sah ich, wie der Wasserstand an der Dapia mit schwindelerregender Schnelligkeit sank. Das Meer zog sich zurück, und schon saßen die am Kai verankerten Barken auf Grund. Ich sah Männer, Frauen und Kinder schreiend, mit zum Himmel erhobenen Händen, durcheinander laufen. Ich sah die Wasserhose auf uns zufegen, und es wurde mir klar, daß eine Katastrophe unvermeidbar war. Eine riesige Flutwelle würde sich über Spetsai ergießen. Der Sturm entwurzelte schon die ersten Bäume und riß die ärmlicheren Häuser mit sich fort. Plötzlich öffnete der Himmel seine Schleusen. Die Gewalt des Wolkenbruchs durchnäßte mich in Sekundenschnelle bis auf die Haut und drückte mich auf die Fliesen der Terrasse. Es regnete so heftig, daß man nichts mehr sehen konnte. Als sich der Regenvorhang schließlich etwas lichtete, war die Wasserhose verschwunden, und der Pegel des Meeres hatte sich normalisiert. Ich ging nach unten, um mir Klarheit über das Ausmaß der Schäden zu verschaffen. Es gab zwar hier und da große Risse im Mauerwerk, aber die Decken und Wände hatten standgehalten. Wir standen alle unter Schock, jedoch war niemand verletzt worden. Die ärmeren Viertel hatte es viel schlimmer getroffen: Mauern waren eingestürzt, und Dächer waren weggerissen worden. Im Schlamm der Gassen lagen Tote und Verletzte. Man hörte Klagen und Schmerzensschreie. In meiner Hilflosigkeit hob ich die Augen zum Himmel, um ihn zum Zeugen dieses Elends zu machen, und sah einen strahlenden Regenbogen von unglaublicher Intensität. Er entsprang im Meer und wölbte sich über Spetsai. Der Himmel wollte uns ein Zeichen geben: 1821 würde ein außergewöhnliches Jahr werden.

Spetsai begann gerade langsam, sich von dem Erdbeben zu erholen, als uns eine verblüffende Nachricht erreichte. Kurchid Pascha, der blutrünstige Spürhund, den man auf uns gehetzt hatte, war nur kurz nach seiner Ankunft in Tripolitza wieder aufgebrochen. Der Sultan schickte ihn in den Norden Griechenlands in den Kampf gegen Ali Pascha. Sein Verdacht gegen uns und unseren geplanten Aufstand mußte auf mysteriöse Art und Weise zerstreut worden sein. Der abtrünnige Herrscher von Epirus war nun der Feind, den es zu schlagen galt. Die Griechen zählten nicht mehr. Sie hatten sich unterworfen, und sie würden weiter unterwürfig bleiben. Diese Gelegenheit mußten wir nutzen. Der Bluthund des Sultans hatte das Feld geräumt.

Tagtäglich wartete ich auf ein Signal, aber es blieb aus. Sieben Wochen gingen ins Land, ohne daß irgend etwas geschah. Ich erhielt weiterhin ständig Botschaften der »Brüder« mit immer unwahrscheinlicheren und widersprüchlicheren Informationen. Bevor ich klarer sah oder die Bestätigung für den Inhalt dieser Nachrichten hatte, würde ich mich weigern, etwas zu unternehmen. Rings um mich her hatten die fieberhaften Vorbereitungen und die Aufregung über das, was geschehen würde, sich gelegt. Und dann plötzlich versiegte der Strom der verschlüsselten Nachrichten gänzlich. Anstatt der Erklärungen und Informationen, die ich gefordert hatte, herrschte nun eine so vollkommene Stille, daß ich mich manchmal fragte, ob ich mir das alles nicht nur eingebildet hatte und es eine Philiki Hetairia mit ihren Vorbereitungen für einen Aufstand nur in meinen Träumen gab. Das winterliche Wetter wurde milder. Ohne Regen und Wind schien die Natur wie

erstarrt, und auch die Zeit schien stillzustehen. Ich unternahm lange Wanderungen, wie damals während meiner ersten Witwenschaft.
Immer wieder, und ohne daß ich darüber nachdachte, führten mich meine Schritte auf den Hügel des Profitis Ilias. Dort befand sich unser Ausguck, der die See ständig mit seinem Fernrohr absuchte. Auch ich suchte mit meinen Augen unermüdlich das Meer ab, ganz so, als müßte plötzlich am Horizont eine Flotte auftauchen, die dieser Ruhe ein Ende bereiten und die Geschichte ins Rollen bringen würde. Aber nichts dergleichen geschah. Erst wenn die Dunkelheit hereinbrach, verließ ich meinen Beobachtungsposten und kehrte – jeden Tag enttäuschter – nach Hause zurück. Der Februar ging ins Land, und es wurde März. Das Datum, an dem Papa Flessas den Beginn des Aufstandes angesetzt hatte, war schon seit einigen Wochen verstrichen, und noch immer hörte ich nichts.

KAPITEL 13

Der dritte März fiel auf einen Mittwoch. Ich erinnere mich daran, weil kein Grieche es gewagt hätte, am Tag zuvor, das heißt am Dienstag, irgend etwas zu unternehmen. Seit dem Fall von Konstantinopel bringt dieser Tag Unglück. Wie es meine Gewohnheit war, stand ich an diesem Mittwoch, dem dritten März, früh auf, und nach der Morgentoilette trank ich meine zwei heißen, starken Kaffees. Ich fühlte mich beinahe wie in Trance – als würde ein Wille, der stärker war als mein eigener, mir mein Verhalten diktieren. Ich schickte Yanno los, um meinen Besatzungen Bescheid zu sagen, daß meine kampfbereiten Schiffe sich klarmachen sollten, alsbald die Anker zu lichten.

»Wohin fahren wir, Mutter?« fragte er mich.

»Dorthin, wohin die Vorsehung uns schickt, mein Sohn.«

Ich kleidete mich sorgfältig an. Ein knöchellanger Rock gab mir größtmögliche Bewegungsfreiheit. Ich zog Stiefel aus weichem Leder an und schlüpfte in meine reich bestickte kurze Jacke. Um meine Haare schlang ich ein golddurchwirktes Tuch, das wohl eher dem Turban eines Piraten ähnelte, als dem Schleier einer Frau von Spetsai. Zuletzt steckte ich in meinen seidenen Gürtel die beiden goldziselierten Pistolen, die Bouboulis Yanouzas anläßlich meiner ersten Heirat geschenkt hatte.

Als ich die grün gestrichene Außentür öffnete, fand ich auf dem kleinen Platz vor meinem Haus eine Menschenmenge vor. Die Einwohner Spetsais bevölkerten die Straßen und den Hafen. Sehr schnell hatte sich die Nachricht von meiner bevorstehenden Abfahrt verbreitet und Schaulusti-

ge angezogen. Die Agamemnon, die Koriezou und meine anderen Schiffe waren reich beflaggt; ich wollte, daß dieser Aufbruch gleichzeitig ein Fest war. Eine Schaluppe brachte mich auf mein Flaggschiff. Alles war zum Auslaufen bereit. Jeder Seemann war auf seinem Posten, und die Kanoniere standen mit brennenden Lunten neben ihren todbringenden Geschützen. Yanno war am Ruder und würde gleich den Befehl zum Lichten der Anker geben. Neben mir war Yorgo, der mich zum ersten Mal begleitete. Ich nahm ein Sprachrohr und wandte mich an die Seeleute und an die am Ufer stehenden Einwohner Spetsais. Was folgte, war meine erste öffentliche Rede. Natürlich sprach ich von Unabhängigkeit, von Freiheit, von Griechenland.
Ich wiederholte die Worte meines Schwures, den ich bei meinem Eintritt in die Philiki Hetairia abgelegt hatte. Ich kündigte ihnen an, daß ich das Joch abwarf und mich außerhalb des Gesetzes stellte. Ich ließ die türkische Flagge mit dem Stern und dem Halbmond einholen und an ihrer Stelle am Großmast eine riesige Fahne aufziehen, die ich in einem von Bouboulis' Schränken gefunden hatte. Auf ihr war ein ungeheuer großer Phönix abgebildet, den man sicher meilenweit sehen konnte. Der Vogel, der aus seiner Asche aufersteht, stand für Griechenland, das es ihm sehr bald gleichtun sollte. Laut rief ich: »Niemals mehr werden wir Sklaven sein.« Und dann versagte meine Stimme, und Tränen traten mir in die Augen. Meine Bewegung hatte auch die Menge erfaßt, und ich sah, wie einige sich Tränen aus den Augenwinkeln wischten. Ich beendete meine Rede mit einem »Es lebe die Freiheit!« Darauf antwortete ein lautes und freudiges Zitos* aus tausend Kehlen.
Auf ein Zeichen von mir feuerten die Agamemnon und meine sieben anderen Schiffe eine Salve aus ihren Geschützen. Die Böllerschüsse waren noch zu hören, als meine

* Vivat

Seeleute mich zur Dapia zurückbrachten. Ich war so trunken vor Stolz, daß ich, als die Schaluppe am Kai anlegte, beinahe das Gefühl hatte, meinen Fuß auf gerade erobertes Land zu setzen. Griechenland und die Freiheit hatten Spetsai erobert. Der Kanonendonner, der Pulverdampf, die Schlachtrufe und die Vivats auf die Freiheit unseres geliebten Griechenland hatten die Spetsioten so sehr berauscht, daß mein Weg von der Dapia bis zu meinem Haus zu einem laut umjubelten Triumphzug wurde. So begann für mich dieses erstaunliche Abenteuer. Als ich schließlich alleine in meinem Zimmer war, legte ich meinen Galastaat ab und musterte lange mein Ebenbild in dem großen bronzegefaßten Spiegel. Redete mein Spiegelbild zu mir, oder sprach ich zu ihm? »Bist du verrückt geworden, Laskarina? Was in Gottes Namen ist nur in dich gefahren? Was hast du getan? Dich dürstet nach Türkenblut, aber auf Spetsai gibt es gar keine Türken. Oder hast du dich vielleicht entschlossen, allein gegen die Flotte des Kapetan Pascha zu kämpfen? Vergiß nicht, daß während deines kleinen Festes die Würdenträger und die Reeder schön vorsichtig zu Hause geblieben sind. Die Spetsioten haben dir ihre Begeisterung gezeigt. Aber wissen sie überhaupt, was da auf sie zukommt?« Mit einem wütenden Fußtritt drehte ich den Spiegel von mir weg, um mich nicht mehr ansehen zu müssen.

Die nächsten zwei Wochen vergingen mit Palavern. Ich versuchte, die anderen Reeder zu überzeugen, sich der Bewegung anzuschließen. Nur sie konnten Spetsai dazu bringen, am Aufstand teilzunehmen. Mit denen, die sich mir schon angeschlossen hatten, das heißt jenen, die von Anfang an mit ganzer Seele dabei waren – meinen Halbbrüdern Lazarou und meinem Schwiegersohn Koutsis –, hatten wir schon neunzehn Schiffe, die bereit waren, den Kampf aufzunehmen. Die Mehrheit – das heißt die Vorsichtigen – zu überzeugen war keine leichte Aufgabe. Eine nächtliche Zusammenkunft folgte auf die andere. Sie standen alle unter dem Vorsitz des alten Mexis, der der Älteste und auch der Reichste von uns war. Er war der verehrte, von allen geachtete Patriarch, auf den man hörte. Ihn mußte ich für unsere Sache gewinnen. Diese außergewöhnliche Persönlichkeit machte auch auf mich einen großen Eindruck. Er hatte einen langen weißen Schnurrbart und eine Adlernase. Mit seinen halbgeschlossenen Augen schien er kaum etwas zu hören oder mitzubekommen – in Wirklichkeit aber entging ihm nichts. Nie erhob er die Stimme. Das war auch nicht nötig, denn seine Autorität wurde von allen widerspruchslos anerkannt. Er war unbeugsam, von absoluter Ehrlichkeit und ein glühender Patriot, aber er wollte seine Munition nicht sinnlos verschießen.

»Wir müssen warten, Laskarina, wir müssen warten«, antwortete er ruhig auf mein anhaltendes Drängen. Warten worauf? Warten, was passiert, sehen, ob Hydra etwas unternimmt, ob die Mani etwas unternimmt, ob auf dem Peloponnes etwas geschieht. »Wir müssen warten, Laskarina, wir müssen warten.«

»Du wirst so lange warten, bis es dann plötzlich zu spät ist, ohne daß du es gemerkt hast.« Er wurde von einem Lachen geschüttelt, als wäre diese Bemerkung ein amüsanter Scherz. Die anderen warteten, wie sich der alte Mexis entscheiden würde.

Eines Morgens Ende März wurde an der Tür des Dikitirio, des bescheidenen Gebäudes, in dem unsere Gemeindevorsteher ihren Rat abhielten, ein Ferman des Kaimankan, der rechten Hand von Kurchid Pascha, angeschlagen. Er enthielt den Befehl an alle Griechen, ihre Waffen bei den türkischen Behörden abzuliefern. Die Leute diskutierten untereinander, erregten sich und sprachen sich gegenseitig Mut zu. Von Haus zu Haus, von Café zu Café waren die Antworten immer die gleichen: Keinesfalls würden wir unsere Waffen herausgeben. Diese alten Gewehre, verrosteten

Pistolen und stumpfen Säbel waren etwas, das in allen Familien, selbst in den ärmsten, wie ein Schatz von Generation zu Generation weitergereicht wurde. Solange die Türken sie auf dem Boden irgendwelcher Truhen hatten ruhen lassen, hatte niemand auch nur im entferntesten daran gedacht, sie gegen sie zu erheben. Jetzt, als Folge dieses beleidigenden Dekrets, waren alle entschlossen, sie zu gebrauchen.
Ich erhielt die Einberufung zu einer außerplanmäßigen Zusammenkunft der Philiki Hetairia. Der alte Mexis erklärte uns, daß er einen zweiten Ferman des Kaimankan erhalten hatte, in dem den kirchlichen und weltlichen Würdenträgern seines Zuständigkeitsbereiches befohlen wurde, sich umgehend nach Tripolitza zu begeben – andernfalls würden sie als Rebellen angesehen. Alle Reeder außer mir waren auf dieser Liste aufgeführt – eine Tatsache, die für das verborgene Wirken meines seltsamen Freundes Sarkis Bey sprach. Der alte Mexis sagte uns auch, daß bereits einige Bischöfe und Würdenträger des Peloponnes auf dem Weg nach Tripolitza seien.
»Und im Augenblick ihrer Ankunft werden sie vom Kaimankan als Geiseln gefangengenommen werden«, prophezeite ich.
Der alte Mexis nickte. »Wir müssen nachdenken und diskutieren.«
»Es gibt nichts mehr nachzudenken. Und es gibt auch nichts mehr zu diskutieren. Wenn ihr das akzeptiert, seid ihr verloren.«
»Und wenn sie uns als Rebellen behandeln?«
»Sie können uns nichts anhaben, und außerdem schlimmer kann es nicht mehr werden.«
Der alte Mexis wiederholte immer wieder, daß wir uns erneut treffen und diskutieren sollten. In der Zwischenzeit ließ er uns schwören, daß wir absolutes Stillschweigen bewahren würden ... als ob sich in Griechenland irgend etwas geheimhalten ließ.

Nach der Versammlung, auf dem Weg zum Hafen, begriff ich, daß die Spetsioten die Neuigkeit schon kannten und sie schon auf ihre Art und Weise ausgeschmückt hatten. Einige hatten »mit eigenen Augen« gesehen, wie man den alten Mexis in Ketten nach Tripolitza geschleppt hatte ... Andere hatten von weitem die türkische Flotte ausgemacht, die mit vollen Segeln auf Spetsai zuhielt. Wiederum andere schließlich behaupteten zu wissen, daß die Koutsis in den Untergrund gegangen seien ... »Germanos ist schon von Patras aus nach Tripolitza aufgebrochen.« Diese letzte Behauptung ließ mich zusammenzucken, denn der Matrose, der sie in die Welt gesetzt hatte, schien mir etwas vertrauenswürdiger als die anderen. Deshalb fragte ich ihn aus. Das Schiff, auf dem er arbeitete, kam direkt aus Patras. Vor seiner Abfahrt war ihm aufgefallen, daß die bischöfliche Residenz verwaist schien. Die Bewohner des Stadtteils hatten ihm erzählt, daß der Bischof die Residenz verlassen habe. Wenn unser örtliches Oberhaupt in die Hände des Kaimankan fiele, dann wäre auch das Leben der anderen Mitglieder der Philiki Hetairia nicht mehr viel wert.

Als ich zu Bett ging, war ich nervös und beunruhigt. Es war mir kaum gelungen einzuschlafen, als mich Nur auch schon wieder weckte. Der alte Mexis bestellte uns mitten in der Nacht zu sich. Es mußte wirklich etwas Wichtiges geschehen sein. In dem Saal, in dem die Versammlung abgehalten wurde, fand ich schon die anderen Bundesbrüder vor, ebenso wie ein listig wirkendes Mönchlein, das der Bischof losgeschickt hatte, um uns die neuesten Ereignisse mitzuteilen. Es stimmte also, daß Germanos Patras verlassen hatte. Als er bei Kalavrita in die Berge kam, erreichte ihn eine seltsame Botschaft von einem Türken aus Tripolitza, zu dem er freundschaftliche Beziehungen unterhielt. Dieser warnte ihn und die anderen Prälaten davor, der Aufforderung des Kaimankan Folge zu leisten, weil sie dann unweigerlich gefangengesetzt würden. Germanos zog sich daraufhin in das Kloster der Heiligen Lavra zurück, um dort zu beten und um göttliche Erleuchtung zu bitten. Am nächsten Morgen hatte er vor den menschenscheuen Bauern, die aus ihren zerklüfteten Bergen heruntergestiegen waren, eine Rede gehalten und die Griechen beschworen, gemeinsam zum Ruhm Gottes gegen die ungläubigen Unterdrücker zu kämpfen, und unter den Beifallsrufen der Menge hatte er die Fahne der Unabhängigkeit geschwenkt – einen schönen Phönix auf gelbem Untergrund. Und nun gab uns der Bischof den ausdrücklichen Befehl, uns der Bewegung anzuschließen. Als das Mönchlein geendet hatte, waren unsere Kehlen wir zugeschnürt. Ich vergaß den Groll, den ich gegen Germanos hegte, und die Art und Weise, wie er mich behandelt hatte. Er hatte die Sache ins Rollen gebracht. Nun nahm die Geschichte ihren Lauf, und nichts konnte sie aufhalten.

Mexis sagte sofort: »Wir müssen erst einmal sehen.«

»Und danach müssen wir diskutieren«, fügte ich hinzu.

Meine Frechheit schien ihn in keiner Weise zu beleidigen. Ganz im Gegenteil, dieses kleine unschuldige Lächeln, das mich jedesmal so wütend machte, umspielte seine Lippen, als er schließlich sagte: »Diesen Brief hat Bischof Germanos sich selbst geschickt, um uns daran zu hindern, nach Tripolitza zu gehen.« Ich zweifelte nicht an seinen Worten, denn der alte Mexis war zu gut informiert – meine Hochachtung vor dem Bischof wurde dadurch nur noch größer.

Die Nachricht beeindruckte die Spetsioten kaum. Wie die anderen Regionen Griechenlands, waren auch wir zu sehr abgekapselt, um uns von dem, was auf dem nahen Peloponnes geschah, wirklich berühren zu lassen. Die Einwohner der Insel waren an der Unabhängigkeit interessiert, aber sie weckte in ihnen eher Neugierde als Leidenschaft. In den folgenden Tagen wurden wir mit so vielen Neuigkeiten überhäuft, daß es schwierig war zu entscheiden, was davon stimmte und was nicht. Patras, eine der reichsten Städte

Griechenlands, das Nervenzentrum des Peloponnes, erhob sich. Die Stadt, die von dem Ruf »Tod den Türken!« widerhallte, war in Feuer und Blut getaucht. Die Besatzer, die sich in die Zitadelle geflüchtet hatten, zitterten vor Angst, und Bischof Germanos zog unter dem Donner von Salutschüssen und dem Läuten aller Glocken triumphal wieder in seine Stadt ein.

Zweitausend griechische Kämpfer befreiten Kalamata, die größte Stadt des südlichen Peloponnes, die in der unbeugsamen Mani eine Schlüsselposition innehatte. Ein Name war in aller Munde: Kolokotronis. Er – so sagte man – stand an der Spitze dieser aus dem Nichts aufgetauchten Soldaten. Messenien, Achaia und die anderen Provinzen erhoben sich eine nach der anderen: Überall gab es bewaffnete Griechen und tote Türken. In jeder Stadt, in jeder Ortschaft griffen die Menschen spontan zu den Waffen. Der ganze Peloponnes schüttelte das Joch der Unterdrücker ab. Wir wurden überschwemmt mit Briefen von »Brüdern« oder auch nur von Kämpfern, die uns anflehten, ihnen zu Hilfe zu kommen.

»Wir müssen warten. Laßt uns abwarten«, sagte der alte Mexis mit immer schwächerer Stimme.

In der Nacht vom zweiten auf den dritten April kamen die Lazarou, die Botaris, die Koutsis und andere Reeder, die Mitglieder des Geheimbundes waren, bei mir zusammen. In ihrer Begleitung waren bewaffnete Männer und Leibwächter, die ich in den Sälen des Erdgeschosses untergebracht hatte. Kurz vor Sonnenaufgang machten wir uns auf den Weg. Wir gingen durch die dunklen Gassen und versuchten möglichst unauffällig zu bleiben, aber übermäßiger Alkoholgenuß und Stillschweigen passen nicht zusammen. Jedesmal wenn ich hörte, wie sich jemand laut fluchend irgendwo anstieß, konnte ich nicht anders, als vor Lachen herauszuprusten. Bis an die Zähne bewaffnet und vor Alkohol schwankend, erreichten wir schließlich das

Dikitirio, das Verwaltungsgebäude und Symbol der türkischen Besatzung. Zwei Freiwillige, zwei gute Bürger Spetsais, standen vor der Tür Wache. Der Lärm, den wir machten, hatte sie alarmiert. Sie waren vor Schreck wie gelähmt, als unsere bewaffneten Männer sich schreiend auf sie stürzten. Ohne Widerstand zu leisten, ließen sie sich zunächst entwaffnen, sodann flüchteten sie in die Dunkelheit. Um diese Zeit war das Gebäude menschenleer. Ich ging in den ersten Stock und trat auf den Balkon hinaus. Mein Blick schweifte in die Richtung, in der Hydra lag. In der Ferne stieg der rötliche Morgen am Horizont empor. Auf der anderen Seite waren die Berge des Peloponnes immer noch in das dunkle Grau der ausklingenden Nacht getaucht. Die anderen »Brüder« ließen mir die Ehre, die türkische Fahne einzuholen, die seit fünf Jahrhunderten über Spetsai geweht hatte. An ihrer Stelle hißte ich die Fahne der Unabhängigkeit. Das christliche Symbol des Kreuzes unterwarf, mit Hilfe von Anker und Lanze – die unsere Marine und unsere Armee symbolisierten –, den muselmanischen Halbmond. Aber den Sieg würden wir nur erringen, wenn wir auch die Weisheit besaßen, die durch die Schlange verkörpert wurde, und den Sinn für Gerechtigkeit, für den der Adler stand. Den Frauen, Töchtern und Schwestern der Mitglieder unserer Philiki Hetairia, war die Aufgabe zuteil geworden, unter größter Geheimhaltung dieses Kunstwerk in so vielen Exemplaren wie möglich zu sticken. Auch Nur hatte mit großer Sorgfalt diese Symbole der griechischen Freiheit gefertigt. Als die Fahne gehißt war, warteten wir auf den Tagesanbruch.

Durch den Lärm, den wir gemacht hatten, waren unsere Nachbarn aufgewacht und hatten sich vor dem Dikitirio eingefunden. Sehr bald kamen auch andere Leute hinzu. Nach einer Stunde stand vor dem Gebäude eine riesige Menschenmenge, die voller Verblüffung unsere Standarte betrachtete.

Mit lauter Stimme rief mein Halbbruder Nikolas Lazarou vom Balkon: »Zito to Yenos!«*
»Zito zito!« antwortete die Menge darauf.
Ich spürte das Aufwallen eines Gefühls von Zusammengehörigkeit und Begeisterung. Ich sah, wie der alte Mexis sich durch die Menge drängte und auf uns zukam. Auf seinen Gehstock gestützt, machte er kleine Schritte und wirkte dabei so ruhig, als wäre er auf dem Weg in sein Kontor. Mühsam stieg er die Treppe herauf und kam zu uns auf den Balkon. Ohne auch nur einen von uns anzusehen oder zu grüßen, nahm er den Saum unserer Fahne in die Hand, küßte ihn und rief mit einer Stimme, die viel lauter war, als ich es ihm zugetraut hätte, die Devise, die darauf gestickt war: »Freiheit oder Tod!« Am liebsten hätte ich den alten Mann, dessen Herz nicht aufgehört hatte, für Griechenland zu schlagen, und der nun endlich auf unserer Seite stand, in meine Arme geschlossen. Aber Mexis war kein Mann von Gefühlsausbrüchen. Alle Glocken der Stadt begannen jetzt zu läuten. Wir gingen zur Kirche der Heiligen Dreifaltigkeit, wo der Palmsonntagsgottesdienst zum »Te Deum« wurde. Alle anwesenden Männer schworen, bis zum Tod für den Glauben und das Vaterland zu kämpfen, und der Klang ihrer mächtigen, kraftvollen Stimmen ließ die Kirchenfenster erzittern.
Die neue Fracht unserer Schiffe, die im Augenblick wegen der Krise vor Anker lagen, würde von nun an die Freiheit sein. Die Revolution verfügte jetzt über sechzig Schiffe und zweitausendsiebenhundert kampferprobte Seeleute. Unsere Matrosen waren mit Begeisterung dabei. Diesmal gab es keine reiche Beute zu teilen, und nichts als Mühsal und Gefahr warteten auf sie. Normalerweise neigten sie immer zu Ungehorsam und Meuterei, aber von dem Augenblick an, in dem sie ihr Leben für ihr Vaterland einsetzten,

* Es lebe unser Volk! Es lebe das Griechentum!

verwandelten sie sich wie durch ein Wunder in disziplinierte Soldaten. Spetsai war die erste der Inseln, die sich dem Aufstand anschloß. Von unserer Nachbarinsel Hydra kamen uns die widersprüchlichsten Gerüchte zu Ohren. Hydra, die Unentschlossene, Hydra, die Türkenfreundin, Hydra, die Verräterin, drückte sich darum, an unserem Kampf um die Unabhängigkeit teilzunehmen. Zum Glück hatte Papa Flessas einen seiner Freunde auf die Insel geschickt. Ikonomou, ein Kapitän und Abenteurer, war fast ebenso ein Heißsporn wie Papa Flessas selbst. Dank der Vorarbeit des Priesters war es ihm gelungen, Männer zu werben, die er bewaffnet und an deren Spitze er das Dikitirio besetzt hatte. Nun übte er die Amtsgewalt der geflohenen Edilen aus. Aber der Rest der Bevölkerung verhielt sich immer noch ruhig. Als junges Mädchen war ich auf einer durch die Wogen hin und her geworfenen Barke nach Hydra gekommen. Jetzt kam ich an der Spitze einer Flotte. Mein Verband von acht Schiffen ankerte gegenüber der engen Hafenausfahrt, und durch mein Fernrohr beobachtete ich die im Hafen versammelten Hydrioten, die mit erhobenen Händen wirr durcheinander liefen. Einige Kähne verließen den Kai und legten an die Agamemnon an. Ich empfing die »Brüder« der Insel in meiner Kabine. Sie beschwerten sich über die wichtigen Leute der Insel, die zwar ihren Patriotismus lautstark verkündeten, aber nicht bereit waren, auch nur ein paar Colonnata für unsere Sache aufs Spiel zu setzen.
»Und Ikonomou, ist er ein Patriot?«
»Doch, er ist wirklich ein Patriot. Er läßt keine Gelegenheit aus, das zu bestätigen.«
»Ich dachte, daß er hier das Sagen hätte.«
»Er spricht sehr viel, Kapetanissa, aber er handelt wenig.«
Ikonomou kam als letzter zu mir, und ich nahm an, daß diese Verspätung beabsichtigt war, um die Bedeutung seiner eigenen Person zu unterstreichen. Er war ein Hüne, mit

dichtem schwarzen Haar und einem ebenso schwarzen Schnurrbart. Seine großen dunklen mandelförmigen Augen gaben seinem Gesicht etwas Orientalisches. Er strahlte sehr viel Energie, aber wenig Intelligenz aus. Zunächst begann er ziemlich angeberisch. Wenn man ihn so hörte, bekam man den Eindruck, daß er die Insel und ihre Einwohner völlig unter Kontrolle hatte.

»Warum hat uns Hydra dann nicht seine Flotte geschickt?«

Sofort begann er, auf die Würdenträger der Insel zu schimpfen. »Die Priester schmieren mir Honig ums Maul, aber wenn ich sie um irgend etwas bitte, stoße ich auf taube Ohren. Und was die Reeder betrifft, so versprechen sie mir ihre Schiffe, ihr Geld, ihre Waffen, aber das sind alles nur leere Worte.«

»Kurz und gut, sie haben dir das Heft aus der Hand genommen.«

»Ich weiß mir nicht mehr zu helfen, Kapetanissa. Wenn ich vor einer Versammlung einfacher Leute stehe – so feindselig sie auch sein mögen –, kann ich mit ihnen sprechen, und es wird mir gelingen, sie zu begeistern. Aber diese reichen, gebildeten und wohlerzogenen Leute lähmen mich mit ihrer Redekunst.«

Er kannte diese Starrköpfe nicht und wußte nicht, wie man sie behandeln mußte. Deshalb fragte ich ihn, wer hier auf der Insel in Wirklichkeit das Sagen hatte. Damit ein so gut organisierter und subtiler Widerstand möglich war, mußte es einen führenden Kopf geben.

Ohne zu zögern, nannte er den Namen von Georgios Koundouriotis. »Er ist der Reichste von ihnen allen, der wirkliche Herr der Insel und der fanatischste Gegner unserer Bewegung. Er sieht darin nur ein gefährliches Abenteuer, das zum Scheitern verurteilt ist. Und er ist entschlossen – koste es, was es wolle –, sich da herauszuhalten, um sein Vermögen nicht zu gefährden ...«

Georgios Koundouriotis war mein Vetter. Sein Vater hatte

meine Mutter vertrieben, und er – als er noch ein kleiner Junge war – hatte mich, die ich damals ein kleines Mädchen war, vertrieben. Ich gab Ikonomou genaue Anweisungen. Wir mußten Hydra unbedingt haben. Diese Insel war beinahe genauso wichtig wie Spetsai. Ohne Hydra konnte unser Vorhaben fehlschlagen. Unser Gespräch hatte Ikonomou wieder aufgemuntert, und er ging zurück an Land, während ich die Würdenträger empfing, die ich zu mir bestellt hatte. Es waren die Edilen, Kirchenoberen, Reeder und reichen Händler. Nur Koundouriotis war nicht gekommen. Die anderen, die Ikonomou gut kannten, waren aus Neugierde erschienen, und sie kamen dann auch auf ihre Kosten.

Ich bat um nichts, ich forderte. Ich flehte nicht, ich drohte. Ich beleidigte sie, und ich sagte ihnen ganz genau, was wir von ihnen erwarteten. Wann immer sie dagegen protestierten, war meine einzige Antwort darauf eine lange Kette von Flüchen und Beleidigungen. Ich zog schließlich sogar meine Pistolen aus dem Gürtel und schoß mehrmals in die Decke. Beißender Pulverdampf zog durch die Kajüte. Sie waren zwar beeindruckt, aber immer noch unwillig. In diesem Augenblick hörte man von der Stadt her Lärm. Wir gingen an Deck. Von den Reden Ikonomous angestachelt, strömten die einfachen Leute zum Sitz des Bischofs und zu den Häusern der Reeder, um diese zu belagern und so der Forderung Nachdruck zu verleihen, daß Hydra sich dem Kampf um die Unabhängigkeit anschließen solle. Die Notabeln waren beunruhigt und malten sich schon aus, wie man in ihre Häuser eindringen und plündern würde. Als die ersten Brände aufloderten, glaubten sie, ihr letztes Stündlein hätte geschlagen, und flehten mich an, sie zu schützen. Ein großer Teil der Menge lief an den Kais entlang zum Palast der Koundouriotis, dessen großes Portal bei ihrem Herannahen überstürzt geschlossen wurde. Ohne Erfolg hämmerten sie gegen das massive Holztor, dem man höchstens mit einer Kanone etwas anhaben konnte. Aber gerade von denen hatten wir hier genug. Ich gab meinem besten Kanonier Anweisungen. Der Mündungsknall hallte durch die ganze Stadt. Ich hatte dem Mann genau gesagt, worauf er zielen sollte, und die Kanonenkugel riß lediglich ein paar Steine aus der Krone der Mauer, die den Hof umgab. Durch die Menge der Demonstranten lief ein begeisterter Aufschrei. Ein zweiter Schuß war nicht mehr nötig. Langsam wurde das Portal des Palastes geöffnet, und Georgios Koundouriotis kam heraus. Auf seinem Kopf trug er eine sehr hohe schwarze Pelzmütze. Ruhig ging er auf Ikonomou zu, und durch mein Fernglas sah ich, wie die beiden sich unterhielten. Als es Abend wurde, hatte Ikonomou eine Million zweihunderttausend Piaster herausgeschlagen, um Hydras Flotte zu bewaffnen. Die Hydrioten hatten klein beigegeben, und Koundouriotis bekam die Rechnung dafür präsentiert – sowohl im bildlichen als auch im wörtlichen Sinne.

Unser Erfolg hatte mich froh gestimmt, und so schnell wie möglich segelte ich nach Nauplia. Diese auf dem Peloponnes gelegene Stadt war nicht so sehr wegen ihres Hafens wichtig, sondern vielmehr wegen der Palamidi, einer der größten Festungen Griechenlands, in der sich eine starke türkische Garnison verschanzt hatte und die beinahe uneinnehmbar schien. Aber eben ihre Einnahme hatten die Einwohner der nahegelegenen Stadt Argon beschlossen, die von Anfang an unsere Sache unterstützt hatten. Da es unmöglich war, Nauplia direkt zu erstürmen, hatten sie mit der Belagerung der Stadt begonnen, und ich hatte mich entschlossen, ihnen zu Hilfe zu eilen. Ich würde die Stadt zum Meer hin abriegeln, so daß von See her keine Hilfe hineingelangen konnte. Ein starker Wind ließ uns über das Wasser fliegen. Ich war ungeduldig, glücklich und stolz. Stolz auf meine Flotte und auf meinen Yanno, der das Ruder des Schiffes führte, zu dessen Kapitän ich ihn ernannt hatte.

Ich kam in der Bucht von Nauplia bereits vor den Reedern an, die ich überzeugt hatte, sich mir anzuschließen, und ging in Myloi an Land. Die niedrigen Häuser des ärmlichen Dorfes lagen unter hundertjährigen Ulmen. Wegen der vielen Quellen, die es hier gab, war die Vegetation sehr üppig. Yanno, der weitaus gebildeter war als ich, erzählte mir, daß der Name dieses Ortes in der Antike Lerna gewesen sei und daß die Hydra dort ihr Unwesen getrieben haben soll. Um ehrlich zu sein, interessierte ich mich nur wenig für unsere Mythologie. Für mich zählte allein die Gegenwart. Eine Abordnung aus Argos wartete auf mich, und ich wurde von ihnen eingeladen, ihre Stadt zu besuchen. Ob ich wollte oder nicht, ich mußte ein Pferd besteigen. Das Reiten war mir immer besonders schwer gefallen, und ich fühlte mich an Deck eines Schiffes viel wohler als auf dem Rücken eines Pferdes. Um mir eine besondere Ehre zu erweisen, hatte man einen außergewöhnlich lebhaften Hengst ausgesucht, der ständig mit den Hufen scharrte und sich laufend aufzubäumen drohte. Es gelang mir nicht, ihn im Zaum zu halten. Ich hatte Angst herunterzufallen, und so ritt ich – das Tier und meine Ungeschicklichkeit verfluchend – in Argos ein. Die ganze Stadt war auf den Beinen, um mich zu begrüßen. Ich konnte erst aufatmen, als ich das Pflaster des Marktplatzes unter meinen Füßen spürte. Dieselben Arme, die mir vom Pferd geholfen hatten, schoben mich nun in das Innere eines Hauses, eine Treppe hinauf und drängten mich schließlich auf einen Balkon hinaus.
Unter mir auf dem Platz sah ich ein Meer von Köpfen und Gesichtern, und unzählige gespannte Augenpaare, die auf mich gerichtet waren. Im ersten Moment schreckte ich zurück, aber dann gab mir die gespannte Aufmerksamkeit, die mir entgegenschlug, meinen Mut zurück. Ich redete zu den Einwohnern von Argos – zunächst auf griechisch und dann auf albanisch. Ich sprach die Worte aus, auf die sie

warteten. Ich ermutigte und beglückwünschte sie. Dabei blieb ich unverbindlich und schwärmerisch. Die Menge jubelte mir zu und nannte mich Megali Kyria, die große Dame. »Dame ...? Ich weiß nicht, ob ich jemals eine war. Und groß ...? Wartet, bis ihr meine Taten seht, um zu entscheiden, ob ich diesen Titel verdiene.« Energisch lehnte ich es ab, zu Pferd nach Myloi zurückzukehren, also trieb man schließlich eine Kutsche für mich auf. Die spetsiotischen Schiffe hatten sich in der Zwischenzeit zu den meinen gesellt, und zwar die der Botaris – des »guten« Zweiges der Familie – und die meiner Brüder Lazarou. Die Einwohner von Argos waren außer sich vor Begeisterung.

Ostern kam, und ich verstieß gegen die Vorsätze, die ich gefaßt hatte. Eigentlich hatte ich mir vorgenommen, auf meinem Posten zu bleiben und an Bord der Agamemnon Wache zu halten. Aber die Einwohner von Myloi bedrängten mich sehr mit ihrer Einladung, die Auferstehung Christi mit ihnen zu feiern. Papa Flessas, den ich in Argos wiedergetroffen hatte, zelebrierte die Messe. Zu jener Zeit zeigte er sich auch zum ersten Mal in seiner neuen, den kriegerischen Umständen angepaßten Kleidung: Er trug eine lange weiße Fustanella, Gamaschen aus blauem Filz mit Silberknöpfen, eine bestickte Weste und eine rote, von einer schwarzen Troddel gekrönte Mütze. Er sah eindrucksvoll aus. Aber für die Karsamstagsmesse, die er unbedingt halten wollte, hatte er sich die ziemlich abgeschabten Kirchengewänder des Dorfpfarrers ausgeliehen, die zu allem Überfluß noch viel zu klein für ihn waren. Die winzige Kirche war viel zu eng für die riesige Menschenmenge, die erschienen war, und die meisten Leute hatten vor der Tür bleiben müssen. Auch ich stand so inmitten meiner Matrosen auf dem kleinen Platz vor der Kirche. Wie es Brauch war, waren die Lichter gelöscht worden, und die jungen Männer nutzten das aus und schlichen sich ganz in die Nähe der jungen Mädchen. Diese völlige Dunkelheit erinnerte mich an die lange Nacht, die mein Vaterland durchlitten hatte. Als Papa Flessas schließlich mit der brennenden Kerze im Portal der Kirche auftauchte und ich sah, wie die winzige Flamme von Kerze zu Kerze weitersprang, um so bald ein ganzes Lichtermeer zu bilden, schien es mir ganz so, als würde Griechenland wiedergeboren werden und zu neuem Leben erwachen. Ich spürte, daß diese Flamme sich überall fortpflanzte und Tausende, Hunderttausende, vielleicht Millionen neuer Flammen in ganz Griechenland entzündete. Und dann verkündete Papa Flessas mit seiner lauten Stimme: »Christus ist auferstanden!« Nie habe ich fröhlichere und leidenschaftlichere Stimmen antworten hören: »Er ist wahrhaft auferstanden!«

Die Dorfbewohner hatten für uns das traditionelle Osteressen zubereitet. Unter dem Sternenzelt aßen wir die Mayiriza, eine Suppe aus Innereien. Es wurde laut gelacht, man wünschte sich Glück und stieß die rotgefärbten Eier gegeneinander. Wir puderten unsere Gesichter mit der Zuckerdecke des süßen Halwa, das in kleine Stücke zerfiel, sobald man hineinbiß. Und das Ganze begossen wir mit großen Mengen geharzten Weines. Am nächsten Morgen begannen die Trinkgelage dann beim eigentlichen Osteressen von neuem.

Unsere Gastgeber hatten Laubhütten gebaut. Der kräftige Duft der am Spieß gegrillten Lämmer mischte sich mit dem starken, beinahe unangenehm süßlichen Geruch der Wasserpfeifen. Die Dorfbewohner sangen und tanzten vor unserem Tisch, und wir klatschten im Takt dazu. Papa Flessas, der mit mir zusammen Ehrengast dieser Festlichkeiten war, ließ sich nicht lumpen. Er schaufelte die Speisen in sich hinein und trank die trinkfestesten Dörfler unter den Tisch. Er rülpste, machte anrüchige Witze und – ohne die geringste Rücksicht auf seinen schwarzen Archimandritschleier und das Kruzifix, das vor seiner Brust hing, zu nehmen –

verschlang er die jungen Mädchen, die uns bedienten, mit den Augen. Ja ich glaube sogar, daß er nach einigen von ihnen grapschte. Ich konnte es mir nicht verkneifen, ihn durch die Erwähnung des Bischofs Germanos aufzuziehen, der wie ein rotes Tuch auf ihn wirkte. Seit Germanos in Kalavrita die Fahne der Unabhängigkeit aufgezogen hatte, war er zum Volkshelden geworden und der fünfundzwanzigste März zu einem geschichtlichen Datum.

»Da siehst du, Papa, daß du ihm gegenüber im Unrecht warst.«

Papa Flessas brach in ein schreckliches Gelächter aus, das von einem schallenden Rülpser unterbrochen wurde. »Von wegen Volksheld und Patriot! Er zitterte vor Angst, dieser Germanos. Er und seine Pfaffen haben sich wie Karnickel in ihren Löchern verkrochen. Und Germanos hat sich erst am vierundzwanzigsten März wieder hervorgewagt, als er wußte, daß Patras befreit war. Am fünfundzwanzigsten März konnte er gar nicht in Kalavrita sein, aber ich muß zugeben, daß er sich beim Spinnen seiner eigenen Legende sehr geschickt anstellt.«

In der Euphorie des Osterfestes brachte mich diese Nachricht völlig durcheinander. Ich wußte nicht, ob ich darüber lachen oder weinen sollte. Ein Rest von Geistesgegenwart ließ mich Papa Flessas zuflüstern: »Behalte deine Ammenmärchen für dich, unsere Sache braucht Helden, egal ob echte oder falsche.«

Aber wieder einmal war Papa Flessas in seiner weinseligen Stimmung durch nichts zu halten, und laut schrie er hinaus: »Hört mir alle zu, ich erzähle euch die wahre Geschichte vom Heiligen Bischof Germanos.« Zum Glück wurden wir unterbrochen ...

Seit dem Sonnenaufgang hatten wir das dumpfe Grollen der Artillerie gehört, mit der die Männer von Argos das belagerte Nauplia beschossen. Während des Ostermahls kam es mir vor, als rückte der Kampfeslärm näher. Außerdem hörte es sich mehr und mehr wie das Mündungsfeuer von Handfeuerwaffen an. Aber ich hatte, mitgerissen von der allgemeinen Fröhlichkeit, nicht weiter darauf geachtet. Papa Flessas hatte eben mit seiner Erzählung begonnen, als einige völlig atemlose und von Panik erfüllte Kämpfer schreiend auf den kleinen Platz gelaufen kamen: »Die Türken! Die Türken!«

Augenblicklich brach Chaos aus. Die Frauen, die Kinder, die Hühner und der Pope zerstreuten sich kreischend in alle Winde, während die Männer zu den Waffen eilten. Man hörte das angstvolle Muhen der Kühe, die scharrenden Hufe der Pferde und das Bellen der Hunde. Ich hielt einen dieser Unglücksboten fest, und von ihm gelang es mir, Genaueres zu erfahren. Die Türken, die in Nauplia belagert wurden, kannten die Griechen sehr gut und wußten, daß an diesem Ostersonntag die Belagerung und der Beschuß nur der Form halber aufrechterhalten wurden. Das hatten sie für einen Ausfall ausgenutzt. Ihre Rechnung war ganz und gar aufgegangen, denn niemand hatte auch nur die grundlegendsten Vorsichtsmaßnahmen getroffen. In kürzester Zeit war ihnen der Durchbruch durch die griechischen Linien gelungen. Papa Flessas hatte noch nicht einmal seine Soutane abgelegt. Jetzt zog er unter ihr zwei übergroße Pistolen hervor und hielt sie in die Höhe. »Damit werden wir diese verfluchten Türken zurückwerfen.« Das Beispiel von Papa Flessas begeisterte die Männer, und auf seinen Befehl hin bestiegen sie die nächstbesten Pferde und galoppierten in einer Staubwolke hinter dem Archimandrit dem Feind entgegen.

Allein blieb ich inmitten der Überbleibsel des Festes zurück. Traurig sah ich, wie das Fett der am Spieß gebratenen Lämmer zischend auf die Glut tropfte und wie eine leichte Brise die Girlanden bewegte. Mein Blick schweifte über die halbleeren Gläser, die schmutzigen Teller ... und plötzlich kam ich wieder zu mir. Ich alarmierte die Matrosen, die auf unseren Schiffen geblieben waren. Augenblicklich kamen sie, Yanno an ihrer Spitze, an Land. Das einzige Pferd, das noch übrig war, war eine riesengroße, ruhige Stute mit einem langen Schweif. Es gelang mir, sie zu besteigen, und ich rammte ihr meine Fersen in die Flanken, davon überzeugt, daß nichts sie in Bewegung bringen konnte. Zu meiner Überraschung schoß sie wie ein Pfeil davon. Unsere Männer folgten mir, einige von ihnen hatten doch noch Reittiere gefunden, die anderen waren zu Fuß. Wir erreichten einen ausgedehnten Olivenhain, und Yanno befahl abzusitzen. Hinter einer Steinmauer, die zwei Grundstücke voneinander trennte, verschanzten wir uns. Hier warteten wir zusammengekauert oder kniend, ängstlich gespannt, den Finger am Abzug. Der Gefechtslärm näherte sich. Kleine Gruppen Flüchtender liefen in unsere Richtung. Durch Zurufe und Winken versuchten wir sie aufzuhalten. Einige schlossen sich uns an, andere liefen weiter, ohne sich im geringsten um uns zu kümmern.

Plötzlich sah ich direkt vor uns die Türken, unsere Feinde. Unvermittelt waren sie zwischen den knorrigen Stämmen aufgetaucht. Beinah geräuschlos galoppierten sie auf uns zu. Die weiche Erde dämpfte den Lärm der stampfenden Hufe. Mit schwindelerregendem Tempo schienen sie dicht über den Boden dahinzufliegen. Sie waren so sehr damit beschäftigt, die Fliehenden zu verfolgen, daß sie uns noch nicht bemerkt hatten. Ich wollte den Befehl geben, das Feuer zu eröffnen, aber Yanno hinderte mich daran. »Laß sie noch ein bißchen näher kommen.« Sie waren beinahe schon über uns, als ich hörte, wie mein Sohn den Befehl zum Feuern gab.

Unsere Salve überraschte sie völlig. Sofort hielten sie an, gingen hinter den Olivenbäumen in Deckung und begannen, zurückzuschießen. Vor Faszination und Angst war ich wie gelähmt und vergaß sogar, den Kopf einzuziehen. Die Kugeln pfiffen an mir vorbei, aber ich reagierte nicht.

Schließlich kroch Yanno bis zu mir und drückte mich mit aller Kraft zu Boden. Die Schießerei wurde immer intensiver und der Gefechtslärm so ohrenbetäubend, daß es schien, als würde die gesamte türkische Armee uns angreifen. Ich sah, wie unter den aufschlagenden Kugeln Holz- und Steinsplitter hochspritzten. Einer dieser Splitter riß mir die Wange auf. Ich war wie betäubt und unfähig, die Gefährlichkeit der Situation zu erfassen. Ich wandte mich meinem Nachbarn zu, einem unserer ältesten Seeleute, und sah, wie er sich langsam zu mir vorbeugte. Ich dachte, er wolle mir etwas sagen. Seine Schulter berührte die meine, und dann sank er in sich zusammen. Blut floß in einem dünnen Rinnsal aus seiner Schläfe, und noch immer hielt er seine rauchenden Pistolen fest. Der Anblick dieses leblos daliegenden alten Gefährten riß mich aus meiner Apathie. Er war bei all meinen Fahrten dabeigewesen und war mir unersetzlich, ja beinahe zum Freund geworden. In meinem Gürtel steckten meine goldziselierten Pistolen, aber ich nahm ihm die seinen aus den Händen und begann wie von Sinnen auf die Türken zu schießen. Dabei zielte ich auf alles, was sich zwischen den Olivenbäumen bewegte. Mehrmals sah ich, wie diejenigen, auf die ich geschossen hatte, zusammenbrachen. Es dauerte nicht lange, bis die Schießerei nachließ. Tatsächlich merkten die Türken, daß wir ihnen überlegen waren, drehten um, ergriffen die Flucht und verschwanden im silbergrauen Zwielicht zwischen den Olivenbäumen. Ich wollte nicht aufhören zu schießen, denn ich hoffte, noch einige von ihnen zu treffen. Neben mir lag der durch die eintretende Totenstarre seltsam verkrümmte Körper meines alten Gefährten.
Der Sieg unserer Männer konnte jedoch nicht den Leichtsinn vergessen machen, den wir an den Tag gelegt hatten. Die Kriegsräte, die in den nachfolgenden Tagen in Argos abgehalten wurden, waren sehr stürmisch. Sie fanden im Dikitirio statt, von dem aus die Türken die Stadt verwaltet

hatten. Unsere Zusammenkünfte fanden in einem Saal im ersten Stock statt, in dessen Mitte ein großer Tisch stand, auf den wir unsere Waffen – Pistolen, Dolche und Säbel – warfen und der uns so als Waffenarsenal diente. Niemand wollte seine Fehler eingestehen; jeder schob die Schuld auf den Nachbarn. Papa Flessas, den sicher ebensoviel Schuld traf wie uns, wuchs bei den Beschimpfungen, die er uns an den Kopf warf, noch über sich selbst hinaus. Was wir brauchten, waren Koordination und Taktik. Yanno, der als einziger in ruhigen Worten eine präzise Strategie vorschlug, konnte sich kein Gehör verschaffen. Was unsere Führer anging, so zogen sie es vor, miteinander zu diskutieren und zu streiten. Inmitten einer dieser genüßlichen und endlosen Streitereien flog die Tür des Saales auf, und ein völlig verdreckter Bote stieß atemlos hervor: »Sie haben den Patriarchen aufgehängt.«
Während wir an jenem Samstag vor der kleinen Kirche von Myloi fröhlich die Auferstehung Christi feierten, las Gregor V. in Konstantinopel mit dem üblichen Prunk die Messe. Inmitten eines Waldes von Kerzen und in Weihrauchwolken gehüllt, führten die in rote, blaue und gelbe Brokatgewänder gehüllten Bischöfe, Diakone, Mönche und Diener, unter dem jahrtausendealten durchdringenden Blick der Ikonen, jenes geheiligte Ballett auf, dessen Ablauf zur Blütezeit des byzantinischen Imperiums in zahllosen Konzilien festgelegt worden war. Aber diesmal waren ungewöhnlich wenige Gläubige erschienen. Die meisten Repräsentanten der großen griechischen Familien, dieser Fürsten des Phanar, glänzten durch Abwesenheit, und – was ein besonders beunruhigendes Vorzeichen war – der Sessel des russischen Botschafters, meines Freundes Strogonoff, war leer geblieben. Die Neuigkeiten über den Aufstand der Griechen wurden in der Hauptstadt hitzig diskutiert und lösten die unterschiedlichsten Gefühle aus – von Wut über Panik bis hin zu gespannter Erwartung. Nach der Messe trat

der Patriarch auf den Vorplatz hinaus. Sein goldenes Brokatgewand, seine diamantenbesetzte Mitra und sein mit Rubinen besetzter Bischofsstab glitzerten in der Sonne. Sogleich tauchten, wie aus dem Nichts, überall Janitscharen auf und umzingelten ihn.
In Sekundenschnelle hatten sie ihm die tödliche Schlinge um den Hals gelegt und ihn an der Tür seines eigenen Bischofssitzes aufgehängt. Obwohl er es voller Starrsinn abgelehnt hatte, unseren Aufruhr zu unterstützen, hatte Gregor V. jenen, die ihm vorgeschlagen hatten, sich in einer ausländischen Botschaft oder auf einem unter ausländischer Flagge segelnden Schiff in Sicherheit zu bringen, geantwortet: »Fordert mich nicht zur Flucht auf. Versucht nicht, mich zu retten. Meine Flucht wäre das Signal für ein Massaker in Konstantinopel und in der christlichen Gemeinde. Ich bin Patriarch und habe die Aufgabe, mein Volk zu retten, und nicht, es den Säbeln der Janitscharen vorzuwerfen.«
Gregor V., Patriarch des Orients, war kein Revolutionär, doch er war ein mutiger Mann. Aber auch sein Opfertod genügte nicht, um die Repressalien abzuwenden. Mit seiner Ermordung öffnete sich die Büchse der Pandora voller Schreckensmeldungen. Wir erfuhren, daß die Türken dabei waren, Galaxidi am Golf von Korinth zurückzuerobern, das steinreiche Galaxidi, unsere Konkurrentin, das sich in alter Zeit, im Schutze der Klippen von Delphi, eine riesige Flotte aufgebaut hatte. Auch Patras fiel in ihre Hände und ertrank im Blut. Bischof Germanos gelang die Flucht, und selbst Papa Flessas vermied es diesmal, sich über ihn lustig zu machen.
Schließlich und endlich vergaß auch Kurchid Pascha den Peloponnes nicht. Zwar wurde der gnadenlose Bluthund des Sultans in Epirus noch durch den Kampf gegen den unbeugsamen Ali Pascha festgehalten, der sich noch immer nicht ergeben hatte – als Reaktion auf unseren Aufstand

entsandte er jedoch Kehaya Bey, seinen grausamsten Vasallen. Ihn setzte er an der Spitze eines vieltausendköpfigen Heeres muselmanischer Arvaniten gegen uns in Marsch. Obwohl diese Männer von gleicher Abstammung waren wie wir, waren sie unsere verhaßtesten Feinde. Während wir uns noch in fruchtlosen Streitereien verloren, hatten sie Votitza auf dem Peloponnes ausradiert, Korinth zurückerobert und marschierten nun direkt auf uns zu, ohne auf irgendwelchen nennenswerten Widerstand zu stoßen. Es war nur noch eine Frage von Tagen – ja vielleicht nur noch von Stunden –, bis sie uns erreichen würden. Die Flüchtlinge, die ihnen vorauseilten, wußten von abscheulichen Greueltaten zu berichten. In ihrem blinden Blutrausch folterten und töteten die Türken überall und unermüdlich. Ihre Grausamkeit jagte uns jedoch keine Angst ein, sie zementierte vielmehr unser Bündnis. Das Wunder geschah in diesem Saal im ersten Stock des Dikitirio von Argos: Wir waren alle einer Meinung.

Am 25. April 1821 waren unsere Vorbereitungen zum Kampf gegen die Türken endlich abgeschlossen; wir waren bereit. Die Einwohner von Argos hatten rings um ihre Stadt Gräben ausgehoben und Wälle aufgeschüttet. Myloi, das kleine Dorf, war zu einer rückwärtigen Bastion ausgebaut worden. Yanno hatte sich als Standort Xeria ausgesucht – ein Wäldchen mit sehr alten Bäumen, in dem die beinahe völlig überwachsenen Ruinen eines antiken Ortes schlummerten. Xeria lag eng an den Fuß des Felsens geschmiegt, auf dem die Feste von Argos thronte. Seit Menschengedenken gab es dort eine breite alte Mauer, die errichtet worden war, um die Wasser des nun beinahe versiegten Inachus zu stauen. Fünfhundert Spetsioten und andere Freiwillige waren hinter diesem Wall in Stellung gegangen. Man hatte ihn durch steinerne Reliefstücke und Säulentrümmer aus den nahegelegenen antiken Ruinen noch verstärkt. Am Vortag hatte ich Yanno aufgesucht. Die Zelte standen in langen Reihen unter den großen Bäumen auf dem zarten Grün der Frühlingswiesen. Die Männer reinigten und schärften ihre Waffen. Mir schnürte sich die Kehle zu, als ich die melancholischen Lieder hörte, die sie summten – sie, deren Gesänge sonst so fröhlich waren. Der letzte Kriegsrat wurde in Yannos Zelt abgehalten. Niemals würden die Türken – dessen war mein Sohn sicher – die Sperre durchbrechen können, die das Flußbett und die Befestigungsanlagen, die sie errichtet hatten, bildeten. Kein Angreifer würde es schaffen, sie zu überrennen. Er war ganz ruhig und voller Zuversicht. Dann bat er mich, so schnell wie möglich auf meinen Posten zurückzukehren, denn wir hatten beschlossen, daß die Seeblockade gegen Nauplia aufrechterhalten werden sollte, koste es was es wolle. Meine Aufgabe war es, an der Spitze der zurückgebliebenen Spetsioten dafür Sorge zu tragen. Ich mußte unseren Truppen im Falle eines Rückzuges zur Küste Deckung geben.

»Ihr zwingt mich dazu, bei der Nachhut zu bleiben. Laßt mich an eurer Seite kämpfen.«

»Einmal, nur ein einziges Mal, tu, was man dir sagt!« warf mir Papa Flessas an den Kopf. Aus den Augenwinkeln sah ich Yannos amüsiertes Lächeln und war furchtbar gekränkt. Deshalb auch fiel der Abschied kurz aus. Ich machte das Kreuzeszeichen auf seine Stirn. »Möge Gott dich segnen, mein Sohn, und dir den Sieg schenken.«

Am frühen Morgen traf die türkische Vorhut ein, und gegen zehn Uhr begann die Schlacht um Argos. Aber das einzige, was wir mitbekamen, waren kurze, trockene Detonationen und kleine Staub- oder Rauchwolken über dem Teppich der Oliven- und Orangenhaine. Diese beinahe unsichtbaren Zeichen des Kampfes störten kaum die Harmonie des milden Frühlingsmorgens. Die Sonne verbrannte die Landschaft nicht, sie liebkoste sie. Von Land her wehte eine leichte Brise, die mir von Zeit zu Zeit den

Geruch der Blumen zutrug, und vom Ufer kamen Bienen herüber und summten um mich herum. Sie waren die einzigen, die die unendliche Stille des blaßblauen Meeres belebten. Unerbittlich verstrichen die Stunden. Dann wurde aus einem unerfindlichen Grund die Kette der aufeinanderfolgenden Meldegänger unterbrochen. Plötzlich gab es keine Boten mehr, keine Neuigkeiten. Ich suchte die Küste ab nach irgendeinem Zeichen, aber das einzige, was ich sah, war die grüne sonnendurchflutete Natur. Die Betäubung wich der Ungeduld. Ungereimte, düstere und auch heitere Bilder, Visionen und Gedanken ergriffen mich, drängten sich mir in ständigem Wechsel auf. Ohne Unterlaß hatte ich einen Namen, ein Gesicht vor Augen: Yanno. Er hatte sich dafür entschieden zu kämpfen, und das bedeutete, daß er der Gefahr nicht ausweichen durfte. Als Anführer war er mehr noch als die anderen der Gefahr ausgesetzt. Und obwohl ich mich jetzt bis an die Zähne bewaffnet auf seinem Flaggschiff befand, waren meine mütterlichen Gefühle noch nie so stark gewesen.

Am frühen Nachmittag bemerkte ich in der Nähe von Myloi einen gewissen Aufruhr. Unruhig schaute ich durch mein Fernrohr und sah, wie die Dorfbewohner mit ihren altmodischen Flinten hektisch die an den Vortagen schnell errichteten Erdwälle bemannten. Männer strömten in den kleinen Hafen. Es waren Griechen, hastig fliehende, hinkende und sich mühsam dahinschleppende Verletzte und Schwerverwundete, die von Kameraden getragen wurden. Ein schlechtes Omen. Durch Signale ließ ich die anderen Schiffe unserer Flotte in Alarmbereitschaft versetzen. Noch immer hatten wir keine Neuigkeiten vom Stand der Schlacht, und kein einziges Ruderboot kam zu uns herüber. Ich brannte darauf, an Land zu gehen, um zu erfahren, was los war, aber ich mußte auf meinem Posten bleiben, um für alle Eventualitäten gerüstet zu sein.

Es war drei Uhr zwanzig, als ich sie sah. Mein ältester

Halbbruder Nikolas Lazarou tauchte auf dem winzigen Kai auf und lief über den Strand. Ich erkannte ihn, weil er sehr hochgewachsen und seine Uniform ganz besonders reich verziert war. Er schwenkte die Arme in unsere Richtung. Ich schöpfte wieder Hoffnung. Vielleicht hatten wir trotz der vielen Fliehenden die Schlacht gewonnen? Jetzt mußte ich Gewißheit haben. Ich ließ meine Männer eine Schaluppe zu Wasser bringen. Als ich in die Nähe des Ufers kam, las ich auf dem Gesicht meines Bruders, von dem ich meine Augen nicht wenden konnte, einen Ausdruck, der mir angst machte. Da ich es nicht mehr erwarten konnte, bis das Boot endlich den Strand erreichte, sprang ich heraus und watete so schnell durch das hüfthohe Wasser. Er warf sich in meine Arme und brach in Schluchzen aus. Was war geschehen? Er antwortete nicht. Ich wollte an Land gehen, aber er hielt mich zurück. Ungestüm stieß ich ihn von mir. Die Männer, die Verwundeten, die Fliehenden waren bei meinem Anblick wie erstarrt und wichen dann langsam zurück, als wären sie von einer heiligen Furcht erfüllt. Ich wollte loslaufen, aber es war mir beinahe unmöglich, einen Fuß vor den anderen zu setzen. Wie eine Schlafwandlerin ging ich langsam weiter und erreichte schließlich den Dorfplatz. Sie hatten die Behelfsbahre vor der Kirche abgestellt und einen Kreis darum gebildet. Auf ihr lag mein Sohn.

Yanno schien zu schlafen, oder genauer gesagt zu träumen. Seine Augen waren geschlossen und auf seinen Lippen spielte das leichte Lächeln, das er so oft zeigte, wenn er an eine geliebte Frau dachte. Aber seine Wangen waren ungewöhnlich bleich. Der Wind spielte mit seinen Locken, die in der Sonne rötlich wirkten. Die Kugeln hatten zwei runde scharfrandige purpurrote Löcher zurückgelassen – eines in der Stirn, das andere in der Wange. Sein Körper wies noch sechzehn weitere Einschußlöcher auf – sechzehn Löcher waren in seiner Uniform, die meisten von ihnen in

Brusthöhe. Von Kummer überwältigt, fiel ich auf die Knie, es war, als würde das Gewicht des ganzen Himmels auf mir lasten und mich zu Boden drücken. Rings um mich herrschte eine völlige, unendliche Stille – während der ich schlimmere Qualen litt, als der grausamste Folterknecht mir hätte zufügen können. Ich schrie, ich verfluchte Gott, die Jungfrau, die Heiligen – und mich selbst. Keiner der Krieger und keine der alten Frauen wagte es, sich mir zu nähern. Auch mein Schreien und meine Flüche verschafften mir keine Erleichterung. Noch immer auf Knien, rief ich nach Nikolas, meinem Bruder.

»Sag mir, was geschehen ist.« Ich fühlte, wie er zögerte. »Sag mir alles.«

Er nahm seinen ganzen Mut zusammen und begann mit tränenerstickter Stimme zu erzählen. Yanno und unsere Männer haben die Stellung so lange gehalten, wie es nur ging. Dank ihres Widerstandes konnten Hunderte unserer Soldaten dem Feind entkommen und sich in Myloi in Sicherheit bringen. Als die Reiterei von Kehaya Bey merkte, daß es unmöglich war, frontal anzugreifen, umgingen sie die Spetsioten und fielen ihnen in den Rücken. Lange Zeit wurde Mann gegen Mann gekämpft. Von weitem sah mein Bruder, wie Yanno, der wahrscheinlich keine Munition mehr hatte, sich mit seinem Dolch und mit dem Kolben seines Gewehres gegen die Angreifer verteidigte. Er hatte beobachtet, wie er auf einen türkischen Offizier zugerannt war und ihn mit seinem Gewehrkolben aus dem Sattel geschlagen hatte. Achtzehn türkische Kugeln trafen ihn gleichzeitig. Yanno hatte noch einige Schritte gemacht, die aussahen wie Figuren aus einem seltsamen Ballett, und war dann blutend und leblos über dem Körper des ebenfalls tödlich verwundeten türkischen Offiziers zusammengebrochen. »Er ist als Held gestorben, und Griechenland ehrt ihn.« Ich erhob mich und ging festen Schrittes davon. Niemand hielt mich zurück, niemand folgte mir. Bald war

ich am Ortsrand angelangt, und wie ein Automat lief ich weiter hinaus vors Dorf. Ich hoffte, auf die Türken zu treffen, um meinen Sohn rächen zu können, und schnell im Hagel ihrer Kugeln zu sterben. Aber weit und breit war kein Feind zu sehen. Sie hatten es vorgezogen, sich in Argos zu verschanzen, um ihren Sieg auszukosten.
Als ich so weiterlief, hörte ich sie. Erst eine, dann zwei, dann zwanzig Schwalben, die über mir ihre Kreise zogen. Von Anfang an waren sie über mir geflogen, ohne daß ich auch nur einen Ton vernommen hatte. Ich war taub und blind gewesen. Und plötzlich, wie von Zauberhand, fühlte ich mich in die unvergleichliche Schönheit eines Frühlingsabends versetzt. Es schien mir, als ob die gesamte Natur Yanno ihre Ehre erwies. Das goldene Licht, die klare Luft, der hellrosa Himmel, die Düfte der Kräuter und Sträucher, diese ganze zeitlose Pracht entfaltete sich zu seiner Ehre, und ich begann die wildwachsenden Blumen zu pflücken, die, so weit das Auge reichte, die Felder zierten. Ich pflückte Klatschmohn, Kornblumen, Strohblumen, Narzissen, Anemonen, Margeriten, Butterblumen, Mittelmeerlilien. Ich sammelte einen ganzen Arm voll. Es waren so viele, daß ich sie beinahe nicht mehr tragen konnte und eine Spur von Blüten hinter mir ließ. Ich kam in das Dorf zurück, legte die ganze Blütenpracht auf den Leichnam meines Sohnes und bedeckte ihn so mit dem schönsten Leichentuch. So geschmückt, ließ ich ihn an Bord der Agamemnon bringen, deren Kapitän er gewesen war, zusammen mit den Blumen in ein Leinentuch gewickelt. In der rotgoldenen Apotheose des untergehenden Tages ließen wir ihn langsam ins Meer hinab, wo er versank. Lange noch konnte ich meinen Blick nicht von der Stelle wenden, an der er im Wasser untergegangen war, während über mir schon die Sterne einer nach dem anderen am Firmament aufzogen.
Ich weiß nicht mehr, wie ich diese Zeit durchlebte. Es ist mir

unmöglich, mich daran zu erinnern. Vielleicht blieb ich allein in meiner Kabine und schloß mich ein. Sicherlich siegte schließlich der Hunger über meinen Mangel an Appetit – ganz so wie die Erschöpfung endlich meine Schlaflosigkeit überwand. Diese Tage gleichen weißen, unbeschriebenen Blättern im Buch meiner Erinnerung. Ich hatte das Gefühl, im Nebel umherzuirren, wie ich ihn früher so undurchdringlich, schmutzig und bedrückend auf dem Atlantik kennengelernt hatte. Wie ein Kapitän, der in diesem milchigen Grau das Sprachrohr eines anderen Schiffes hört, so hörte ich wie aus weiter Ferne einen Namen: Valtetsi. Ich lauschte. »Bei Valtetsi haben wir einen großen Sieg errungen, hörst du, Laskarina ... einen großen Sieg ... Valtetsi.« Ich öffnete die Augen. Mein Halbbruder Nikolas beugte sich über mich und rief mir laut ins Ohr. Ich lag angezogen in meiner Koje, und das Kissen war feucht von meinen Tränen, derer ich mir gar nicht bewußt war.

Als er sah, daß ich zu mir kam, lächelte Nikolas. Kehaya Bey, der Mörder meines Sohnes, war vergnügt nach Tripolitza, der Provinzhauptstadt, zurückgekehrt. Von dort aus hatte er sich einen Spaß daraus gemacht, Gruppen von Klephten aufzuspüren und aus den umliegenden Hügeln zu vertreiben. Diese Zerstreuung hatte für ihn jedoch in einer beschämenden Niederlage geendet.

»Stell dir vor, Laskarina, er hatte Artillerie, Kavallerie und Infanterie eingesetzt. Ihm gegenüber stand Kolokotronis mit nur halb so vielen schlechtbewaffneten Männern.«

»Kolokotronis?« rief ich aus.

»Ja, Kolokotronis, der durch seine schlaue Taktik einen totalen Sieg über Kehaya Bey errungen hat. Außer dem Verlust an Toten und Verwundeten hat er ihm noch eine große Menge von Waffen abgejagt. Zum ersten Mal haben wir uns einen wirklich großen Sieg erkämpft. Die türkische Unbesiegbarkeit ist nur noch ein Mythos. Yanno ist gerächt. Kolokotronis hat ihn gerächt.«

Der Bote, der uns diese überraschende Mitteilung brachte, übergab uns auch einen Brief von Kolokotronis. Wir waren uns noch nie begegnet, aber mein Sohn war in den Augen der Griechen zum Helden geworden. Deswegen hatte auch Kolokotronis darauf Wert gelegt, mir selbst seinen Sieg zu verkünden. Da er nicht lesen und nicht schreiben konnte, hatte er die folgenden Zeilen diktiert. »Meine Freude ist unbeschreiblich. Ich sage nicht mehr darüber, nur daß ich von nun an sicher bin, daß Gott seine Hand über uns hält.« Die Botschaft war kurz, aber damit war alles gesagt. Der Nebel, der mich umgab, hob sich. Plötzlich hatte ich wieder das Bedürfnis, aktiv zu werden. Ich empfand nun Scham bei dem Gedanken, die anderen alleine kämpfen und Siege erringen zu lassen, während ich mich an den unfruchtbaren Ufern der Verzweiflung gehenließ.

Kolokotronis hatte gute Arbeit geleistet, aber es war meine Aufgabe, das Blut von Yanno zu rächen.

»Wenn du deinen Sohn wirklich rächen willst, dann mußt du kämpfen und Türkenblut vergießen, und davon gibt es hier genug.« Das war typisch Papa Flessas. Auch er freute sich darüber, daß ich wieder unter den Lebenden weilte.

»Zum Teufel noch mal, Papa, du hast recht; laß uns gleich zu Kolokotronis stoßen.«

»Nein, er hat vielleicht eine Schlacht gewonnen, aber es wird ihm niemals gelingen, Tripolitza zu nehmen. Er macht einen Fehler, wenn er in seinen Hügeln bleibt. Die Festung von Monemvasia ist viel wichtiger für uns. Hilf den Mainoten, die sie belagern. Sie brauchen unsere Unterstützung.«

Ich ließ meine Flotte unter dem Kommando von Nikolas zurück, so daß er die wahrscheinlich noch lange andauernde Blockade von Nauplia weiterführen konnte, und stach an Bord der Agamemnon in See.

KAPITEL 14

Ich fuhr an der Ostküste des Peloponnes entlang, die von einer besonders wilden Schönheit ist. Wir segelten an Astros, Leonidion und Kiparissi vorbei. Als Geraka hinter uns lag, tauchte am Horizont der Felsen von Monemvasia auf. Es sah phantastisch aus, wie er so plötzlich aus dem Wasser in den Himmel aufragte. Gekrönt wurde er von einer Festung mit vielen hundert Türmchen, Minaretten und Kuppeln. Das Ganze sah aus wie ein Märchenschloß. Einer der Hänge fiel nicht so steil wie die anderen zum Meer ab. Dort lagen die Häuser der stark befestigten Stadt in Terrassen übereinander. Monemvasia wurde für uneinnehmbar gehalten, und die einzige Möglichkeit, es zu erobern, bestand darin, es auszuhungern. Nichts ist eintöniger als eine Belagerung, und eintönig wurde auch die Belagerung von Monemvasia. Vor der Stadt hatte ich andere Reeder aus Spetsai wiedergetroffen, die seit Beginn der Belagerung, einen Monat zuvor, an der Spitze ihrer Flotte gekommen waren. Unsere Aufgabe war es, die Feste zum Meer hin abzuriegeln, obwohl die Belagerten über kein einziges Schiff verfügten, das unsere Blockade hätte durchbrechen können, und eine Entsatzflotte uns schon Tage, wenn nicht sogar Wochen im voraus angekündigt worden wäre. Wir hatten also beinahe nichts zu tun – außer jeden Morgen nahe genug an die Unterstadt heranzusegeln, um sie zu beschießen. Das Ganze zeigte meist keinerlei Wirkung, weil die Agas, die Würdenträger von Monemvasia, sich vom Anfang der Feindseligkeiten an mit Waffen, Gepäck, Lebensmitteln und Wasservorräten in die

Zitadelle auf dem Gipfel des Felsens zurückgezogen hatten, die weit außerhalb der Reichweite unserer Geschütze lag. Die einzige Zerstreuung, die mir blieb, waren meine Besuche bei den Mainoten, die auf dem Festland einen Belagerungsring um Monemvasia gebildet hatten. Dieser Volksstamm verließ beinahe nie seine steile, felsige und karge Halbinsel im Süden des Peloponnes, wo nichts anderes zu wachsen schien als die viereckigen Türme aus rötlichem Stein, von denen aus sich die rivalisierenden Familien seit Jahrhunderten gegenseitig umbrachten. Ihr Lager spiegelte ihre Wildheit und Zügellosigkeit wider. In völliger Unordnung hatten sie ihre alten zerrissenen und dreckigen Zelte aufgestellt. Sie selbst waren ebenfalls schmutzig und gingen in goldbestickten Lumpen einher. Sie waren verdreckt, aber mit ihren Waffen, die sie über alles liebten, sahen sie prächtig aus. Fast ausnahmslos hatten sie vorzüglich gepflegte, moderne ausländische Waffen. Da sie jede Art von Disziplin verabscheuten, gehorchten sie einzig und allein ihren jeweils eigenen Stammesoberen. Und so hallte dieses Lager von morgens bis abends wider vom Lärm ihrer Streitereien und Prügeleien. Das Lachen stand bei diesen furchteinflößenden Kriegern nicht besonders hoch im Kurs. Für sie war jeder, der nicht aus der Mani kam, ein Fremder. In meinem Fall hieß das, daß ich für sie zunächst eine Fremde und sodann eine Frau war, und beides verachteten sie zutiefst. Mein Passierschein war der Name meines Paten. Es genügte, daß ich Bourzinos erwähnte, und schon zeigten sie sich milder gestimmt, aber um akzeptiert zu werden, mußte ich mich selbst noch handgreiflicher beweisen. Deshalb bat ich sie darum, mich in ihren Lieblingssport einzuführen. Nur widerwillig und mißtrauisch waren sie schließlich dazu bereit. Bei Sonnenuntergang – denn dies war die einzige Stunde des Tages, an der sie ihren Sport ausüben konnten – verließ ich mit einigen von ihnen das Lager. Wir gingen in Richtung der Mauern von Monemvasia. In gehörigem Abstand zu den Wällen versteckten wir uns hinter einem großen Felsen und legten uns auf die Lauer. Nach einer Stunde des Wartens sahen wir plötzlich, daß sich etwas zwischen den ausgedörrten Grasbüscheln des Hanges bewegte. Nun mußten wir das Wild gerade eben so nah an uns herankommen lassen, daß es in Reichweite war, aber nicht zu nahe, damit es uns nicht entdeckte. Eine Zeitlang lokalisierte ich unsere Beute nur durch ihre Bewegungen. Sie versteckte sich, kam dann heraus und lief schnell in ein anderes Versteck. Schließlich erreichte sie einen Felsbrocken, der nicht sehr weit von jenem entfernt war, hinter dem wir lagen. Würde sie uns bemerken? Würde sie wieder herauskommen oder nicht? Mein Herz schlug mir vor Aufregung bis zum Hals. Wir hatten alle den Finger am Abzug. »Wir lassen ihn dir, er gehört dir«, flüsterte mir einer der Mainoten zu.

Das Wild war wohl durch die absolute Stille und Bewegungslosigkeit ringsumher in Sicherheit gewiegt und beging den tödlichen Fehler, sich zu zeigen. Ich zielte, schoß und sah, wie es zusammenbrach. Wir liefen zu ihm hinüber, um zu sehen, was wir erlegt hatten. Er war sofort tot gewesen, ich hatte ihn mitten ins Herz getroffen. Natürlich handelte es sich um einen Türken, einen ärmlich gekleideten, abgemagerten jungen Mann. Tag für Tag versuchten auf diese Art und Weise einige der Eingeschlossenen durch den Belagerungsring zu brechen und sich zwischen unseren Linien hindurchzuschleichen. Aber ebenso regelmäßig lauerten die Mainoten ihnen auf, um sie abzuschießen. Von diesem Moment an nannten sie mich, als Zeichen ihrer Hochachtung, »Levendissa«.*

Um meinen Erfolg zu feiern, brieten meine Jagdgefährten und ihre Freunde über einem großen Feuer eine magere Ziege, die sie in einem der nahegelegenen Felder gestohlen

* Wort, das so viel bedeutet wie »mutige Frau«.

hatten. Während sie sie verschlangen, tanzte der Widerschein des Feuers über ihre Gesichter und ließ sie aussehen wie schnurrbärtige Teufel. Flaschen billigen Fusels wanderten reihum von Hand zu Hand. Einer von ihnen begann mit einer wunderbar tiefen Stimme ein Klagelied zu singen, in dem die Rede war von einem Krieger und vom Tod. Die anderen stimmten ein, und zum Nachthimmel empor stieg der wunderbarste und bezauberndste Chorgesang, den ich je gehört hatte. Später amüsierten sie sich damit, über das Feuer zu springen, und die weißen Fustanellas flogen durch die Funken.

Das Fest war in vollem Gange, als ich sah, wie sich ein Mann zwischen den Zelten hindurch unauffällig auf uns zubewegte. Sobald die Mainoten, die ihn zu kennen schienen, ihn bemerkt hatten, kehrte augenblicklich wieder Ernst ein. Sie räumten ihm einen Platz ein, und ihre gespannten, vom Widerschein des Feuers erleuchteten Gesichter wandten sich ihm zu. Es war einer der in Monemvasia eingeschlossenen Griechen, der uns als Spion diente. Er kam, um uns über die Lage in der belagerten Stadt zu berichten. Tatsächlich war die Unterstadt voller türkischer Zivilisten. Die letzten Zugtiere waren schon vor ein oder zwei Wochen geschlachtet worden. Die Ratten und sogar die Algen, die auf den Felsen wuchsen, wurden immer seltener. Den Eingeschlossenen blieb nichts mehr übrig, als all das, was aus Leder war, zu kochen oder die Knochen der bereits lange zuvor verzehrten Tiere zu zermahlen und in Öl zu backen. Sein Bericht zeigte deutlich, daß Monemvasia bald fallen würde, und dies trotz des Starrsinns der Agas, die in ihrer Zitadelle noch über ansehnliche Vorräte verfügten. Die Mainoten gaben dem Spion etwas Feta, Früchte und ein paar Eier, die für ihn mehr wert waren, als alle Schätze dieser Welt.

Eines Morgens bemerkte ich, daß die Leichen von zwei am Vorabend getöteten Türken verschwunden waren. Die Mai-

noten, die ich darauf ansprach, wußten auch nicht mehr darüber als ich. Ich mußte bis zur Nacht warten, um den Spion zu fragen, als er kam, um Bericht zu erstatten.
»Machen sich die Türken jetzt die Mühe, ihre Toten zu begraben?«
»Nein, Kapetanissa, sie werden aufgegessen.«
Jede Nacht wagten sich die Eingeschlossenen vor die Wälle, um die Körper ihrer Toten einzusammeln. Die Bewohner Monemvasias waren zu Kannibalen geworden. Doch mein Herz blieb ungerührt; ich mußte an Yanno denken.
Eines Tages hielt ich gerade in meiner Kabine, in der drückende Hitze herrschte, einen Kriegsrat mit den Reedern von Spetsai ab, als einer meiner Matrosen mir über ein ungewöhnliches Geschehnis berichtete. Wir gingen an Deck, und da sahen wir sie: Das zum Meer hin gelegene Tor im Wall war geöffnet worden, und sie waren auf die Felsen hinausgegangen. Es waren ungefähr vierzig von ihnen, ausschließlich alte Leute, Frauen und Kinder. Aus einer winzigen Bucht zogen sie einige Fischerboote und kletterten mühsam hinein. Die am wenigsten Geschwächten unter ihnen ergriffen die Riemen und begannen in unsere Richtung zu rudern, während die Frauen weiße Taschentücher oder Unterröcke wie Parlamentärsfahnen hin und her schwenkten. Ich gab meinen Kanonieren den Befehl, ihre Lunten zu entzünden.
»Aber sie können uns nichts anhaben«, protestierte mein Schwiegersohn Koutsis. »Sie wollen sich ergeben.«
»Sicher, aber wenn wir das zulassen, dann zeigen wir eine Schwäche, die die Belagerten nur dazu ermutigen wird, noch länger auszuhalten.« Ich ließ einen Warnschuß abfeuern. Der Einschlag der Kanonenkugel verursachte eine hohe Wassersäule, und durch die Wellen, die entstanden, wäre eines der Boote beinahe gekentert. Trotzdem ruderten sie alle weiter auf uns zu. Ich sah, wie die darin Sitzenden in einer bittenden Geste ihre Arme nach uns

ausstreckten, und ich hörte, wie sie in gebrochenem Griechisch »Habt Mitleid!« riefen. Die Reeder von Spetsai wagten nichts mehr zu sagen, aber ich spürte, daß sie gewillt waren, nachzugeben. Wir würden ohne Aussicht auf ein Ende der Belagerung hier vor Monemvasia festliegen. Vielleicht würden wir die Zitadelle auch niemals erobern können. »Los!« rief ich meinem besten Kanonier zu. Ich sah, wie die Kugel aus dem Rohr schoß und einen der Kähne in tausend Stücke zerfetzte. Wrackteile und blutüberströmte Körper schwammen auf dem Wasser. Die anderen Kähne drehten um, aber als ihre Insassen wieder an Land gingen, fanden sie das Tor in der Mauer verschlossen. Die Belagerten waren wohl nur allzu froh, einige unnütze Esser losgeworden zu sein. Sie waren dazu verurteilt, ohne Wasser und Nahrungsmittel auf den kahlen Felsen vor der Stadtmauer zu bleiben.

Täglich zählte ich sie und sah nach, in was für einem Zustand sie sich befanden. Einige zogen den Selbstmord einem langen Todeskampf vor und ertränkten sich im Meer. Das Ende der anderen wurde durch die gnadenlos herabbrennende Sonne beschleunigt. Die Überlebenden warfen die Leichen ins Meer. Ich war versucht, ihnen zur Hilfe zu eilen, konnte aber meinen einmal eingeschlagenen Weg nun nicht mehr verlassen. Vor meinem geistigen Auge sah ich den von Kugeln durchbohrten Körper Yannos, und mein Herz wurde wieder hart. Die letzte Überlebende war eine Frau, deren einsamer Todeskampf auf dem Felsen vor der Stadt zwei ganze Tage dauerte. Eines Morgens sah ich, daß sie verschwunden war, und ich habe nie erfahren, ob sie sich ertränkt oder ob eine Welle sie weggerissen hat.

Ich hatte gedacht, daß der Tod meiner Feinde mich besänftigen würde, aber kein Massaker, kein noch so scheußliches Schauspiel konnte meinen Durst nach Rache stillen. Erst nach einigen Wochen begann ich von meinen

Opfern zu träumen. Ich sah sie wieder unter der glühenden Sonne auf den Felsen liegen. Deutlich sah ich ihre Gesichter und den Ausdruck auf ihnen, den ich in Wirklichkeit gar nicht hatte sehen können. Diese Alpträume verfolgten mich lange Zeit Nacht für Nacht und raubten mir den Schlaf, bis sie schließlich verblaßten und in mir nur noch die unheilbare Wunde meiner heimlichen Reue zurückließen.

Und dennoch: Ich hatte richtig gehandelt, denn, da sie durch meine Grausamkeit völlig entmutigt waren, nahmen die Bewohner des belagerten Monemvasia ihre letzten Kräfte zusammen, kletterten den Felsen bis zur Zitadelle hinauf und zwangen so ihre Agas zur Kapitulation. Inmitten der Mainoten war ich unter den ersten, die in die gefallene Stadt einzogen. Aus Angst vor Repressalien versteckten sich die Bewohner in Kellern oder Felsengrotten. Nicht ein einziger Toter war zu sehen – sie waren wahrscheinlich alle aufgegessen worden ... Eigentlich sah man weder Lebende noch Tote. Die Stadt schien seit langer Zeit menschenleer zu sein. Es gab nur leblose Steine und glühende Hitze. Als ich mich so dem Marktplatz näherte, hörte ich lautes Schreien, das aus der Kirche kam, deren Portal offengeblieben war. Der Priester, der Papas, der die ganze Belagerung über in der Stadt geblieben war, stritt mit unseren Kommandanten, die im Kapitulationsvertrag mit den Agas versprochen hatten, die überlebenden Bewohner der Stadt ziehen zu lassen. Aber der nach Rache dürstende Priester wollte keine Lebenden, sondern Tote sehen. Seine Rede war so überzeugend, daß die Führer der Mainoten nicht mehr wußten, was sie tun sollten und mich um Rat fragten. »Es hat genug Tote gegeben!« schrie ich schließlich, und alle schauten mich voller Verblüffung an.

Ich ging wieder auf den kleinen sonnenüberfluteten Platz hinaus. Die Sonne durchdrang sogar das spärliche Laub der einzigen Tamariske, die dort wuchs. Ich ging zu den

Überresten einer Kanone, die durch unseren Beschuß zerstört worden war. Von hier schweifte mein Blick über das Meer, das wie flüssiges Gold im gleißenden Sonnenlicht lag. Am Horizont sah ich, wie die schmale Spitze des Kap Maleas aus dem hellen Dunst herausragte, und mußte an Yanno denken.

Als die Überlebenden erfuhren, daß sie verschont werden würden, wagten sie sich aus ihren Löchern hervor. Ich war dabei, als sie die Stadt verließen, um auf dem Schiff eines anderen spetsiotischen Reeders nach Kleinasien gebracht zu werden. Die Menschen waren bis zum Skelett abgemagert. Ihre Körper waren mit Schorf und Exkrementen bedeckt, die Augen traten weit aus den Höhlen hervor, und ihre zahnlosen Münder waren ständig geöffnet, als könnten sie nur so die nötige Luft einsaugen. Sie waren so geschwächt, daß sie sich kaum aufrecht halten konnten. Von der Ansammlung ging ein Gestank aus, der durch die Hitze noch unerträglicher wurde. Als der letzte dieser lebenden Kadaver verschwunden war, erfaßte mich ein seltsames Gefühl der Leere.

Dann fuhren, von Pferden gezogen, die Kanonen der Festung von Monemvasia an mir vorüber, und es schien, als würden sie mir die Richtung zeigen, in die ich zu gehen hatte: Tripolitza. Dorthin mußte ich mich nun schnellstens begeben, dessen war ich sicher.

Die Agamemnon setzte mich in Myloi, mit dem mich so viele Erinnerungen verbanden, an Land. Auf dem Rücken von Mauleseln zogen wir ins Gebirge. Die steilen, rutschigen, abrupt in Schluchten übergehenden Abhänge waren schwindelerregend. Schließlich gelangten wir auf die Hochfläche, auf der die Hauptstadt des Peloponnes thronte. Wir wandten uns nach Norden und durchquerten eine Reihe von Schluchten und Tälern, die durch flache Hügelketten voneinander getrennt waren. Als ich auf einem grasbewachsenen, mit riesigen Tannen bestandenen Gipfel ankam, drehte ich mich um. Tripolitza lag zu meinen Füßen. Seine hohen Mauern und Türme schienen den Horizont zu versperren. Ich konnte türkische Patrouillen sehen, die frei ein und aus gingen, da wir nicht zahlreich genug waren, um die Stadt völlig abzuriegeln. All unsere Anstrengungen und Hoffnungen konzentrierten sich auf diese Stadt. Ohne Tripolitza gab es keine Revolution. Dreißigtausend Türken saßen innerhalb ihrer Mauern fest. Unter ihnen befand sich eine großen Anzahl von Flüchtlingen, die aus den befreiten Landstrichen gekommen waren. Aber die Hälfte der Belagerten waren kampferprobte Krieger, die es zu überwinden galt.

Ich beobachtete die Zitadelle, die unter dem Befehl Kehaya Beys stand, des Mörders meines Sohnes. Deutlich konnte ich die Terrassen und Innenhöfe des Palastes erkennen, in den sich die Frau von Kurchid Pascha, des Gouverneurs des Peloponnes, wie in einen Fuchsbau zurückgezogen hatte. Er selbst befand sich im Norden auf Kriegszug gegen Ali Pascha und hatte seine Odalisken in Tripolitza zurückgelassen. Mit eiserner Hand herrschte seine Frau über sie, ebenso wie über Tripolitza und Kehaya Bey. Sie hielt die Macht in Händen, und ohne ihren Harem zu verlassen, beeinflußte sie sogar die Entscheidungen des türkischen Oberkommandos.

Ich machte mich wieder auf den Weg, und bald erreichten wir Triforka. Dort stand der größte Teil unserer Kräfte. In der Ferne lag auf einem steinigen Hügel ein ärmliches Dorf, dessen weißgetünchte Häuser in der glühenden Sonne leuchteten. Ein sehr junger, hochgewachsener, hagerer und dunkelhaariger Mann kam, sein Pferd am Zügel führend, auf uns zu.

»Sei gegrüßt, Kapetanissa. Wir warten schon auf dich.«

Es war Panos, der älteste Sohn von Kolokotronis. Er führte uns durch das Lager, und ich konnte unsere Soldaten beobachten, die mir gut genährt, gut bewaffnet und gut gelaunt erschienen.

»Ja, das ist vielleicht so«, antwortete Panos Kolokotronis, »aber wir sind noch nicht einmal siebentausend, und uns stehen fünfzehntausend Türken gegenüber. Aber schlimmer als das sind die Streitereien zwischen unseren Führern, denn die sehen Griechenland schon befreit, und jeder von ihnen strebt nach der Oberherrschaft. Wir sind hier im Königreich der Intrigen, der Allianzen und Querelen. Es gibt sogar Streit darüber, wo im Lager man sein Zelt aufschlagen darf. Manche glauben nämlich, daß sie anderen gegenüber benachteiligt sind.«

Während er sprach, beobachtete ich ihn. Von Panos Kolokotronis ging ein enormer Stolz, aber auch eine unendlich tiefe Melancholie aus. Wie bei uns Griechen üblich, zählte er eine ganze Litanei von dramatischen Ereignissen auf, aber dabei blieb er ganz Philosoph und legte einen lächelnden Gleichmut an den Tag, der mich überraschte. Instinktiv empfand ich eine tiefe Sympathie für ihn.

»Mein Vater möchte dich augenblicklich sehen.« Panos führte mich zu einer beinahe restlos verfallenen Hütte, vor der ein paar streitlustige Klephten Wache hielten. Sie waren halbnackt und trugen uralte Spieße und Vorderlader, deren Abzugshähne mit Kordeln gesichert waren. Sie lebten im Dreck; denn den Schmutz auf ihren Körpern empfanden sie als eine Art Schutzschicht. Ihr Aussehen und ihr Benehmen waren gleichermaßen furchteinflößend, und jeder einzelne von ihnen hätte sich für seinen Führer Kolokotronis in Stücke reißen lassen.

Panos begleitete mich nur bis zur Tür. Aus dem Schafstall, der gleichzeitig Wohnzimmer, Ratszimmer, Küche und Schlafzimmer war, schlug mir ein unbeschreiblicher Gestank entgegen – eine Mischung aus Moschus und dem Geruch von Knoblauchsuppe. Beinahe augenblicklich war ich von Kolokotronis animalischer Ausstrahlung fasziniert. Groß, hager und sonnengebräunt kam er mit langen, geschmeidigen Schritten auf mich zu. Wie ein Wolf …

schoß es mir durch den Kopf. Er warf mir einen Blick zu, einen einzigen, der mich durchbohrte und mir – ohne daß ich etwas dagegen tun konnte – die Röte ins Gesicht trieb. Zur Begrüßung grollte er lediglich: »Warum hast du Papa Flessas, diesen Verräter, besucht?«
Sofort hatte ich das Gefühl, mich verteidigen zu müssen, und erklärte ihm, daß der Archimandrit nur Gutes über ihn gesagt hatte.
»Nichts als Lüge und Heuchelei«, stieß er hervor. Er schien genauestens über jeden Schritt und jede Tat Papa Flessas informiert zu sein.
Ich war nicht klein, aber unter seinen Augen fühlte ich mich winzig. Kolokotronis war hager, hochgewachsen, drahtig und muskulös. Er musterte mich wie ein Händler auf dem Pferdemarkt ein zum Verkauf stehendes Tier. Ich spürte, daß er sich mit Vieh und mit Reittieren ebensogut auskannte wie mit Menschen und daß er auf kein Roßtäuschergeschwätz hereinfiel.
Er wandte den Kopf ab und sagte plötzlich mit dumpfer Stimme: »Bourzinos ist tot.« Anstatt zu antworten, biß ich mir auf die Lippen. Er fügte hinzu: »Eine kurze Krankheit ... Schon nach einigen Tagen war er tot.«
Plötzlich fühlte ich mich völlig niedergeschlagen und kraftlos. Kolokotronis schien das zu bemerken, und wie um mich zu trösten, sprach er von meinem Paten. Von Anbeginn an war jener sein Freund und Gönner gewesen. Im Januar des Vorjahres, als Kolokotronis heimlich aus seinem Exil zurückgekehrt war und sich vor der türkischen Polizei verstecken mußte, hatte er bei Bourzinos Unterschlupf und Hilfe gefunden. Mein Pate war der erste gewesen, der seinen Plan guthieß, zunächst Tripolitza einzunehmen, und hatte ihm Männer, Waffen und Geld zur Verfügung gestellt. Er hatte diesen harten Kern gebildet, dem sich im Laufe der Zeit unsere sämtlichen Kräfte angeschlossen hatten. Ohne Bourzinos hätte die Belagerung von Tri-

politza niemals stattgefunden. In Kolokotronis Worten schwang Respekt mit, der nicht mir galt, sondern dem Toten. Während er sprach, sah ich mir sein Gesicht genauer an. Es erinnerte mich an eine grotesk anmutende Theatermaske. Die tief in ihren Höhlen liegenden Augen, die Hakennase, die hohlen Wangen und die buschigen Augenbrauen verliehen seinen Gesichtszügen etwas Beeindrukkendes. Er hatte seine schwarzen Haare sehr lang wachsen lassen und hatte einen ausgefallenen Schnurrbart, der zwei sich ringelnden schwarzen Schlangen glich. Er trug eine Fustanella, von derselben roten Farbe wie die flache und zerknitterte Mütze, die er niemals absetzte.

»Bourzinos hat mir gegenüber oft von dir gesprochen«, sagte ich zu Kolokotronis.

»Und mir hat er ebensoviel über dich erzählt.«

Ich fühlte Trauer für Kolokotronis, für mich selbst, aber vor allem für Bourzinos. Es schmerzte mich, daß er nicht mehr unter uns weilte, und ich empfand es als ungerecht. Er hatte so viel für die Freiheit unseres Vaterlandes getan, und er hatte so sehr gehofft, sie zu erleben. Wie Moses würde er das »gelobte Griechenland« nur von ferne sehen.

Kolokotronis war nicht einverstanden. »Er ist gestorben, weil er seine Aufgabe erfüllt hatte. Er hat uns endlich zusammengebracht, dich und mich.« In jenem Augenblick wurde mir die Bedeutung dieser Bemerkung nicht bewußt, aber sie verunsicherte mich.

Um meine Verlegenheit zu überwinden, sprach auch ich nun von Bourzinos. Ich erzählte von meiner Taufe im Gefängnis der Sieben Türme, von meiner Aufnahme in die Philiki Hetairia – die kurz nach der von Kolokotronis erfolgt war –, von den Momenten, in denen Bourzinos in meinem Leben aufgetaucht war, und von seiner mysteriösen, präzisen und wohldurchdachten Art, sich einzumischen. Kolokotronis hatte begonnen zu rauchen, aber nicht die Wasserpfeife, sondern den Tschibuk. Jetzt wurde mir

klar, was für ein Duft inmitten des Gestanks dieser Hütte schwebte: Es war der Geruch nach kaltem Rauch, nach einem Tabak von guter Qualität. Kolokotronis sah mich weiter durchdringend an, was mich auf eine seltsame Art und Weise verunsicherte. Ich konnte nicht mehr klar denken. Ich wurde schwach und fühlte mich plötzlich verwundbar. Das ging so weit, daß meine Kehle vor Rührung wie zugeschnürt war und mir Tränen in die Augen stiegen, als ich von Bourzinos' letzter Nachricht sprach. Gleichzeitig verachtete ich mich selbst für diese Schwäche. War er es, der mich an sich gezogen hatte, oder hatte ich mich ihm in die Arme geworfen? Ich erinnere mich nicht mehr. An seiner Schulter ließ ich meinen Tränen freien Lauf, und das hatte ich noch nicht einmal beim Tode Yannos getan. Als ich mich von ihm lösen wollte, hielten mich seine Arme fest. Was ich jetzt in seinen Augen las, machte mir angst. Bevor ich mich dagegen wehren konnte, glitten seine Hände fordernd und gierig über meinen Körper. Ich versuchte ihm zu entkommen, aber er holte mich ein. Wir rangen miteinander. Er war stark, aber trotzdem – dessen kann ich mich rühmen – trug er bei diesem Kampf einige blaue Flecken und Kratzspuren davon. Ich rief um Hilfe. Jedoch nicht ein einziger seiner Klephten, die sich vor der Hütte unterhielten, wagte es einzugreifen. Meine Kräfte verließen mich – vielleicht wollte ich es auch so –, jedenfalls war Kolokotronis schließlich stärker als ich. Er brach meinen Widerstand, warf mich auf den Tisch und fiel über mich her. Er war brutal, aber dieser Moment ist mir unvergeßlich geblieben. Ich empfand eine so intensive Lust, daß die Erinnerung daran bis heute noch nicht verblaßt ist.
Als ich wieder aus der Woge der Wollust auftauchte, hörte ich das Lachen und die Kommentare der Wachen, die vom Lärm angezogen unser Tun durch das Fenster beobachtet hatten.

Ich brachte meine Kleidung in Ordnung, und ohne Kolokotronis eines Blickes zu würdigen, verließ ich so würdevoll wie möglich die Hütte. Panos, sein Sohn, wartete draußen auf mich. In seinen großen dunklen Augen blitzte es amüsiert auf. Als er mich zurückbegleitete, flüsterte er mir zu: »Er hat dich begehrt, seit dem Tag, an dem er zum ersten Mal von dir gehört hat.«

»Und wenn ich ihm nicht gefallen hätte?«

»Undenkbar. Ihr seid füreinander geschaffen.«

Ich empfand Scham, ganz so, als ob alle Männer des Lagers mich halbnackt und vor Lust schreiend gesehen hätten, aber das ließ ich mir nicht anmerken, und so schritt ich hocherhobenen Hauptes von dannen, wie eine Königin.

Kapitel 15

Kolokotronis gliederte meine Spetsioten in die Truppen ein, die er befehligte. Die Türken setzten auf die Überlegenheit ihrer Kavallerie. Kolokotronis provozierte sie dazu, Ausfälle zu machen, und lockte sie vor die Mauern der Stadt. Es gab bittere Augenblicke. So wurden wir Zeugen der Folter eines unserer Männer, der während solch eines Scharmützels gefangengenommen waren. Auf den Zinnen der Wälle von Tripolitza spießten ihn die Türken auf und brieten ihn bei lebendigem Leib. Wir hörten seine Schmerzensschreie, und der Wind trug den furchtbaren Geruch nach verbranntem Fleisch zu uns herüber. Kolokotronis stand neben mir. Um nicht ohnmächtig zu werden, krallte ich meine Fingernägel in seinen Arm. Er selbst war ungewöhnlich bleich und murmelte: »Dafür werden sie bezahlen.«

Im Laufe der nächsten Tage lernte ich ihn immer besser kennen und entdeckte einen Kolokotronis, der sehr listig und schlau war. Er hatte etwas Unbeugsames und Geradliniges an sich, das mich anzog. Wenn wir miteinander redeten, so war es in der einzigen Sprache, die er kannte, der des Krieges und der Waffen. Andererseits brachte er auch meiner Weiblichkeit eine unausgesprochene Huldigung entgegen. Das konnte ich jede Nacht feststellen, wenn in stillschweigender Übereinkunft Waffenruhe eintrat und Griechen und Türken sich zurückzogen, um sich auszuruhen. Zu dieser Stunde suchte er mich in der ärmlichen, windschiefen Hütte auf, in der man mich untergebracht hatte. Dabei zeigte er ein großes Interesse für die wenigen

Überbleibsel des Luxus einer vergangen Zeit, die mich überallhin begleiteten: meine silbernen Toilettenartikel, mein mit Perlmuttintarsien verziertes Schreibzeug. Er öffnete meine Truhen und warf meine Seidenröcke, meine bedruckten Kleider und meine feinbestickten Schleier auf den Boden. Ich wußte, daß ich keine Gelegenheit haben würde, diese Kleidungsstücke zu tragen, doch das erfüllte mich keineswegs mit Wehmut. Schon immer hatte ich eine Vorliebe für schöne Kleider und prächtige Stoffe gehabt, und ich sah sie mir gerne an. Obwohl er so tat, als wären ihm diese Fetzen völlig gleichgültig, fragte er mich nach ihrer Herkunft und ihrem Zweck. Er bat mich, sie anzuziehen, um sie mir dann vom Leibe zu reißen und wie ein Husar über mich herzufallen. Jede Art von Raffinesse war ihm fremd, und er nahm mich ohne Zärtlichkeit ... Gewaltsam ... Und oft. Unserer beider Leidenschaft verschmolz zu einer einzigen, die dazu imstande war, zwei Wesen oder auch ein ganzes Land zu verzehren, zu läutern und neu zu erschaffen.

Kolokotronis hatte eine Schwäche für Panos. Er hatte gewollt, daß sein Sohn die Erziehung erhalten sollte, die ihm nie zuteil geworden war. Panos war gebildet. Er beherrschte mehrere Sprachen und kannte sich in Geographie und Geschichte aus. Sein Vater war stolz auf das, was aus ihm geworden war, aber sehr bald bemerkte ich bei ihm auch ein gewisses Minderwertigkeitsgefühl eben wegen dieser Bildung. Um dieses väterliche Gefühl zu verbergen, legte Kolokotronis seinem Sohn gegenüber eine übertriebene Strenge an den Tag. Eines Morgens beorderte er Panos vor die Wälle von Tripolitza, um die Türken zu einem Ausfall zu provozieren. Als ihre Reiterei dann schließlich aus der Stadt hervorbrach, zog sich Panos nicht wie vorgesehen zurück, sondern bot ihnen die Stirn. Mit ungestümer Gewalt prallten die Kämpfer aufeinander. Wir verfolgten das Geschehen von einer benachbarten Höhe aus. Wir sahen einen anscheinend nicht abreißenden Strom von türkischen Reitern aus dem Stadttor kommen und auf unsere Männer zugaloppieren. Panos selbst wurde von einem Dutzend von ihnen angegriffen. Kolokotronis war aschfahl, zuckte jedoch mit keiner Wimper. Ich aber sah deutlich, daß es ihm schwerfiel, ein Zittern zu unterdrücken. Meinen Spetsioten gelang es, Panos herauszuhauen und sich mit ihm zusammen in die Felsen zurückzuziehen, wohin die siegesgewissen Türken sie verfolgten. Dort ging der Kampf weiter, und unsere Seite gewann die Oberhand. Kolokotronis wartete auf seinen Sohn, wie ein gestrenger Richter bereit, gnadenlos durchzugreifen. Panos mußte dies erkannt haben, denn als er auf uns zukam, löste er von seinem Sattel zwei Dutzend abgeschnittener Köpfe und warf sie seinem Vater vor die Füße. Der Krieg hatte mich schon gegen Abscheu abgestumpft, den ich beim Anblick dieser scheußlichen menschlichen Überreste hätte empfinden können, aber in meinen Ohren hallten noch die Schreie unseres Gefährten wider, der bei lebendigem Leibe geröstet worden war.

»Keratas«,* schrie Kolokotronis und hob die Hand gegen seinen Sohn, der gekommen war, um ihn zu grüßen. Heftig warf er ihm seinen Ungehorsam und seine Unbesonnenheit vor und überschüttete ihn – vor seinen Männern – mit Beleidigungen. Bewegungslos und schweigend stand Panos mit blitzenden Augen und erhobenen Hauptes da. Je besser ich ihn kennenlernte, um so mehr Sympathie empfand ich für ihn. Ich wollte ihn in Schutz nehmen, den Mut rühmen, den er während des Scharmützels bewiesen hatte, und ich erinnerte Kolokotronis daran, daß Panos einen großen Erfolg errungen hatte, wovon die abgeschnittenen Köpfe Zeugnis ablegten.

* Hahnrei, betrogener Ehemann. Eine der schlimmsten Beleidigungen für einen Griechen.

»Und letztendlich ist er lebendig und ohne einen Kratzer zurückgekommen.«

»Sein Leben ist mir egal«, stieß Kolokotronis hervor. »Er hatte nicht das Recht, das Leben meiner Männer zu gefährden. Und im übrigen – was weißt du schon vom Krieg? Das geht dich nichts an, also halt den Mund.« Seine Wut war ebenso groß wie die Angst, die er wegen Panos ausgestanden hatte. Er war so außer sich, daß man nicht mehr vernünftig mit ihm reden konnte. Also zog ich mich zurück.

Ich ging in mein Haus, wo ich vor lauter Entrüstung darüber, daß Kolokotronis mich derart angeschnauzt hatte, aufgeregt hin und her lief. Da hörte ich ein leises Klopfen an der Tür. Verlegen und nervös spielte er mit seinen schwarzen Schnurrbartspitzen. Ich musterte ihn und war entschlossen, diesen ersten Schritt nicht zu machen, den er von mir erwartete. So schwiegen wir beide.

Schließlich stieß er hervor: »Du kennst mein Leben nicht, sonst würdest du besser verstehen.«

»Ich höre«, antwortete ich so kurz angebunden wie möglich.

Er war auf dem Peloponnes geboren worden, unter einem Baum. Zu jener Zeit war seine Familie auf der Flucht vor den türkischen Repressalien, einer Folge des großen Aufstandes von 1770, der meinen Vater das Leben gekostet hatte. Auch der Vater von Kolokotronis, sein Großvater und alle seine männlichen Verwandten waren im Kampf gegen die Türken umgekommen. Seine verwitwete Mutter mußte mit dem gerade Zehnjährigen in die Mani fliehen. Vier seiner jüngeren Brüder waren von den Türken als Geiseln genommen worden. Er selbst war in die zerklüfteten unzugänglichen Berge seiner Kindheit zurückgekehrt. »Du bist im Wohlstand und im Komfort der reichen Inseln aufgewachsen. Wir kannten nur die Not und die Erde, die uns kein Brot gab. Unser Vieh hatte kaum Fleisch auf den

Knochen. Der türkische Aga ließ uns keine Ruhe und nahm uns noch das letzte, was wir hatten, durch die überhöhten Steuern, die er uns nach seinem Gutdünken auferlegte. Die Dorfbewohner und die Bauern um mich herum waren zu elend und zu schwach, um an Auflehnung auch nur zu denken.«

Mit fünfzehn Jahren war er zum Klephten geworden und führte das Leben eines Gesetzlosen. Ständig gehetzt konnte er sich nie bei Tageslicht zeigen, aber er trotzte allen Verboten und allen Gesetzen. Schnell war er so berühmt, daß durch ein Dekret des Sultans ein Preis auf seinen Kopf ausgesetzt wurde. Von diesem Augenblick an war ihm die gesamte türkische Polizei auf den Fersen, und jeder, der ihm Unterschlupf gewährte, riskierte die Todesstrafe. Während dieser abenteuerlichen Jahre voller Kämpfe, Verfolgungen, Heldentaten und Grausamkeiten, kurzum einer Zeit, an die er sich gern zurückerinnerte, hatte er ganz Griechenland zu Fuß durchquert.

»Wir Klephten waren frei, aber was für ein hartes Leben wir hatten. Und was für Männer es brauchte, um dieses Leben zu ertragen. Von Kälte gequält und von Schlaflosigkeit gelähmt, lebten wir in der Abgeschiedenheit von Höhlen oder schneebedeckten Gipfeln. Unsere einzigen Nachbarn waren die wilden Tiere, deren Leben wir teilten ...«

Während ich so an seinen Lippen hing, entdeckte ich, was für ein außergewöhnlich guter Geschichtenerzähler Kolokotronis war. Er war als Erzähler ein ebenso überragender Meister wie als Kämpfer. Oder als Liebhaber.

Schließlich wurde es ihm in Griechenland zu gefährlich, und er kreuzte als Freibeuter durch das Mittelmeer. »Schade, wirklich schade, Kapetanissa, daß wir uns nicht schon damals begegnet sind. Wir wären ein schönes Paar gewesen.« Danach war er nach Zante gegangen, um in die englische Armee einzutreten, die damals dort das erste griechische Infanterieregiment aufstellte. Als er seinen

Abschied nahm, hatte er den Rang eines Majors inne. »Die Fremden sind nur auf ihren eigenen Vorteil bedacht. Was wir tun müssen, werden wir alleine tun. Es ist sinnlos, auf ihre Hilfe zu hoffen ...« Ins Zivilleben zurückgekehrt, war er Viehhändler geworden, um seine fünf Kinder, seine alte Mutter und seine Frau, über die er nie sprach, zu ernähren. Über letztere wußte ich nur, daß sie einige Jahre zuvor gestorben war. Kolokotronis hatte vom Diebstahl gelebt, und obwohl er wie ein Dieb behandelt wurde, verfügte dieser Wegelagerer mehr als jeder andere Grieche über Philotimo.* Kolokotronis beklagte sich nie. Seine Erzählung war alles andere als ein Klagelied, sie war ein Epos der Armut. Mit allen ihm zur Verfügung stehenden Kräften liebte er das Leben, dieses Leben, das ihn so vernachlässigt hatte. Dieser Abenteurer, der alles versucht, alles erlebt hatte, verfügte auch über einen guten Teil Naivität, die Einfalt des Kindes, das er nie wirklich gewesen war. Seine Geschichte hatte mich gerührt, und ich schloß ihn in meine Arme.

Am nächsten Morgen erwies er mir eine ganz außergewöhnliche Gunst, indem er seine kriegerischen Aktivitäten eine Zeitlang vergaß und mit mir einen Ausflug machte. Ich wiederum konnte ihm keinen größeren Liebesbeweis geben, als wieder in den Sattel eines Pferdes zu steigen, um gemeinsam mit ihm auszureiten. Begierig nahm ich alle Eindrücke in mich auf, die die Natur zu bieten hatte. An diesem Tag schien mir die Hitze angenehmer, die Olivenbäume silberner und der Duft der Blumen noch intensiver zu sein. Kolokotronis, der sein Lieblingspferd Keraya ritt, machte sich über meine Ungeschicklichkeit beim Reiten lustig. Beleidigt hielt ich mein Pferd an und saß ab, fest entschlossen, nicht länger Zielscheibe für seinen Spott zu sein. Aber ich vergaß, mein Pferd anzubinden, und es

* Ehrgefühl

galoppierte davon. Kolokotronis hatte dieses Tier den Türken abgejagt und mir geschenkt. Als es nun frei war, galoppierte es in Richtung Tripolitza davon, zurück zu seinen ehemaligen Herren. Kolokotronis jagte pfeilschnell hinter ihm her. Als ich ihn schließlich nach einem anstrengenden Marsch außer Atem und erschöpft erreichte, hatte er nicht nur das Pferd wieder eingefangen, sondern war dabei, nachdenklich die Gegend zu inspizieren. »Hier wäre eine ausgezeichnete Position für eine Garnison, um die Lebensmittelkonvois der Türken abzufangen.« Es verdroß ihn nämlich ungeheuer, daß er nicht genug Männer hatte, um die Eingeschlossenen ganz von ihrem Nachschub abzuschneiden.

In wenigen Tagen ließ er an diesem unter dem Namen Grana bekannten Ort einfache Befestigungsanlagen ausheben, in deren Schutz er einige Bataillone zurückließ. Es war Mitte August, und in dem Talkessel, in dem wir uns aufhielten, war die Hitze unerträglich geworden. Eine unserer Liebesnächte wurde von einem Boten, der an meine Tür trommelte, jäh unterbrochen: »Die Türken versuchen mit einem Lebensmittelkonvoi durchzubrechen ... dreitausend Mann ... Hunderte von Maultieren ...« Die Garnison von Grana, die versuchte, sie aufzuhalten, war in Gefahr, überrannt zu werden. Nachdem sich Kolokotronis schnell angekleidet hatte, setzte er noch einen Helm auf, ein Überbleibsel aus seiner Zeit in der englischen Armee, eine seltsam geformte, sehr hohe, mit Federn und Roßhaar verzierte Kopfbedeckung. Er sammelte alle verfügbaren Männer um sich und schickte Melder zu den anderen Einheiten. Wir galoppierten in die Nacht hinaus und kamen genau in dem Augenblick an, als die Türken im Begriff standen, die Garnison von Grana bis auf den letzten Mann niederzumetzeln. Ich war mitten im Kampfgetümmel und schoß, ohne lange zu zögern, um mich, wobei ich betete, keinen der Unseren zu treffen. Plötzlich sah ich ihn ganz deutlich, diesen großen Türken, der mit blankem Säbel auf mich zustürmte. Mein Herz blieb stehen, denn ich hatte keine Zeit mehr nachzuladen. Wie aus dem Nichts warfen sich unvermittelt drei oder vier Klephten zwischen den Türken und mich und hackten ihn in Stücke. Jetzt erst bemerkte ich, daß einige von ihnen ständig eng um mich herumstanden und auf Befehl von Kolokotronis keinen einzigen Türken in meine Nähe ließen. Ich sehe diese Szene noch deutlich vor mir: die sich aufbäumenden Pferde, Körper, die zu Boden fallen wie abgemähte Getreidehalme, blitzende Säbel, Staubwolken. Noch immer höre ich das Kriegsgeschrei: »Allah, Allah«, »die Freiheit oder den Tod«, die Schmerzensschreie und die Detonationen. Wir erhielten ständig Verstärkung, und bald mußten die Türken die Flucht ergreifen. Hals über Kopf galoppierten ihre Überlebenden Richtung Tripolitza, während unsere Männer im Triumphzug in das Lager zurückkehrten. Dabei führten sie die dem Feind abgejagten Maultiere mit Ausrüstungsgegenständen und Lebensmitteln überladen mit sich. Von nun an waren die Nachschublinien des Kehaya Bey unterbrochen. Kolokotronis war in der Belagerung von Tripolitza einen großen Schritt vorwärtsgekommen.

Aber eine furchtbare Bedrohung kam auf uns zu. An der Spitze einer riesigen Armada segelte der türkische Großadmiral, Kapetan Pascha, nach Patras. Bald würde er dort eine ganze Armee an Land setzen, und in einigen Wochen würde er über uns herfallen. Wir hatten ihm nichts entgegenzusetzen: Unsere sämtlichen Truppen standen rings um Tripolitza – alles, was wir unter Waffen hatten, Männer aus allen griechischen Provinzen.

Diese Vielfalt machte sich dann auch bei dem hastig einberufenen Kriegsrat deutlich bemerkbar, den wir im Gotteshaus von Triforka abhielten. Die Türken hatten diese Kirche in eine Moschee umgewandelt. Man sah dort sogar noch die Nische, die die Richtung nach Mekka wies. Im

Kirchenschiff hatte jede einzelne Gruppierung darauf geachtet, für sich zu sein. Ehre, wem Ehre gebührt. Fürst Dimitri Ypsilanti war dem Altar am nächsten. Er war der Repräsentant der griechischen Diaspora, also jener Griechen, die im Ausland lebten. Diese Griechen waren überall erfolgreich, wo immer sie sich auch niedergelassen hatten. Sie hatten große Vermögen erworben und einflußreiche Posten inne. Die Ankunft Ypsilantis war verklärt worden durch die überaus wichtige Rolle, die seine Familie sowohl im kaiserlichen Rußland, als auch in der Philiki Hetairia spielte. An diesem kleinen glatzköpfigen Mann mit seinem faltigen Wieselgesicht, seinem winzigen Mund und seiner näselnden Stimme, war nichts, was die furchterregenden und wilden Kämpfer hätte beeindrucken können. Und dennoch verfügte er in ihren Augen über das Prestige, im Ausland gelebt zu haben, die Ausländer zu kennen und einen ausländischen Titel zu tragen. Er schlug einen Sturmangriff auf Tripolitza vor. Ich spürte, wie Kolokotronis an meiner Seite zögerte. Er hielt dieses Vorhaben für selbstmörderisch und zum Scheitern verurteilt. »Verstehst du ...«, flüsterte er mir zu, »er kennt sich aus ... er hat studiert ... er ist gebildet ...« Es hatte ganz den Anschein, als wäre die Tatsache, daß man mit dem Ausland zu tun hatte, ein Zeichen besonderer Weisheit. Niemand schien ein schlechteres Beispiel für die Tugenden der Mainoten als ihr Führer Petro Bey Mavro Mihali. Diesen durch Erbfolge an die Spitze der Mainoten gelangten Mann hätte man als schön bezeichnen können, wenn er durch seinen unbändigen Appetit nicht zur Leibesfülle geneigt hätte. Er hatte große traurige Augen, einen eleganten Schnurrbart und schöne kleine Hände, auf die er besonders stolz war. Dieser schüchterne, zurückhaltende, sanfte und harmlose Mann gab zu verstehen, daß er und seine Krieger sich in ihre unangreifbare Mani zurückziehen würden, falls die Bedrohung durch die Türken zur Realität werden sollte. Er stand

für das archaische, provinzielle Griechenland, das an seinen Traditionen und Besonderheiten festhielt und das durch seine völlige Abgeschiedenheit vor allem geschützt war.
Andererseits respektierte er in keiner Weise den Klerus, der in der Person des Bischofs von Patras, Germanos, vertreten war. Letzterer beharrte darauf, daß die einzige Lösung ein Rückzug in die um Tripolitza gelegenen Berge sei. Mein Blick verweilte auf Papa Flessas; ich war sicher, daß er aus seinem Haß für den Bischof heraus Kolokotronis unterstützen würde. Auch die anderen Oberen warteten auf sein Urteil. Aber er bezog nicht eindeutig Stellung, sondern zog den Kompromiß vor. Ein Rückzug ins Gebirge würde in keinem Fall bedeuten, daß wir die Belagerung aufgäben. Im Gegenteil! Wir könnten sie jederzeit wiederaufnehmen, wann immer wir wollten.
»Ich habe dir schon immer gesagt, daß er ein Verräter ist«, brummte Kolokotronis mir ins Ohr.
Germanos zeigte sich hocherfreut über Papa Flessas Unterstützung. »Niemals wird es den Türken gelingen, uns aus den Bergen zu vertreiben.«
»Aber dann ist Tripolitza aus unserer Umklammerung befreit«, schimpfte Kolokotronis. »Und wir werden es niemals einnehmen. Zu deiner Taktik, Bischof, hast du etwas gemacht, das dir sehr liegt: die Flucht.«
Germanos, das wußte ich aus Erfahrung, war keiner, der Segen verteilte, sondern vielmehr Befehle. Er murmelte nicht irgendwelche Gebete, sondern er brüllte. Er symbolisierte unsere Kirche: streng und unerbittlich – dabei gleichzeitig paternalistisch und beherrschend. Eine Kirche, die glaubte, sich alles erlauben zu dürfen, weil sie unsere geheiligten Werte wie in einem Kelch bewahrte. Der Vorwurf von Kolokotronis brachte ihn in Wut. »Und du, Klephte, wirst du die Beute zurückgeben, die du unterschlagen hast, als du die Nachschubkolonne von Kehaya Bey in deine Gewalt brachtest?«

Kolokotronis legte die Hand auf seine Waffen: »Bischof, geh an den Altar zurück, oder zittere vor meiner Wut.«

»Menschenjäger, du bist es, der zittern wird, denn wenn ein einziger Tropfen Blut eines Priesters des Herrn durch deine Hände oder die Hände der Deinen vergossen wird, dann wird viel Blut fließen.«

Nur weil Papa Flessas und ich uns mit unserer ganzen Kraft zwischen sie stellten, gingen sie nicht aufeinander los.

»So können wir nicht weitermachen«, war eine angenehme, geschmeidige Stimme zu hören. »Ich schlage vor, ein Komitee von zivilen Persönlichkeiten zu bilden mit dem Auftrag, in diesen Angelegenheiten zu entscheiden.« Mavro Cordato, von dem dieser Vorschlag kam, repräsentierte den griechischen Hochadel des Phanar, dem er entstammte. Die Vertreter dieses Hochadels, die Erben der Aristokratie von Byzanz, hatten sich bei den Türken eingeschmeichelt und waren ganz allmählich bis zu den höchsten Ämtern des Reiches aufgestiegen, selbst wenn sie dafür das Risiko tragen mußten, beim kleinsten Fehler aufgehängt oder geköpft zu werden. Die Vertreter dieses Hochadels verachteten die Griechen des Mutterlandes, weil sie zu weit von ihnen entfernt waren, als daß sie sie hätten verstehen können. Mavro Cordato hob sich mit der großen Randbrille auf seiner Hakennase, seiner Studentenmütze und seinen europäischen Kleidern von der Gruppe der sehr unterschiedlich uniformierten Krieger und der in schwarze Schleier gehüllten Popen auffallend ab. Als ich ihn sah, mußte ich augenblicklich an das Mißtrauen denken, das ich den Fürsten des Phanar gegenüber empfunden hatte. Kolokotronis erwiderte ihm, daß man weder mit Politikern noch mit Bürokraten Städte eroberte.

»Aber auch nicht mit Unordnung und mit dem Mangel an Zusammenhalt, den du und die Deinen an den Tag legen.«

»Dein Komitee, kleiner Mann, ist nur eine Farce. Du bist

hierhergekommen, um uns die Macht zu entreißen und deinen Ehrgeiz zu befriedigen.«
»Ich habe hier nichts mehr verloren«, rief Mavro Cordato, davon überzeugt, daß man ihn zurückhalten würde.
»Geh irgendwo anders hin und spinne deine Intrigen, kleiner Mann«, gab ihm Kolokotronis noch mit auf den Weg.
Dann sagte er seine Meinung. Für ihn gab es nur eine einzige Lösung: den Belagerungsring enger zu ziehen und die Stadt vor dem Eintreffen der türkischen Entsatzarmee zu erobern. Aus ihm sprach das Griechenland der Bauern, ein schmutziges, unvergängliches, unehrliches, mißtrauisches Griechenland. Das ewige, unbezwingbare und unverwüstliche Opfer, welches mehr als jedes andere das Recht darauf hatte, daß seine Meinung gehört und befolgt wurde. Jetzt, da dieses Griechenland zu den Waffen gegriffen hatte, gab es nur zwei Möglichkeiten, daß es sie wieder niederlegen würde: nach dem Sieg oder im Tode. Um die Belagerung erfolgreicher durchzuführen, brauchten wir mehr Männer, mehr Waffen und daher auch mehr Geld. Kolokotronis drehte sich zu mir um und sagte, daß das meine Sache sei, weil ich, Laskarina Bouboulina, das Griechenland des Geldes verkörperte, das Griechenland des Meeres, dieser jahrtausendealten Quelle unseres Wohlstandes, ein Griechenland, das gleichzeitig nach fernen Horizonten unterwegs und doch atavistisch in der eigenen Scholle verankert war – ein Griechenland, das kleinlich, aber auch großzügig sein konnte.
Ob er jetzt Geld bekam oder nicht, Kolokotronis befand sich in einer Position der Schwäche gegenüber den anderen Führern, als schließlich die Kanonen, die berühmten Kanonen von Monemvasia, ankamen. Sie waren auf dem Landweg vom Süden des Peloponnes bis hierher transportiert worden. Einige Wochen zuvor war ich dabei gewesen, als man sie für den Transport vorbereitet hatte, und ich

hatte den Eindruck gehabt, daß man mit ihnen in die dicksten Wälle der am stärksten befestigten Städte Breschen schießen konnte. Unsere Enttäuschung war groß, als wir feststellen mußten, daß die Feuerkraft der fünf Geschütze unzureichend war und daß der Rest unserer Artillerie, zwei alte Mörser, sich in einem erbärmlichen Zustand befand. Darüber hinaus gab es – welche Ironie des Schicksals – in unserem Lager nicht einen einzigen Mann, der diese Kanonen bedienen konnte. Noch vor ihrer eigentlichen Feuertaufe war unsere Artillerie damit nutzlos geworden. Aber die Vorsehung kam uns zu Hilfe. In Triforka kamen nämlich, in Gruppen von zehn, zwanzig oder dreißig, Ausländer an, die als Freiwillige auf unserer Seite für die Freiheit kämpfen wollten. Es waren Franzosen, Italiener, Österreicher und Spanier. Ich versuchte unter ihnen Justin de la Jaunais zu entdecken, aber er war nicht dabei. Entweder hatte er in Lateinamerika sein Glück gemacht, oder er war dort ums Leben gekommen.

Unter diesen Ausländern fiel einer durch seine beinahe riesenhafte Körpergröße auf. Auf ihm verweilte mein Blick. Er sah gut aus, war hellhäutig, blond, hatte blaue, mandelförmige Augen, eine leicht gebogene Nase und feingeschnittene, aristokratisch wirkende Gesichtszüge. Kolokotronis fragte ihn nach seinem Namen. Er hieß Samuel Alexander und war Amerikaner. Er sprach Griechisch mit einem furchtbaren angelsächsischen Akzent. Kolokotronis erkundigte sich, ob er etwas von Geschützen verstand. »Nicht das mindeste«, war seine Antwort. Er war Chirurg, hatte gerade sein Studium beendet und war als Freiwilliger hier, um unsere Verwundeten zu betreuen. Er war der einzige Fremde, der nicht gekommen war, um Wunden zu schlagen, sondern um sie zu heilen.

Ein Italiener, der lange in der Armee des Königs von Neapel gedient hatte, stellte sich Kolokotronis vor. Wenn man ihn so hörte, kannte er sich mit Geschützen aus wie kein Zweiter. Augenblicklich ernannte Kolokotronis ihn zum Kommandeur unserer Artillerie – bestand aber auf einer Probe seines Könnens. Also wurde einer der Mörser mühsam in respektvoller Entfernung von der Stadtmauer in Stellung gebracht. Ganz Triforka war dabei, die Klephten, die Mainoten, die Griechen aus Konstantinopel und Rußland, die Papas, meine Spetsioten und die ausländischen Freiwilligen. Alle standen in einem weiten Kreis um das Geschütz und seinen Kanonier herum. Die Griechen waren – amüsiert von dem, was da vor sich ging – schlagartig wieder zu neugierigen, aufgeregten und gespannten Kindern geworden. Ganz besonders Kolokotronis, obwohl er dies hinter seinem ernsten Mienenspiel und seiner reservierten Haltung verbarg. Der Italiener entzündete das Pulver, worauf eine furchtbare, ohrenbetäubende Detonation erfolgte ... und der Mörser in die Luft flog. Kolokotronis zog seinen Säbel und ging mit erhobener Waffe auf den Italiener los. Ein Arm hielt ihn jedoch zurück.

»Tu das nicht, es ist nicht seine Schuld.« Es war Samuel Alexander, der noch hinzufügte: »Euer Mörser funktioniert nicht mehr. Er ist total veraltet. Eigentlich solltet ihr diesem Italiener dankbar sein. Er hat alles geopfert, um hier für eure Freiheit zu kämpfen.«

Ich mischte mich ein: »Es hat euch niemand gerufen.«

Der Amerikaner wurde rot im Gesicht und erklärte mit einer Stimme, der man die Anspannung anhörte: »Seit wir in eurem Land angekommen sind, hat man uns so viel Mißtrauen entgegengebracht, als wären wir eure Feinde. Ist das eure weltbekannte griechische Gastfreundschaft, die so viele Schriftsteller rühmen?«

Kolokotronis murmelte mit rauher Stimme: »Wir versuchen nicht das Joch der Türken abzuschütteln, um unter das der Fremden zu fallen.«

Ein französischer Hauptmann kam unserer Artillerie zu Hilfe, reparierte den Mörser und brachte unsere Kanonen in den strategisch günstigsten Positionen in Stellung. Nun konnten wir endlich mit dem Beschuß Tripolitzas beginnen. Das Kaliber unserer Geschosse war jedoch zu klein, als daß es größere Verwüstungen hätte anrichten können. Wenigstens lösten die Geschütze unter den Eingeschlossenen eine Panik aus, die uns sehr zustatten kam. Unsere Beharrlichkeit ... und meine finanziellen Mittel besorgten das übrige. Von überall her erhielten wir Verstärkung: Unsere Truppen hatten sich verdreifacht.

Ende September kam es zu sintflutartigen Regenfällen. Das Wasser floß in die Zelte, drang durch die Fellmäntel der Männer und verwandelte den Boden in Morast. Die Straßen und Wege wurden unpassierbar, die Versorgung immer schwieriger und traf nur noch mit großen Verspätungen ein. Krankheiten brachen aus – nichts wirklich Ernstes, aber es genügte, um die Stimmung der Männer umschlagen zu lassen.

Diese Kämpfer, die bereit waren, ihr Leben für das Vaterland hinzugeben, dachten darüber nach, ob es nicht besser wäre, aufzugeben, weil die Sturzbäche, die aus dem Gebirge herunterschossen, ihren Mut mit sich fortrissen. Zu allem Überfluß hatten wir keinerlei Informationen über die Lage in Tripolitza. Unsere Versuche, etwas zu erfahren, waren fehlgeschlagen. Sicher hofften die Türken immer noch darauf, von einem Entsatzheer befreit zu werden. Aber wie stand es mit ihren Reserven und ihrer Kampfmoral? Sie schienen sich nicht ergeben zu wollen, und wir starrten auf diese Mauern, die Tag für Tag dicker und uneinnehmbarer erschienen. Um dem feuchten Grau, das draußen herrschte, zu entgehen, verbrachte ich meine Tage im Haus an einem großen offenen Feuer. Kolokotronis, der nichts zu tun hatte, besuchte mich oft. Schweigsam und mürrisch rauchte er seinen Tschibuk und zwirbelte seinen Schnurrbart. Manchmal brach er sein Schweigen, aber nur, um immer wieder zu sagen: »Wir werden Tripolitza einnehmen ... Ich

weiß, daß wir es einnehmen werden.« Tatsächlich war er mittlerweile der einzige, der daran noch glaubte.
Wir waren auch an diesem windigen Morgen zusammen, als seine Leibwächter ihm mitteilten, daß ein armer Teufel darum bat, ihn sprechen zu dürfen. Was wollte er? Wo kam er her? Die Wächter konnten keine Auskunft geben. Der ärmlich gekleidete Mann schien geistig zurückgeblieben zu sein. Er erzählte, daß er ein Grieche aus Tripolitza sei und eine Botschaft für den Oberkommandierenden habe. Dabei stotterte er so sehr, daß es beinahe unmöglich war zu verstehen, was er erzählte. Wer hatte ihn geschickt? Kehaya Bey. Kolokotronis zeigte sich in keiner Weise überrascht. Der zerlumpte Mann fuhr mit gesenktem Haupt und hängenden Armen fort. Kehaya Bey schlug Kolokotronis vor, ihm eine Abordnung zu schicken, um einen eventuellen Waffenstillstand auszuhandeln. Immer noch völlig unbeeindruckt dachte der Klephte nach. Was mich betraf, so fragte ich mich, ob dieser Bote des Schicksals nicht vielleicht ein Spion oder ein Lockvogel der Türken war. Ohne viel Federlesens fällte Kolokotronis seine Entscheidung. Er würde die Abgesandten von Kehaya Bey empfangen.
Um nichts auf der Welt hätte ich diesem Treffen fernbleiben wollen. Kolokotronis hatte das größte Zelt des Lagers zu diesem Zweck requiriert. Der Scheich Nagui Effendi, Kehaya Beys Stellvertreter, erschien, und sein hoher Rang bewies, wie wichtig letzterem diese Verhandlungen waren. Drei weitere Unterhändler sowie zahlreiche Assistenten und Adjutanten waren in seinem Gefolge. Was Kolokotronis betraf, so hatte der sich mit seinen furchterregenden Klephten umgeben. Wir schritten über die abgewetzten Teppiche, die mehr schlecht als recht den schlammigen Boden bedeckten. Und dann setzten wir uns einander gegenüber auf die löchrigen Kissen, die wir im »ansehnlichsten« Haus des Dorfes gefunden hatten. Nargileh und Tschibuk wurden angezündet, und der nach Opium rie-

chende Rauch des türkischen Tabaks füllte rasch das Zelt. Die Türken warteten darauf, daß Kolokotronis das Wort ergriff, aber der schwieg. Während so lange Zeit kein einziges Wort fiel, musterte ich voller Neugierde unsere Feinde. Sie waren abgemagert, und deutlich sah man ihnen die Entbehrungen der langen Belagerung an. An ihren golddurchwirkten Seidengewändern und an ihren prächtigen Waffen erkannte man ebenso deutlich, daß sie Angehörige jener Rasse waren, die uns nun schon viel zu lange unterdrückt hatte. Was empfanden sie, die uns jahrhundertelang verachtet hatten, wohl in diesem Augenblick, da sie sich zu Bittstellern erniedrigten? Sie hatten sogar Diamanten und Gold mitgebracht, das sie zu Kolokotronis' Füßen niedergelegt hatten. Der Mann, den ihre Polizei mit allen Mitteln gejagt hatte, würdigte ihre Geschenke keines Blikkes. So verging eine ganze Stunde. Mir war klar, daß Kolokotronis die Türken zermürben wollte, aber die verfügten über die unerschöpfliche Geduld der Orientalen.
Schließlich stieß er hervor: »Vierzig Millionen Piaster, die Hälfte dessen, was ihr besitzt, eure Waffen und alle Transportkosten zu euren Lasten.«
Der Scheich beantwortete diese erdrückenden Bedingungen lediglich mit einem traurigen Lächeln. Er konnte es nicht verantworten, sie anzunehmen, und mußte zunächst einmal darüber Bericht erstatten. Kolokotronis gestand ihm eine Waffenruhe von achtundvierzig Stunden zu, nach deren Ablauf unsere Feinde ihre Antwort überbracht haben mußten. Die Türken zogen sich zurück, dabei waren ihre Mienen ebenso undurchdringlich wie bei ihrer Ankunft.
Wir hatten keinerlei Anhaltspunkt dafür, wie sie reagieren würden. Die Aufnahme der Verhandlungen konnte sogar lediglich eine List sein. Mehr denn je war Kolokotronis auf der Hut. Am darauffolgenden Tag sahen wir, wie eine Schwadron des Feindes ohne jegliche Deckung direkt auf

uns zukam. Um einen Angriff konnte es sich nicht handeln – dafür waren sie zu wenige. Ihr Führer, der unseren Dialekt sprach, verlangte, mit Kolokotronis zu sprechen. Er kommandierte die muselmanischen Arvaniten der Garnison von Tripolitza. Er und seine Männer waren vom gleichen Schlag wie meine Spetsioten, sie trugen sogar die gleiche Kleidung, obwohl die ihre sehr viel prunkvoller war. Sie waren unsere feindlichen Brüder, die einzig und allein durch die unüberbrückbare Kluft der Religion von uns getrennt waren.

Diesmal war es der Ankömmling, der seine Bedingungen stellte. Das Schicksal der Belagerten, die er eigentlich verteidigen sollte, war ihm egal, und er war bereit, sie im Stich zu lassen. Er würde sich ergeben, aber nur, wenn er Tripolitza mit Sack und Pack und mit all seinen Waffen verlassen durfte und wir darüber hinaus für die Transportkosten aufkommen würden. Kolokotronis erhob nicht nur keinen Widerspruch, sondern erklärte sich sofort damit einverstanden; er versprach darüber hinaus das Leben aller Arvaniten, die in Tripolitza bleiben würden, zu schonen. Tatsächlich war es unerläßlich, diese zweitausend kampferprobten Krieger, den harten Kern des militärischen Widerstandes von Tripolitza, loszuwerden. Aber selbst dieses Geschehnis bedeutete noch nicht, daß Tripolitza verloren war. Beweis dafür war unter anderem, daß Kehaya Bey auch nach Ablauf von Kolokotronis' achtundvierzigstündigem Ultimatum noch immer nicht geantwortet hatte. Deswegen gab der Klephte den Befehl, die täglichen Angriffe und den Artilleriebeschuß wieder aufzunehmen. Ohne Begeisterung führten unsere Kämpfer seine Befehle aus, mittlerweile hatten sie das Gefühl, daß diese Belagerung sich noch ewig hinziehen würde.

Kapitel 16

Eines Abends fand ich auf meinem Kopfkissen einen Brief. Er war mit einer goldenen, von einem Rubin gekrönten Nadel dort angeheftet worden. Abgefaßt war er in türkisch, und sein Stil war von der gleichen Eleganz wie seine Kalligraphie: »Eine Hanum aus Tripolitza rechnet mit der Großherzigkeit und dem Mitgefühl der Kapetanissa Bouboulina. Sie würde sie gerne treffen, aber es ist ihr unmöglich, ihren Aufenthaltsort zu verlassen. Wenn die Kapetanissa die Güte haben könnte, zu ihr zu kommen ...« Man sicherte mir freies Geleit zu, garantierte für meine Sicherheit und bat mich, über die ganze Sache größtes Stillschweigen zu bewahren. Die Nadel mit dem Rubin zeugte davon, daß ich es nicht mit irgend jemandem zu tun hatte; ich akzeptierte.

Ich befolgte die Instruktionen, die mir gegeben worden waren. Mitten in der Nacht machte ich mich auf den Weg. Aber trotz der Garantien nahm ich als Begleitung vier meiner spetsiotischen Seeleute mit, nur für den Fall, daß ich unterwegs auf irgendwelche Schwierigkeiten stoßen sollte. Das Licht des hinter Wolken versteckten Mondes erleuchtete nur schwach meinen Weg. Ich überquerte eine einstmals üppige Ebene, die infolge des Krieges verödet war. Ich ging über Felder, die nicht abgeerntet worden waren, und durch Gärten, in denen das Obst verfaulte. So kam ich schließlich vor das Tor, das man das Nauplische nannte. Hier sollte ich erwartet werden, aber ich sah niemanden. Ich wartete lange genug, um mich zu fragen, ob ich mich nicht verlaufen hatte. Plötzlich nahm ich eine

Bewegung wahr ... Eigentlich erahnte ich sie mehr, als daß ich sie hörte. Und aus dem tiefen Schatten, den die Ecke eines Turmes warf, trat eine Silhouette hervor.
Lautlos kam ein Mann auf mich zu. Ich erkannte Sarkis Bey, den Repräsentanten des Pascha von Tripolitza, zu dem ich eine seltsame Verbindung unterhielt. Er erklärte mir kurz, daß es seine Aufgabe war, mich zu führen. Dann pochte er an das Stadttor. Augenblicklich wurde es einen Spalt weit geöffnet. Als wir hindurchgingen, fiel mir auf, daß es hier nur sehr wenige Wachen gab, die außerdem ziemlich teilnahmslos wirkten. Ich folgte Sarkis Bey durch ein Labyrinth von Straßen. Nun war ich im Inneren dieser unzugänglichen Stadt, die seit Monaten abwechselnd unsere Hoffnung, unsere Verzweiflung und unser Begehren weckte. Alle hatten wir so oft von ihr geträumt, daß sie für uns zu einer Art Märchenstadt geworden war. Sie kam mir jetzt viel ärmlicher, viel weniger majestätisch und viel kleiner vor, als ich sie mir ausgemalt hatte. Mehrmals fragte ich mich, ob es nicht leichtsinnig von mir gewesen war, hierherzukommen, ohne irgend jemandem Bescheid zu sagen. Ich war allein inmitten unserer Feinde; vielleicht war ich in eine Falle gegangen. Zeitweise gab mir die Gegenwart von Sarkis Bey ein Gefühl der Sicherheit, und dann wieder beunruhigte sie mich. Wir begegneten keiner Menschenseele. Die Stadt schlief. Es war ganz so, als wäre die Belagerung nur eine Illusion. Ich fluchte über diesen scheinbar endlosen nächtlichen Irrgang. Meine Unvoreingenommenheit der mysteriösen Frau gegenüber, die mich eingeladen hatte, wich langsam einem Gefühl der Erbitterung. Schließlich erreichten wir ein fensterloses Gebäude, das mir im Halbdunkel riesengroß vorkam. Hier gab es weder verborgene Türen noch Geheimgänge. Durch das Hauptportal erreichten wir einen riesigen, von zahlreichen Fackeln erleuchteten Innenhof. Unzählige Soldaten waren zu sehen, Wachen und Offiziere, und es herrschte eine gewisse Betriebsamkeit.

Obwohl meine Anwesenheit sie in keiner Weise zu interessieren schien, fühlte ich mich dennoch keineswegs sicher.
»Wo sind wir überhaupt?« fragte ich Sarkis Bey.
»Im Palast von Kurchid Pascha, dem Gouverneur des Peloponnes.«
Am Ende eines langen dunklen Korridors erreichten wir eine Tür. Sarkis Bey zog einen Schlüssel aus seiner Tasche und öffnete sie.
»Wir sind im Harem«, flüsterte er mir zu.
Ich gab meiner Überraschung Ausdruck, daß ein Mann ihn betreten durfte. Wo waren die Eunuchen geblieben, die eigentlich hier wachen sollten?
Sarkis lächelte. »So wie die Zeiten jetzt sind, nimmt das niemand mehr so genau. Ich selbst wohne in diesem Harem, um die Frauen besser schützen zu können.«
Sarkis öffnete eine letzte Tür, schob mich in einen Raum und verschloß die Tür von außen hinter mir. Das Gemach, das ich nun betrat, war so hell erleuchtet, daß ich mehrmals blinzeln mußte, um mich an das Licht zu gewöhnen. Auf den niedrigen Tischen und sogar auf dem Boden standen unzählige bronzene Kandelaber mit einem Wald von Kerzen. Ein Mann und eine Frau lösten sich überstürzt aus einer zärtlichen Umarmung, so als hätte ich sie mit meinem Eintreten bei etwas Verbotenem überrascht. Firuz Hanum, die allmächtige und geheimnisvolle Sultanin von Tripolitza, erhob sich und kam auf mich zu. Ich hatte mir die Frau von Kurchid Pascha als alte Furie vorgestellt. Vor mir stand jedoch ein bezauberndes junges Geschöpf. Sie wirkte wie eine Fünfzehnjährige, obwohl sie in Wirklichkeit wahrscheinlich doppelt so alt war: große leuchtend blaue Augen, ein Schwall lockiger blonder Haare, die ein kleines, eher rundliches Gesicht umrahmten. Ihr lächelnder Mund entblößte eine Reihe allerliebster kleiner Zähne. Sie war weiß gekleidet, ohne jeglichen Schmuck; sie wußte wohl genau, daß das, was die Natur ihr mitgegeben

hatte, ihre schönste Zierde war. Ich konnte meinen Blick nicht von ihr wenden, obwohl der junge Mann, der hinter ihr auf einem Sofa lag, meine Aufmerksamkeit erregt hatte. Er sah unwahrscheinlich gut aus mit seinen sehr langen Wimpern, unter denen dunkle feuchte Augen lagen, seiner geraden Nase, seinem sinnlichen Mund und seiner wallenden Haarpracht. Gekleidet war er wie ein Grieche: Er trug eine weiße Fustanella, nachtblaue Stiefel und eine rote goldbestickte Weste. Aus seiner Kleidung schloß ich, daß es sich bei ihm um einen muselmanischen Arvaniten handelte.

Firuz Hanum, deren hübscher Vorname »Türkis« bedeutete, bedankte sich zunächst dafür, daß ich ihrer Einladung Folge geleistet hatte. Sie sprach mit der kindlichen Stimme einer Halbwüchsigen. »Der lange Weg durch die Nacht hat Euch sicher ermüdet, Kapetanissa.« Sie hatte es sogar gelernt, meinen Titel auf griechisch auszusprechen. Sie klatschte in die Hände, und augenblicklich trugen einige Odalisken ein lukullisches Abendessen auf: gebratenes Fleisch, Pastete, Pilaw, Kaviar, Süßigkeiten, frisches Obst, Sorbets, ebenso wie zehn der besten europäischen Weine. Die listige kleine Frau wollte mir damit wohl zeigen, daß Tripolitza weiterhin noch über unerschöpfliche Vorräte verfügte. Am liebsten hätte ich mich natürlich über diese Delikatessen hergemacht. Statt dessen lehnte ich es ab, etwas zu mir zu nehmen, und gab vor, daß ich wegen der reichlichen Mahlzeiten in Triforka im Augenblick des Essens überdrüssig war. Natürlich war das eine Lüge, mit der ich auf die ihre antwortete.

Während wir der Tradition gemäß Komplimente austauschten sah ich mich um. Mein Blick fiel auf die mit farbenfrohen naiven Bildern von Blumen und Fruchtkörben verzierte Holzvertäfelung, die wunderschönen hellrosa Teppiche aus Isfahan, die in Rosa und Silber gehaltenen Brokatdecken der Sofas, die rubinroten böhmischen Kristallkandelaber, aber vor allem beobachtete ich den jungen Arvaniten, der mittlerweile immer näher an Firuz herangerückt war. Er sagte kein Wort, sondern sah mich nur mit einem seltsamen Ausdruck an, als wollte er mir durch seinen Blick etwas mitteilen.

Schließlich kam Firuz auf den Grund meines Besuches.

»Ihr seid nicht nur sehr einflußreich, sondern auch eine Frau. Darum seid Ihr es, an die ich mich wenden wollte.«

Natürlich kam es nicht in Frage, daß Tripolitza sich ergab, aber sollten die Griechen infolge einer unglaublichen Verkettung von Umständen die Stadt doch einnehmen, so bat Firuz Hanum für diesen unwahrscheinlichen Fall bescheiden um meinen Schutz für sich, für die Bewohnerinnen des Harems und alle in der Stadt befindlichen türkischen Frauen. Sie sprach mit flehender Stimme und wirkte ängstlich. Aber ich hatte das Gefühl, daß sie sehr viel stärker war, als sie zu sein vorgab. Belustigt schaute ich sie an. Das Schweigen, in das ich mich hüllte, deutete sie nun falsch.

»Ich bin bereit, jeden Preis für Euren Schutz zu bezahlen«, sagte sie und deutete dabei auf eine größere Anzahl von Schatullen, die sich auf einem Tisch stapelten.

Die kleine Gaunerin hatte sich augenscheinlich sehr genau über mich informiert. Diese Juwelen waren zwar verlockend, aber es ärgerte mich, daß sie annahm, mich so leicht kaufen zu können. Plötzlich kam mir ein weit zurückliegendes, vergessen geglaubtes Bild unwahrscheinlich deutlich wieder in Erinnerung. Ich sah zwei Augen, die schönsten, saphirblauen Augen der Welt, die mich beredt anblickten. In eben diesem Augenblick gab ich einer vor Spannung bebenden Firuz meine Antwort.

»Ich bin nicht käuflich, Hanum. Aber meinen Schutz gewähre ich Euch gern.« Meine Großzügigkeit schien sie so sehr zu erstaunen, daß es mir notwendig erschien, eine Erklärung dafür abzugeben: »Ich habe mein Wort gegeben, solchen Schutz zu gewähren.« Nun war sie um so erstaunter. »Ich habe es einer Frau versprochen, die zwar nicht schöner, jedoch ehrwürdiger ist als Ihr selbst. Die Sultana Valideh hatte einst die Güte, mir eine große Gnade zu erweisen, aber als Gegenleistung mußte ich versprechen, türkischen Frauen in der Gefahr Schutz zu gewähren.«

Eigentlich war damit alles gesagt, aber augenscheinlich wollte Firuz Hanum mich noch nicht ziehen lassen, und auch ich wollte noch eine Weile bleiben, obwohl ich hier eigentlich der Frau eines unserer schlimmsten Feinde gegenüberstand und alles mich dazu hätte treiben müssen, sie so schnell wie möglich wieder zu verlassen. Vor allem weckte die Beziehung, die sie zu diesem jungen Arvaniten hatte, meine Neugierde. Während des ganzen Gesprächs hatten die beiden sich wie Turteltäubchen benommen, schmachtende Blicke ausgetauscht, sich an den Händen gehalten und ohne Unterlaß gestreichelt. Sie schienen meine Neugierde zu erraten, denn plötzlich ergriff der junge Mann zum ersten Mal das Wort. Was ich nun hörte, überraschte mich so sehr, daß ich sprachlos blieb.

»Ich bin Anastas Mavro Mihali, Sohn des Fürsten der Mainoten Petro Bey.« Natürlich wollte ich sofort mehr darüber wissen. »Kurz vor Ausbruch des Aufstandes, als der Kaimankan von Kurchid Pascha die griechischen Würdenträger nach Tripolitza beorderte, schickte mich mein Vater an seiner Stelle hierher. Sofort nach meiner Ankunft nahmen mich die Türken gefangen und behielten mich als Geisel. Während der Belagerung wurden meine Leidensgenossen und meine Diener ausnahmslos umgebracht. Nur dem Eingreifen von Firuz habe ich es zu verdanken, daß ich verschont wurde.«

Er hatte mit warmer, klangvoller Stimme gesprochen. Nun fuhr Firuz in ihrer hohen, einfältig klingenden Stimme – hinter der sich jedoch eine nicht zu unterschätzende

Intelligenz verbarg – fort: »Eines Tages, als ich gerade durch eine Muscharabier* schaute, sah ich Anastas. Es war Liebe auf den ersten Blick. Es gelang mir, ihn einmal in den Harem schmuggeln zu lassen, und seit diesem kurzen Besuch habe ich nur für unsere gemeinsamen Augenblicke gelebt.

Kurzum: Seine Besuche wurden immer zahlreicher, und schließlich lebte Anastas ganz in diesem Teil des Palastes, der eigentlich ausschließlich den Frauen vorbehalten war.«

»Hattet Ihr denn keine Angst vor Kurchid Pascha, Eurem Mann?«

»Er war weit weg und damit beschäftigt, in Epirus Krieg zu führen.«

Scheinbar hatte sie – ganz und gar zu Unrecht – den Eindruck, daß ich ihr Verhalten mißbilligte, und wie zu ihrer Verteidigung, was eigentlich gar nicht nötig war, erzählte sie mir ihre Lebensgeschichte.

»Ich wurde in Georgien geboren. Wie die meisten meiner Schicksalsgenossinnen hier wurde ich als kleines Mädchen entführt und landete im Harem von Kurchid Pascha, der ebenfalls aus Georgien stammt. Bald stieg ich zu seiner Favoritin auf, und schließlich gelang es mir sogar, ihn zu ehelichen.«

Um so weit aufzusteigen, mußte sie eine Meisterin des Kalküls und der Intrige sein und über große Verführungskünste verfügen. Wenn man sie so hörte, so war die Bestie, die von allen Griechen gehaßt wurde, gar kein so schlechter Mensch. »Er behandelte mich gut. Für alles, was er mir gegeben hat, bin ich ihm dankbar, aber Liebe habe ich nie für ihn empfunden ...« Sie hielt inne und drehte sich zu Anastas um. Wieder warfen sie sich zärtliche Blicke zu, wie

* Kunstvoll geschnitzte Fensterblende, durch die die Frauen unbemerkt und ungesehen das Treiben außerhalb des Harems beobachten konnten.

ein Paar turtelnde Tauben. Die ganze Gegend war ein blutiger Kriegsschauplatz, Tag für Tag schnitten sich Griechen und Türken gegenseitig die Kehlen durch, in Tripolitza verhungerten die Menschen, beinahe täglich konnte die Stadt in die Hände der Belagerer fallen und ihrer furchtbaren Rache ausgeliefert sein ... Und inmitten all dieser Grausamkeiten hatten Firuz und Anastas nur Augen füreinander, ohne einen Gedanken an die sie umgebende Gefahr zu verschwenden. Zeuge ihrer Leidenschaft zu werden, erfrischte mich wie eine Frühlingsbrise, und ihre Schamlosigkeit fand ich äußerst unterhaltsam. Sie schienen das zu spüren – oder genauer gesagt: Die gerissene junge Frau spürte es. Sie erinnerten mich an mein Versprechen, die türkischen Frauen zu schützen, und flehten mich an, es mit ihrer Liebe ebenso zu tun. »Gott wird Euch dafür segnen«, sagte die bezaubernde Firuz zu mir. Ich gab ihnen mein Wort, das Unmögliche zu versuchen. Sie fielen mir um den Hals, und ein Außenstehender hätte glauben können, Zeuge eines warmherzigen Familientreffens zu sein. Als ich mich schließlich verabschiedete, fehlte eigentlich nur noch, daß wir uns versprachen, uns so bald wie möglich wiederzusehen. Firuz bestand darauf, daß ich die Schatullen mitnahm, die sie vorbereitet hatte, um meine eventuelle Unnachgiebigkeit zu erschüttern. An der Tür drehte ich mich noch einmal um. Nur noch auf ihre Zweisamkeit bedacht, waren sie wieder in ihrer eigenen Welt und schienen meine Anwesenheit bereits völlig vergessen zu haben.

Sarkis Bey erwartete mich schon und geleitete mich bis ans Stadttor. Während wir durch die Gassen gingen, flüsterte er mir zu: »Ich wußte, daß Ihr ihnen nicht würdet widerstehen können, Laskarina Hanum.«

»Wie kommst du nur darauf?« antwortete ich ihm und versetzte ihm einen Rippenstoß.

In diesem Augenblick wurde ihm klar, daß er mich richtig

eingeschätzt hatte. Er nutzte die Gelegenheit, um mich an mein Versprechen zu erinnern. Er hatte seinen türkischen Herren nichts von dem verraten, was er über die Philiki Hetairia und unsere Vorbereitungen herausgefunden hatte.
»Und deshalb, Laskarina Hanum, wenn es in nicht allzu ferner Zeit soweit sein wird, vergeßt nicht, mir Euren Schutz zu gewähren.«
Ich ging jetzt den Weg, den ich gekommen war, wieder zurück. Die Vorboten der Morgendämmerung tauchten die Landschaft in ein graues Zwielicht. Diese rührende Liebesgeschichte hatte mich in so gute Stimmung versetzt, daß ich mich eigentlich überhaupt nicht müde fühlte.
Mitten in den angenehmsten Träumen wurde ich durch eine harte Hand geweckt, die mich brutal an der Schulter packte und schüttelte. Kolokotronis beugte sich mit furchterregender Miene über mich.
»Was hast du gestern abend bei der Frau von Kurchid Pascha gemacht?«
»Wie hast du das erfahren?«
»Die ganze Armee weiß es«, knurrte er. »Der Kriegsrat tritt zusammen, und wir sind beide vorgeladen, du und ich.«
Sie warteten in der Kirche auf uns. Fürst Ypsilanti eröffnete den Reigen. Kolokotronis und ich stünden unter schwerem Verdacht, und man würde sich freuen, unsere Erklärungen zu hören. Bischof Germanos, der sich diesmal mit keinerlei Vorreden aufhielt, unterbrach ihn.
»Ihr seid des Diebstahls angeklagt, und wir haben Beweise dafür. Du, Kolokotronis, hast von Kehaya Bey Gold erhalten, und du, Bouboulina, die Juwelen von Kurchid Paschas Frau, damit die Belagerung sich so lange wie möglich hinziehen und der Fall von Tripolitza hinausgezögert oder gar verhindert werden soll.«
Was Papa Flessas anging, so drückte er es etwas humorvoller aus: »Wir verzeihen dir deine Diebereien, Kapetanissa, aber du hättest doch wenigstens mit uns teilen können.«

Blitzartig wurde mir klar, wie sehr Kolokotronis mit dem Rat recht behalten hatte, ich solle mich vor Papa Flessas in acht nehmen. Der Verrat dieses Mannes, den ich für meinen Freund gehalten hatte, traf mich tief.
Nun war die Reihe an Petro Bey, dem Fürsten der Mainoten. Wie üblich jammerte er. Wie konnten wir nur, Kolokotronis und ich, mit den Türken verhandeln, wo doch sein Sohn in einem ihrer Kerker verfaulte, wenn er überhaupt noch am Leben war. Ich schnitt ihm das Wort ab, indem ich ihm einfach versicherte, daß es seinem Sohn gutging und er keineswegs in Gefahr war.
Zunächst gedachte ich, sie einfach so stehenzulassen, aber Kolokotronis sollte nicht allein dieser Meute die Stirn bieten müssen. Ich versuchte mein Temperament zu zügeln und die Flüche zu unterdrücken, die sich mir auf die Lippen drängten. Statt dessen brachte ich Argument um Argument und Beweis um Beweis, um ihnen klarzumachen, daß nur Verhandlungen die Belagerung abkürzen konnten. Aber umsonst. Um nichts auf der Welt ließen sie sich von ihrer vorgefaßten Meinung abbringen. Schließlich behielten sie die Oberhand. Kolokotronis und mir wurden die Hände gebunden. Die Kontakte und die Verhandlungen, die wir beide vorangetrieben hatten und die vor dem Hintergrund des militärischen Fehlschlages die einzige Möglichkeit darstellten, Fortschritte zu machen, wurden auf allen Ebenen unterbrochen. Das bedeutete, die Belagerung würde sich um Wochen, wenn nicht gar um Monate verlängern – und das, obwohl der Winter mit seinen Härten vor der Tür stand und die Drohung des türkischen Entsatzheeres sich immer deutlicher abzeichnete.
Eines Nachts, als ich nicht schlafen konnte, ging ich hinaus und schlenderte durch das Lager bis an den Rand des Wäldchens, das es umgab. Unvermittelt fand ich mich in einer magischen Welt wieder. Die Tannennadeln dämpften meine Schritte, und rings um mich nahm ich nur noch den

Duft der Natur, die großen Bäume, die Nacht und die Stille wahr. Zum ersten Mal seit Tagen konnte ich frei durchatmen. Ich fühlte mich von der Realität gelöst, glücklich und voller Zuversicht. Plötzlich wurde ich durch ein leises, nicht sehr weit entferntes Geräusch alarmiert. Ich blieb stehen. Vielleicht war es ein Tier, aber dann mußte es sich um ein großes Tier handeln – um ein Wildschwein vielleicht oder einen Wolf. Nein, doch nicht, es war nicht vorsichtig genug. Also mußten es Menschen sein. Ich spitzte die Ohren und vernahm das Geräusch von Schritten, die auf mich zukamen. Ich versteckte mich hinter dem nächstgelegenen Baum, zog meine Pistolen aus dem Gürtel und wartete. Noch bevor ich die Umrisse zweier vorbeihastender Gestalten wahrnahm, hörte ich das Knacken zerbrechender Äste. Erst als sie schon an mir vorüber waren, sprang ich aus meinem Versteck hervor.

»Halt, oder ich schieße.«

»Nicht schießen, Kapetanissa. Wir sind's!«

»Wer wir ...?«

»Avrandini und Rumani.«

Zwei meiner Männer, die unzertrennlich waren, zwei unverbesserliche Schlitzohren, aber auch zwei unermüdliche Kämpfer, listige Burschen, für die kein Problem unlösbar schien. Was hatten sie mitten in der Nacht hier zu suchen? Betretenes Schweigen. Ich bedrängte sie, wurde lauter.

»Wir haben eine Verabredung.«

»Was für eine Verabredung, und was habt ihr da in diesen großen Beuteln?« Ich zwang sie, die Säcke zu öffnen, und faßte hinein. Sie enthielten Brot, Früchte, Gemüse, Weinflaschen, ja sogar ein paar abgemagerte Hühner, die sie – Gott weiß wo – gestohlen hatten. »Wem bringt ihr diese Lebensmittel?«

Wiederum Schweigen. Bevor ich sie wieder anschreien konnte, sagte einer von ihnen schließlich: »Schimpf nicht, Kapetanissa, komm mit, dann wirst du schon sehen.«

Eigentlich hätte ich sie mit ins Lager zurücknehmen müssen, aber meine Neugierde war stärker. Sie schienen den Weg ganz genau zu kennen, und bald fanden wir uns in einer baumlosen flachen Gegend wieder. Zu meiner großen Überraschung erkannte ich, daß wir in unmittelbarer Nähe der Stadt waren, deren massive Umrisse sich selbst in der Dunkelheit deutlich abzeichneten. Auf unserem Weg kamen wir abwechselnd an großen Felsblöcken und an dichten Mastix- und Johannisbrotbüschen vorbei. Als wir nur noch einige Taulängen von den Stadtmauern entfernt waren, mußte ich mich hinter einem Felsen verstecken.
»Es ist besser, daß sie nichts von deiner Anwesenheit mitbekommen, aber von hier aus kannst du alles verfolgen.«
Und dann liefen sie ganz ungedeckt, ohne sich zu verstecken, bis zum Fuß der Mauer. Ich erkannte das Nauplische Tor, an dem Sarkis Bey auf mich gewartet hatte. Neben dem Stadttor erhob sich zu seiner Verteidigung eine mit Kanonen reich bestückte Redoute. Von ihrer Krone aus wurde nun an einem Seil ein großer Korb heruntergelassen. Einer nach dem anderen setzten sich meine Spetsioten hinein und wurden so bis zu den Zinnen emporgehißt. Laternen wurden entzündet. Dort oben entdeckte ich ein Dutzend Türken, die Bedienungsmannschaften der Geschütze, aber auch einen Griechen. Ich sah, wie die Säcke mit den Lebensmitteln, die Avrandini und Rumani mitgebracht hatten, den Besitzer wechselten und wie meine Leute im Gegenzug ebenfalls etwas erhielten, wahrscheinlich Waffen. Ich begriff, daß trotz des Krieges, mitten in der Belagerung, während überall sonst Türken und Griechen nur darauf bedacht waren, sich gegenseitig umzubringen, einige dieser Männer einen regen Tauschhandel ins Leben gerufen hatten. Ich mußte über den Wagemut dieses Unternehmens lächeln; nicht einen Augenblick zweifelte ich daran, daß die Idee hierzu nicht etwa von den Türken, sondern vielmehr von meinen schlitzohrigen Landsleuten

stammte. Ich sah, wie eine Flasche von Hand zu Hand ging und jeder einen großen Schluck daraus nahm. Die leichte Brise trug mir Satzfetzen zu, Scherze auf griechisch, auf türkisch, auf albanisch. Schließlich wurden die Laternen gelöscht und die Griechen mit demselben Korb wieder hinuntergelassen. Schnell kamen sie zu mir zurück. Es war ihnen anzumerken, daß sie einerseits äußerst zufrieden damit waren, wie sich ihre Geschäfte entwickelt hatten, daß sie aber andererseits auch ängstlich meiner Reaktion entgegensahen. Avrandini stellte mir den dritten Ganoven als den Urheber dieses genialen Handels vor, einen gewissen Dougna, einen gutaussehenden Hünen aus Leonidion. Rumani hielt mir einen ottomanischen Dolch mit einem korallenbesetzten Griff hin. »Der ist für dich, Kapetanissa. Wir mußten lange handeln, um ihn zu bekommen.« Ein Geschenk, das ihrer Meinung nach wohl dazu angetan war, meine Wut zu besänftigen. Tatsächlich hatte ich genug Zeit gehabt, um nachzudenken, und eigentlich war mir mehr danach, sie zu umarmen, als ihnen zu zürnen. Aber das verbarg ich tunlichst vor ihnen, denn ich brauchte ihre Mithilfe, und deshalb war es wichtig, sie im Zaum zu halten. Schnell und lautlos gingen wir zum Lager zurück. Dabei entwarf ich schon meinen Plan. Für seinen Erfolg gab es nur eine einzige, minimale Chance. Aber da sowohl die militärischen, als auch die diplomatischen Bemühungen gescheitert waren, würde vielleicht solch ein winziges Detail, wenn die Vorsehung es wollte, den Erfolg bringen.
Als wir wieder in meiner Hütte waren, wandte ich mich an Dougna. Allem Anschein nach war er der Anführer. Ich gab ihm ganz genaue Anweisungen. Er verstand sofort; er war viel schlauer als meine Spetsioten. In der nächsten Nacht wurden meine drei Gauner von einigen Kameraden begleitet. Sie näherten sich der Stadt und trödelten am Fuße der Stadtmauer herum. »Je mehr Gäste, desto schöner die Feier«, schien Dougna den Türken zu sagen, die dann auch

die Neuankömmlinge in dem Korb nach oben zogen. Der griechisch-türkische Basar wurde immer umfangreicher, und auch die Anzahl der reihum kreisenden Schnapsflaschen vermehrte sich dementsprechend. Ich verfolgte das Ganze von meinem Felsenversteck aus.

Eines Nachts – es war im Oktober – bemerkte ich, daß die Türken weniger zahlreich zu diesem Treffen erschienen waren. Später erfuhr ich, daß fast die ganze Garnison zusammengerufen worden war, um über die Zukunft der Stadt zu diskutieren. Ich sah, wie Dougna mir von der Krone der Redoute aus das vereinbarte Zeichen gab. In dieser Nacht würde es geschehen. Unter den zehn bis fünfzehn zurückgebliebenen Türken herrschte eine Stimmung, wie man sie sich ausgelassener wohl kaum vorstellen konnte, und der Raki floß in Strömen. Dougna ließ die Dinge sich in die Länge ziehen, denn er und ich hatten vorausberechnet, wie lange wir für den geplanten Handstreich brauchen würden. Plötzlich stürzten sich unsere Männer auf die türkischen Kanoniere und überwältigten sie im Handumdrehen. Sogleich liefen sie zum Nauplischen Tor und öffneten es. Ein Dutzend Kämpfer, die ich jede Nacht hinter Büschen und Felsen in der Nähe der Stadtmauer postiert hatte, stürmten durch das Tor. Es dauerte nur wenige Minuten, bis dieser Teil des Walls fest in ihren Händen war. Von hier aus durchquerten sie so schnell wie möglich die Stadt, um auch die anderen Tore zu öffnen, das von Mistra und das des Serails. Hinter mir hörte ich das Geräusch der ungestüm herbeieilenden Verstärkungen, die wir so schnell wie möglich gerufen hatten. Ein Teil von ihnen rannte durch das Nauplische Tor, die anderen umgingen die Stadt, um durch die übrigen Tore einzudringen. Ich selbst ging im Schutz der Bäume zu der Stelle zurück, wo mein Pferd stand, und galoppierte zum Lager. Ich stürzte in Kolokotronis' Hütte; er schlief noch tief und fest. Ich rüttelte ihn wach und rief ihm zu, daß er sich

beeilen solle, wenn er an der Einnahme Tripolitzas teilhaben wolle. Er trat vor die Tür hinaus und richtete sein Fernrohr auf die Stadt.
»Zu spät«, stieß er mit bedrückter Stimme hervor.
»Was heißt zu spät? Haben die Türken etwa die Oberhand gewonnen und unsere Männer zurückgeschlagen?«
»Zu spät«, sagte er noch einmal. »Zu spät, weil unsere Fahne schon über der Festung weht.«
Abwechselnd lachend und weinend fielen wir uns in die Arme.

Kapitel 17

Als Kolokotronis und ich Tripolitza betraten, war es praktisch völlig in griechischer Hand. Gefolgt von den Klephten und Spetsioten unserer Eskorte, zogen wir in die Stadt. Plünderungen und Massaker waren bereits im Gange. In der Zwischenzeit habe ich sehr wohl gelesen, was über diese Geschehnisse geschrieben worden ist. Zunächst einmal das, was die Fremden zu erzählen wußten, die – wie es so schön hieß – gekommen waren, um uns zu verteidigen. Ich habe die Beschuldigungen gelesen, die sie über die Griechen verbreitet haben, über Kolokotronis und auch über mich. Es kann sein, daß nicht alles davon reine Erfindung ist, aber eines ist sicher: Sie haben überhaupt nichts verstanden. Ja, ich habe Schreckliches gesehen: Türken, die gefoltert wurden, um sie zu zwingen, das Versteck ihres Geldes preiszugeben, Greise, denen man die Kehle durchgeschnitten hatte, Frauen, die vergewaltigt und dann massakriert worden waren, Kinder, die man zerstückelt hatte ... Dies alles habe ich gesehen, ebenso wie ich *gesehen* habe, wie unser Patriarch aufgehängt wurde, wie griechische Geiseln von den Türken enthauptet wurden und unsere Familien ihre Toten beweinten. Und ich habe auch *gesehen*, daß über Generationen hinweg Griechen erniedrigt, mißhandelt, gefoltert und massakriert worden sind. Die Greuel von Tripolitza war nichts anderes als die Begleichung einer Rechnung, die über Jahrhunderte offengeblieben war. Und was konnten wir gegen Tausende rachedurstiger, in einem Blutrausch wütender Krieger tun? Ich sah, wie Kolokotronis mit erhobenem Säbel auf eine Gruppe von Mainoten zustürzte, die sich anschickten, einen türkischen Offizier bei lebendigem Leibe zu rösten. Ich selbst habe mit gezogener Waffe eine schwangere Türkin gerettet. Ich entriß sie den Klauen meiner Landsleute, die wie von Sinnen waren und sich in blutrünstige Bestien verwandelt hatten. Ich weiß nicht, ob ich mich so sehr von ihnen unterschied, denn als ich Kehaya Bey erblickte – streng bewacht und so eng in Ketten gelegt, daß er kaum einen Fuß vor den anderen setzen konnte – hob ich kaltblütig meine Pistole, um ihn zu erschießen. Da stieß mich jemand so heftig an, daß ich – ob ich wollte oder nicht – meine Waffe senken mußte. Es war Kolokotronis.

»Laß ihn. Lebend ist er viel mehr wert als tot.«

»Er hat meinen Sohn auf den Gewissen. Ich werde ihn töten.«

» ... Und mit ihm bringst du unsere Leute um, die Gefangene der Türken sind. Wenn er lebt, können wir sie gegen ihn austauschen.«

Ich wußte, daß er recht hatte, trotzdem verwünschte ich ihn, als ich meine Waffe in den Gürtel zurücksteckte. Unsere Männer schlugen die Türen des Palastes von Kurchid Pascha ein. Sie brachen die Schränke auf und warfen ganze Truhen aus den Fenstern, die auf den Marmorplatten der Höfe zerschellten. Stoffbahnen, Vorhänge und goldbestickte Samtdecken segelten durch die Luft und glitten dann wie schwerfällige Vögel zu Boden. Bald schon schimmerten die Höfe in allen Farben des Regenbogens. Ich fürchtete um die Frauen des Harems, die zu verteidigen ich hergekommen war, und in meiner Aufregung verirrte ich mich mehrmals in diesem Labyrinth. Schließlich gelang es mir, mich wieder zurechtzufinden, und ich erreichte als erste die Haremsgemächer. Oder zumindest nahm ich an, daß ich die erste war, weil die Eingangstür noch unversehrt war. Aber als ich eintrat, herrschten völlige Stille und Dunkelheit. Mehrmals rief ich laut, erhielt jedoch keine Antwort. Ich begann, das Schlimmste zu befürchten. Wo nur waren Firuz und die Odalisken von Kurchid Pascha? Hatte man sie bereits weggeführt, oder hatte man sie der gierigen Meute ausgeliefert? Die Männer meiner Eskorte zündeten Fackeln an. Wir trennten uns und durchsuchten die Salons, Zimmer und Boudoirs. Alles schien unberührt, und nichts deutete auf eine überstürzte Flucht hin. Die bedrückende Stille hielt weiter an und paßte so gar nicht zu den Lauten, die von draußen hereindrangen, und dem Widerschein der Feuer, der durch die Fenster schimmerte. Erneut stiegen die schlimmsten Befürchtungen in mir auf. Plötzlich hörte ich ein leises Geräusch, und ich ging in die Richtung, aus der es zu kommen schien. Ich betrat den Privathammam des Harems. Der größte Raum der Anlage war menschenleer, genauso wie der erste und der zweite Nebenraum. Ich war allein, und doch hatte ich das Gefühl, von bösen Geistern umgeben zu sein. Unfähig, auch nur einen Laut von mir zu geben, blieb ich reglos stehen. In der Grabesstille, die mich umgab, vernahm ich plötzlich ein beinahe unhörbares Seufzen. In dem Nebenraum, der für das kalte Wasser vorgesehen war, hatten sich die Frauen zusammengedrängt. Tatsächlich bot sich meinen Augen ein reizendes, ja beinahe rührendes Bild. Bemitleidenswert und graziös hatten sich die Odalisken eng aneinandergekauert. Und dann entdeckte ich zwischen ihnen den Turban von Sarkis Bey, der sie kaum überragte und der sich hinter ihnen wie hinter einem Schutzwall versteckte. Vor der Gruppe stand Anastas Mavro Mihali, der versuchte, so furchteinflößend wie irgend möglich zu wirken. Mit gezogenem Säbel stand er da und hielt Firuz Hanum im Arm, die kurz vor einer Ohnmacht war. Als sie mich sahen, schienen sie erleichtert. Aber leider war ich nicht mehr allein. Fünf Plünderer waren mir gefolgt, ohne daß ich es bemerkt hatte. Ihre Blicke und ihre Gesten ließen keine Zweifel daran, was sie vorhatten. Ich versuchte sie aufzuhalten, indem ich ihnen einige meiner schlimmsten

Flüche an den Kopf warf, aber sie zogen vom Leder und griffen mich an. Mit hocherhobenem Säbel kam Anastas mir zu Hilfe und kreuzte die Klinge mit ihnen. Er durchbohrte den ersten und verletzte den zweiten. Dabei erhielt er jedoch einen stark blutenden Kratzer im Gesicht. Firuz Hanum begann zu schreien, und die Odalisken schluchzten. Nun griffen meine Spetsioten ein, die durch den Kampfeslärm angelockt worden waren. Ein weiterer Plünderer fiel leblos zu Boden, und die beiden letzten ergriffen die Flucht. Firuz warf sich an Anastas Brust, ganz so, als sei er tödlich verwundet.

Es war mir unmöglich, die ganze Nacht bei den Odalisken von Kurchid Pascha zu wachen. Und der Versuch, sie – selbst unter starker Bewachung – hier herauszukriegen, hieß, sie dem sicheren Tod preiszugeben. In dieser Situation war es das Beste, sie in ihrem Hammam zu lassen. Deshalb sagte ich zu Anastas: »Du bist jetzt nicht mehr ihr Verteidiger, du bist ihr Kerkermeister. Kolokotronis hat dich beauftragt, die Geiseln, die er genommen hat, zu bewachen. Das wirst du jedem erzählen, der hier hereinkommt.« Als Verstärkung ließ ich einige Spetsioten bei ihm zurück. Nachdem ich so mein Versprechen gehalten hatte, schaute ich mir die Räumlichkeiten näher an. Niemand störte mich, niemand hielt mich an. Sorgfältig schloß ich alle Türen hinter mir ab. Mit meiner Fackel leuchtete ich einen Raum nach dem anderen aus. Gewissenhaft öffnete ich jede einzelne Schublade der mit Elfenbein eingelegten Truhen. Ich klopfte die Holzvertäfelungen ab, fand die Geheimfächer in den Wänden und entdeckte die Juwelen. Ich nahm die großen Brokatbeutel, in denen die Odalisken ihre Handarbeiten aufbewahrten, und dort hinein schüttete ich das Geschmeide, das die Schubladen und Schatullen enthielten: Smaragdhalsbänder, Perlenketten, Rubinohrringe, Diamant- und Türkisbroschen und Ringe, die mit Edelsteinen der unterschiedlichsten Farben besetzt waren.

Eine reiche Beute, die der Weiterführung unseres Kampfes dienen würde. Ich verließ die Räume erst, als ich sicher war, daß es nichts mehr zu finden gab.
Als ich auf dem Rückweg war, fühlte ich mich plötzlich völlig erschöpft. Monatelang waren alle unsere Anstrengungen, all unsere Hoffnungen und all unser Denken auf Tripolitza konzentriert gewesen. Jetzt, da die Stadt in unseren Händen war, machte sich mit einem Schlag die ganze angestaute Müdigkeit bemerkbar. Auf dem Weg zu unserem Lager begegneten mir unsere Kämpfer, die ihre Toten mit sich trugen und ebenfalls völlig erschöpft wirkten. Endlich war ich wieder in meiner Hütte. Ich warf mich auf mein Bett, konnte aber keinen Schlaf finden. Ein geschäftiges Lärmen riß mich aus meiner Lethargie: das Scharren von Pferdehufen, Befehle und Geschrei. Kolokotronis schlug beinahe die Tür meines Zimmer ein: »Komm und sieh, was ich dir bringe.« Rings um das Haus standen Pferde. Zweiundsechzig Packtiere waren nötig gewesen, um die Beute zu transportieren. Ohne große Sorgfalt luden seine Klephten die Bündel und Truhen von den Tieren. Dann entfernten sie sich. Kolokotronis war außer sich vor Freude. Die Einnahme von Tripolitza war nicht nur der größte Sieg der Revolution, sondern er ahnte auch schon das Echo, das dieses Ereignis weltweit haben würde. Von nun an würden die ausländischen Mächte unseren Kampf ernst nehmen und uns unterstützen. Dann begann er zu erzählen.
»Wußtest du, daß ich schon einmal in Tripolitza gewesen bin? Das war vor siebenunddreißig Jahren, aber ich erinnere mich noch daran, als wäre es gestern gewesen. Ich war gerade vierzehn Jahre alt und sollte dort einige Bündel Brennholz verkaufen. Mit krummem Rücken schleppte ich die schweren Bündel. Als ich in eine Pfütze trat, die ich nicht gesehen hatte, bespritzte ich unabsichtlich einen Türken, der gerade vorbeiging. Er beschimpfte mich und

gab mir einen Tritt, der mich lang hinschlagen ließ. Diesen Fußtritt habe ich niemals vergessen, und ich mußte bis zum heutigen Tage warten, um mich dafür zu rächen ...«

Sein Triumph ließ auch meine Müdigkeit verfliegen. Er hatte eine riesige Menge von Flaschen mitgebracht, und wir tranken unvergleichliche Weine, edle alte Tropfen aus Samos und Zypern. Berauscht vom Alkohol und von den aufregenden Ereignissen des Tages, sahen wir uns die Beute näher an. Wir packten die Bündel aus, brachen die Schlösser der Truhen auf und bestaunten voller Entzücken die edelsteinbesetzten Waffen, die Gegenstände aus feuervergoldetem Silber, die Damaszenerklingen und die goldenen, mit Edelsteinen reich besetzten Kompottschalen. Wir entrollten die Seidenteppiche und Brokatvorhänge. Wir schnitten die Riemen der Beutel auf und ließen Taler, Piaster, Colonnata, Reales, Louis d'or und Gold- und Silberrubel durch unsere Finger gleiten. Kolokotronis entschloß sich, die Beute zu Geld zu machen, das er in einer ionischen Bank anlegen würde, um damit eine Privatarmee zu finanzieren. Mein Geld wollte ich für meine Flotte verwenden. Aber in jener Nacht schwelgten wir in der Vorstellung, daß diese Schätze nur für unsere Freude und Lust da waren. Diese blinkenden und blitzenden Gegenstände berauschten uns ebensosehr wie der Alkohol, den wir in großen Mengen zu uns nahmen. Vor Lachen wie von Sinnen, schlitzten wir die Lederbeutel mit diamantenbesetzten Säbeln auf. Wir behängten uns mit allen möglichen Schmuckstücken und stießen immer aufs neue miteinander an. Wir küßten uns, während wir Goldmünzen auf uns niederregnen ließen. Und schließlich liebten wir uns inmitten dieses prachtvollen, unvergleichlichen Durcheinanders. Noch nach Wochen würde ich auf meinen Schenkeln die Abdrücke der Geldstücke haben, auf die Kolokotronis mich geworfen hatte, um mich zu nehmen.

Einige Tage später – ohne Unterlaß ging ein feiner Nieselregen nieder – kehrten wir nach Tripolitza zurück. Wie das Meer bei Ebbe, so hatte sich das Leben aus der Stadt zurückgezogen, und nichts blieb mehr als Ruinen und Trostlosigkeit. Leere Häuser mit eingeschlagenen Türen, zerbrochene Fenster, zusammengebrochene und verkohlte Dächer. Überall auf den Steinen die dunklen Überreste geronnenen Blutes. Halbverhungerte streunende Hunde fraßen die verwesenden Leichen. Dem Hungertod preisgegebene Kinder wühlten in Abfallhaufen. Der beißende Gestank des Todes erfüllte die Stadt. Sogar die Klephten von Kolokotronis' Leibwache wandten sich ab.

Am Tag unseres Sieges hatte die Begeisterung uns Flügel verliehen, aber an jenem Morgen schnürte mir dieser düstere Friedhof das Herz zusammen. Plötzlich erschien Yannos' Bild ganz deutlich vor meinen Augen. Auf einem Stein saß er da vor mir und wartete lächelnd auf mich. Aber es war nicht mein Sohn, der dort saß, sondern der Amerikaner Samuel Alexander. Er hockte auf den Trümmern einer eingestürzten Mauer und lächelte. Seine Gegenwart an diesem Ort hatte etwas Unwirkliches, und ich rief ihm zu: »He, Doktor! Bist du jetzt unter die Totengräber gegangen?« Er brach in Gelächter aus, doch sein Lachen war alles andere als fröhlich. Ich hatte plötzlich eine Vorahnung und rief: »Achtung, Kolokotronis!«

Mein Ruf war kaum verhallt, als er schon seine Pistole hob. Die Kugel verfehlte Kolokotronis' Kopf so knapp, daß sie ihm seine rote Mütze herunterriß. Der Amerikaner machte keinerlei Anstalten zu fliehen. Er erhob sich lediglich und stand uns mitten auf der Straße gegenüber, die rauchende Waffe in der Hand. Die Klephten stürzten sich auf ihn, entwaffneten ihn und schlugen auf ihn ein.

Kolokotronis brüllte einen Befehl. Seine Leibwächter hielten inne und stellten den Amerikaner wieder auf die Beine. Kolokotronis fragte nur: »Warum?«

»Weil ich in deiner Person die Henker dieser Stadt töten

wollte ... Stellt euch nur einmal die Begeisterung vor, die die Kunde von eurer Revolution überall auf der Welt ausgelöst hat. Ein tapferes, unterdrücktes Volk, das seine Ketten zerbricht. Die Söhne der Zivilisation, die sich gegen die Horden der Barbaren auflehnen. Wir haben die Tugenden eurer Vorfahren mit der Muttermilch eingesogen. Ihre Heldentaten haben uns fasziniert, und plötzlich wurden diese antiken Helden in euch wiedergeboren. Deshalb sind wir herbeigeeilt. Aber dadurch, daß ihr in dieser Stadt so viele Unschuldige ermordet habt, habt ihr die Begeisterung der Männer, die von überallher gekommen sind, erstickt. In Wahrheit seid ihr Griechen es nicht wert, frei zu sein.«

Seine Worte, die er zwar voller Leidenschaft, aber in einem aristokratischen Tonfall gesprochen hatte, irritierten mich mehr, als sie mich beleidigten. Er und seinesgleichen hatten sich ein Bild von uns gemacht und wollten, daß wir diesen romantischen Phantasien entsprachen. Unsere Wirklichkeit kümmerte sie dabei überhaupt nicht.

Kolokotronis blieb erstaunlich ruhig, während er ihm mit dumpfer Stimme antwortete: »Du hast nicht verstanden, Fremder, daß wir, um wirklich frei zu sein, die Male einer zu lange dauernden Sklaverei mit Blut abwaschen mußten.«

Samuel Alexander hörte ihm nicht zu. Er wollte ihm nicht zuhören. Um Haupteslänge überragte er die beiden Klephten, die ihn festhielten und die er mit einer einfachen Bewegung seiner starken Arme hätte abschütteln können. In seiner zerrissenen Fustanella und mit seinem blutverschmierten Gesicht, auf dem ein abgeklärter Ausdruck lag, war er von bemerkenswerter Schönheit. Die Klephten und Spetsioten wollten ihn auf der Stelle in Stücke hauen, aber Kolokotronis gab den Befehl, ihn ziehen zu lassen. Er hatte wirklichen Mut bewiesen, als er versucht hatte, den Mann, den ich liebte, zu töten. Für seine Ideale war er bereit gewesen, sein Leben hinzugeben. Das Unverständnis, das er uns entgegenbrachte, verstärkte in mir noch das Gefühl der Trauer, das dieser Tag und all das, was an ihm geschehen war, in mir ausgelöst hatte.

Der Palast von Kurchid Pascha war menschenleer. Nur die Spetsioten, die ich zur Bewachung des Harems zurückgelassen hatte, waren treu auf ihrem Posten geblieben. Die Odalisken, die sich in Sicherheit fühlten, zwitscherten fröhlich durcheinander. Firuz und Anastas, die ein paar Tage ungetrübten Glücks verbracht hatten, strahlten. Mir fiel auf, daß Sarkis Bey nicht mehr da war, und ich fragte nach dem Grund für seine Abwesenheit. Plötzlich spiegelten ihre hübschen Gesichter tiefstes Erstaunen wider. Nachdem die Plünderer den Palast verlassen hatten – so erinnerte sich eines der Mädchen –, hatte Sarkis Bey gemurmelt, daß er das, was noch vom Besitz seines Herrn übrig geblieben war, in Sicherheit bringen müsse. Da in den Gängen und Fluren nun keine Gefahren mehr lauerten, hatte er den schützenden Hort des Harems verlassen. Ich kannte mich gut genug in der Architektur türkischer Paläste aus, um zu wissen, daß die Schatzkammer sich normalerweise im Erdgeschoß hinter dem Verwaltungstrakt befand. Und eben dorthin lief ich nun, so schnell ich konnte.

Es war ein hoher Raum mit einer gewölbten Decke, in den nur durch einige vergitterte Fensterchen etwas Tageslicht fiel. Die riesigen eisenbeschlagenen Truhen standen alle weit offen und waren leer. Auf dem Boden lag etwas, das ich am Anfang für einen Haufen zerrissener Lumpen gehalten hatte. In Wirklichkeit war es der furchtbar zugerichtete Leichnam von Sarkis Bey, den man zu Tode gefoltert hatte. Der Anblick dieses Kopfes, der keine Augen, keine Nase und keine Ohren mehr hatte, war so schrecklich, daß ich mich übergeben mußte und schnell nach draußen lief, um wieder atmen zu können. Einige Nachzügler unter den Plünderern hatten ihn wahrscheinlich in diesem Raum überrascht, als er gerade dabei war, nach irgendwelchen zurückgebliebenen Schätzen zu suchen. Sicher glaubten sie, daß er wußte, wohin das Gold gebracht worden war, und hatten versucht, ihm sein Geheimnis zu entreißen. Aber Kolokotronis hatte bereits alles wegbringen lassen. Plötzlich waren mir dieses Gold, auf dem wir uns so zügellos geliebt hatten, und auch die Juwelen, die ich an mich genommen hatte, ganz und gar zuwider, und in meinem Herzen war nur ein einziger Aufschrei: genug des Blutvergießens, genug des Schreckens, genug des Tötens. Vor meinen Augen sah ich wie verschwommen das Bild von Yannos' totem, von achtzehn Kugeln durchbohrtem Körper.

Doch ich hatte noch eine Aufgabe zu erfüllen. Schon unmittelbar nach dem Fall von Tripolitza hatte uns Kurchid Pascha Botschaften gesandt, in denen er uns den Austausch seines Harems gegen wichtige, in seiner Hand befindliche Kriegsgefangene vorschlug. Vielleicht fehlten ihm die Damen, vielleicht hatte ihm irgend jemand die Untreue seiner Gattin zugetragen. Ich hatte ihm als Antwort zukommen lassen, daß dies überhaupt nicht in Frage käme, und ich hatte Kolokotronis davon überzeugt, daß Unbeugsamkeit den Preis der Odalisken nur noch in die Höhe treiben würde. In der Zwischenzeit mußte ich sie nun in Sicherheit bringen, und ich war gekommen, um ihre heimliche Verlegung an einen sicheren Küstenort zu organisieren. Ich begleitete sie bis zum Portal des Serails und sah, wie sie sich auf einer staubigen Straße entfernten. Meine Spetsioten bewachten die anmutige kleine Herde. Anastas und Firuz Hanum waren die letzten der Gruppe. Die Gefangene und ihr »Kerkermeister« hielten sich verliebt bei der Hand. Als ich sie so davongehen sah, hatte ich das köstliche Gefühl, dem grausamen Geschick ein Schnippchen geschlagen zu haben, diesem unerbittlichen Schicksal, das Kriege, Haß und Greueltaten hervorbrachte.

Wir waren auf dem Rückweg von Tripolitza und hatten beinahe schon das Lager erreicht, als Kolokotronis' Pferd,

sein geliebter Keraya, strauchelte. Kolokotronis wurde davon in einem Moment der Unaufmerksamkeit überrascht, rutschte aus dem Sattel und glitt zu Boden. Sein Pferd fiel auf das Knie des Reiters, und der Schmerz, der ihn durchfuhr, mußte schier unerträglich sein, denn er löste bei dem Klephten einen Schwall von Flüchen und Beschimpfungen aus. Bei dieser Gelegenheit entdeckte ich, daß sein Vokabular noch weitaus umfangreicher war als das meine. Wir mußten Kolokotronis bis zu seiner Hütte tragen. Die Tatsache, daß er nun das Bett hüten mußte, brachte ihn so sehr in Rage, daß ich nicht wagte, irgendwelche ironischen Anspielungen darauf zu machen, daß ich nun nicht mehr die einzige war, die unter den Launen dieser vermaledeiten Vierbeiner zu leiden hatte, die er doch angeblich so sehr liebte. Mehr als alles andere erzürnte ihn, daß er nun nicht an dem Kriegsrat teilnehmen konnte, der zusammentrat, um das weitere Vorgehen der Aufständischen zu planen. Nicht einen Augenblick lang zog er auch nur in Erwägung, sich auf einer Trage dort hinschaffen zu lassen. Deshalb schlug ich ihm vor, an seiner Stelle an der Versammlung teilzunehmen: »Laß mich für dich gehen«, bot ich ihm an. Mit einem listigen Blick musterte er mich wie ein Pferdehändler, der eines seiner Tiere abschätzt. Schließlich nahm er meinen Vorschlag an, und seine unerwartete Reaktion erfüllte mich mit Stolz und Glück, denn für diesen Wolf der Berge ließ sich Zuneigung an dem Vertrauen messen, das er einem Menschen entgegenbrachte.
Als ich die Kirche von Triforka betrat, um den anderen Führern entgegenzutreten, hatte ich das Gefühl, man habe mich mit dem Siegeslorbeer von Kolokotronis bekränzt. Alle wandten sich mir zu und warteten darauf, daß ich in seinem Namen sprach.
»Kolokotronis hat beschlossen, Patras von den Türken zurückzuerobern. Für ihn ist das eine unverzichtbare Etappe auf dem Weg zur Rückeroberung des ganzen Landes.«

Sofort reagierte Bischof Germanos, aber er tat dies mit einer schmeichelnden Stimme, was mich noch mehr beunruhigte, als wenn er es herausgedonnert hätte: »Es ist nicht nötig, unseren tapferen General dort hinzuschicken. Gebt mir einige Bataillone, und ich verspreche euch, daß ich die Stadt in sechs Tagen erobern werde.«
»Laß ihn gehen, Bischof«, beharrte ich. »Schon sein Anblick wird den Türken so sehr angst machen, daß sie ihm freiwillig die Schlüssel zur Stadt übergeben.«
Ypsilanti, dem die anderen eine gewisse Vorrangstellung einräumten, mischte sich ein, ganz so, als habe er mir nicht zugehört: »Wir müssen die Belagerung von Nauplia beenden. Sie hat schon viel zu lange gedauert. Wir werden unsere gesamten Kräfte dorthin verlegen und einen Großangriff gegen die Stadt führen.«
Kolokotronis hatte mich gut instruiert, und ich meldete meinen Widerspruch an.
»Dieser Plan ist schon bei gutem Wetter beinahe undurchführbar, und im Winter ist er sicher unmöglich.«
Der Fürst mit dem Wieselgesicht hörte sich meine Argumente noch nicht einmal an. In einer für Schwächlinge typischen Reaktion wollte er sich keinesfalls eines Besseren belehren lassen. Germanos, Papa Flessas, Petro Bey und Mavro Mihali unterstützten ihn. Ich hatte damit gerechnet, daß sie mir den Respekt entgegenbringen würden, den sie Kolokotronis schuldeten, aber ihre Gehässigkeit ihm gegenüber war unvermindert. Sie konnten ihm seinen Sieg nicht verzeihen. Die Soldaten jubelten dem Sieger zu – die Führer machten ihm Vorwürfe.
Als ich Kolokotronis von meinem Versagen berichtete, reagierte er voll Resignation: »Ich möchte den Zwistigkeiten, die allmählich zwischen uns aufbrechen, nicht noch Vorschub leisten. Also greifen wir Nauplia an, aber sie werden es bereuen ...«
Auf diese Weise befand ich mich in einer Dezembernacht

wieder an Bord der Agamemnon. Es war eine jener klaren, trockenen und eisigen griechischen Winternächte. Auf dem Festland waren die Felder und Wege mit Rauhreif überzogen. Das Meer kräuselte sich in kleinen, gischtgekrönten Wellen, und ein schneidender Wind fegte über das Deck, drang durch meinen Gehpelz und ließ meine Männer, die alle in höchster Aufmerksamkeit auf ihren Posten waren, vor Kälte schier erstarren. Gegen den Willen von Ypsilanti war es Kolokotronis gelungen, durchzusetzen, daß der Angriff nachts stattfand. Er mußte der mächtigen, mit dreihundert Kanonen bestückten Festung von Palamidi in den Rücken fallen. Sein Schwager Nikitaras hatte den Auftrag, die Stadt vom Festland aus anzugreifen, während ich sie von See her beschießen würde. »Es ist vor allem wichtig, daß du zur verabredeten Zeit angreifst«, hatte er mir ans Herz gelegt. »Die Koordination unserer Operationen ist der Schlüssel zum Erfolg.« In einer steifen Brise segelten wir auf die Stadt zu. Ich führte selbst das Ruder, denn seit Yannos' Tod wollte ich nicht, daß irgendeinem anderen die Ehre seines Platzes zuteil wurde. Mein Halbbruder Nikolas Lazarou, der mich gebeten hatte, als mein erster Offizier mitzusegeln, stand mir zur Seite. Genau wie meine Männer schwieg auch er. Er war ebenso gespannt und seine ganze Willenskraft auf unser Ziel konzentriert. Wir glitten durch die dunklen Fluten, und trotz der Finsternis erkannte ich bereits die schattenhaften Umrisse der Minarette und Türme. Bald würden von einem Hügel aus drei Leuchtraketen abgefeuert werden: das Zeichen zum Angriff. Dann würde Nauplia in einem Feuersturm erwachen. All meine Sinne waren auf unsere Beute gerichtet. Plötzlich spürte ich, wie sich der Wind änderte. Er fing an, sich abzuschwächen und erstarb beinahe ganz – dann drehte er und begann wieder heftig zu blasen, aber diesmal gegen uns. Nur zehn Minuten hatte es bedurft, bis er völlig gedreht hatte. Es war uns unmöglich, weiter vorwärtszukommen, es gelang uns sogar kaum, unsere Position zu halten. Die Stunde des festgelegten Angriffsbeginns rückte immer näher, und schließlich verstrich die Zeit, ohne daß ich die drei Raketen hätte aufsteigen sehen. Machtlos der Laune des Windgottes ausgeliefert, war es mir nicht gelungen, rechtzeitig meine Position zu erreichen. Es nutzte auch nichts, daß ich meine Männer, die nichts dafür konnten, beschimpfte und den gleichgültigen Himmel verfluchte. Und was nützte mir die Erkenntnis, daß Kolokotronis wieder einmal recht behalten hatte – er, der vorausgesehen hatte, daß ein Angriff auf Nauplia durch ein plötzliches Drehen des Windes unmöglich werden konnte. An ihn mußte ich denken, und an die Hunderte seiner Klephten, die hinter den Felsen in der Nähe der Festung von Palamidi auf der Lauer lagen, und an die mehreren Tausend Kämpfer von Nikitara, die hinter schützenden Bodenwellen verborgen kauerten, nur einige Taulängen von der Stadt entfernt. Sie wußten, daß der Wind mich zurückhielt, aber das änderte nichts an der Tatsache, daß Laskarina nicht wie verabredet erschienen war, daß Laskarina versagt hatte.

Die Zeit verging. Würde Kolokotronis auf mich warten, selbst auf die Gefahr hin, daß es zu spät war, oder würde er ohne mich angreifen? Vor meinen Augen lag wie eine höhnische Herausforderung das ruhig schlafende Nauplia. Am Firmament schienen die leuchtenden Sterne sich über mich lustig zu machen. Ich fing an zu beten. Ich bat den Himmel, den ich gerade eben noch verflucht hatte, um Beistand, aber alles war umsonst. Ich sah das Signal, die drei Raketen, und unmittelbar danach hörte ich aus weiter Ferne, wie die Schießerei begann. Ich konnte mir lebhaft vorstellen, wie unsere Krieger auf die Stadt zustürmten. Laskarina ist nicht da, aber wir werden es ihnen trotzdem zeigen. Sie setzten alles auf eine Karte, während mir die Hände gebunden waren. Sehr viel früher, als ich erwartet hatte, begann der Tag zu dämmern. Die sternenfunkelnde

Nacht wich dem schmutziggrauen Licht des Morgens. Die Umrisse der Berge und der Stadtmauern zeichneten sich allmählich klarer ab. Dann kam die Antwort der Türken. Auf einen Schlag feuerten ihre sämtlichen Kanonen. Ich war so weit entfernt, daß ich das Ganze nur als ein dumpfes, anhaltendes, furchterregendes Grollen vernahm, so wie es Erdbeben vorauszugehen pflegt. Und beinahe sehnte ich solch eine Katastrophe herbei, die die ganze Stadt in Trümmer gelegt hätte, selbst wenn sie gleichzeitig den Untergang meiner gesamten Flotte bedeutet hätte. Dieser Gedanke war leichter zu ertragen, als mir vorzustellen, wie die türkischen Kanonenkugeln reihenweise unsere Kämpfer niedermähten.

Alles ringsum war schon in das rosafarbene und bläuliche Licht des Morgens getaucht, und bald würden die ersten Sonnenstrahlen zwischen den Bergspitzen hervorbrechen, als der Wind erneut drehte und in die richtige Richtung blies. Unsere Seeleute stießen Jubelschreie aus. Ich hingegen zügelte meine Ungeduld und gab knappe, präzise und klare Anweisungen. In kürzester Zeit waren alle unsere Segel gesetzt. Die Furcht, zu spät zu kommen, machte mich geradezu tollkühn. Ich wollte so nahe wie möglich an mein Ziel heran. Die türkischen Kanonenkugeln schlugen bereits rings um meine Schiffe ein, aber ich segelte weiterhin geradewegs auf Nauplia zu. Nikolas protestierte, und die Ältesten meiner Männer drehten sich zu mir um und blickten mich vorwurfsvoll an. »Vorwärts, Männer. Oder seid ihr etwa zu Weibern geworden? Vorwärts, Männer!« schrie ich durch das Sprachrohr.

Die türkische Artillerie hatte sich immer mehr auf uns eingeschossen, als ich schließlich den Befehl gab, das Feuer zu eröffnen. Meine Kanoniere waren mit Begeisterung bei der Sache. Eine dreiviertel Stunde lang brach die Hölle los. Ein berauschendes Konzert von Kanonendonner, explodierenden Geschossen und Schlachtrufen, von dem ich wünschte, daß es niemals enden würde. Aber es war zu spät. Die drei verlorenen Stunden und der Anbruch des Tages machten unsere Taktik zunichte. Durch mein Fernrohr sah ich, wie die Unseren am Ufer ungeordnet zurückströmten. Aber ich wollte nicht aufgeben. Es war mir gleichgültig, daß die türkischen Feuerkugeln die Agamemnon mit einem Wall aus Gischt und Feuer umgaben, und es war mir ebenfalls egal, daß eine ihrer Kugeln ein Loch ins Deck riß. Unermüdlich und immer wieder rief ich: »Feuer«, »Feuer«, »Feuer«, und in dem Pulverdampf und dem Rauch, die uns umgaben, schossen meine Kanoniere von nun an blindlings. Als das Debakel der Unseren offensichtlich war, zwang mich mein Bruder Lazarou, das Signal zum Rückzug zu geben. Es blieb uns nichts anderes übrig, als ohne jede Begeisterung die nicht enden wollende Belagerung Nauplias fortzuführen.

Kapitel 18

Wir hatten unserer Unabhängigkeit eine verfassungsmäßige Form geben und unsere Revolution normalisieren müssen. Ein Staat war im Entstehen begriffen, und eine neue Spezies, die bislang im besetzten Griechenland noch unbekannt war, tauchte wie selbstverständlich auf und vermehrte sich rasch: die der Politiker. Vergleichbar mit Parasiten, die im Schmutz brüten, versuchten sie gar nicht erst, ihr wahres Gesicht zu verbergen, sondern zeigten es von Anfang an: Nur auf ihren eigenen Vorteil bedacht, waren sie voller Neid aufeinander, ehrgeizig und unehrlich. Das Schicksal unseres Landes war ihnen gleichgültig. Sie rissen die Macht an sich. Dabei führten sie große Worte wie »Vaterland«, »Verfassung« und »Gesetz« im Mund. Sie gründeten Kommissionen und setzten Kongresse an, sie hielten Versammlungen ab ... Und im Schatten des großen Ideals der Demokratie festigten sie ihre Diktatur.

Gegen sie waren wir machtlos, denn ihnen konnten wir nicht wie den militärischen Führern gegenübertreten. Wenn wir versuchten, ihnen unverblümt die Meinung zu sagen, prallten unsere leidenschaftlichen Worte an ihren aufgeblasenen und hohlen Phrasen ab. Sie manipulierten Kolokotronis, indem sie ihn einmal hierhin lockten, dann wieder dorthin schickten. Sie führten ihn im Kreis herum, wie ein noch ungezähmtes Tier, das man müde machen will, bevor man es ankettet. Sie gaben ihm den Befehl, Patras zu belagern, das Bischof Germanos trotz seiner Prahlereien nicht hatte einnehmen können. Aber sie taten dies erst, nachdem sie den Türken genug Zeit gelassen hatten, die Besatzung ihrer Garnison dort zu vervielfachen. Als klar wurde, daß die Stadt in Kürze fallen würde, schickten sie Kolokotronis auf das griechische Festland, um dort weiterzukämpfen, weil sie fürchteten, daß er durch die Einnahme der Stadt zuviel Ruhm ernten würde. Er suchte sie auf, um dagegen zu protestieren. Sie gaben all seinen Forderungen nach, aber als er vor das belagerte Patras zurückkehrte, mußte er feststellen, daß man seine Truppen nach Hause geschickt hatte. Ich haßte die Politiker, weil sie meinen Kolokotronis verändert hatten und weil sie mich von ihm trennten. Ich hatte ihn bei seinen Feldzüge begleiten wollen. Das hatte er abgelehnt, mit der Begründung, daß ich in Nauplia von größerem Nutzen sei. Das Gefühl der Zusammengehörigkeit und die Begeisterung, die uns vor Tripolitza so eng verbunden hatten, waren erstorben. Durch ihre subtilen Aktionen war es ihnen gelungen, Kolokotronis aus dem Gleichgewicht zu bringen. Da ihre Schachzüge ihn beunruhigten, war er zum Zauderer geworden.

Daher nahm auch ich die Belagerung von Nauplia, die keinerlei Fortschritte machte, nicht so ernst. Ich ging oft an Land. Die größte Freude bereitete mir der Wochenmarkt in Argos. Obwohl die Zeiten sehr hart waren und es nur wenig gab, konnte sich das Auge bei den Gemüseständen an allen nur denkbaren Nuancen von Grün, Rot und Gelb erfreuen. Der Frühling hatte wieder seinen Einzug gehalten, und die Blumen, die die Händler an jeder Straßenecke lauthals feilboten, erfüllten den ganzen Stadtteil mit ihrem Duft. Bäuerinnen im Sonntagsstaat verkauften grellbunte Kattunstoffe, die ich gleich meterweise erwarb. Obwohl ich genau wußte, daß ich sie nur in meiner Kabine stapeln würde, ohne sie je zu verwenden, konnte ich ihnen nicht widerstehen. Es machte mir einfach großen Spaß, sie auszusuchen, um ihren Preis zu feilschen und sie schließlich zu kaufen.

Während eines dieser angenehmen Ausflüge – es war im

April – sah ich sie durch Argos ziehen: Männer – vor allem Greise –, Frauen und Kinder. Sie schienen völlig erschöpft, trotzdem wollten sie keine Rast machen. Ihre schreckensweiten Augen schienen mit furchtbaren Bildern gefüllt zu sein. Ihre Münder waren wie zu stummen Schreien geöffnet. Dieser gespenstische Zug brachte sofort die fröhliche Geschäftigkeit des Marktes zum Erliegen. Wir versuchten, sie aufzuhalten, aber sie rissen sich los und stolperten weiter, ohne zu wissen wohin. Auf unsere dringlichen Fragen gaben sie uns keine Antwort, sie sprachen nur ein einziges Wort aus, einen einzigen Namen: Chios. Ich hatte oft vor dieser reichen Insel Anker geworfen, weil sie eine wichtige Etappe auf dem Weg in die Levante war. In ihrem Hafen lag ständig eine Vielzahl von Schiffen aller Größen aus aller Herren Länder vor Anker. Chios und seine Konsulate, seine besonderen, nur von Ausländern bewohnten Stadtviertel, seine Klöster, seine Lagerhäuser, seine Schätze ... Chios, Chios ... Schließlich blieb eines dieser Wesen stehen, eine alte Frau, die nicht mehr weiterkonnte. Sie setzte sich auf einen steinernen Pfosten, und sofort sammelte sich eine neugierige und ängstliche Menschenmenge um sie. Chios hatte sich aufgelehnt, die Türken ins Meer getrieben und gedacht, sich ihrer für immer entledigt zu haben. Aber eines schönen Tages fiel der Kapetan Pascha über Chios her. Eine ganze Woche lang lieferte er die Bevölkerung der Insel den Säbeln seiner Mörderbande aus. Eine Woche lang wurde dort so viel Grausames, so viel Unmenschliches begangen, so viele unvorstellbare Greueltaten, daß ganz Europa vor Abscheu bebte. Zu Zehntausenden verwesten die Leichen überall auf dieser Insel, die zuvor reich, glücklich und friedlich gewesen war. Die Zahl der Gefangenen, die man auf den Sklavenmärkten verkaufte, war so groß, daß der Preis für Sklaven fiel. Vor ihren versteinerten Zuhörern fuhr die Alte mit zitternder Stimme in der Litanei der Schreckenstaten fort. Mühsam versuchte

sie schließlich sich zu erheben. Wir wollten sie zurückhalten, sie überreden, sich auszuruhen, und ihr Obdach gewähren. »Nein, nein. Laßt mich. Sie werden kommen, sie werden uns umbringen.« Schließlich schaffte sie es, aufzustehen, und von ihrer seit Wochen nicht nachlassenden Angst getrieben, folgte sie den anderen. Keinem von uns stand mehr der Sinn danach einzukaufen, und die Händler räumten den Markt. Bald schon war der Name eines Unbekannten in aller Munde. Selbst im Zwitschern der Vögel und im Geläute der Glocken schien es zu klingen: »Kanaris, Kanaris, Kanaris.« Abends ging ich nach Myloi in die Taverne, um meinen Raki zu trinken, und dort fragte ich die Reisenden aus, um Näheres über diesen Helden zu erfahren. Ein Händler von der Insel Psara schließlich konnte mir Auskunft geben. Kanaris war zufällig in der Nähe von Chios gewesen, als die Massaker begannen. Er hatte gesehen und gehört, was geschah, und er hatte geschworen, unsere Brüder zu rächen. Sorgfältig bereitete er seinen Gegenschlag vor. In einer mondlosen Nacht belud er eine große Barke mit Schießpulver und brennbarem Material und segelte im Schutze der Dunkelheit mitten zwischen die vor Chios ankernden türkischen Schiffe. Als er bereits ganz in der Nähe seines Zieles war, zurrte er das Ruder der Barke fest und legte Feuer an die Lunten, dann tauchte er in das dunkle Wasser.
Die schwimmende Bombe war direkt auf das Flaggschiff des Admirals zugeglitten und mit diesem kollidiert. Der Sprengstoff von Kanaris hatte das Pulvermagazin des Flaggschiffs zur Explosion gebracht, und diese mächtige Detonation hatte auch auf die anderen Schiffe übergegriffen. Der Henker von Chios hatte sich mit seiner gesamten Flotte in Rauch aufgelöst, und auch ich schloß mich dem Freudenschrei an, der durch ganz Griechenland hallte.
Die Folge war, daß die Türken von Nauplia, die auf den Entsatz durch den Kapetan Pascha warteten, ihre Hoffnun-

gen bedroht sahen. Deshalb faßten sie den Entschluß zu verhandeln. Sie nahmen Kontakt zu mir auf, und ich empfing die Abordnung an Bord der Agamemnon. Ihre Schaluppe glitt zwischen meinen kampfbereiten Schiffen hindurch. Alle meine Männer waren an Deck, die Kanoniere mit brennenden Lunten. Für diese besondere Gelegenheit hatte ich meinen Festtagsstaat angelegt: meine rote, goldbestickte Bolerojacke, einen blauen Rock und hohe blausilberne Gamaschen. In meinem Gürtel steckten meine goldziselierten Pistolen und der Dolch mit dem Korallengriff. Auch sie hatten sich für mich herausgeputzt mit bestickten Seidengewändern, bunten Federn und Parfüm. Alle waren sie äußerst fett, so als hätte man sie besonders sorgfältig eben wegen dieser Leibesfülle ausgewählt.

»Ich bedauere Euch, Agas«, so begann ich, »denn ich dachte, Ihr befändet Euch wohl. Aber die Freßsucht, die Ihr an den Tag legt, zeugt ganz offensichtlich von den harten Lebensbedingungen, die in Nauplia herrschen. Ich fürchte, daß früher oder später die Hungersnot, unter der Ihr leidet, Euch den Garaus machen wird ...«

Beschämt zogen sie wieder ab. Trotz des ganzen Pomps handelte es sich nur um untere Chargen. Ihr Kommandant hatte lediglich versucht, uns aus der Reserve zu locken.

Die zweite Abordnung, die er mir schickte, empfing ich auf dem Marktplatz von Myloi. Schweigend reihten die Schurken vor mir juwelengefüllte Truhen auf. Perlen, Diamanten und Smaragde glitzerten an eben jener Stelle, an welcher Yannos' von Kugeln zerfetzter Körper gelegen hatte.

»Ich habe meinen Mann verloren, Gott sei gepriesen«, sagte ich zu ihnen. »Mein ältester Sohn ist mit der Waffe in der Hand gestorben, Gott sei gepriesen. Vielleicht werde ich mein Blut unter der Fahne des Kreuzes vergießen müssen, Gottes Wille möge geschehen. Wir werden siegen, oder aber wir werden mit dem tröstenden Gedanken sterben, daß kein einziger Grieche länger in Sklaverei wird leben müssen.«

Diese Worte, auf die sie nicht gefaßt waren, entmutigten sie, und sie luden ihre Truhen wieder auf.

Nun endlich waren die Belagerten reif für wirkliche Verhandlungen. Auf meine Initiative hin wurden sie im antiken Tiryns aufgenommen. Wir erkletterten die zyklopischen Mauern, deren Ursprung weit in die Vorzeit zurückreicht, und inmitten der riesenhaften, blumenbewachsenen Ruinen erwarteten wir die Türken. Als sie schließlich kamen, krochen sie vor uns auf dem Bauch. Sie, die uns als ein Volk von Sklaven behandelt hatten, begrüßten mich mit »Megali Kyria«, küßten den Saum meines Rockes und flehten mich an, gnädig zu sein. Und dennoch waren sie nicht zu einer bedingungslosen Kapitulation bereit. Zum ersten Mal jedoch verriet ihre Haltung den Wunsch, das alles zu beenden. Aber um jede Bedingung, die ich versuchte ihnen aufzuerlegen, feilschten sie verbissen. Schließlich erreichten wir eine dem orientalischen Brauch entsprechende Übereinkunft: Sie vermieden ein klares Ja oder Nein und verkündeten, daß sie Bedenkzeit benötigten. Bei ihrem Abzug gaben sie sich unterwürfig, aber auch undurchschaubar. Ich war sicher, daß sie angebissen hatten. Sie würden einige Tage lang nachdenken, um dann zurückzukommen und ihr Einverständnis zu erklären. Also wartete ich in aller Ruhe auf sie.

Aber nicht sie kamen, sondern unsere Meldegänger. Atemlose, erschöpfte Boten trafen einer nach dem anderen ein, um die schreckliche Neuigkeit zu übermitteln: Zehntausende türkischer Soldaten, Kavallerie und Infanterie, marschierten direkt auf uns zu, um uns zu überrennen und Nauplia zu befreien. Die Boten zitterten, als sie diese unbesiegbare Phalanx beschrieben. Ali von Tepelen, Pascha von Epirus, war tot. Ein mit ihm befreundeter Pascha, dem er vertraute, hatte ihn erdolcht. Umgehend hatte der Sultan seine Truppen zurückgezogen, die bis dahin im Kampf gegen diesen unbesiegbaren alten Fuchs gebunden gewesen waren, und er massierte sie nun gegen uns. Die Unverschämtheit unseres Aufstandes hatte ihn schon zu lange irritiert. Er war nunmehr entschlossen, den Griechen und ihrer Unabhängigkeit ein für allemal den Garaus zu machen. Deshalb sandte er jetzt Dramalis Mahmud Pascha gegen uns aus, sicher den fähigsten und erfahrensten seiner Generäle. Dieser hatte nicht weniger als sieben Paschas, die ihm unterstellt waren, und nie zuvor hatte man eine größere und schlagkräftigere Armee gesehen. Unter den ohrenbetäubenden Klängen von Pauken und Trompeten marschierte dieses Heer in einer riesigen Staubwolke auf uns zu. Die grünen Standarten Mohammeds waren schon in einem großen Teil des Peloponnes aufgepflanzt, und die Blut und Feuer verbreitenden Horden kamen unaufhaltsam näher. Keinerlei natürliches Hindernis bot uns gegen sie Schutz, und ich war es leid, ständig von meiner Umgebung zu hören, daß unser Traum von der Unabhängigkeit ausgeträumt und Griechenland verloren sei. »Wo bist du, Kolokotronis? Warum bist du nicht hier?« rief ich in Gedanken. Allein schon seine Gegenwart hätte mich beruhigt und mir mein Vertrauen zurückgegeben – wenn es noch auch nur eine geringe Hoffnung gab, so war er es. Aber Kolokotronis war unauffindbar. Ich hatte keinerlei Nachricht von ihm.

»Sie kommen näher, sie sammeln sich vor Argos!« riefen uns die Boten zu, die noch nicht einmal mehr Halt machten, um uns die neuesten Nachrichten zu überbringen, sondern sogleich in Richtung Süden weitergaloppierten. Als Dramalis' Vorhut nur noch ein paar Kilometer entfernt war, breitete sich unter der Bevölkerung Panik aus. Die Bewohner der Städte und Dörfer ergriffen die Flucht. Die einen ließen alles zurück, die anderen schleppten ihre ganze armselige Habe mit sich; die Straßen nach Tripolitza sahen einen riesigen und bewegenden Exodus. Was die

Politiker von Epidaurus, Argos und Korinth betraf, so machten sie sich wie ein Schwarm Spatzen aus dem Staub. Nicht einer von ihnen hatte es für nötig befunden, zu bleiben und Widerstand zu leisten. Einige, die wichtigsten unter ihnen, die am besten unterrichteten, waren schon lange vor den anderen nach Tripolitza geflohen. Die übrigen strömten nun herbei und drängten massenhaft nach Myloi. Sie hielten uns Dokumente der Regierung vor die Nase, damit wir sie an Bord nehmen sollten.
Es war einer jener wunderbaren Juliabende. Himmel, Meer und Land waren in goldenes Licht getaucht. Alle diese Händler, Grundbesitzer und kirchlichen Würdenträger, die Griechenland, unser Ideal, so schlecht repräsentierten, konnten nur noch einen einzigen Gedanken fassen: so schnell wie möglich mit ihrem Hab und Gut an Bord zu gehen. Was hatten sie mit den Staatsarchiven gemacht? Sie hatten sie zurückgelassen. Was war mit dem Staatsschatz geschehen? Er war in dem Gebiet zurückgeblieben, das Dramalis Pascha erobert hatte. Ich versuchte mit meinen Spetsioten etwas Ordnung in das Ganze zu bringen. Die Koffer, die Truhen und die Taschen, die zurückgelassen werden mußten, stapelten sich auf dem Sand des Strandes. Unsere Schaluppen waren mit den Repräsentanten der Nation so überladen, daß ihre Bordwände kaum noch aus dem Wasser ragten. So ruderten sie auf ihre Rettung zu. Mit versteinerten Gesichtern wohnten die Bewohner von Myloi diesem Schauspiel bei. Sie wußten, daß sie nicht evakuiert werden würden, und sie hatten auch nicht darum gebeten. Die hünenhaften Umrisse von Samuel Alexander stachen aus der Menge hervor. Mit tadellos sauberen und frisch gebügelten Kleidern stand er aufrecht inmitten dieses Debakels. Er trug unsere Nationaltracht wie einen Festtagsanzug. Ich forderte ihn auf, sein Gepäck zu nehmen und mit uns zu kommen. »Nein, ich bleibe«, war seine Antwort. Hatte er verstanden, was vor sich ging? Wußte er, was ihm

widerfahren würde, wenn die Türken erst einmal die Stadt erobert hätten? Unweigerlich würde ihm das Schicksal aller übrigen Einwohner dieser Gegend zuteil werden. »Genau das ist es. Hier wird es viel mehr unglückselige Menschen zu versorgen geben als auf euren Schiffen.« Sein Verhalten überraschte mich, und mein Wunsch war es, daß wenigstens er unter all diesen Todgeweihten überleben sollte. So ruhig wie möglich versuchte ich es ihm klarzumachen: Die Türken würden es niemals zulassen, daß er ärztliche Hilfe leistete. Deshalb würde er bei uns von viel größerem Nutzen sein. Es fiel mir schwer, ihn zu überzeugen, aber schließlich folgte er mir. Ich ging als letzte an Bord der Agamemnon, wo man sofort mit Beschwerden und Forderungen über mich herfiel. Alle diese Herren waren sich darin einig, daß wir so schnell wie möglich die Anker lichten mußten, aber sie waren keineswegs einer Meinung, wenn es um die Frage ging, wohin wir uns in Sicherheit bringen sollten: Mani, Zante, Korfu, Triest oder Sizilien? Manche sprachen sogar von Genua oder Marseille.
»Wir werden hierbleiben, bis wir die Möglichkeit haben, die Türken zu beschießen, wenn sie sich bis nach Myloi vorwagen sollten.« Sie dachten, ich hätte den Verstand verloren, und ließen von mir ab.
Kolokotronis war weit weg. Griechenland lief Gefahr unterzugehen, und ich war allein inmitten dieser Schwarzseher. In der Nacht war es so heiß, daß ich an Deck hinaufging. Der Himmel war mit Sternen übersät, und der Mond zeichnete seinen Silberstreif auf das bewegungslose Meer. Dem Mond war die Katastrophe, die uns bedrohte, gleichgültig – ebenso gleichgültig wie unseren Politikern. Sie waren ganz in ihre Diskussionen vertieft und bemerkten noch nicht einmal meine Gegenwart. Wie üblich suchten sie in ihrer Umgebung nach Sündenböcken, und natürlich fielen sie alle gemeinsam über Kolokotronis her. Seine taktischen Fehler hatten sie in diese Situation gebracht, er

hatte die Türken provoziert. Und wo war er überhaupt jetzt, da man ihn so sehr brauchte? Dabei vergaßen sie ganz, daß sie es gewesen waren, die ihn gegen seinen Willen überall in unserem Land herumgeschickt hatten.

Ich wandte mich ab und beugte mich über die Reling, um meinen Tränen freien Lauf zu lassen. Kaum geboren, lief unser geliebtes Griechenland Gefahr zu sterben, und nicht einer dieser Dummköpfe, die ich nur zu gerne über Bord geworfen hätte, schien dies zu bedauern. Ich weinte vor Wut und Trauer.

Plötzlich erschallte hinter mir die Stimme von Samuel Alexander und ließ mich aufschrecken: »Sie haben recht, sich zu ekeln. Ich kann Sie verstehen.« Ich fühlte mich durch das Verständnis, das er mir entgegenbrachte, besänftigt. Silbern schimmerten die blonden Locken des Amerikaners im Mondlicht, und in seinen Augen entdeckte ich eine Fürsorglichkeit, eine Wärme, die ich nicht bei ihm erwartet hätte. Ich wußte nicht, was ich ihm darauf antworten sollte, also lächelte ich ihm einfach zu.

Eines Morgens sah ich Dutzende, ja Hunderte von schwarzen Rauchsäulen aus der Ebene aufsteigen, die sich bald ausbreiteten, um schließlich eine einzige große dunkle Wolke zu bilden. Die Brände und diese plötzliche Dunkelheit, die so sehr im Gegensatz zu der allgegenwärtigen Harmonie des Sommers standen, führten uns die furchtbare Bedrohung vor Augen, unter der wir lebten. Meine ehrenwerten Passagiere waren davon überzeugt, daß Dramalis Pascha sich bereits in unserer unmittelbaren Nähe befand, und bestanden darauf, daß wir sofort die Anker lichteten. Bald darauf kamen auch die Späher, die ich überall in der Ebene postiert hatte, um mir über die Bewegungen des Feindes Bericht zu erstatten. Alle Getreide- und Viehfuttervorräte der Gegend brannten, und sämtliche Brunnen waren zugeschüttet worden.

»Aber durch wen?«

»Durch unsere eigenen Leute«
»Und wer hat den Befehl dazu gegeben?«
»Kolokotronis.«
»Was? Er ist zurück? Aber wo ist er?«
Niemand konnte mir darauf eine Antwort geben. Die Leute, die ich ausschickte, um mir Neuigkeiten zu bringen, kamen mit leeren Händen zurück. Kolokotronis gab die Befehle, Kolokotronis war der Oberbefehlshaber, aber er blieb unsichtbar. Und Dramalis Pascha rückte an der Spitze seiner riesigen Armee immer näher. Eigentlich hörte ich nichts, ich sah nur, daß die grünen Standarten des Propheten und die roten Fahnen der Türken nun statt unserer Farben von der höchsten Zinne der Feste von Argos wehten.
Auf meinen Befehl hin machten meine Männer klar Schiff zum Gefecht und richteten unsere Kanonen auf die Küste. Wir verbrachten die nächsten Tage mit den Waffen in der Hand und mit brennenden Lunten. Am vierten Tage bemerkte ich bei Myloi Truppenbewegungen. Ich richtete mein Fernrohr dorthin. Anstatt der erwarteten Janitscharen sah ich Klephten, die sich völlig offen und ungedeckt bewegten. Sie inspizierten das Dorf und schienen dort Stellung zu beziehen. Nun gab es für mich nur noch eines. Ich ließ mich an Land setzen. Viele von ihnen erkannten mich wieder. »Sei gegrüßt, Kapetanissa!« riefen sie mir breit lächelnd zu. Dann sah ich ihn. Er kam gerade aus einem Haus, und seine breiten Schultern füllten die ganze Tür aus. Ich rannte auf ihn zu.
Er umarmte mich eher kühl. »Du bist fett geworden, Kapetanissa. Müßiggang ist nicht das richtige für dich.« Aber in seiner grollenden Stimme und in seinem Blick schwang eine gewisse Zärtlichkeit.
»Und du, Kolokotronis, du stinkst noch immer genauso.«
Seine Leibwächter, die ihn umgaben, brachen in schallendes Gelächter aus. Ich spürte, daß er nervös und reizbar war. Er schien allem und allen zu mißtrauen, und einen Augenblick lang dachte ich, daß er auch mir mißtraute.

»Nun, Kapetanissa, warum gratulierst du mir nicht? Habe ich Dramalis nicht eins ausgewischt?«
Ich forderte ihn auf, mir das näher zu erklären. »Du hast doch mitbekommen, daß ich die Brunnen habe zuschütten und die Vorräte verbrennen lassen, damit er vor Ort keinen Nachschub findet. Stell dir nur vor: Er war sich seines Sieges so sicher, daß er keinerlei Vorsichtsmaßnahmen getroffen hatte. Das heißt, ich habe die Freude, dir mitteilen zu können, daß in eben diesem Augenblick vierzigtausend Türken in der Ebene von Argos lagern, die Hunger und Durst haben.« Ich sah ihn an, hörte ihm zu und spürte, wie ich wieder auflebte. Aber die riesige Übermacht der türkischen Armee stellte noch immer eine Bedrohung für uns dar. »Nicht mehr ganz, Kapetanissa, nicht mehr ganz. Der beste Beweis dafür ist, daß Dramalis uns einen Unterhändler geschickt hat. Darum bin ich hier, und du wirst ihn mit mir und den anderen zusammen empfangen.«
Die anderen kamen auf Umwegen zu diesem Treffen. Der Schwager von Kolokotronis, Nikitaras, Petro Bey, Papa Flessas und noch einige weitere Kriegsherren. Ich hatte mich geirrt, als ich gedacht hatte, daß ich die ganze Zeit alleine war, von allen verlassen. Sie hatten sich niemals wirklich aus der Gegend zurückgezogen, vielmehr hatten sie hier auf Dramalis gewartet, waren ihm gefolgt und hatten ihn überwacht. In dem Haus, das Kolokotronis ausgewählt hatte, war es so dunkel, daß wir die Tür zum Marktplatz hin offen lassen mußten, um ein bißchen Licht zu haben. Aber wenigstens bot das Zimmer den großen Vorteil, daß es relativ kühl darin war.
Dramalis hatte uns seinen Sekretär gesandt, einen Griechen, Panayotis Manousos. Vor uns stand ein wortgewandter, verbindlich lächelnder Schwätzer. Er hatte knochige und kantige Gesichtszüge, gelbe Augen und lange Zähne. Durch ihn forderte uns der Oberkommandierende der türkischen Armee auf, die einzig wahre Religion, diejenige Mo-

hammeds des Propheten, anzuerkennen und vor Allah auf die Knie zu fallen. Die Türken griffen gewöhnlich auf diese Art der Provokation zurück, wenn sie sich ihres Sieges sicher waren und kurz davor standen, ein Blutbad anzurichten. Als einzige Antwort erhielt Manousos einen ganzen Schwall von Flüchen, die vor allem seine Moral und die Tugend seiner Mutter zum Gegenstand hatten. Das Ganze wurde gekrönt durch ein schallendes »Verschwinde!« von seiten Kolokotronis'. Aber der Mann dachte gar nicht daran zu gehen. Ganz im Gegenteil, er schloß die Tür und die zwei Fenster des Zimmers, so daß der Raum nun beinahe in völliger Dunkelheit lag. Sodann stellte er sich breitbeinig vor den grob gezimmerten Tisch, hinter dem wir saßen, und in Verschwörerpose flüsterte er: »Dramalis macht sich bereit, Tripolitza anzugreifen. Haltet ihn unterwegs auf.« Als er unsere Verblüffung bemerkte, erklärte Manousos: Zwar diene er den Türken und sei ihnen sogar ein nützlicher Diener, aber vor allem anderen sei er Christ. Er sei das Risiko eingegangen, uns den Plan von Dramalis zu enthüllen, weil er nicht wolle, daß sein Glaube ausgelöscht werde. Er nannte uns Daten und Einzelheiten. Seine Stimme war warm und angenehm, und während er sprach, lächelten seine gelben Augen. Urplötzlich kam mir mit außerordentlicher Klarheit eine alte Erinnerung wieder in den Sinn. An dem Abend, bevor er in See stach, hatte Bouboulis mir erzählt, daß ein griechischer Angestellter des Paschas von Saloniki ihn aufgesucht hatte, um ihm ein besonders einträgliches Geschäft vorzuschlagen. Ich hatte ihn damals dazu gedrängt, in den Handel einzuwilligen. Er war davongesegelt, und ich sollte ihn nicht mehr lebend wiedersehen. Im Auftrag der Türken hatte dieser Grieche ihn in die tödliche Falle gelockt. Und damals wie jetzt fiel der Name Panayotis. Ich hatte keinerlei Beweise, aber im innersten Herzen wußte ich, daß es sich um ein und denselben Mann handelte.

»Er lügt«, raunte ich Kolokotronis zu.

»Ich weiß«, flüsterte der ebenso leise zurück.
Manousos flehte uns an, ihm zu glauben, und schwor bei dem silbernen Kreuz, welches er um den Hals trug, daß er die Wahrheit sprach. »Rettet unsere christlichen Brüder«, sagte er, als er schließlich ging.
Kaum hatte er den Raum verlassen, da begannen auch schon alle gleichzeitig zu reden. Wir waren gerettet, Griechenland war gerettet dank Manousos. Wir mußten uns so schnell wie möglich an die Straße nach Tripolitza begeben und Dramalis dort erwarten. Um sich Gehör zu verschaffen, schlug Kolokotronis mit der Faust auf den Tisch. Augenblicklich kehrte Ruhe ein.
»Das Ganze ist eine Farce. Manousos ist ein Verräter, aber er verrät nicht seinen Herrn, sondern uns. Ich bin nunmehr sicher, daß Dramalis, der dringend Nachschub benötigt, umkehren und sich nach Korinth zurückziehen will. Um freie Bahn zu haben, will er uns an die Straße nach Tripolitza locken, wo wir vergebens auf ihn warten würden, während er nach Norden zieht.«
Ich wußte, daß er recht hatte, aber ich war die einzige. Seine Erklärung löste einen einstimmigen Aufschrei des Protestes aus.
Kolokotronis brauste auf: »Ich werde die Türken nicht vorbei lassen, ohne ihnen in den Hintern zu schießen. Wir werden sie überraschen, aber nicht an der Straße nach Tripolitza, sondern auf dem Weg nach Korinth.«
Nikitaras erhob sich, um ihn zu begleiten, gefolgt von dem unberechenbaren Papa Flessas. Von den anderen erntete er nur Sarkasmus und Beleidigungen, und Petro Bey sagte mit seiner schmeichelnden Stimme: »Kolokotronis kehrt in die Berge zurück, um wieder als Klephte zu leben.« Diesmal bat ich Kolokotronis nicht um seine Erlaubnis, ihn begleiten zu dürfen. Ich riß einem Klephten die Zügel seines Pferdes aus der Hand, und obwohl er aufbegehrte, schwang ich mich in den Sattel und galoppierte hinter Kolokotronis her.

Kapitel 19

Es wurde ein ermüdender, erregender, wahnwitziger Ritt. Wir umgingen die Stellungen des Feindes und erreichten bei Delvenakia eine sehr lange, enge und gewundene Paßhöhe, die die einzige Verbindung zwischen Argos und Korinth darstellt. Rings an den Rändern der tiefen Schluchten stehen Oleanderbüsche und liegen riesige, seltsam geformte Felsbrocken, zwischen denen Lentiskus- und Johannisbrotbäume wachsen. »Hier können wir mit unseren zweitausend Männern vierzigtausend Türken aufhalten.« Kolokotronis nahm nur zehn Reiter mit und galoppierte davon, um seinen Befehlsstand auf einer der Höhen einzurichten, von der aus man die ganze Gegend überblicken konnte. Er hatte nicht die geringste Bemerkung über meine Anwesenheit gemacht, aber ich spürte, daß er froh darüber war. Es wurde Nacht. Voller Hitze und Anspannung flossen die Stunden träge dahin. Das Licht des beinahe vollen Mondes überzog die Ebene, die regungslos zu unseren Füßen lag, mit einem geisterhaften Schimmer.

Ich lag neben Kolokotronis auf einem flachen Felsen, der die Wärme des Tages gespeichert hatte. Er war wieder so, wie er wirklich war, so wie ich ihn gekannt hatte, ein Krieger, ein Mann, ein Held. Plötzlich faßte er mich mit einer Hand an die Brust und schob seine andere Hand unter meinen Rock. Dabei grunzte er wie ein wilder Eber. Die Leidenschaft überkam mich genauso wie ihn, und im Schein des Mondes haben wir uns auf diesem Felsen geliebt.

Um fünf Uhr weckte er mich und wies mit einer Kopfbewegung nach Süden. Ich blinzelte. Weit unten in der Ebene verließ die türkische Armee Argos. Kolokotronis' Hand umkrampfte meinen Arm, als wolle er ihn zerquetschen. Der entscheidende Moment rückte näher. Bald würden wir sehen, in welche Richtung Dramalis sich wandte. Würde er nach rechts abbiegen, auf Tripolitza zu? Wir hielten den Atem an. Er schlug den Weg nach Korinth ein, auf Delvenakia und auf uns zu. Kolokotronis stieß ein langen Seufzer der Erleichterung aus.

Die türkische Armee bildete eine unendlich lange bunte Schlange, die sich über zehn Meilen zwischen Argos und Delvenakia hinzog. Als die Vorhut bereits in den Paß von Delvenakia einmarschierte, hatte die Nachhut die Stadt noch nicht einmal verlassen. Kolokotronis wollte, daß so viele wie möglich sich auf der Paßhöhe befanden, bevor er angriff. Von unserem Versteck hinter den Felsen aus sahen wir, wie sie ganz in der Nähe vorbeimarschierten: unzählige Infanteristen, unbesiegbare Janitscharen, Reiter mit farbenprächtigen Turbanen und an den Sätteln hängenden Jataganen.* Die schrille und aufmunternde Musik ihrer Militärorchester begleitete sie. An der Seite von Kolokotronis fühlte ich mich unbesiegbar.

Um vier Uhr nachmittags befanden sich in der Ebene noch Tausende von türkischen Soldaten, die den Paß noch nicht erreicht hatten: Aus dem Norden hörten wir vereinzelte Schüsse. Augenblicklich waren die Türken alarmiert, bereit umzukehren. Nun gab Kolokotronis das Zeichen zum Angriff, und wir eröffneten das Feuer, massiert und präzise. Selbst als es schon Nacht geworden war, wurde weitergekämpft. Es war ein Massaker. Tausende von Türken wollten nach Nauplia fliehen. Doch Nikitaras und Papa Flessas, die sie schon erwartet hatten, stellten sich ihnen in den Weg. Die türkischen Soldaten wurden niedergemetzelt. Lange

* Gekrümmter Türkensäbel

Zeit nach diesem denkwürdigen Tag summte ich das Lied, das das griechische Volk spontan gedichtet hatte:

»Die Leichen der Beys von Rumelien und der Agas von Morea
liegen bei Delvenakia ohne ihre Häupter.
Ihr Lager ist die schwarze Erde, ihr Kissen sind die Steine,
über ihnen liegt, wie eine Decke, der Schein des Mondes.
Ein Vogel flog vorüber, und sie fragten ihn aufs neue:
›Vogel, was gibt es zu berichten über den Krieg und das Gewehr der Klephten?‹
›Von vorne kommt Nikitaras und von hinten Kolokotronis,
und hinter Kolokotronis stehen die Griechen mit dem Säbel in der Hand.‹«

Kolokotronis hielt sich nicht länger in der Gegend auf. Er unterbrach die Nachschublinien von Nauplia und zog dann weiter, um dort zu kämpfen, wo er das Gefühl hatte, von Nutzen zu sein. Die Politiker hatten darauf bestanden, an Land gesetzt zu werden. Nun, da die Bedrohung nicht mehr bestand, hatten sie zu ihrem Hochmut zurückgefunden. Sie hatten kein Wort des Dankes. Der einzige, der sich bei mir bedankte, war Samuel Alexander: »Meine Mutter würde sicher Eure Kleidung und Euer Vokabular mißbilligen, aber ebenso sicher würde sie Euch für eine große Dame halten.« Wahrscheinlich war das in seinen Augen das größte Kompliment, das er mir machen konnte.
Erneut war ich damit beauftragt worden, Nauplia vom Meer her zu blockieren. Die Türken hofften noch immer auf ein Entsatzheer, und bis das kam, versuchten sie Nachschub heranzuholen, um so lange wie möglich durchhalten zu können. Darüber hinaus zogen sie Schmuggler aus aller

Herren Länder an, die sich in kürzester Zeit von diesem goldenen Kuchen ein möglichst großes Stück abschneiden wollten. Ich hatte jahrelang selbst genug Erfahrung als Blockadebrecher gesammelt und kannte so alle Methoden und alle Kniffe dieses interessanten Berufsstandes. Aber diesmal stand ich auf seiten der Behörden und der Ordnung, und ich war ganz und gar nicht erfreut darüber, zum Zöllner degradiert worden zu sein.

Meine Männer und ich waren auf Ausguck, als wir ein unter französischer Flagge segelndes Schiff direkt auf uns zukommen sahen. Es unternahm überhaupt nichts, um uns zu entkommen oder sich zu verbergen. Diese Frechheit kam mir verdächtig vor, und – Lilienbanner oder nicht – wir zwangen es zum Beidrehen. Ich gab meinen Männern den Befehl, die Ladung zu überprüfen. Kurz darauf kamen sie zurück und teilten mir mit, daß der Kapitän eine Durchsuchung entschieden abgelehnt und vehement gegen diesen Übergriff auf ein unter französischer Flagge segelndes Schiff protestiert hatte. Im übrigen würde er ihnen in seiner eigenen Schaluppe auf dem Fuße folgen, um an Bord zu kommen und Schadenersatz zu fordern. Zuerst glaubte ich an eine Halluzination, als ich auf dem Laufsteg erst den Dreispitz, dann das Engelsgesicht, gefolgt von dem schmächtigen Oberkörper und dem Rest des kleinen, aber wohlproportionierten Körpers des Capitaine Justin de la Jaunais erblickte. Die Jahre waren spurlos an ihm vorübergegangen; er hatte immer noch das Gesicht eines schlitzohrigen Cherubins.

»Vor langer Zeit hatten Sie, Capitaine de la Jaunais, mich in der Adria zum Beidrehen gezwungen. Heute bin ich an der Reihe.«

»Madame, Sie haben nicht das Recht, mit einem unter französischer Flagge segelnden Schiff so zu verfahren.«

»Sie, Capitaine, haben nicht das Recht, unter französischer Flagge zu segeln.«

Das Lächeln von Justin stand in krassem Gegensatz zum Ernst seiner Worte. Er war noch immer ein sehr gutaussehender Mann, und ich spürte, daß er auch mich noch anziehend fand. Trotz der Jahre, die ins Land gegangen, und der vielen Heimsuchungen, die mir widerfahren waren, hatte ich mich körperlich nicht sehr verändert. Ich war noch immer geschmeidig, muskulös, und aus meinen Augen blitzte die Lebenslust.

Dieses unerwartete Zusammentreffen verwirrte mich ebensosehr, wie es mich amüsierte, und ich forderte ihn daher auf, mir in meine Kabine zu folgen. Er ließ sich nicht lange bitten, und wir verbrachten einen reizenden Nachmittag zusammen. Capitaine de la Jaunais besaß die Gabe, das Rad der Zeit für mich zurückzudrehen. Ich bebte vor Leidenschaft. Ich vergaß meine Kümmernisse und meine Verantwortung. Justin erregte mich und machte mich glücklich. Wir wollten nichts anderes, als beisammenzusein und uns wiederzufinden. Zwischen zwei Umarmungen erzählte er mir von seinen Abenteuern in Südamerika. Begierig hörte ich ihm zu. Es war ganz so, als hätten wir uns auch nach den Ereignissen auf der Krim niemals getrennt. Sicherlich empfand er mir gegenüber tiefe und echte Gefühle, aber andererseits versuchte er mit allen Mitteln seine Ladung zu retten. Er schlug mir vor, mit ihm zusammenzuarbeiten. Zwar gab ich diesem verlockenden Angebot nicht nach, aber ich genoß die Versuchung.

Die Kabine war in graues Licht getaucht, als ich – vor ihm – aufstand. Ich zog mich an und ging aufs Deck hinaus. Über Nacht war es Winter geworden. Am Tag zuvor hatten noch die sanften gelben Töne des Herbstes vorgeherrscht, und nun trieb ein schneidender Wind dunkle Wolken vor sich her. Justin war mir auf das Deck gefolgt, und beide blickten wir auf Nauplia, unser gemeinsames und doch so unvereinbares Ziel. Er dachte nur an seinen Profit, und ich fühlte an diesem Morgen erneut die Last der Verantwortung auf meinen Schultern. Justin spürte diesen Stimmungsumschwung.

»Es ist besser, wenn wir uns trennen, Kapetanissa.« Ich sagte nichts darauf, und das, was er dann noch sagte, sollte scherzhaft klingen, doch die Leichtigkeit, mit der er redete, verbarg nur schlecht seine Befürchtungen: »Ich hoffe, daß Ihr Euch mir gegenüber genauso großherzig verhalten werdet, wie ich es seinerzeit Euch gegenüber getan habe.«

»Noch viel großmütiger, Capitaine, denn ich werde nicht ein einziges Stück Eurer Fracht konfiszieren. Ihr dürft alles behalten ... aber unter der Bedingung, daß Ihr Eure Ladung nicht in Nauplia löscht.«

Er verzog das Gesicht, kehrte an Bord seines Schiffes zurück, drehte ab und verschwand am Horizont.

Kolokotronis kam und Nauplia fiel. Seite an Seite zogen wir in die Stadt ein. Die Griechen, die so lange gezwungen gewesen waren, sich zu verbergen, drängten sich freudetrunken in den Straßen. Trotz der Erschöpfung, der Folge dieser endlosen Monate der Belagerung, fanden sie in ihrem Inneren die Kraft und die Begeisterung, dem Sieger von Nauplia zuzujubeln. Sie riefen seinen und meinen Namen in einem Atemzug, denn von nun an waren er und ich für sie und für den Feind untrennbar miteinander verbunden.

»Hoch lebe Kolokotronis, hoch lebe Bouboulina!«

Das Volk hatte mir diesen liebevollen Kriegsnamen gegeben: Bouboulina war die weibliche Form des Namens meines zweiten Mannes.

»Es lebe Bouboulina!«

Diese Hochrufe aus den vom vielen Schreien schon heiseren Kehlen gingen mir zu Herzen.

So schnell wie möglich zog ich in das Gebäude ein, das Kolokotronis mir zugeteilt hatte. Dieses Herrenhaus, das einem reichen Türken gehört hatte, stand direkt am Kai. Vom Fenster aus schweifte mein Blick übers Meer, aus dem

die auf einem Felsen gelegene Festung Bourzi ragte, und weiter über die blauen Berghänge des Peloponnes. Als ich mein neues Heim inspizierte, stieß ich auf ein seltsames Überbleibsel, einen kleinen dicken Mann. Er war Kreter und hieß Mihali. Mit lächelndem Gesicht begann er mir zunächst all die Leiden zu erzählen, die er während der Belagerung durchgemacht hatte. Mihali war das Lächeln in Person: Seine Augen, seine Lippen, seine Stimme – alles an ihm lächelte. »Du hast dich während der Belagerung ganz gut durchgeschlagen«, hielt ich dem kleinen Dickerchen entgegen. Sogleich versuchte er eine Leidensmiene aufzusetzen und bat mich, ihn in meine Dienste zu nehmen. Ich stimmte zu, denn es war schwierig, seiner Frechheit zu widerstehen. »Mach dich zunächst einmal auf die Suche nach ein paar Sachen, damit wir uns hier häuslich einrichten können.« Das Haus war völlig ausgeplündert worden. Einige Stunden später hatte Mihali Möbel, Wäsche, Geschirr und die köstlichsten Lebensmittel aufgetrieben.
»Das ist für die Bouboulina«, erklärte er den Leuten, bevor er die Sachen beschlagnahmte, und ließ ihnen erst gar nicht die Zeit, sich zu beschweren. Er war gleichzeitig Koch, Kammerdiener, Majordomus, Schneider und Sekretär. Seine Vielseitigkeit wurde nur noch durch seine Geschwätzigkeit übertroffen.
Sobald ich mich häuslich eingerichtet hatte, ließ ich meine Eleni von Spetsai kommen, die einzige meiner Töchter, die noch nicht verheiratet war und für die ich hier einen Mann zu finden hoffte. Sie brachte mir ein bißchen von der Atmosphäre Spetsais mit, und stundenlang mußte sie mir von allen und allem erzählen: von der Familie, von den Freunden und von dem, was geschehen war. In ihren Antworten wehte der Duft von zu Hause durch den Raum, und Heimweh ergriff mich. Eleni war zu der Schönheit herangereift, die man ihr schon in der Kindheit vorausgesagt hatte. Sie hatte das feingeschnittene Gesicht meiner

Mutter und die mandelförmigen Augen von Bouboulis. Ihre leicht gebogene Nase, ihr heller Teint und ihr dunkelroter kleiner Mund wirkten aristokratisch und geheimnisvoll. Sie schien den Groll vergessen zu haben, den sie seit dem Tod ihres Vaters gegen mich gehegt hatte. Wir trafen uns nun auf neutralem Boden wieder und verstanden uns sehr gut. Unzählige Stunden verbrachten wir in dem gerade wiedereröffneten Basar. Keiner verstand es so gut wie Mihali, die Leute zu finden, die heimlich das verkauften, was ihnen an Stoffen, Stickereien und Spitzen geblieben war. Und niemand konnte so gut feilschen wie er. Nachdem ich mehr als zwei Jahre damit zugebracht hatte, überall im Land Krieg zu führen, kam diese Erholungspause in Bequemlichkeit und Luxus gerade recht. Es gelang mir sogar, Kolokotronis zu uns zu locken. Obwohl er die meiste Zeit in der Festung von Palamidi, seinem Adlerhorst, verbrachte, war es ihm nicht unangenehm, ab und zu herunterzusteigen, um einige Zeit bei mir zu verbringen und an diesem ganzen teuren Firlefanz herumzunörgeln. Er schimpfte mit mir, weil ich zu viel Geld ausgab, aber gleichzeitig entdeckte er – verlegen und neugierig zugleich – eine Welt voller Luxus und Raffinesse, die er bis dahin in seinem Leben noch nie gekannt hatte. Zunächst hatte er Mihali mit Verachtung gestraft, diesen kleinen Dickwanst, der augenscheinlich noch nicht einmal fähig war, eine Waffe zu halten. Aber die Schmeicheleien, mit denen letzterer ihn überschüttete, hatten ihn schließlich besänftigt. Dieser Klephte, der natürlich niemals einen Diener gehabt hatte, ließ sich seine Pfeife stopfen, seinen Kaffee bringen und sogar seine Stiefel ausziehen. Mihali hatte ihn gezähmt.
Mein Sohn Yorgo kam, um mir Bericht zu erstatten über unsere Geschäfte, die er in meiner Abwesenheit weitergeführt hatte – aber vor allem, um mir mitzuteilen, daß ich am Rande des Ruins stand. Um meine Forderungen zu erfüllen, hatte er ohne zu zögern unsere Reserven flüssig

gemacht, denn es war nötig, meine Flotte weiterhin in Alarmbereitschaft zu halten. Yorgo hatte es auf sich genommen, mir diese schlechte Nachricht selbst zu überbringen, wozu es schon eines gewissen Mutes bedurfte – oder zumindest eines großen Maßes an Selbstüberwindung.

»Nur daß du es weißt: Wenn es nötig wäre, würde ich noch ein Vermögen für unsere Sache opfern.«

»Zunächst mußt du erst mal wieder eines erwerben.«

Wie alle Griechen haßte ich es, Belehrungen über mich ergehen zu lassen, vor allem, wenn sie berechtigt waren. Noch schlimmer war die Tatsache, daß sie von meinem eigenen Sohn kamen. Ich reagierte deshalb mit bitteren Vorwürfen, denn, ohne mir auch nur ein Wort davon zu sagen, hatte Yorgo bei einem konkurrierenden Reeder angeheuert, der sich der Flotte des Admirals Tombasis angeschlossen hatte. Mein Sohn hatte tapfer gekämpft und sich die Achtung seiner Vorgesetzten erworben. Jedoch anstatt seinem Mut Beifall zu zollen, schalt ich ihn. Er errötete bis an die Haarwurzeln, sagte aber kein einziges Wort zu seiner Verteidigung. Da mischte sich Kolokotronis, der bei diesem Gespräch anwesend war, ein.

»Anstatt mit diesem Jungen zu schimpfen, solltest du ihm lieber gratulieren. Er hat nur seine Pflicht getan. Er hat sich als echter Grieche verhalten.«

»... Ich möchte nicht den Tod eines zweiten Sohnes auf dem Gewissen haben.«

»Laß den Jungen jetzt in Frieden, Kapetanissa.« Und er begann wieder seinen Tschibuk zu paffen. Das Lächeln, das Yorgo ihm schenkte, die Dankbarkeit, ja die Zuneigung, die ich in seinen Augen las, machten mich einerseits wütend – andererseits berührten sie mich tief. Jedenfalls mußten wir eine Lösung finden.

»Laß uns einige Schiffe verkaufen«, schlug Yorgo vor.

»... Die uns dann für unsere Revolution fehlen«, protestierte ich.

»Mit einer einzigen Agamemnon wärst du immer noch stärker als alle anderen.«
Dieses Kompliment aus Kolokotronis' Mund ehrte mich mehr als alle Orden der Welt. Ich schickte Yorgo nach Spetsai zurück, mit der Anordnung, über das zu wachen, was uns von unserem Vermögen noch geblieben war.
Jeden Nachmittag gingen Kolokotronis und ich spazieren. Mit Erstaunen entdeckte ich, daß Nauplia ganz anders war als andere griechische Städte. Mit seinen schachbrettartig angelegten breiten Straßen, an denen ganz präzise ausgerichtete steinerne Häuser standen, mit seinen symmetrischen Plätzen und ihren Springbrunnen, wirkte Nauplia sehr abendländisch, beinahe italienisch. Überall wurden wir erkannt. Kolokotronis plusterte sich dann auf wie ein Hahn, und ich war gerührt von den »Yia sou,* Bouboulina«, die mir Unbekannte zuriefen.
Im Frühjahr des Jahres 1823 begann das unabhängige Griechenland, das bis dahin auf wackeligen Füßen gestanden hatte, sich sicherer auf den Beinen zu halten. Die Wellen bewaffneter Bataillone, die der Sultan ausgeschickt hatte, um ihm den Garaus zu machen, ebbten ab, und Griechenland begann auf der internationalen Bühne seinen Platz einzunehmen. Wir, die versprengten Aufständischen, waren zu einer Nation verschmolzen. Bisher hatten wir nur eine Vergangenheit gehabt, von nun an hatten wir auch eine Zukunft. Aus dem Ausland strömten die unterschiedlichsten Menschen zu uns, und vor allem Nauplia war von ihnen bevölkert. Es handelte sich nun nicht mehr um Soldaten, die kamen, um an unserer Seite zu kämpfen, auch nicht um Abenteurer, die sich an uns gesundstoßen wollten, sondern um Unternehmer, die gekommen waren, um Druckereien, Schulen und Laboratorien zu gründen. Man hätte denken können, daß Nauplia nach dieser langen

* Wörtl.: »Auf deine Gesundheit!« Begrüßungsformel

Belagerung am Ende war, doch nur einige Wochen später hatte es sich in eine geschäftige Karawanserei verwandelt. Griechenland brauchte uns ... immer und überall. Wir hatten einst den Anfang gemacht, und nun hieß es weitermachen. Im übrigen hatten sich die Zeiten geändert, und wir konnten nicht mehr nach Belieben die Initiative ergreifen. Wir brauchten die Zustimmung der Politiker, die sich in Astros, jenseits des Golfes von Nauplia, zu einem Kongreß zusammengefunden hatten und uns aufforderten, zu ihnen zu stoßen.

Im März verließen wir Nauplia an der Spitze von achthundert Kriegern – Palikaria, die bei allen Schlachten und bei allen Siegen dabeigewesen waren und mit denen wir die Politiker beeindrucken wollten. Kolokotronis hatte den Befehl über die Festung seinem Sohn Panos übergeben, und ich hatte meiner Tochter unser Haus anvertraut. Mihali, der für unser aller Wohlergehen zuständig war, folgte uns in einer uralten Kutsche, die randvoll war mit all dem, was – wenn man ihm Glauben schenken durfte – für unser Wohlergehen unerläßlich war. Mit knallender Peitsche trieb er das Maultier an, das das Gefährt zog. Kolokotronis trug seinen feder- und fellverzierten Helm, ein Überbleibsel von seinem Dienst in der englischen Armee, sein Glücksbringer in den Schlachten. Nach Wochen des Nichtstuns genoß ich diesen Ritt. Auf den reifüberzogenen Feldern sah man das erste zaghafte Grün, die Sonne schien, und der eisige Wind weckte meine Lebensgeister. Wir durchquerten die Gegenden, in denen wir hart gekämpft hatten. Wir kamen durch Myloi, und dann zogen wir in südlicher Richtung an der Küste des Peloponnes entlang bis zu den weißen Sandstränden vor Astros. Das ärmliche Dorf war viel zu klein, um uns Unterkunft gewähren zu können. Deshalb schlugen wir unser Lager in der Ebene auf, die vom Gestade des Meeres bis zu den Olivenhainen der Hügel reichte. Ein schmaler, aber sehr wasserreicher Bach trennte uns von der Zeltstadt

der Politiker. Auch sie hatten vor, uns zu beeindrucken, und waren deshalb mit sechstausend Soldaten erschienen. Fürchteten sie sich denn so sehr vor uns?
Der Kongreß fand in einem alten Obstgarten statt. Das dunkle Laub großer Orangenbäume spendete uns Schatten. Der strahlende Glanz der Sonne, Vorbote des Frühlings, schien ein gutes Omen. Die beiden Parteien saßen sich gegenüber und musterten sich. Auf der einen Seite die in goldbestickte Lumpen gehüllten, bis an die Zähne bewaffneten Krieger, furchteinflößend und verdreckt, aber prächtig anzusehen. Die Männer von Valtetsi, Monemvasia, Tripolitza, Delvenakia, Nauplia: Männer der Tat. Auf der anderen Seite die Politiker in ihrem Feststaat, die Dorftyrannen, Priester, die Gott vergessen hatten, unterwürfig und feige: jeder einzelne von ihnen ein Prahlhans und Maulheld.
Kolokotronis ergriff das Wort: »Das einzige, was wir wollen, ist dem Vaterland dienen und es verteidigen.« Den Sinn dessen, was die Politiker darauf antworteten, konnte weder der »ungebildete« Kolokotronis noch ich mit meinen Kenntnissen verstehen. Sie sagten weder ja noch nein. Sie überschütteten und fesselten uns mit einer Sintflut von Worten, die ebenso verwirrend wie hochtrabend waren.
Eines Morgens stellten wir nach dem Aufwachen fest, daß unser Lager kleiner geworden war. Viele Zelte fehlten. In der Nacht waren Petro Bey, der Führer der Mainoten, und seine Männer mit Sack und Pack über den Bach gegangen und hatten sich ins Lager unserer Gegner begeben.
»Er hat all seine Eide gebrochen, obwohl wir beide geschworen hatten, immer Schulter an Schulter zu marschieren.«
Mir tat es um diesen aufgeblasenen Schwächling nicht leid, der sich so leicht von den fadenscheinigen Versprechungen der Politiker hatte ködern lassen. Aber am nächsten Tag tat es Papa Flessas ihm gleich. Er war immer schon eigensinnig gewesen, und er hielt sich – irrtümlicherweise – für über-

durchschnittlich begabt. Er warf Kolokotronis vor, seinen Ehrgeiz ersticken zu wollen, und lehnte sich gegen die Autorität des Klephten auf. Für seinen Verrat erhielt er die gerechte Belohnung: Die Politiker ernannten ihn zum Innenminister.
»Um so besser, wenn dieser ›Vromo Papas‹* zu ihnen übergelaufen ist. Er wird sie genauso verraten wie uns«, bemerkte Mihali, der die Politiker ebenso haßte wie die Vertreter der Kirche.
Jeden Morgen mußten wir leere Zelte und den Verrat von Freunden entdecken. Als die Politiker uns isoliert hatten und wir unsere ehemaligen Freunde mitten unter ihnen sitzen sahen, war der Moment für sie gekommen, zuzuschlagen. Einer von ihnen, der am wenigsten bekannte von allen, erhob sich und erklärte, daß das Amt eines Oberbefehlshabers mit unserer Verfassung nicht vereinbar und deshalb abzuschaffen sei. Mit großer Mehrheit wurde sein Antrag angenommen. Ein anderer schlug die Ernennung von mindestens fünfzig Generälen vor.
Ich kochte vor Wut, und hätte ich es vermocht, so hätte ich diese Aasgeier mit Blicken getötet. Kolokotronis wurde kein einziges Mal erwähnt. Er verlor seinen Posten und war zur Machtlosigkeit verdammt. Ich hoffte, daß er reagieren und protestieren oder drohen würde. Aber er schwieg mit versteinertem Gesicht. Er wirkte dabei völlig abwesend.
Am Abend dieses denkwürdigen Tages lief ich alleine am Meer spazieren, so wie ich es immer tat, wenn ich nachdenken mußte. Ich hatte meine Stiefel ausgezogen, und meine Füße sanken in den kalten Sand ein. In der Ferne sah ich Kolokotronis, der auf einem Felsen sitzend, den Kopf in die Hände gestützt, aufs Meer hinaussah. Selbst als ich mich näherte, bewegte er sich nicht.
»Nimm deine Klephten«, riet ich ihm frei heraus. »Laß uns

* Dreckiger Pfaffe

die Politiker vertreiben und eine Militärregierung bilden. Das ist die einzige Möglichkeit, Griechenland zu retten.«
»Das würde Bürgerkrieg bedeuten, und den müssen wir um jeden Preis verhindern. Ich will dafür jedenfalls nicht der Auslöser sein.«
Aufgeregt hatte er sich erhoben. Unsere Blicke trafen sich. Jedes weitere Wort war sinnlos. Ich drehte mich um und ging am Meer entlang zurück.
In jener Nacht schlief ich in meinem Zelt und er in dem seinen. Ich hatte keinerlei Lust, an der Sitzung des darauffolgenden Tages teilzunehmen, aber ich wollte ihn nicht allein dorthingehen lassen. An ihren hämischen Gesichtern konnte ich ablesen, wie sehr sie triumphierten. Sie fühlten sich ihrer Sache sicher genug, um Kolokotronis das Amt des Vizepräsidenten der Regierung anzutragen. Nachdem sie ihn all seiner Macht und seines Einflusses entkleidet hatten, schlugen sie ihm als lächerliche Entschädigung ein Ehrenamt ohne jede wirkliche Macht vor; er lehnte sofort ab. Sie baten ihn, sie flehten ihn sogar an, seine Meinung zu ändern. Das konnten sie sich jetzt ja auch leisten, nachdem sie die ganze Macht an sich gerissen hatten. Ich spürte, wie Kolokotronis langsam nachgab. Papa Flessas war es, der ihn endgültig umstimmte, indem er dreimal laut seinen Namen rief.
»Kolokotronis, Kolokotronis, Kolokotronis, wenn du dich uns anschließt, bist du es, in dessen Händen der Untergang der Griechen oder ihre Befreiung liegt.«
Schließlich gab Kolokotronis nach und stimmte zu.
Der Kongreß war beendet, und wir kehrten nach Nauplia zurück. Kolokotronis blieb meinem Haus fern und zog sich in die Festung von Palamidi zurück. Er war unglücklich, und er entfremdete sich mir allmählich. Dort oben konnte er wenigstens noch kommandieren. Meine Liebe für ihn war groß genug, um mich die achthundertsiebenundfünfzig Stufen hinaufsteigen zu lassen, die seinen Adlerhorst

mit der Stadt verbanden. Nachdem ich die mächtigen Wälle hinter mir gelassen hatte, durchquerte ich ein Labyrinth von Kasematten, Türmen, Magazinen, Gewölbegängen und gelangte schließlich in den großen Saal, in dem der türkische Gouverneur regiert hatte. An der Tür standen seine schnurrbärtigen Soldaten und kontrollierten die Bittsteller. Sie ließen nur einen Teil von ihnen durch. An drei Seiten des Saales saßen auf niedrigen Sofas seine Mitarbeiter, seine Getreuen und rauchten die Wasserpfeife. In ihrer Gegenwart fand Kolokotronis die Atmosphäre, an die er gewöhnt war und auf die er nicht verzichten wollte. Ich baute mich vor ihm auf und sagte laut genug, so daß seine Klephten es hören konnten: »Wann, General, wirst du dich endlich entschließen, nach Tripolitza zu gehen und dort bei den Politikern mit der Faust auf den Tisch zu schlagen, um deine Rechte und die Rechte Griechenlands zu verteidigen?« Ich sagte ihm, daß er nicht aufgeben durfte, daß sein guter Ruf noch immer Bestand hatte. Er hatte das Spiel, das die Politiker ihm aufgezwungen hatten, loyal gespielt. Nun stand es ihm zu, Rechenschaft von ihnen zu fordern. Mein Auftreten störte ihn, und er nahm es mir übel, aber ich wußte, daß ich nun nicht nachgeben durfte, sondern ganz im Gegenteil, daß ich weiter auf dem, was ich gesagt hatte, beharren mußte. Unermüdlich.

Kapitel 20

Eines Tages traf ich statt des »Alten von Morea« – diesen Spitznamen hatten die Leute Kolokotronis gegeben – Panos, seinen Sohn, den er zum Hüter der Festung ernannt hatte. Der feinfühlige, geistreiche und kultivierte Panos – er empfing mich mit einer Höflichkeit, die in dieser Umgebung beinahe ungehörig erschien. Inmitten seiner furchterregenden Männer erblickte ich plötzlich – zu meiner großen Überraschung – die Verkörperung von Weiblichkeit und zerbrechlicher Anmut, ein rehäugiges Wesen mit einem Schmollmund und seidiger Haut: meine Tochter Eleni.

Panos schien völlig im Bann ihrer jugendlichen Schönheit zu stehen. Als sie mich eintreten sah, lief sie auf mich zu.

»Das Feuer des Krieges hat auch die Flammen unserer Liebe entfacht.«

Mit diesen Worten teilte mir Eleni ihre Verlobung mit Panos mit. Sie hatte das mit einer frischen und ungekünstelten Stimme gesagt, aber ich kannte sie und bezweifelte keinen Augenblick, daß sie das Ganze lange vorgeplant hatte.

»Laß dich umarmen, Tochter, laß dich umarmen, Sohn.«

In diesem eintönigen Grau in Grau konnte mich nichts mehr erfreuen als eine prunkvolle Hochzeit. Egal, was es kostet – laßt uns den Krieg vergessen! Wir alle hatten ein Fest bitter nötig. Meine Familie eilte herbei. So sah ich nach mehr als zwei Jahren meine beiden anderen Töchter, Maro und Skevo, wieder. Ich hatte nicht oft die Zeit gefunden, an sie zu denken. Beide umgab die Aura des Wohlstandes. Vor allem anderen aber waren sie Ehefrauen und Mütter und standen für die Traditionen, die ich mit Füßen getreten hatte. Aber trotzdem waren sie nach ihren Eltern geraten: Sie waren hart wie Stahl. Unser Wiedersehen stimmte mich sentimental. Alle waren sie gekommen: Kolokotronis' Brüder, Söhne, Schwestern, Neffen und Nichten. Die ganze große Sippe hatte ihren Stammsitz in Karytaina mitten auf dem Peloponnes verlassen. Das Haupt des Clans war die Mutter von Kolokotronis, eine Matrone von über achtzig Jahren, unbeugsam, unbezwingbar, ohne auch nur den Anflug eines Lächelns, ganz in Schwarz gekleidet. Ein Fels, noch unerschütterlicher als ihr Sohn. Sie hatte genug über mich gehört, um eifersüchtig zu sein. Ihr wettergegerbtes Gesicht verzog sich noch nicht einmal zu einem Lächeln, als ich auf sie zuging, um sie zu begrüßen. Aber ich sah in ihren kleinen schwarzen Augen die Überraschung, als sie meine beinahe schon militärische Kleidung sah und die Waffen, die ich trug.

»Du bist ja ein richtiger Klephte«, bemerkte sie und brach in schallendes Gelächter aus.

Kolokotronis, der sich seiner respektgebietenden Mutter gegenüber sehr kleinlaut verhielt, wirkte unendlich erleichtert.

Für diesen Anlaß hatte ich meine alten Truhen geöffnet und schöne Kleider herausgeholt, die ich schon seit so langer Zeit nicht mehr getragen hatte: bedruckte Seidenröcke aus Lyon, goldbestickte Bolerojacken, Spitzenhemden und silberdurchwirkte Schleier. Meine Töchter und ich hatten uns den Schmuck geteilt, den ich in Tripolitza erbeutet und nicht verkauft hatte. Wir trugen Diamanten, Smaragde und Perlen – aber trotzdem hatte ich meine goldziselierten Revolver in meinen Brokatgürtel gesteckt.

In der Kathedrale standen sich zwei Gruppen gegenüber. Auf der einen Seite die Klephten, die sich um die schwarzgekleidete Matrone versammelt hatten, auf der anderen

Seite die gute Gesellschaft von Spetsai, deren Festtagsstaat starke westliche Einflüsse erkennen ließ. Nicht einer von ihnen fehlte, weder der alte Mexis noch mein Halbbruder Theodosius, mein Feind aus Kindertagen. Aber am besten von allen sah zweifellos Yorgo aus, mein jüngster Sohn, dessen feingeschnittenes Gesicht von kastanienbraunen Locken umrahmt war.

Dem Bischof von Nauplia hatte ich Pater Gregori vorgezogen, den alten Pfarrer von Spetsai, den ich eigens zu diesem Anlaß hatte holen lassen und der zwar im abgewetzten Ornat, aber strahlend die Messe las. Mehrmals vertat er sich in den Gebeten und auch – zur großen Belustigung der Anwesenden – bei den Vornamen der Brautleute. Tausende von Kerzen erleuchteten den riesigen vergoldeten Ikonostas, und Weihrauchwolken stiegen zu den mit Fresken ausgemalten Kuppeln empor. Untermalt wurde das Ganze von einem Chor, der festliche Lieder sang. Diese Heirat machte mich glücklich, denn die Vereinigung unserer Kinder knüpfte auch zwischen Kolokotronis und mir ein unzerreißbares Band. Ich wußte, daß er gerührt war. Zum ersten Mal sah ich, daß er sich ein wenig zurecht gemacht hatte, und seine rote Fustanella war tadellos sauber. Er hatte seinen Helm poliert und sogar seinen Schnurrbart und seine langen Haare gekämmt. An jenem Tag spürte ich, daß insgeheim auch wir uns – zwar nicht offiziell, aber vor Gott – das Jawort gaben.

Die Brautleute hatten mich gebeten, ihre »Kumbara« zu sein. Deswegen war ich es, die über ihren Häupten die Brautkronen kreuzte und ihnen die Ringe ansteckte. Dann wurden sie und ich mit Reiskörnern und Rosenblättern beworfen, während wir den Altar umrundeten – ein Brauch, den man bei uns die Hochzeit des Jesaja nennt. Ganz Nauplia erwartete uns vor der Kirche. Die Krieger von Kolokotronis, meine Seeleute, die griechischen Familien der Stadt, ja sogar die türkischen Familien, die noch immer dort lebten. Es wurde geklatscht, Hochrufe erschallten, Feuerwerkskörper wurden geworfen, und die Männer schossen in die Luft. Mein Haus war zu klein für diese Menschenmenge, und so fand das Festmahl vor dem Gebäude auf dem Kai statt. Fackeln an den Wänden und farbenfrohe Lampions, die zwischen bunten Pfosten aufgehängt waren, beleuchteten die langen Tische. Es gab Hammel und gefüllte Spanferkel, wahre Berge von Reis, eine große Auswahl an Mezze und alle nur denkbaren Sorten von Mandel-, Honig-, Milch- und Saftkuchen, dazu eine Unzahl von Fässern mit geharztem Wein und den Inhalt ganzer Kellergewölbe französischen Weines.

Am Arm von Kolokotronis ging ich von Tisch zu Tisch, um mit allen anzustoßen. »Auf deine Gesundheit«, rief ich einem Mann mit einer roten Mütze zu, den ich nur von hinten sah. Als er sich umdrehte, sah ich, daß es Samuel Alexander war.

»Was hat er hier zu suchen?« grollte Kolokotronis augenscheinlich wütend.

»Man hat mich eingeladen«, verteidigte sich der Amerikaner.

Auf griechische Art und Weise eingeladen – das heißt, die Freunde der Freunde von irgend jemandem, der uns nur flüchtig kannte, hatten ihm versichert, daß er willkommen sei. Zum ersten Mal faszinierte mich die aristokratische Eleganz, die er ganz natürlich ausstrahlte. Als wir Geknatter und Detonationen hörten, gingen wir an den Rand des Kais. Die ersten Raketen, die von der mitten aus dem Meer aufragenden Festung von Bourzi abgefeuert wurden, stiegen in den Himmel. Wir hatten ganze Kisten von ihnen in einem Keller von Palamidi gefunden. Sie erleuchteten das Firmament, um dann in vielfarbigen Funken auf uns niederzuregnen. Die Menge stieß Freudenschreie aus, und einige Frauen schrien vor Angst. Einem meiner Neffen aus der Familie Lazarou, der musikalisch begabt war, war es gelungen, ein Orchester zusammenzustellen. Zunächst sang er mit seiner schönen Baßstimme eines dieser melancholischen orientalischen Klagelieder.

Als ich mein Erstaunen über die Wahl des Liedes äußerte, erwiderte er: »Heute leben wir. Wissen wir, was morgen aus uns wird? Wir sollten uns dieses Augenblicks erfreuen, vielleicht ist es der letzte, den wir erleben.«

Aber mir ging nicht so sehr die Zukunft, sondern vielmehr die Vergangenheit durch den Sinn. Ich sah plötzlich wieder das Gesicht von Yanno vor mir. Mein Neffe spürte wohl meine Melancholie und stimmte mit seinem Orchester einen mitreißenden Tzamiko* an.

Um die dunklen Wolken zu zerstreuen, stand ich auf, holte Kolokotronis, und gemeinsam führten wir diesen Reigen an, dem sich mehrere Dutzend Tänzer und Tänzerinnen anschlossen. Ich war noch immer sehr gelenkig, und er, der Alte von Morea, war noch schlank und rank wie ein junger Mann. Es war ein triumphaler Auftritt, dem die Zuschauer applaudierten. Es wurde gelacht, gepfiffen, und die völlig betrunkenen Klephten schossen Ehrensalven in alle Richtungen. Wie durch ein Wunder wurde niemand verletzt. Als das Orchester aufhörte zu spielen, drehte ich mich atemlos und strahlend zu Kolokotronis um und sah ihn mit der ganzen Inbrunst meiner Liebe an. Er verstand meine unausgesprochene Frage und meine Sehnsucht, aber er wich mir aus.

»Ich gehe zu Bett. Ich muß morgen früh aufstehen, um nach Tripolitza zu gehen.«

»Bravo. Endlich hast du dich entschlossen. Wann brechen wir auf?«

»Du bleibst hier. Politik ist nichts für Frauen.« Es gab keine Erklärungen, keine Entschuldigungen. Er verließ mich, ohne sich zu verabschieden. Und ich stand verlassen zwi-

* Griechischer Nationaltanz

schen den anderen Leuten, die sich wieder gesetzt hatten. Alle hatten sie ihre Blicke abgewandt. Der einzige, der mir in die Augen sah, war Samuel Alexander. Er war nicht wie die anderen. Er hatte nichts getrunken. Er hatte alles verstanden. Der Alkohol hatte mich zunächst sentimental gestimmt, und nun machte er mich unverfroren. Ich ging direkt auf den Amerikaner zu, zog einen meiner Revolver und zielte auf ihn.

»Folge mir.«

»Warum?«

»Um mit mir zu schlafen.«

Wahrscheinlich wirkte ich entschlossen genug, so daß er meine Drohung ernst nahm. Er erhob sich. Unser Gehen wurde allgemein bemerkt.

Meine Töchter hatten mein Zimmer in einer furchtbaren Unordnung zurückgelassen. Kleidungsstücke und zerknitterte Stoffe lagen überall auf den Teppichen und auf den Möbeln. Fassungslos musterte Samuel dieses Schlachtfeld der Eitelkeiten. Plötzlich mußte ich an Kolokotronis denken, und Tränen traten mir in die Augen. So warf ich mich dem Amerikaner an den Hals, und voller Leidenschaft riß ich ihm die Kleider vom Leib. Bevor ich schließlich in einen tiefen unruhigen Schlaf fiel, hörte ich wie unter meinem Balkon ein Chor weinseliger Stimmen das Lied sang, das zu meinen Ehren komponiert worden war:

Und Nauplia antwortete:
»Und warum wohl sollte ich mich freuen?
Und warum sollte ich spielen?
Auf dem Festland bedroht mich Kolokotronis
Und vom Meer her Bouboulina ...«

Ich werde mich nicht weiter über dieses Abenteuer auslassen, in dem der Wunsch nach Rache die treibende Kraft war und nicht die Aufrichtigkeit der Gefühle. Er sah sehr gut aus. Er war der einzige Ausländer, der in einer Fustanella nicht lächerlich wirkte. Samuel Alexander war ein unerfahrener Liebhaber. Der Puritanismus ist keine gute Schule für die Liebe. Ich weihte ihn in Sinnesfreuden ein, deren Existenz er nicht einmal erahnt hatte. Er verliebte sich in meine Erfahrung mehr noch als in mich. Aber obwohl unsere stürmische Beziehung ihn nachts kaum zum Schlafen kommen ließ, ging er jeden Tag im Morgengrauen in die Klinik, die er in der Stadt eröffnet hatte. Es war die erste Klinik nach westlichem Muster, die in ganz Griechenland existierte. Bei meinen täglichen Besuchen machte ich keinen Hehl aus meiner Begeisterung über die Ordnung, die Sauberkeit und die gute Organisation, die dort herrschten. Mein häufiges Auftauchen in der Klinik und die Tatsache, daß er bei mir wohnte, beschäftigten die Klatschmäuler. Und genau das war es auch, was ich wollte: Dieses Gerücht sollte bis nach Tripolitza verbreitet werden und Kolokotronis eifersüchtig machen. Meine Tochter Eleni machte mir bittere Vorwürfe wegen meines unmöglichen Benehmens. Panos hingegen verstand mich. Er hatte lange genug unter seinem Vater gelitten, um zu wissen, daß Kolokotronis eine Lektion verdient hatte. Ich hatte einen jungen Liebhaber und verschwendete keinen Gedanken an die Zukunft – aber Kolokotronis war noch immer in meinem Herzen und ging mir nicht aus dem Sinn.

Tatsächlich war er nach Tripolitza gegangen, in unsere provisorische Hauptstadt. Er hatte mit der Faust auf den Tisch geschlagen und den Politikern solche Angst eingejagt, daß die Hälfte von ihnen die Flucht ergriffen hatte. Sie hatten einen neuen Staat gegründet und eine neue Regierung gebildet. Mein unglückseliges Heimatland, dem es gerade erst gelungen war, einen kleinen Teil seines Territoriums zu befreien, hatte nun zwei Regierungen und zwei Parlamente.

Vor lauter Kummer wurde ich krank. Ich hatte Magenkrämpfe, die so stark waren, daß ich mich vor Schmerzen krümmte. Anstatt mich behandeln zu lassen, aß und trank ich noch mehr. Nur ein Wiedersehen mit Kolokotronis hätte mir helfen können. Ich wollte zu ihm gehen, aber Panos, der geduldige und sanfte Panos, hielt mich zurück. Sein Vater hatte mich nicht dabei haben wollen, als er dieses schwierige Spiel begann, und würde mich auch sicher jetzt, da er dabei war, es zu verlieren, nicht an seiner Seite haben wollen.

Da meine wahre Liebe für mich unerreichbar war, malträtierte ich meinen Geliebten. Schon morgens, wenn er aufwachte, überhäufte ich ihn mit Vorwürfen. Ich verfolgte ihn sogar bis ins Krankenhaus, nur um ihn von der Arbeit abzuhalten, zu kritisieren und zu fordern. Ich zog mit alten Kampfgefährten durch die Tavernen und je größer Samuel Alexanders Ungeduld wurde, um so länger ließ ich ihn warten. Ein Grieche hätte mich an seiner Stelle schon längst geohrfeigt – worauf ich natürlich zurückgeschlagen hätte. Weil ich unglücklich war, sollte auch er unglücklich sein ...

Ich trieb es zu bunt, und eines Tages lehnte er sich auf. Wir waren gerade in einer Taverne in Nauplia, umgeben von den schlimmsten Saufkumpanen, die ich hatte auftreiben können. Ich war ziemlich betrunken, und als ich mich erhob, schwankte ich gefährlich hin und her. Ich befahl ihm, mir zu folgen, und machte keinen Hehl daraus, was ich von ihm erwartete. Er weigerte sich. Ich machte mich über ihn lustig und warf ihm Impotenz vor. Er wurde bleich und verließ die Taverne. Meine Kameraden mußten mich nach Hause tragen.

Am nächsten Morgen tauchte Samuel frisch und lächelnd auf, seinen Seesack in der Hand. Er hatte eine Passage auf einem neapolitanischen Schiff gebucht und war auf dem Rückweg nach Amerika. Aus seinem Mund hörte ich weder den geringsten Vorwurf noch die mindeste Anspielung auf den Abend zuvor. Er sprach vielmehr in den höchsten Tönen von den Erfahrungen, die er bei uns gesammelt hatte. Was er hier gelernt hatte, würde ihm bei der Gründung eines Hospitals in Kansas City sehr zustatten kommen. Er hatte es nun sehr eilig nach Hause zurückzukehren, um seine Verlobte wiederzusehen, die ihn voller Ungeduld erwartete. Er beschrieb ihre Schönheit und ihre Tugend und war gerührt von ihren Briefen, in denen sie ihrer Sehnsucht nach ihm Ausdruck verlieh. Ein Anfall von Migräne machte es mir unmöglich, ihm zu antworten. Schließlich bedankte er sich für meine Gastfreundschaft und für alles Gute, das ich ihm entgegengebracht hatte. Dann hauchte er einen Kuß auf meine Stirn und verschwand aus meinem Leben. Keine Szene, kein Pathos – ein ausgezeichneter Chirurg hatte mit einem klaren und sauberen Schnitt die Trennung vollzogen.

Von nun an ertränkte ich meine Einsamkeit in Alkohol. Tagsüber schlief ich, um nicht nachdenken zu müssen, und nachts zog ich durch die Tavernen. Die Taugenichtse, mit denen ich mich umgab – und denen ich eine Lokalrunde nach der anderen spendierte, ließen mich hochleben und zeigten mir ihre Zuneigung, während ich meinerseits so tat, als würde ich glauben, daß sie es ehrlich meinten. »Bou-bou- li- na«, riefen sie, wenn ich einen Trinkwettstreit mit einem der ihren ausfocht und mein Rakiglas zur Hand nahm.

»Bou–bou–li–na«, schrien sie, wenn ich mich bis zur Bewußtlosigkeit in ihre wilden Tänze stürzte. Ich hatte nicht genug Energie, um Mihali davon abzuhalten, mir zu folgen. Er fürchtete, daß mir etwas geschehen könnte. Er begleitete mich und blieb, ohne einen Tropfen Alkohol zu trinken, in einer Ecke sitzen. Dabei vermied er es, mich anzusehen. Oft wartete er so bis zum Morgengrauen.

Schließlich hatte er den Mut, mir vorzuhalten: »Ihr werdet Euch noch totsaufen.«

Ich holte aus, um ihn zu schlagen, aber dann ließ ich meinen Arm sinken. »Laß mich leben oder sterben, wie ich es will«, stammelte ich.

Ich ging keine Nacht allein ins Bett. Ich richtete eine meiner Pistolen auf einen Mann, irgendeinen Mann, und befahl ihm, mir zu folgen. Der »Bedrohte« tat dann so, als hätte er Angst, und unter allgemeinem Jubel und Gelächter verließen wir die Taverne. Ich torkelte, er spielte sich auf, und die anzüglichen Scherze seiner Saufkumpane tönten hinter uns her. Sogar diejenigen, mit denen ich nicht geschlafen hatte, prahlten damit, eine Nacht mit mir verbracht zu haben.

Die »berühmte Heldin« weckte noch immer allgemeines Interesse. Wenn ich so ausging, dann war ich von meinen spetsiotischen Leibwächtern umgeben und trug in Erinnerung an die Vergangenheit die Kleidung, die ich auch immer im Kampf getragen hatte. Besucher kamen, um mich zu sehen, und ich brachte es nicht fertig, sie abzuweisen. Um mir vor ihrer Ankunft Mut anzutrinken, konsumierte ich so viel Alkohol, daß ich schließlich nur noch lallen konnte. Meine Verwandten, die über meinen Zustand entsetzt waren, blieben nie lange. Meine Tochter Eleni schämte sich meiner. Sie stattete mir nur kurze Besuche ab und vermied es sorgfältig, mich zu sich einzuladen. Nur ihr Ehemann ließ mich nicht im Stich. Mehrmals hatte Panos den Mut gehabt, mich zu stützen, als ich nicht mehr fähig war, alleine zu gehen, und heldenmütig hatte er Arm in Arm mit mir die Menge durchquert.

Während des Besuches von Bebeka, einer meiner Halbschwestern von Lazarous Seite, sprach ein belgischer Maler bei uns vor, der in Nauplia angekommen war. Mihali teilte mir mit, daß er ein Porträt der »weithin berühmten Laskarina Bouboulina« malen wolle. Ich brachte den Mut auf, mich im Spiegel anzusehen, und entdeckte, daß ich mit meiner grauen Gesichtsfarbe, meinen wirren Haaren und meinen blutunterlaufenen Augen wie eine Wahnsinnige aussah. Es fiel mir nicht schwer, meine Schwester dazu zu überreden, an meiner Stelle zu posieren. Dem Maler fiel das nicht weiter auf. Nach der Rückkehr in seine Heimat fertigte er von diesem Gemälde einen Kupferstich an und druckte ihn in mehreren tausend Exemplaren. Die Menschen, die fasziniert den Legenden lauschten, sollten nicht Zeugen des Verfalls der Bouboulina werden. Das Porträt der Bouboulina ist nicht das einer Alkoholikerin und auch nicht das einer Kämpferin. Es ist das Porträt einer beleibten Bürgersfrau, die mir überhaupt nicht ähnelt: meiner Schwester.

An manchen Abenden war ich meiner selbst noch überdrüssiger als sonst und blieb allein zu Hause. Anstelle der gekünstelten Fröhlichkeit, die ich in der Gosse zu empfinden glaubte, übermannte mich die Hoffnungslosigkeit, und ich sprach dem Alkohol ebensosehr oder sogar noch mehr zu. In solchen Augenblicken öffnete ich meine Schatulle und holte die Schmuckstücke hervor, die mir noch geblieben waren. Wenn ich diese kalten, harten und glitzernden Steine durch meine Finger gleiten ließ, stellte ich in gewisser Weise die Verbindung zu der Frau her, die ich einmal gewesen war. Ich legte meine diamantenen Ohrgehänge an, meinen Smaragdhalsschmuck, meine Perlenketten, die einst den Frauen Kurchid Paschas gehört hatten, und die unterschiedlich geformten Broschen, die ich besaß: Vögel, Blumen, Halbmonde und Sterne. So geschmückt, sah ich weder die dunklen Ringe unter meinen Augen noch die Falten, die meinen verbitterten Mund zeichneten. Ich wurde wieder jung und begehrenswert. »Komm, Kolokotronis, ich warte auf dich. Nur für dich habe ich mich schön gemacht.« Mihali war es, der mich dann so fand, zusammengekauert und schluchzend inmitten meiner Juwelen.

Eines Morgens im Frühling des Jahres 1824 fand ich einen an meiner Tür angeschlagenen Aufruf. Die rechtmäßige

Regierung Griechenlands würde alle, die ihre Autorität nicht anerkannten, als Aufrührer behandeln. Panos Kolokotronis wurde damit zum »Gesetzlosen und Staatsfeind« erklärt, weil er sich geweigert hatte, Nauplia an die Repräsentanten der Regierung zu übergeben. Der Aufruf trug die Unterschrift von Georgios Koundouriotis. Ich riß diesen Wisch – von dem mehrere in der Stadt angeschlagen worden waren – herunter. Panos reagierte nicht darauf, und in Nauplia – das Kolokotronis ergeben war – tat sich nichts. Außer sich vor Wut, schickte Koundouriotis mehrere Regimenter aus, um die Stadt zu belagern. Die Belagerer waren jedoch nicht zahlreich genug, um die Stadt einzunehmen, und die Belagerten waren zu schwach, um die Angreifer zurückzuschlagen. Zum ersten Mal erlebte ich, daß Griechen mit Griechen im Kampf lagen. Dieses Schauspiel empörte mich so sehr, daß es mir die Kraft gab, den langen Alptraum, in dem ich gefangen gewesen war, abzuschütteln. Panos ließ meine Tochter Eleni und die Frauen der Familie auf einem meiner Schiffe nach Myloi bringen. Von dort würden sie nach Tripolitza fliehen, zu Kolokotronis. Was Panos selbst anbetraf, so rührte er sich nicht mehr aus der Festung Palamidi heraus. Nach einer Woche stieg ich hinauf, um ihn dort zu besuchen.

Der Frühling ließ auf sich warten, ganz so, als ob er sich weigerte, seine Knospen in einem Griechenland zu öffnen, das der Anarchie anheimgefallen war. Ein feiner Nieselregen durchnäßte mich bis auf die Haut. Die in den Felsen gehauenen Stufen waren glitschig. Ich freute mich bereits auf den Trost und die warme Begrüßung durch die Wächter. »Sei gegrüßt, Kapetanissa!« würden sie mir schon von weitem zurufen, sobald sie mich erkannten. An jenem Tag aber herrschte absolute Stille. Am Tor legten zwei Posten ihre Gewehre auf mich an und verwehrten mir den Eintritt in die Festung.

»Holt mir Panos Kolokotronis her«, herrschte ich sie wütend an.

»Der hat hier nichts mehr zu befehlen«, entgegnete einer von ihnen darauf. Als ich diese erste Überraschung verarbeitet hatte, lächelte ich sie an. Ganz sachte faßte ich mit zwei Fingern die Läufe ihrer Gewehre und schob sie, ohne daß sie sich mir widersetzten, auf die Seite. Dann ging ich ruhig an ihnen vorbei und betrat die Festung. Weder auf den Wehrgängen noch auf den Türmen bemerkte ich irgendwelche Wachen.

In dem größten der Innenhöfe sah ich höchstens zwei Dutzend abgerissener Soldaten, die sich in einer Ecke herumdrückten. Sie drehten mir den Rücken zu und waren dabei, herumzubrüllen und mit Fäusten zu drohen. Sie achteten nicht auf mich. Auf den Korridoren kam mir keine Menschenseele entgegen. Ich öffnete die Tür zum großen Saal.

Fünf oder sechs Soldaten hatten auf Panos Kolokotronis angelegt, den ich sagen hörte: »Ich wiederhole euch, daß ich nichts mehr habe. Durchsucht mich doch, wenn ihr wollt.«

Als ich näher kam, drehten sie sich um. Ich wandte mich an den Mann, der ihr Führer zu sein schien.

»Was willst du von ihm?«

»Wir haben seit sechs Monaten keinen Sold bekommen.«

»Nimm deine Männer und verschwinde. Bouboulina gibt euch ihr Wort, daß ihr bald euer Geld erhalten werdet.« Zu meiner Überraschung glaubten sie diesem Versprechen, das zu halten mir unmöglich war. Vielleicht war es mir noch nicht gelungen, meinen Ruf gänzlich zu zerstören. Murrend zogen sie sich zurück.

Als wir alleine waren, ließ Panos seiner Bitterkeit freien Lauf: »Ihre Desertion ist mir lieber als ihre Meuterei – wenigstens ist das nicht so gefährlich.«

»Sie desertieren?«

»Jede Nacht sind es Dutzende von ihnen. Dein Freund Papa Flessas hat sogar in Nauplia eine ganze Organisation aufgebaut, um meine Offiziere abzuwerben.«

»Heißt das, daß er mit dem Verräter Koundouriotis gemeinsame Sache macht?«
»Überrascht dich das?«
»Aber woher hat er das Geld dafür?«
»England hat Griechenland eine Finanzhilfe gewährt, die Koundouriotis unterschlagen hat, um sich damit Gefolgsleute zu kaufen.«
Wir befreiten die Handvoll Klephten, die Kolokotronis seinem Sohn unterstellt hatte, aus dem Zimmer, in das die Meuterer sie eingeschlossen hatten. Sofort wollten sie sich auf den Weg machen, um ihre Kerkermeister umzubringen, und wir hatten alle nur erdenkliche Mühe, sie zurückzuhalten.
Panos lächelte. »Diese Burschen haben nicht nur keinen Sold erhalten, sondern seit einigen Tagen noch nicht einmal etwas gegessen, und trotzdem bleiben sie mir treu.«
»Ist es denn so weit mit euch gekommen?«
Statt einer Antwort zeigte er nur auf einige Säcke mit Bohnen, die in einer Ecke des Saales lagen: »Das ist alles, was mir geblieben ist, um eine Armee zu ernähren.« Auch in dieser ausweglosen Situation hatte er nichts von seiner Entschlossenheit eingebüßt. »Es kommt nicht in Frage, daß ich mich ergebe. Ich werde durchhalten. Um Palamidi zu halten, reicht eine Handvoll Männer.« Er zog mich ans Fenster. In der Ferne sah ich das Lager von Koundouriotis' Soldaten. »Jeden Tag beschieße ich sie ein bißchen, damit sie nicht vergessen, daß es mich noch gibt.«
In seiner Stimme schwang Ernst, aber auch eine gewisse Fröhlichkeit. Wenn ich ihn so ansah, mußte ich an Yanno denken.
»Gib mir ein paar Tage Zeit, und du wirst alles Geld haben, das du willst.« Panos lächelte, er glaubte meinen Worten nicht. Wieder einmal hatte ich ein Versprechen gegeben, von dem ich nicht wußte, wie ich es halten sollte.
Doch plötzlich erinnerte ich mich an etwas.

Ein Gesicht tauchte vor meinem geistigen Auge auf. Ich gab die wenigen Informationen, die ich hatte, an Mihali weiter, der mir innerhalb von vierundzwanzig Stunden einen Namen und eine Adresse besorgte. Schließlich fand ich das Haus. Es lag im ärmsten Viertel von Nauplia. Da es nicht nur sehr niedrig, sondern auch in einer Senke gebaut war, mußte man mehrere Treppen hinuntersteigen, um zur Eingangstür zu gelangen. Ich klopfte an. Ein braunhäutiger Mann öffnete die Tür. Ich sagte ihm, daß ich Duz Oglou sprechen wollte.

»Er ist nicht zu Hause – was wollen Sie von ihm?«

»Ich habe eine Arbeit für ihn.«

»Kommen Sie herein, ich bin es selbst.«

Ich betrat eine winzige Stube, die bis zur Decke vollgestopft war mit allem erdenklichen Krimskrams, unter anderem einer Vielzahl von Kreuzen und Ikonen. Der Mann war Armenier, und er blickte mich mißtrauisch an.

»Ihr wart in Konstantinopel an der Münze des Sultans beschäftigt.« Sofort spürte ich, daß er Angst hatte. »Ich will, daß Ihr Münzen für mich prägt.«

Er zeigte keinerlei Überraschung, sondern kam gleich zur Sache: »Ich habe überhaupt kein Werkzeug dafür.«

»Ich weiß. Ihr müßt alles improvisieren.«

Voller Zweifel dachte er nach. Ich bot ihm eine große Summe Geldes an, worauf er widerspenstig reagierte: »Ein schöpferischer Mensch wie ich arbeitet um der Kunst willen.«

Ich hatte Glück gehabt und eine wahre Perle entdeckt, aber wie alle Künstler war er unwahrscheinlich anspruchsvoll.

In den nächsten Tagen brachten mich seine Forderungen beinahe um den Verstand. In einem leerstehenden Gebäude der Palamidi hatten wir unsere Werkstatt eingerichtet.

Mit Gottes Hilfe und unter Verwendung der bizarrsten Einzelteile war es ihm gelungen, die notwendigen Maschinen zusammenzubauen. Nun gab ich ihm die wenigen

Silberbarren, die uns noch geblieben war. Er reagierte beinahe empört

»Das reicht kaum, um einen kleinen Beutel zu füllen.«

»Aber da sind doch noch die Geschütze aus Bronze, diese schönen türkischen Kanonen, die das Siegel des Sultans tragen, dem Ihr gedient habt.«

Er hatte verstanden und stellte keine weiteren Fragen. Die Kanonen wurden in unsere Werkstatt gebracht, und ich sah, wie mein Hexenmeister nach einer Geheimformel die Schmelzen der beiden Metalle miteinander vermischte. Das flüssige Metall füllte die Gießformen, wo es sich, trotz seines großen Gehaltes an Bronze, in silberfarbene Drachmen mit der stolzen Aufschrift »Griechischer Staat« verwandelte. Ich hatte in meinem Leben schon viele Berufe ausgeübt, aber nie zuvor den eines Falschmünzers. Bald gefiel ich mir in dieser Rolle.

Panos machte mir ein Kompliment, das für mich die schönste Belohnung war: »Dank deiner, Kapetanissa, können wir Nauplia halten, so lange wir wollen.«

Kapitel 21

Was den Kanonen und Söldnern von Koundouriotis nicht gelang, nämlich den Widerstand Nauplias zu brechen, wäre beinahe einem einfachen Brief gelungen, der an Panos gerichtet war. Sein Vater befahl ihm, die Stadt den Belagerern zu übergeben, um so den Zwist unter den Griechen nicht noch zu verschlimmern. Ich konnte mir unschwer ausmalen, was geschehen war. Nachdem Kolokotronis mit der Faust auf den Tisch geschlagen hatte, hatte er sich in die Intrigen von Tripolitza verstricken lassen. Es wäre ihm leichtgefallen, mit hunderttausend Türken fertig zu werden, aber schon einem einzigen Politiker stand er hilflos gegenüber. Ich war ebenso am Boden zerstört wie Panos.

»Nauplia aufzugeben bedeutet, unser Heimatland so sehr zu schwächen, daß die Türken es zurückerobern können.«

An diesem klaren Tag konnten wir von der Terrasse aus, auf der wir standen, ganz deutlich die weit entfernten Berge in all ihren Einzelheiten erkennen. Der kurze griechische Frühling ließ die Ebene in den fröhlichsten und lebendigsten Farben erstrahlen.

»Ich werde zu Kolokotronis gehen.«

Es war mir egal, daß er mich zuvor abgewiesen hatte, wenigstens hätte ich dann alles versucht. Ich sah in den Augen von Panos einen Funken Hoffnung aufglühen.

»Beeile dich, Kapetanissa. Und mögen deine Bemühungen von Erfolg gekrönt sein.«

Als ich Tripolitza betrat, erkannte ich die Stadt nicht wieder. Drei Jahre hatten genügt, um sie neu aufzubauen und zu bevölkern. Die Geschäftigkeit ihrer Straßen, der sichtbare Wohlstand ihrer Bewohner, das überreiche Angebot auf ihren Basaren verdrängten die furchtbaren Bilder, die ich mit diesem Ort verband. Kolokotronis' Sippe bewohnte ein großes, schönes steinernes Gebäude, das erst kurz zuvor fertiggestellt worden war. Zunächst einmal ging ich in den oberen Stock, um seiner alten Mutter meine Aufwartung zu machen. Ganz in Schwarz gekleidet, thronte sie reglos inmitten ihrer aus Töchtern und Nichten bestehenden weiblichen Gefolgschaft, von denen jede einzelne genauso düster gekleidet war wie sie selbst. Die einzige, die aus dieser Gruppe hervorstach, war meine Tochter Eleni in ihrer spetsiotischen Tracht. Die Matrone reagierte kaum auf meinen Gruß. Ich war dabei, mich abzuwenden, um den Raum zu verlassen, als sie mit ihren dunklen, harten Augen meine Tochter ansah und zwischen den Zähnen »Putana« hervorstieß. Ich glaubte mich verhört zu haben und reagierte nicht darauf.

Als ich den Raum betrat, in dem Kolokotronis war, drehten sich alle Anwesenden nach mir um. Kolokotronis rief mir ein »Willkommen, Kapetanissa!« zu, das mich beruhigte. Mehr noch, er forderte mich auf, neben ihm auf dem Diwan Platz zu nehmen. Der Qualm der Tschibuks machte das Atmen in diesem Zimmer beinahe unmöglich. Durch die Rauchwolken erkannte ich die Ratgeber und Kampfgefährten von Kolokotronis, die Verbindungsleute, Politiker, Unterhändler und Boten mit den neuesten Nachrichten, die ständig ein- und ausgingen. Alle redeten gleichzeitig, und keiner hörte dem anderen zu. Sogleich fiel mir ein mir unbekannter Mann auf, aus dessen scharfgeschnittenem Gesicht zwei furchteinflößende Augen blitzten. Kolokotronis stellte ihn mir vor.

»Das ist Theodoros Grivas, ein Revolutionär der ersten Stunde. Er hat lange in Westgriechenland gekämpft. Er hat sich uns jetzt angeschlossen, und ich heiße diesen außergewöhnlichen Kampfgefährten herzlich willkommen.«

Den Mann, über den er so sprach, schien dieses Kompliment völlig unberührt zu lassen, denn er erhob sich plötzlich und verließ den Raum. Ein Satz an mein Ohr: »Wenn Nauplia übergeben wird, dann besiegelt das die Einheit ganz Griechenlands.«

Wutentbrannt überschrie ich all diese lauten Männerstimmen: »Nauplia Koundouriotis zu überlassen heißt, der Illegalität und der Zwietracht Tür und Tor zu öffnen.«

Ein junger Mann, der ebenso außer sich schien wie ich, stürzte auf mich zu. »Privatarmeen wie die von Kolokotronis sind illegal, und Griechenland kann sie nicht länger tolerieren.«

»Wenn etwas illegal ist, dann die Regierung von Koundouriotis!« hielt ich ihm entgegen, und er stand kurz davor, mit seinen Fäusten auf mich loszugehen.

Diese Diskussion ging ebenso stürmisch wie endlos weiter. Kolokotronis mischte sich nicht ein, das einzige, was er tat, war, mir die Briefe von Panos hinzuwerfen. In seinen Botschaften, die schon einige Wochen alt waren, berichtete jener über die Meuterei, die Desertionen und den Geldmangel. In dem allgemeinen Durcheinander, das nun folgte, erklärte ich Kolokotronis, daß Panos nun Geld im Überfluß hatte, daß seine Truppen wieder zu ihrer Begeisterung zurückgefunden hatten und daß er sich niemals ergeben würde. Kolokotronis schien abwesend und hörte mir nicht zu. Ich bat ihn um ein Gespräch unter vier Augen.

»Ich habe keine Zeit dafür«, erhielt ich zur Antwort.

Er hatte immer noch diese prächtige, unüberwindlich animalische Ausstrahlung, die mich an ihm so faszinierte. Selbst die, die ihn beleidigten, waren von ihm beeindruckt, aber ich spürte, daß er erschöpft war.

Etwas später ging ich auf die Straße hinaus. Ich lenkte meine Schritte zum Palast von Kurchid Pascha, den man dem Verfall preisgegeben hatte. Nichts in diesen Räumen ohne Türen und Fenster und in diesen verwüsteten Gängen kam mir noch bekannt vor. Und doch erreichte ich schließlich den Harem. Ich ging zum Hammam, wo ich am Tage des Falles von Tripolitza die Odalisken von Kurchid Pascha, vor Furcht zitternd und eng zusammengedrängt hinter Anastas und Firuz Hanum, gefunden hatte. Plötzlich hörte ich das kristallene Lachen einer Frau. Auf Zehenspitzen betrat ich den Raum und sah Grivas, den Neuankömmling mit der Adlernase, der meine Tochter Eleni zärtlich in seinen Armen hielt. Ihre Haltung ließ keinen Zweifel an der Beziehung, in der sie zueinander standen. Es dauerte einige Minuten, bis ich mir eingestand, was sich da vor meinen Augen abspielte. Daß ich sie so überrascht hatte, schien ihnen nichts auszumachen.

»Schämst du dich denn nicht, Eleni?«

Wie eine Furie gab sie mir darauf zur Antwort: »Für wen sollte ich mich denn schämen? Für mich? Nicht im geringsten. Für dich schäme ich mich, Mutter.«

Und dann warf sie mir in allen Einzelheiten meine Ausschweifungen in Nauplia vor, bevor sie – ohne Atem zu holen – begann, mir bittere Vorhaltungen zu machen und mich anzuklagen. Wenn man sie so hörte, hatte ich mich niemals wirklich um sie gekümmert. Ich hatte sie ständig alleine gelassen, um auf Reisen zu gehen. Ich war schuld daran, daß sie nur Einsamkeit und Leid erfahren hatte. Mit verschränkten Armen und düsterer Miene sah mich Grivas, ihr Liebhaber, an, als wolle er mich auffressen. Die Marmorfliesen des Hammam waren schon vor langer Zeit gestohlen worden, und das rissige Mauerwerk troff vor Feuchtigkeit. An Stelle der exquisiten Düfte, die damals in Anwesenheit von Firuz Hanum den Raum erfüllt hatten, stieg mir ein stechender Latrinengeruch in die Nase, während Eleni fortfuhr, mich mit einem Schwall von Vorwürfen zu überschütten. Nur ihr Vater hatte sie geliebt, und den hatte ich in den Tod getrieben. Ich öffnete meinen Mund, um ihr zu antworten, aber sie schnitt mir das Wort ab.

»In Wirklichkeit hast du mich nie geliebt.« Die Gewissensbisse, die sie dadurch in mir auslöste, ließen mich verstummen.
So ruhig wie möglich sagte ich zu ihr: »Jetzt reicht es. Verschwindet und laßt mich alleine.«
Wie von der Tarantel gestochen, antwortete sie: »Du gehst, wir bleiben.«
»Wie redest du mit deiner Mutter?«
»Du bist nicht mehr meine Mutter. Ich kenne dich nicht mehr.«
Mir fehlte der Mut, Kolokotronis gegenüberzutreten, und sonst war da nichts mehr, was ich in Tripolitza noch tun konnte. Deshalb brach ich umgehend auf und verließ die Stadt noch in derselben Nacht.
Nie zuvor war mir der Aufstieg zur Palamidi mühevoller erschienen. Ich weiß nicht, wie es mir gelang, Panos in die Augen zu sehen. Nachdem er meinen Blick erwidert hatte, sagte er nur: »Ich habe verstanden.« Sein Mund verzog sich zu einem traurigen und ironischen Lächeln, und resigniert zuckte er mit den Schultern. Kurz nach unserem Wiedersehen erhielt er den ausdrücklichen Befehl seines Vaters, Nauplia zu übergeben. An der Spitze seiner Truppen verließ er mit Sack und Pack die Stadt. Seine stolz erhobenen Standarten flatterten im Winde, und sein Militärorchester spielte die mitreißendsten Märsche. Er hatte sich zwar beugen müssen, war jedoch unbesiegt geblieben.
Einige Tage später wollten die ruhmlosen Sieger ihren »triumphalen Einzug« in die Stadt halten. Ich ließ alle Fensterläden meines Hauses schließen, um das Schauspiel nicht sehen zu müssen. Ich hielt mir die Ohren zu, aber trotzdem hörte ich das Volk jubeln. Die »Es lebe Koundouriotis!« vermischten sich mit den »Hoch lebe Papa Flessas!«, was mich noch mehr traf. Wahrscheinlich waren es dieselben Leute, die ein Jahr zuvor »Es lebe Kolokotronis, hoch lebe Bouboulina!« gerufen hatten.

Koundouriotis ergriff sogleich von Palamidi Besitz. Am Tag nach seiner Ankunft meldete mir Mihali, daß zwei Männer mich sprechen wollten. Sie warteten in der Vorhalle: mein Halbbruder Theodosius, mein Feind aus Kindertagen, und Botaris, den ich zusammen mit seiner Frau, meiner Kusine Maria, damals aus Spetsai hatte verbannen lassen. Koundouriotis hatte seine Abgesandten gut gewählt. Ohne sie zu begrüßen oder ihnen die Hand zu reichen, blieb ich auf der obersten Stufe der Treppe stehen. »Präsident Koundouriotis läßt Euch mitteilen ...«

»Welcher Präsident?«

»Präsident Koundouriotis gibt dir vierundzwanzig Stunden Zeit, um Nauplia zu verlassen.«

»Eine unrechtmäßige Regierung hat mir keine Befehle zu erteilen.«

Theodosius lächelte heuchlerisch. »Wir wollen dich doch nur schützen und dir die Möglichkeit geben zu verschwinden, bevor du wegen Falschmünzerei festgenommen wirst.«

Auf diesen Schachzug war ich nicht vorbereitet, und überrascht stammelte ich: »Wovon redet ihr überhaupt?«

»Wir haben Duz Oglou festgenommen.«

»Natürlich habt ihr ihn gefoltert, damit er alles mögliche gesteht.«

Botaris triumphierte: »Wir haben genug Beweise, um dich hinter Gitter zu bringen.«

»Wir haben die Revolution gemacht, doch ihr seid ihre Totengräber. Meine Herren, Sie können gehen.«

Wütend schlugen sie die Tür hinter sich zu. Schnell hatte ich meinen Entschluß gefaßt. Um handeln zu können, wollte ich unbedingt in Freiheit bleiben.

Am nächsten Morgen verließ ich die Stadt mit all meinem Gepäck, meinen Waffen, meinen spetsiotischen Leibwächtern, meinen Dienern und meinen Truhen. Nicht ein einziger Bewohner Nauplias erschien, um mir Lebewohl zu sagen. Sie hatten Angst vor den Ratten, die nun in Palamidi hausten. Ich ging an Bord der Agamemnon, ließ den Anker lichten und Segel setzen. Ich selbst ging ans Ruder und segelte auf die Festung zu. So dicht wie möglich fuhr ich an die Wälle heran, dann ließ ich die Mündungsklappen öffnen und gab meinen Kanonieren den Befehl, Palamidi zu beschießen. Auf meine Anweisung hin zielten sie auf die Standarte von Koundouriotis, die auf einem der Türme im Winde wehte. Von der Fahne blieb nichts übrig, und einige der Zinnen wurden ebenfalls beschädigt. Auf diese bescheidene Rache hatte ich nicht verzichten wollen, bevor ich Kurs auf Spetsai nahm.

Im April 1821 hatte ich Spetsai verlassen – eines schönen Junitages im Jahre 1825 kehrte ich nun zurück. Mir war, als wäre ein ganzes Jahrhundert vergangen. Die mir bekannte Umgebung wiederzusehen berührte mich zutiefst. Trotz ihrer für die Arvaniten typischen Zurückhaltung bereiteten mir die Spetsioten einen warmen Empfang. Meine Kinder erwarteten mich auf dem Kai der Dapia. Maro und Skevo scheuchten eine ganze Kinderschar vor sich her, meine Enkel, die ich noch nie zuvor gesehen hatte. In den folgenden Tagen versuchte ich mit allerlei Zuckerwerk ihr Vertrauen zu gewinnen, denn ich wollte sie kennenlernen. Sie durften mit meinen Sachen spielen, auf meinen Schoß klettern und an meinem bestickten Schleier zerren. Meine Töchter gurrten vor Zufriedenheit, als sie sahen, daß ihre Mutter sich benahm, »wie es sich gehörte«. Aber war das wirklich der rechte Zeitpunkt, um die Hände in den Schoß zu legen, wo es jetzt doch darum ging, den Widerstand zu organisieren? Meine Rolle als Großmutter konnte noch warten. Ich war noch nicht reif für sie.

Ich ließ meinen Sohn Yorgo in Bouboulis' Büro kommen, von dem aus ich jahrelang unser Geschäft geführt hatte. Seit seinem Besuch in Nauplia hatte sich meine finanzielle Situation weiter stark verschlechtert. Ich war praktisch

ruiniert. Während er mir die Bücher erklärte, schaute ich ihn an, wie er so vor mir stand. Seine schönen Züge hatten ihre Weichheit verloren, sein Gesicht war härter geworden. Yorgo war der einzige, der mir geblieben war. Und plötzlich empfand ich für ihn diese heftige Liebe, die ich meinen Kindern bisher noch nie gezeigt hatte. Lächelnd mußte ich an die Prophezeiung denken, die eine Zigeunerin mir – in ich weiß nicht mehr welchem Hafen des Schwarzen Meeres – gemacht hatte: »Dein jüngster Sohn wird der Grund für deinen Tod sein.« Wahrscheinlich hatte ich die Hexe nicht gut genug entlohnt, denn Yorgo war mir viel zu sehr zugetan, als daß er mir übel gewollt hätte. Die Zuneigung, die er mir entgegenbrachte, war ebenso offensichtlich wie tief und ehrlich. Die katastrophale Situation, die er mir jetzt erläuterte, entmutigte ihn nicht einen Augenblick. Mit Optimismus, beinahe sogar mit Begeisterung, schlug er Lösungen vor, die zwar nicht immer ganz legal, aber zumindest erfolgversprechend zu sein schienen.
Schließlich sagte ich scherzhaft: »Heirate doch einfach eine reiche Frau.«
Ich stellte fest, daß sich auf Spetsai nichts verändert hatte. Nun, da wir unabhängig waren und die Gefahr vorüber war, gaben die gleichen Gastgeber die gleichen Bankette, bei denen die gleichen Reden gehalten und die gleichen Speisen verzehrt wurden. Sie waren reich, ich war es nicht mehr. Sie wiegten sich in Sicherheit und waren träge geworden. Ich kochte vor Ungeduld. Deshalb ging ich ihnen ebenso wie früher aus dem Weg. Deshalb auch begann ich diese Erinnerungen aufzuschreiben, einerseits um die Zeit auszufüllen, andererseits um meinen Nachkommen das, wofür ich gelebt hatte, zu überliefern. Ich hatte keine Gelegenheit gehabt, ihnen viele Geschenke zu machen, aber dieser Rückblick auf mein Leben würde die schönste Gabe sein, die ich ihnen hinterlassen konnte. Also führte ich das zurückgezogene Leben, das meine Feinde

von mir erwarteten, denn diejenigen, die mich aus Nauplia vertrieben hatten, behielten mich sehr genau im Auge. Koundouriotis hatte Anhänger auf Spetsai. Theodosius und Botaris beschäftigten wahrscheinlich ein ganzes Heer von Spionen, um über jeden meiner Schritte informiert zu sein. Ich wußte, daß sie bei der geringsten Entgleisung ihre Drohung wahrmachen und mich vor Gericht zerren würden. Ich konnte weder Kontakt halten, zu wem ich wollte, noch empfangen, wen mir beliebte. Hauptquelle meiner Informationen war deshalb das Café. Ich brauchte nur in aller Gemütsruhe in einer Ecke meinen Raki zu trinken und die Ohren zu spitzen.

Neue Hoffnung keimte in mir, als Yorgo eines Tages, während ich gerade beim Schreiben war, überraschend auftauchte. Er schien aber völlig am Boden zerstört.

»Niemand hat den Mut, es dir zu sagen, Mutter, aber du mußt es einfach erfahren.«

»Ein Unglück?«

Er senkte den Kopf.

»Kolokotronis?«

Er verzog das Gesicht. »Hör dir erst einmal die Geschichte an, Mutter.«

Sein Name – nomen est omen – war Yannis Gourounis.* Er gehörte zu den Regierungstruppen von Koundouriotis, und wie allen anderen auch hatte man ihm ein Kopfgeld für jeden getöteten Aufständischen versprochen. Er wußte, daß die Männer von Kolokotronis versprengt worden waren und daß ihn nur fünf oder sechs von ihnen begleiteten. Hinter einem Felsen versteckt, hatte er ihnen im Hinterhalt aufgelauert. In der Abenddämmerung hörte er schließlich das Geräusch galoppierender Pferdehufe. Sorgfältig – den Lauf seines Gewehres auf den moosbewachsenen Felsen aufgelegt – zielte er. Der Offizier würde sicher als erster um

* Gourounis bedeutet Schwein.

die Biegung kommen. Yannis Gourounis zielte auf den Kopf des Mannes und schoß, worauf dieser vom Pferd fiel. Seine Begleiter ergriffen die Flucht und verschwanden. Gourounis ging zu dem bewegungslos daliegenden Rebellen. Er war tot. Er zog den Toten aus, um ihm seine Kleider zu stehlen. Als er dessen Jacke überstreifte, fühlte er in der Tasche ein Stück Papier. Er zog es hervor. Es war ein Brief der mit den Worten begann: »Mein lieber Sohn ...« Er las die Unterschrift und erschrak. Die nackte Leiche, die vor ihm auf dem mit Tannennadeln bedeckten Boden lag, der Mann, den er getötet hatte – hieß Panos Kolokotronis.

»Ich muß gehen«, sagte ich zu Yorgo, »und es ist mir egal, wenn sie mich danach festnehmen. Ich muß zu Kolokotronis.«

»Das hat keinen Sinn. Er wird dich nicht empfangen. Er will niemanden sehen.«

»Woher weißt du das?«

»Eleni hat es mir geschrieben.« Mein Gesichtsausdruck verriet wahrscheinlich deutlich, was ich über meine Tochter dachte, denn Yorgo fügte eilig hinzu: »Sie ist meine Schwester, Mutter ... Und im übrigen hat Kolokotronis ihr das Leben gerettet. An dem Abend, als sie den Tod von Panos erfahren haben, ist Kolokotronis zu ihr gegangen. Er hat zu ihr gesagt, daß die Brüder von Panos und seine Anhänger sie suchten, um sie zu töten, denn keiner von ihnen hatte ihr vergeben, daß sie ihren Mann betrogen hatte. Kolokotronis hat sie dann durch den Hinterausgang fortgebracht und an einen sicheren Ort geleitet.« Ich wußte, daß er das für mich getan hatte. »Es ist zwecklos, Mutter. Er hat es noch nicht einmal über sich gebracht, zu Panos' Begräbnis zu gehen. Er hat sich allein, ganz allein eingeschlossen und hat seitdem keinen Schritt mehr vor die Tür gemacht. Überlaß ihn seiner Einsamkeit, Mutter. Das ist das Beste, was du tun kannst.«

Ich ging in die kleine Kirche von Pater Gregori. Vor der

Ikone der Heiligen Jungfrau zündete ich eine Kerze an, wie man es immer tut, wenn ein Seemann stirbt, und unter den mitfühlenden Augen der heiligen Mutter Gottes weinte ich mich aus. Es kam mir so vor, als hätte man mir meinen Yanno zum zweiten Mal entrissen. Und trotzdem war es mir gleichzeitig unmöglich, Panos' Tod wirklich zu fassen. Er war das personifizierte Leben, und auch jetzt konnte ich ihn mir so gut hier in dieser Kirche neben mir vorstellen, wie sich seine hohe und schlanke Gestalt zu mir herunterbeugte, um mir zuzuflüstern: »Aber, aber, Kapetanissa, ein Mann wie du weint doch nicht!« Für Panos trug ich die Trauer, die ich für Yanno nicht hatte tragen können. Zum ersten Mal legte ich meinen Kriegsstaat ab und trug düsteres Schwarz ... und düster waren auch meine Tage und Nächte.

Mehrere Wochen gingen ins Land, bis eines Tages im Dezember meine Tochter Eleni in Begleitung ihres Liebhabers Grivas ankam. Ich hatte genügend Selbstbeherrschung, um mir nichts anmerken zu lassen.

Eleni sagte lediglich: »Wir haben geheiratet.«

Ohne etwas zu erwidern, trat ich zur Seite und ließ sie ein. Kolokotronis hatte die Frau gerettet, die seinen Sohn betrogen hatte, wie konnte ich da unerbittlicher sein als er? In der Vergangenheit hatte ich so wenig für sie getan, daß ich nun meinen Groll überwinden mußte. Deshalb brachte ich sie im schönsten Teil meines Anwesens unter, wo Grivas sich ganz so benahm, als sei er der Herr im Haus. Das ging so weit, daß Yorgo mehrmals beinahe eine Prügelei mit ihm angefangen hätte.

»Was wollen die überhaupt hier?« fragte er mich. »Ich weiß es ebensowenig wie du, mein Sohn«, sagte ich. Aber ich sollte es bald erfahren.

Eines Tages – Yorgo war nicht zu Hause – kam Grivas in mein Arbeitszimmer, in das ich mich zurückgezogen hatte. Ohne Umschweife forderte er von mir die gleiche Mitgift,

wie ich sie Eleni bei ihrer Hochzeit mit Panos mitgegeben hatte. Ich brach in schallendes Gelächter aus.
»Ich kann ihr doch wohl kaum zweimal dieselbe Mitgift geben. Und im übrigen bin ich ruiniert. Das wenige, was noch im Hause vorhanden ist, gehört mir und nicht Eleni.«
Wortlos drehte er sich um und schlug die Tür hinter sich zu.
Um das Gefühl des Ekels loszuwerden, das in mir aufstieg, verließ ich das Haus und unternahm einen Spaziergang. Ich brauchte einfach Bewegung und frische Luft, und so lief ich bis zu meinem Lieblingsplatz, der Bucht von Agia Paraskevi. Die riesigen Pinien, die dort den Strand säumten, wiegten sich im Wind. Ich ging dort auf und ab, ließ die Wogen über meine Füße laufen und berauschte mich an der Meeresluft. Die Einsamkeit und die Meeresbrise ließen mich alles ringsumher vergessen. Als ich nach Hause zurückkehrte, fand ich das Nest verlassen vor. Das junge Paar hatte das Weite gesucht und alles mitgenommen, was mir geblieben war: das wenige Silber- und Porzellangeschirr, die Teppiche und Möbel, die ich nicht hatte versteigern lassen. Sogar den letzten Zeugen meines früheren Wohlstandes, von dem ich mich nicht hatte trennen wollen, hatten sie mitgenommen: das Piano, auf das ich so stolz gewesen war. Mihali, der einer Ohnmacht nahe war, konnte sich nicht beruhigen.
»Dieser Schurke hat mich mit der Pistole bedroht, während Ihre eigene Tochter Sie bestohlen hat. Er hätte sicher abgedrückt, wenn ich mich bewegt hätte. Das Herz klopft mir jetzt noch bis zum Hals.«
Yorgo war außer sich. Er wollte ihnen nach, sie festnehmen lassen, sie vor Gericht schleppen.
Ich beruhigte ihn: »Es ist sinnlos, wegen dieser Bagatelle Gift und Galle zu spucken.« Ich war überrascht von meiner eigenen Gleichgültigkeit. Ich schloß die ausgeräumten Empfangszimmer ab, und wir benutzten nur noch ein paar

Zimmer im ersten Stock. Eines Tages hatte Eleni zu mir gesagt, daß ich nicht mehr ihre Mutter sei. Von nun an war sie auch nicht mehr meine Tochter. Maro und Skevo waren mir noch geblieben, und dann war da vor allem noch eine andere Tochter, die ich allen meinen Kindern vorzog, eine Tochter, deren Geburt und deren Heranwachsen ich voller Rührung miterlebt hatte: Griechenland.

Kapitel 22

Ich saß im Café mitten unter den Stammgästen, als der Lebensmittelhändler hereinplatzte.

»Sie haben Kolokotronis gefangengesetzt!« Ich sprang auf.

»Wie und wo, von wem und warum?«

»Mein Vetter aus Hydra ist gerade angekommen. Er hat gesehen, wie Kolokotronis in Ketten und von Soldaten bewacht an Land gebracht wurde. Anscheinend haben sie ihn hoch über der Insel im Kloster von Profitis Ilias eingesperrt.« Der Lebensmittelhändler merkte, daß wir alle an seinen Lippen hingen, und fuhr fort: »Es wird auch erzählt, daß es in Arkadien heiß hergeht. Koundouriotis hat eine neue Strafexpedition dorthin geschickt, um die Bauern zu unterwerfen, aber er hatte wohl Angst, daß Kolokotronis seine Trauer beenden würde, um ihnen zu helfen. Deshalb hat er ihm eine Botschaft zukommen lassen, in der er ihm mitteilte, daß er mit ihm sprechen wolle. Und Kolokotronis hat eingewilligt. Kaum hatte er seinen Zufluchtsort verlassen, wurde er auch schon verhaftet. Koundouriotis hatte ihn in eine Falle gelockt.«

»Das wird vor allem die Türken freuen!« war mein Kommentar dazu.

An jenem Sonntag war die Kirche zur Heiligen Dreifaltigkeit bis zum letzten Platz besetzt. Der Gottesdienst war beinahe zu Ende, und der Priester trat, umgeben von seinen Diakonen, durch die kaiserliche Tür* im Ikonostas,

* Mittlere Tür, früher dem byzantinischen Basileus vorbehalten und nun vom Klerus benutzt.

um die versammelten Gläubigen zu segnen, als ein kleiner Junge in das Heiligtum stürmte.
»Die Türken, die Türken, die Türken sind gelandet!«
Es war, als hätte man einen Ameisenhaufen aufgescheucht. Die Gläubigen stoben in alle Richtungen davon. Auf den Marmorstufen blieben nur noch die Geistlichen in ihren Brokatgewändern zurück. Natürlich war es unmöglich, daß die Türken unbemerkt in Spetsai gelandet waren, so lief jeder dorthin, wo er glaubte, die neuesten Nachrichten bekommen zu können. So schnell ich nur konnte, begab ich mich zum alten Mexis, der immer am besten informiert war. Selbstverständlich war er auch diesmal auf dem laufenden. Es waren nicht die Türken, die gelandet waren, sondern Ägypter, oder vielmehr Araber, die im Dienste des Paschas von Ägypten standen. Als der Sultan von der Verhaftung Kolokotronis erfahren hatte, war ihm sofort klar, daß damit das einzige Hindernis für seine Rache aus dem Weg geräumt worden war. Er hatte augenblicklich reagiert und seinen ägyptischen Vasallen aufgeboten, der über die modernste, am besten ausgebildete und ausgerüstete Armee verfügte. Der Pascha wiederum hatte mit einer ganzen Armada fünfzehntausend Soldaten unter dem Kommando seines Sohnes Ibrahim Bey an unseren Küsten angelandet. Diese Männer, die viel schlagkräftiger waren als die verweichlichten Janitscharen des Sultans, waren in Methoni, im Südwesten des Peloponnes, an Land gegangen, und es gab keinerlei Hindernis, das sich ihrem Vormarsch in den Weg stellte. Bald würden sie den ganzen Peloponnes zurückerobert haben, bald würden sie sogar hier in Spetsai sein.
Unter den Spetsioten brach Panik aus. Nur Yorgo war von der Aussicht, kämpfen zu können, begeistert. Ich entschloß mich, nach Nauplia zurückzukehren, um zu versuchen, bei der »Regierung« von Koundouriotis vorzusprechen, aber ich lehnte es ab, Yorgo mitzunehmen. Wenn ich schon ins

Gefängnis geworfen wurde, so sollte wenigstens ihm dieses Schicksal erspart bleiben. Bei meiner Ankunft rechnete ich mit Drohungen oder sogar der Ausweisung. Statt dessen wartete Erniedrigung auf mich. Ich wurde ganz und gar nicht mehr als eine gefährliche Feindin angesehen. Nein, man behandelte mich als eine vernachlässigbare Größe. Ich bat um ein Audienz bei Papa Flessas, der immer noch Minister des Inneren war. Man ließ mich drei Tage warten, bevor ich das imposante steinerne Gebäude betreten durfte, das als Ministerium diente. Dort ließ man mich erneut in einem mit Bittstellern überfüllten Vorzimmer warten. Als ich es betrat, hörte ich, wie mein Name die Runde machte. Die Anwesenden wollten ihren Augen kaum trauen: Man ließ Bouboulina warten! Sie erhoben sich, um mir Platz zu machen. Ich war die letzte, die man hineinrief. Papa Flessas empfing mich noch nicht einmal persönlich, er überließ das einem kleinen Beamten. Dem versuchte ich nun klarzumachen, daß die Situation äußerst ernst war und daß man Kolokotronis freilassen mußte, weil er der einzige war, der die Armee von Ibrahim Bey aufhalten konnte. Der kleine Federfuchser ließ durchblicken, daß meine Ratschläge nicht willkommen waren oder, genauer gesagt, niemanden hier interessierten.

»Die Regierung hat alle notwendigen Maßnahmen ergriffen. Ihr braucht Euch keine Sorgen zu machen.«

»Im Austausch gegen die Freiheit von Kolokotronis habe ich Lösegeld mitgebracht.«

Mit diesen Worten öffnete ich die Schatulle, in der sich der Rest meiner Juwelen befand. Ich sah, wie die Augen des kleinen Beamten zu strahlen begannen, aber das Vergnügen, mich zu demütigen, war ihm wichtiger.

»Die griechische Regierung nimmt keine Geschenke von Privatpersonen an. Und im übrigen ist General Skourpi zum Oberbefehlshaber ernannt worden.«

Er erhob sich, um mir damit zu bedeuten, daß die Audienz

beendet sei. Das Verhalten dieses Pavians ließ mich aus der Haut fahren. Ich hielt ihm meine beiden Revolver unter die Nase.

»Sag deinem Chef, daß ich ihn sofort sehen will, sonst kann er dich beerdigen.«

Augenblicklich fiel seine zur Schau getragene Selbstsicherheit von diesem aufgeblasenen Hohlkopf ab. Er wurde ganz grün im Gesicht und schien hinter seinem Schreibtisch zusammenzuschrumpfen. Vor Angst wie gelähmt, gelang es ihm nicht, aufzustehen. Genau in diesem Augenblick öffnete sich die Tür, und Papa Flessas kam hereingestürmt. Ich war mir sicher, daß er hinter der Tür alles mit angehört hatte.

»Wie denn, du hier, Kapetanissa? Niemand hat mir Bescheid gesagt, sonst hätte ich dich sofort empfangen. Warum hast du mir nichts gesagt?« warf er dem kleinen Schreiberling vor, der vor Angst halbtot war. Natürlich war das eine Lüge, und die Herzlichkeit von Papa Flessas stank nach Heuchelei ... und nach Unbehagen. Ich spürte, daß er sich vor meiner Kritik und vor meinen Forderungen fürchtete. »Wir müssen uns unbedingt sprechen, Kapetanissa. Aber nicht jetzt, ich habe es eilig.«

Ich hielt ihn am Saum seiner bestickten Jacke zurück, denn er hatte endgültig die Soutane mit der Uniform vertauscht.

»Nur eines noch, Pfarrer, laß mich ihn besuchen.«

»Wen?«

»Kolokotronis.«

»Aber dafür brauchst du doch nicht meine Genehmigung. Vor Bouboulina öffnen sich alle Türen, auch die des Gefängnisses.«

Trotzdem verlangte ich von ihm diese Erlaubnis in schriftlicher Form. Er gab dem kleinen Beamten ein paar halblaute Anweisungen und drückte mich an seine breite Brust, während er seinen langen Bart an meine Wange preßte.

»Du hast dich nicht verändert. Du bist immer noch jung

und begehrenswert.« Dann lief er – mehr als er ging – zur Tür, wohl aus Angst, daß ich ihn wieder zurückhalten könnte. Bevor er den Raum verließ, drehte er sich noch einmal zu mir um: »Du wirst schon sehen, mit Ibrahim Bey werden wir fertig, mach dir keine Sorgen.« Durch die offenstehende Tür sah ich, wie er mit großen Gesten die Bittsteller segnete, die bereits wieder das Vorzimmer füllten. So kam ich wenigstens nicht mit völlig leeren Händen zurück, da ich in meiner Tasche die Genehmigung hatte, Kolokotronis zu besuchen.

Hydra hatte ich immer mit schlechten Erinnerungen verbunden, und nur schweren Herzens kam ich hierher zurück. Das Kloster von Profitis Ilias liegt auf dem höchsten Gipfel der Insel, und der Anstieg, den man zurücklegen mußte, um es zu erreichen, war äußerst ermüdend. Ich hatte nur ein ganz besonders störrisches Maultier finden können, das ständig ausschlug, auf den Steinen des Weges ausglitt und gefährlich nah am Abgrund lief. Yorgo, den ich mitgenommen hatte, marschierte tapfer an meiner Seite. Befürchtungen aller Art nagten an meinem Herzen.

»Ganz ehrlich, wie findest du mich, Yorgo?«

Er brach in fröhliches Gelächter aus. »Gefährlich jung.«

Wir quälten uns den steilen Aufstieg hinauf. Die Häuser der Stadt, ja sogar der Palast von Koundouriotis erschien von hier oben wie Spielzeug, und die Einwohner, die sich auf den Straßen drängten, waren nicht größer als Ameisen. Es war gerade eben Frühjahr geworden, und trotzdem schwitzten wir wie im Hochsommer. Hier oben gab es weder Baum noch Strauch: nur noch nackte Felsen. Vor mir wuchsen die blendend weißen Mauern des Klosters in den Himmel. Sobald ich durch das Portal getreten war, herrschte ringsum Kühle und Schönheit. Mir gegenüber war die Eingangstür der kleinen Kapelle geöffnet, und ich sah den Schein der Kerzen, die vor den Ikonen brannten. Der Hof, in dem riesige Zypressen standen, um deren Stämme sich Jasmin rankte, war von Arkaden gesäumt. Der alte Brunnen war ganz mit knospenden Rosenranken bewachsen. Obwohl die Mönche wütend darüber waren, daß ihr Zufluchtsort als Gefängnis mißbraucht wurde, konnten sie ihrem Wohltäter Koundouriotis nichts abschlagen. Sobald ich meinen Passierschein vorgewiesen hatte, führten mich zwei Wachen bis vor eine Tür, hinter der wohl eine Mönchszelle lag. Sie öffneten die Tür für mich.

»Besuch, General.«

Sie hatten ihn General genannt, ihn, den Geächteten, ihn, den Erzfeind. Der Respekt, mit dem sie ihn behandelten, fiel mir sofort auf.

Das, was er durchgemacht hatte, war nicht spurlos an ihm vorübergegangen. Seine feurigen Augen lagen noch tiefer in ihren Höhlen, seine Haare waren viel länger und weiß geworden. Er war gealtert und wirkte noch viel furchteinflößender.

Einige Minuten lang sahen wir uns schweigend an, dann stieß er ein lautes »Laßt uns allein!« hervor, worauf die Wächter und sogar Yorgo sofort den Raum verließen. Als wir alleine waren, fielen wir uns in die Arme. Endlich war ich zu Hause angekommen. Er mußte das gleiche empfinden, denn alle Härte fiel von ihm ab. Ich dachte an meinen Sohn, er an den seinen.

»Er sollte all das sein, was ich nicht bin«, murmelte er. »Ich wollte, daß er Erziehung und Ausbildung genoß, ich wollte, daß er Literatur und Sprachen studierte.« Er hielt inne und schluchzte heiser. Der unbeugsame Kolokotronis weinte vor meinen Augen. Schließlich, um die Rührung abzuschütteln, knurrte er: »Erzähl mir, was es Neues gibt.«

Was für Neuigkeiten konnte ich ihm erzählen? Sie waren allesamt katastrophal. Ibrahim Bey hatte Koyoni erobert und Navara besetzt.

Kolokotronis' Gesicht verzerrte sich, bevor er sagte: »Und ich kenne Stellen, an denen man ihn hätte aufhalten können, Gelände, auf dem man diese angeblich unbesiegbare arabische Kavallerie hätte schlagen können. Weißt du, daß ich zwei meiner überlebenden Söhne als Geiseln angeboten habe, damit sie mich gegen Ibrahim Bey kämpfen lassen? Doch sie haben es abgelehnt.«

»Hör auf, Kolokotronis. Den Sieg werden wir nicht auf dem Schlachtfeld erringen, sondern nur durch den Zusammenschluß aller Griechen.«

»... und wenn wir erfahrene Männer auf die wichtigen Posten setzen.«

Aus seiner Tasche zog er einen Komboloi* aus Bernstein. Nie zuvor hatte ich so etwas in seiner Hand gesehen. Wahrscheinlich hatte er ihn einem toten Türken abgenommen. Er hielt ihn fest zwischen seinen Fingern, ganz so, als wolle er die kostbaren Kugeln zerquetschen. Ich nahm ihn bei der Hand und zog ihn zu dem schmalen Zellenfenster. Das Ägäische Meer glitzerte in tiefem Blau. In der Ferne, bleich und verheißungsvoll, sah man die Umrisse der felsigen, grauen Inseln. Tatsächlich hatten die Griechen uns viel Schmerz zugefügt, aber Griechenland war es wert zu leiden.

Ich streichelte sein linkes Handgelenk: »Du hast eine neue Narbe, Kolokotronis.«

»Die hat mir ein Maskaras** von Papa Flessas zugefügt.«

Mein Blick traf den seinen, und ich las in Kolokotronis' Augen einen Ausdruck, den ich nur zu gut kannte. Ich wich zurück. »Schämst du dich denn nicht, altes Ferkel?« Aber da hatte er mich schon an sich gezogen und küßte mich. In der Klosterzelle hoch über Hydra hatte ich Gelegenheit, auf seinem Körper die Karte der Narben wiederzuentdecken, die ich in- und auswendig kannte: die Spur des Säbelhiebs am rechten Handgelenk, die vernarbte Schuß-

* Eine Art Rosenkranz, den man zur Entspannung durch die Finger gleiten läßt.

** Hampelmann

wunde an der linken Brust, die Schmarre auf dem Bauch, die Schnittwunde an der rechten Wade …

Als wir uns wieder erhoben, tätschelte er zärtlich meine Hüfte und meinte: »Für eine Großmutter hast du dich wirklich sehr gut gehalten.«

»… Und du hast noch all deine Kraft. Jetzt müssen wir dich nur noch hier herausholen.« Augenblicklich war er wieder voll konzentriert. Er wog das Für und Wider ab und dachte nach. »Wenn du dann wieder frei bist«, fuhr ich fort, »werden wir gemeinsam eine Armee auf die Beine stellen. Für Kolokotronis wird es nicht schwierig sein, eine Streitmacht um sich zu scharen. Und trotz Koundouriotis und seiner Bande werden wir Ibrahim Bey aufhalten.«

»Aber beeile dich, um Gottes willen!«

Als ich die Zelle verließ, blickten mich die Wächter mit einer gewissen Bewunderung an, und der, der mich hinausbegleitete, flüsterte mir zu: »Gott schütze Euch, Kapetanissa, und ihn auch.«

Als wir so zum Hafen hinunterstiegen, machte Yorgo – belustigt und ein wenig gerührt – eine Anspielung: »Der Alte von Morea ist noch immer in dich verliebt.« Ich errötete wie ein Schulmädchen. Ich hatte Yorgo mitgenommen, damit er die Befestigungen des Klosters und die Stärke der Wachmannschaft abschätzte. »Die gegenwärtige Regierung ist zu beschäftigt, um auf der Hut zu sein«, erklärte ich ihm. »Die Wächter von Profitis Ilias wären über die Flucht ihres Gefangenen hoch erfreut. Wir werden auf der unbewohnten Seite von Hydra an Land gehen und das Kloster so leise wie möglich in unsere Hand bringen, ohne die Stadt zu alarmieren.«

Aber solch ein Unternehmen war teuer. »Wir werden einen Kredit aufnehmen«, schlug Yorgo vor.

»Nein, wir werden verkaufen.«

»Wir haben nichts mehr zu verkaufen.«

»Doch, die Agamemnon.«

Yorgo traute seine Ohren nicht: »Du würdest die Agamemnon verkaufen?«

»Ja, mein Sohn. Für Griechenland und für Kolokotronis würde ich sie verkaufen.«

In dem Augenblick, als ich das sagte, befanden wir uns an Bord eben dieser Agamemnon und segelten nach Spetsai. Ich »spürte« mein Schiff, als wäre es ein lebendes Wesen. Die Kehle schnürte sich mir zu bei dem Gedanken, mich von diesem treuen und einzigartigen Gefährten zu trennen. Dies war unsere letzte Reise. Ich gab Yorgo den Auftrag, das Unternehmen zu organisieren, die Agamemnon zu verkaufen und Männer anzuwerben.

Wir waren erst seit einigen Tagen nach Spetsai zurückgekehrt, als ich auf der Straße Christodoulos Koutsis, den Schwiegervater meines Halbbruders Theodosius, traf. Seit dem Augenblick, als er mir – aufgehetzt durch meinen Bruder – bei der Erbschaft meiner Mutter Schwierigkeiten machen wollte, waren wir uns aus dem Weg gegangen, und wenn wir uns doch einmal begegneten, taten wir so, als würden wir uns nicht sehen.

An jenem Tag jedoch kam er direkt auf mich zu und sagte in barschem Ton zu mir: »Sag deinem Sohn Yorgo, daß er meine Tochter Eugenia in Ruhe lassen soll.«

Ich wußte nicht, wovon er redete, aber dennoch behandelte ich ihn von oben herab und stemmte meine Fäuste in die Hüften: »Was tut er denn deiner Eugenia?«

»Er macht ihr schöne Augen, aber sie ist mit dem Sohn von Mexis verlobt. Und wie dem auch sei: Ich will keinen Fischer zum Schwiegersohn.«

»Deine Seele ist es, Koutsis, die nach verfaultem Fisch stinkt.«

Zu Hause angekommen, zwang ich Yorgo, alles einzugestehen.

»Du hast mir doch gesagt, daß ich mir eine reiche Frau suchen solle«, verteidigte er sich.

Ich wußte nicht, was ich sagen sollte. Yorgo war kein millionenschwerer Bouboulis, sondern ein armer Yanouzas, ein »Fischer«, wie Koutsis es ausgedrückt hatte ... und Eugenia hatte eine prächtige Mitgift.
»Liebst du sie denn wenigstens?«
Diese Frage wirkte auf ihn wie eine Befreiung, und er erzählte mir von seiner Leidenschaft. Sie waren wahnsinnig verliebt ineinander, und das schon seit Monaten. Eugenia war verzweifelt wegen der Heirat, die ihr Vater arrangiert hatte, und wollte auf keinen Fall die Frau von Mexis' Sohn werden. Niemals würde sie einen anderen als Yorgo heiraten ... natürlich würde ich meinem Sohn nie und nimmer raten, sie zu entführen, und im übrigen hatten wir in der gegenwärtigen Situation Wichtigeres zu tun. Die Liebschaften meines Sohnes mußten eine Weile zurückstehen.
Ich erhielt einen Brief von Papa Flessas: »Mein innigster Wunsch ist es, Kolokotronis wieder in Freiheit zu sehen. Nur er kann Ibrahim Bey aufhalten. Ich tue alles, um ihn aus dem Gefängnis herauszuholen. Verliere nicht die Hoffnung, bald wirst du deinen Alten von Morea wiedersehen.«
Die Ereignisse überstürzten sich, die Lage entwickelte sich rasant weiter, und ich kochte vor Ungeduld.
Einige Tage später rief mich der alte Mexis zu sich. Er empfing mich in dem großen Saal, in dem wir zahllose Versammlungen der Philiki Hetairia abgehalten hatten.
»Ich habe schlechte Nachrichten für dich. Papa Flessas ist mit zweitausend Soldaten losgezogen, um Ibrahim aufzuhalten.«
Also war sein Brief nur eine Lüge gewesen, um mich hinzuhalten. In der Voraussicht, daß Kolokotronis früher oder später freigelassen werden würde, wollte er ihm einfach zuvorkommen und selbst den Siegeslorbeer erringen.
»Aber es kommt noch schlimmer«, fuhr Mexis fort. »Papa Flessas entschloß sich, Ibrahim Bey in Maniaki zu erwarten. Das ist eine Position, die sich einfach nicht verteidigen läßt.

Seine Offiziere haben ihn vergebens angefleht, diesen Plan aufzugeben. Sie sind zermalmt worden. Papa Flessas hat wie ein Held gekämpft. Bevor er fiel, hat er sein Leben so teuer wie möglich verkauft. Die Türken haben ihm den Kopf abgeschlagen und zu Ibrahim gebracht. Und der gab dann den Befehl, den Leichnam stehend an einen Baum zu binden. Er selbst hat den abgeschnittenen Kopf wieder auf den Nacken gesetzt, nachdem er den blutverschmierten Bart gewaschen hatte. Es heißt, daß es ausgesehen habe, als würde Papa Flessas noch leben. Ibrahim Bey hat ihn seinen Männern gezeigt mit den Worten: ›Hier seht ihr einen mutigen Mann.‹«

Er war also tot, der, den ich für unsterblich gehalten hatte, der närrische Priester, der Frauenheld, der Dieb, der Intrigant, der Verräter. Er hatte Griechenland geliebt, und als Held war er für unser Vaterland gestorben. Ich bedauerte zutiefst, daß sein Ehrgeiz uns auseinandergebracht hatte.

Mexis war besorgt: »Ibrahim wird in kürzester Zeit über uns herfallen ... Was du tun mußt, Kapetanissa, tu es so schnell wie möglich.«

Er wußte also alles über meine Vorbereitungen zu Kolokotronis' Befreiung. Mit seinem Segen konnte ich sie nun beschleunigen.

Yorgo war es gelungen, die Agamemnon an den einzig möglichen Interessen zu verkaufen: die »Regierung« – das heißt Koundouriotis und seiner Clique. Aber um unser Vorhaben in die Tat umsetzen zu können, hätte ich auch mit dem Teufel einen Handel abgeschlossen. Ich befahl Yorgo, die Männer zu versammeln, die er angeworben hatte – alles ehemalige Matrosen meiner Handelsflotte. Da mein Haus zu auffällig war und zu genau überwacht wurde, verließen Yorgo und ich es nach dem Abendessen. In dieser warmen und klaren Maiennacht gingen wir zum Alten Hafen hinunter. Ungefähr vierzig Männer warteten in einem Schuppen bereits auf uns. Als ich ihr Lächeln bemerkte und die Blicke, die sie mir zuwarfen, als ich den Schuppen betrat, spürte ich, wie mir Tränen in die Augen stiegen. Einen nach dem anderen sah ich sie an. Einige von ihnen waren gealtert, andere wiederum hatten sich überhaupt nicht verändert. Viele von ihnen konnte ich noch mit Namen ansprechen. Die Namen der anderen hatte ich vergessen, aber ich erinnerte mich noch genau an ihre Gesichter. Ich kannte sie alle, die Gesichter meiner Seeleute und Gefährten. Wie ein Mann standen sie wieder zusammen, bereit, dem Abenteuer entgegenzusegeln – genau wie damals, als wir noch Piraten waren. Das Unternehmen war für den darauffolgenden Abend geplant.

Plötzlich trat ein Unbekannter durch die Tür. Hatten uns die Spione von Koundouriotis entdeckt? Nein, dem Mann war seine unbeschreibliche Erregung deutlich anzumerken.

»Endlich finde ich dich, Kapetanissa. Man hat Kolokotronis heute morgen freigelassen. Die Regierung hat dem Druck des Volkes nachgegeben. Er selbst schickt mich, um dir die Neuigkeit zu bringen. Er ist Ibrahim Bey schon entgegengezogen und bittet dich, zu ihm zu stoßen.«

Es ist unmöglich, die Verblüffung und die unsägliche Freude zu beschreiben, die uns alle mitriß. Hochrufe erschallten, es wurde laut durcheinandergeschrien und gelacht. Wir stürzten uns auf den Boten, drückten ihn an uns, umarmten ihn und überschütteten ihn mit Fragen, auf die er uns nicht antworten konnte. Schließlich bat ich um Ruhe.

»Meine Freunde, ihr solltet Kolokotronis befreien. Von diesem Augenblick an seid ihr der Kern seiner neuen Armee. Laßt uns aufbrechen.«

Die folgenden Stunden waren angefüllt mit fieberhaften Vorbereitungen. Ungeduldig und glücklich packte ich das wenige, was mir geblieben war, zusammen. Da stürzte völlig außer Atem Yorgo in mein Zimmer.

»Mutter, sie zwingen sie zu heiraten! Die Hochzeit ist auf Sonntag, in drei Tagen, festgesetzt.«
Er hatte die Neuigkeit von Mihali, der sie wiederum von der Dienerin Eugenias erfahren hatte. Mein Sohn war am Boden zerstört und völlig aus der Fassung. Er sprach davon, sich umzubringen, sie umzubringen, die Koutsis und die Mexis umzubringen ... Er würde mit ihr fliehen, sie würden zusammen ins Ausland gehen. Nie zuvor hatte ich ihn in solch einem Zustand erlebt. Mein Yorgo, der Frauenheld, war verzweifelt. Tief berührt von seinem Jammer, beschloß ich, ihm zu helfen.
»Versuch mit allen Mitteln, Eugenia um Mitternacht zur Kapelle von Pater Gregori zu bringen.« Verständnislos blickte er mich an. »Beeil dich, es gibt keine Zeit zu verlieren.«
Sicherlich würde ich nun all jene Mitglieder des Koutsis-Clans auf dem Hals haben, die mir feindlich gesonnen waren, aber dank meines Halbbruders Theodosius waren sie ja sowieso bereits gegen mich. Außerdem würde ich wahrscheinlich auch die Sippe der Mexis gegen mich aufbringen. Aber das spielte keine Rolle, denn ich würde schon an der Seite von Kolokotronis dem Sieg entgegengaloppieren ... und siegen würden wir, das stand außer Zweifel. Wenn das Vaterland schließlich befreit sein würde, konnte mir der Groll der einen oder anderen völlig gleichgültig sein.
Mitten in der Nacht klopfte ich an die Tür der kleinen Hütte von Pater Gregori. Es war nicht einfach, ihm verständlich zu machen, was ich von ihm erwartete. In der Kirche angekommen, zündeten wir ein paar Kerzen an. Mihali machte sich nützlich. Er half dem Pater, seinen Ornat anzulegen, der mit den Jahren immer schäbiger geworden war. Dann setzten wir uns in das hohe, grob gezimmerte Kirchengestühl und warteten. Beinahe augenblicklich schlief Pater Gregori wieder ein und begann zu

schnarchen. Ich träumte vor mich hin und blickte auf die in das flackernde Licht der Kerzen getauchten Wandgemälde. Die darauf dargestellten Heiligen schienen sich zu bewegen. Allmählich mischten sich auch andere Personen unter sie: meine Mutter, Yanouzas, Bouboulis, Panos, Yanno. So glitt an meinem geistigen Auge meine bewegte Vergangenheit vorüber, und ich war mir sicher, daß ein neues, noch schöneres Leben auf mich wartete. Bouboulina würde weiter von sich reden machen.

Kurz nach Mitternacht kamen sie an: Yorgo stützte Eugenia. In der besten griechischen Tradition hatte er sie entführt. Dazu hatte er eine leichte Leiter an die Wand ihres Hauses gelehnt und war bis zu ihrem Fenster hinaufgestiegen. Die Zofe Eugenias, eine Bekannte von Mihali, war dabei ihre Komplizin gewesen. Pater Gregori vollzog die Trauung. Er wußte immer noch nicht genau, was er da tat, aber das war nicht weiter wichtig, denn Mihali hielt das dicke Meßbuch in der Hand und sagte ihm die Gebete vor. Und diesmal achtete ich darauf, daß er die Namen der Brautleute nicht verwechselte. Ich war ihr Trauzeuge und unterschrieb auch im Heiratsregister der Gemeinde. »Glück und langes Leben«, wünschte ich ihnen. Dann flüchteten sie zu dem Unterschlupf, den ich für sie vorbereitet hatte: das Haus, in dem ich mit Yanouzas gelebt hatte. Yorgo würde später zu uns stoßen. In der Zwischenzeit würde er aus der Quelle der Liebe trinken, die er das Glück gehabt hatte zu entdecken. Ich würde über sie wachen. Ich blieb auf der Schwelle der kleinen Kirche stehen. Helle Flecken bleichen Mondlichts schimmerten zwischen den dunklen Schatten der Pinien. In wenigen Stunden würde ich aufbrechen. Ich würde Kolokotronis wiedersehen, und gemeinsam würden wir aufs neue dieses ungestüme Leben führen, voller Gefahren, Abenteuer und voll der Leidenschaft, die uns untrennbar miteinander verband.

Bevor ich mich auf den Weg mache, bin ich noch einmal

hierher zurückgekommen, um diese Gedanken der Hoffnung niederzuschreiben, und mit Freude im Herzen schreibe ich auch die Devise auf, die ich mir gewählt habe: »Mit allen Kräften voran.«

Auszug aus dem Protokoll des Prozesses gegen Yannis Koutsis, der im Juli 1825 auf Spetsai stattfand. Aussage des damals siebzehnjährigen Angeklagten: »An jenem 22. Mai haben wir frühmorgens festgestellt, daß meine Schwester Eugenia aus dem Haus verschwunden war. Ihr Bett war unberührt und ihre Schränke leer. Wir haben daraufhin ihre Zofe befragt, die in Tränen ausbrach. Sie gestand uns, daß Eugenia von Yorgo Yanouzas entführt worden war. Mein Vater, Christodoulos Koutsis, bekam einen Wutanfall und erklärte, daß eine solche Beleidigung nur mit Blut abgewaschen werden konnte. Er wollte Eugenia, die dem jungen Mexis versprochen war, aufspüren und zurückholen. Daraufhin rief er uns alle zusammen, uns, seine Söhne, seinen Schwiegersohn Theodosius Lazarou und seine Männer. Mein Vater hat sofort an das Haus in Kastelli gedacht, das Yorgo Yanouzas von seinem Vater geerbt hat und das damals unbewohnt war. Wir sind dann dorthin gegangen. Wir waren mehr als fünfzig bewaffnete Männer, entschlossen, uns zu rächen und Eugenia zurückzuholen. Als wir in die Nähe des Hauses kamen, sahen wir, daß Türen und Fensterläden verschlossen waren. Es schien verlassen zu sein. Als sie uns kommen sahen, hatten sich die Nachbarn in ihren Häusern versteckt, aber schließlich fanden wir einen, der – als wir ihn mit unseren Gewehren bedrohten – zugab, daß er einige Stunden zuvor bemerkt hatte, daß sich im Haus etwas bewegte. Daraufhin kletterten wir über die Mauer und verteilten uns im Garten. ›Zeig dich, Yorgo Yanouzas, wenn du den Mut dazu hast‹, schrie mein Vater. Einige unserer Männer begannen auf das Haus zu schießen, wobei Glasscheiben zu Bruch gingen. Andere versuchten die Tür einzuschlagen. In diesem Augenblick öffnete sich das große Fenster im ersten Stock und die Mutter von Yorgo Yanouzas trat auf den Balkon heraus. Später erfuhren wir, daß sie von ihrem Diener gewarnt worden war und auf diese Weise versuchte, ihrem Sohn Yorgo und meiner Schwester die Flucht durch eine Hintertür zu ermöglichen. Mein Vater rief: ›Gib mir meine Tochter zurück, Bouboulina.‹

Und vom Balkon herunter antwortete sie lachend: ›Sie ist nicht mehr deine Tochter, Koutsis. Sie ist jetzt meine Tochter.‹ Damit deutete sie an, daß ihr Sohn meine Schwester entjungfert hatte. Außer uns vor Wut, haben wir daraufhin alle unsere Waffen auf sie gerichtet. Ich schoß als erster. Ich wollte sie nur erschrecken, aber ich traf sie zwischen die Augen mitten in die Stirn. Sie war augenblicklich tot und fiel hintenüber. Nun drangen wir in das Gebäude ein, das tatsächlich menschenleer war. Im Hause fanden wir Bouboulina neben ihrem Gepäck, was bewies, daß auch sie fliehen wollte. Die Wunde hatte kaum geblutet. Wir haben die Leiche durchsucht, nicht um die Tote zu bestehlen, sondern weil jeder von uns ein Erinnerungsstück an die Kapetanissa mitnehmen wollte. Aber sie hatte nur um ihren Hals ein einfaches Silbermedaillon, das auf der einen Seite die Jungfrau Maria und auf der anderen den Heiligen Georg zeigte. Jemand sagte, daß der Anhänger Yanno Yanouzas gehört hatte, ihrem Sohn, der gleich zu Beginn der Revolution gefallen war.

Nun fragte der Richter den Angeklagten, ob er sicher sei, daß es seine Kugel gewesen war, die Laskarina Bouboulina getötet hatte. Der Angeklagte zögerte, drehte sich um und schien unter den Zeugen jemanden zu suchen. Sein Blick war lange auf seinen Schwager Theodosius Lazarou gerichtet, ganz so, als würde er von ihm wissen wollen, welche Antwort er auf diese Frage geben sollte. Dann drehte er sich wieder um: ›Mehrere von uns haben gleichzeitig geschossen, aber trotzdem glaube ich, daß ich es war, der Laskarina Bouboulina getötet hat.‹«

Der Angeklagte Yannis Koutsis wurde freigesprochen. Eine Woche später kam in Spetsai ein vom Kaiser aller Reußen unterzeichnetes Dekret an, mit dem Laskarina Bouboulina zum Admiral der russischen Flotte ernannt wurde – und zwar in Anerkennung der Verdienste, die sie und ihr verstorbener Gatte Bouboulis sich um das Kaiserreich erworben hatten.

Die Ehe von Yorgo Yanouzas und Eugenia Koutsis blieb bestehen. Sie lebten sehr glücklich zusammen und hatten viele Kinder.

Nachwort

Dieser Bericht ist nicht nur historisch zu sehen. Obwohl die Geschehnisse der griechischen Revolution in ihren großen Zügen ganz und gar exakt wiedergegeben wurden, so entspricht ihre Interpretation und die Darstellung der Beteiligten meiner persönlichen Sicht.
Hierzu bleibt nur noch eines zu sagen: Nicht selten erweist es sich, daß diese Intuition, wenn sie sich an geschichtlichen Fakten inspiriert, oft der Wahrheit näherkommt als die ausgiebigsten wissenschaftlichen Untersuchungen.

Es ist mir ein Bedürfnis, zunächst Madame Françoise Xenakis meinen Dank dafür auszusprechen, daß sie mein Interesse für die Bouboulina geweckt hat.
Für die wertvolle Hilfe, die sie mir bei meinen Recherchen geleistet haben, möchte ich mich ebenfalls bedanken bei
Herrn Pandelis Bouboulis,
Frau Bouboulis Demerzi,
Herrn Philippe Bouboulis Demerzi,
Frau Christina Kiriakopoulos,
Herrn und Frau Adonis Kirou, Frau Lena Koutsis,
Frau Zinia Papageorgiou, Direktorin der Nationalbibliothek,
Frau Skazou, Direktorin des Museums von Spetsai,
Herrn Christo Zabounis,
Herrn Professor und Fräulein Dimakopoulos,
sowie bei meinen bewährten Mitarbeitern Herrn Dominique Patry und Herrn Charles Fuller.